北方工业大学 2023 年校级教材

北方工业大学 23 配套资助项目 （项目代码： 110051360023XN217）

U1004428

企业战略管理 第二版

ENTERPRISE STRATEGIC MANAGEMENT

吴 丹 / 主编

河海大学出版社
HOHAI UNIVERSITY PRESS
·南京·

内容提要

本书从“企业战略管理”课程内容体系入手，将企业战略管理的公司层、经营层和职能层三个层次的战略相融合，重点阐述企业战略管理的总体框架思路，开展企业战略管理概述、企业外部环境分析、企业内部环境分析、企业文化建设与战略目标、企业总体战略选择、企业竞争战略选择、企业战略的实施与执行、企业战略的控制与评价、企业职能战略等课程内容研究。深入探索“企业战略管理”课程的课程思政教学内容体系，重点结合社会经济发展领域的典型企业案例开展“企业战略管理”课程内容体系的相关理论、方法与案例研究。本书既包含企业战略管理完整知识体系，也吸收了具有时代特色的战略管理课程思政知识体系，并力求使两者相互融合。

本书适合高等院校经济管理类专业的学生学习，也可作为企业管理人员及经济管理类专业教师的参考用书。

图书在版编目(CIP)数据

企业战略管理 / 吴丹主编. -- 2 版. —— 南京 ：河海大学出版社，2023.11

ISBN 978-7-5630-8381-7

Ⅰ. ①企… Ⅱ. ①吴… Ⅲ. ①企业管理－战略管理－教材 Ⅳ. ①F272.1

中国国家版本馆 CIP 数据核字(2023)第 185738 号

书　　名　企业战略管理
QIYE ZHANLUE GUANLI
书　　号　ISBN 978-7-5630-8381-7
责任编辑　成　微
特约校对　成　黎
封面设计　徐娟娟
出版发行　河海大学出版社
地　　址　南京市西康路 1 号(邮编:210098)
电　　话　(025)83737852(总编室)　(025)83722833(营销部)
经　　销　江苏省新华发行集团有限公司
排　　版　南京布克文化发展有限公司
印　　刷　广东虎彩云印刷有限公司
开　　本　787 毫米×1092 毫米　1/16
印　　张　21.75
字　　数　523 千字
版　　次　2023 年 11 月第 2 版
印　　次　2023 年 11 月第 1 次印刷
定　　价　98.00 元

前言

Preface

掌握企业战略管理的理论和方法，是企业高层、中层和基础管理人员必备的技能，已成为现代企业管理活动中增强企业治理能力、推动企业高质量发展的重要手段。高等学校的本科生和研究生学习和掌握企业战略管理的理论知识框架体系及其实践应用，可以为从事企业战略管理工作打下坚实的基础。

目前，国内已有的“企业战略管理”课程教材的教学内容体系主要从公司层和经营层两个层次，围绕企业战略环境分析、企业文化、战略选择、战略实施、战略控制等内容开展教学。本书编者通过多年课程教研发现，此类教材存在两个问题：一是尚未形成较为成熟的“企业战略管理”课程的课程思政教学内容体系；二是较少围绕企业投资战略、人力资源战略、技术创新战略、设备更新战略、市场营销战略等职能层的战略内容开展教学。

为此，本书在同类教材和编者 2017 年出版的第 1 版教材编写基础上，从“企业战略管理”课程内容体系入手，将企业战略管理的公司层、经营层和职能层三个层次的战略相融合，重点阐述企业战略管理的总体框架思路，提炼企业战略管理三个层次的相关理论、方法与案例研究，并深入探索“企业战略管理”课程的课程思政教学内容体系，从而完善国内已有同类教材的课程内容体系。

本书编写的主要特点是：对企业战略管理实践活动中的案例进行定性分析与定量研究，把企业战略管理的基本理论和方法，概念讲解与案例分析相结合，力求使学生学会对企业战略管理实践问题进行识别、分析、判断和决策，掌握企业战略管理的概念、思路和实践应用。通过全面学习企业战略管理的相关知识，让学生建立系统的企业战略管理整体性知识体系和思维方式，培养学生企业战略管理的理论性、实践性和综合性能力，强化学生的社会责任感，为今后进一步的专业学习和实践工作奠定基础。

本书是编者结合多年的教学经验和教材编写经历，深入了解工商管理专业学生的特点和需求编写而成。本书的逻辑内涵和内容安排衔接紧密、文字精练、理论精确、方法描述清晰、模型构建严谨、深入浅出、通俗易懂。本书是编者多年来从事多门课程教学的知识凝练与融合，在出版之际又进行了深入修改，融入了编者近年在企业战略管理领域的研究成果，其内容更具新意和实用性。通过学习，学生可掌握企业战略管理的理论方法和实践应用，提高对于企业战略管理问题的识别、分析、判断和决策能力。

企业战略管理的相关知识现已成为现代企业管理人员、工程技术人员重要的知识储备。“企业战略管理”不仅是高等院校工商管理专业开设的重要课程，也应成为高等院校的公共选修课程。它对于完善高等院校学生的知识体系、提升学生的专业技能，具有非常重要的推动作用。

本书在编写过程中，参考引用了国内外众多专家和学者的大量著作，吸取了国内外最新的企业战略管理理论与研究成果，在此向这些专家和学者们表示深切的敬意和谢意！

编者

2023 年 5 月

前言

Preface

掌握企业战略管理的理论和方法，是企业高层、中层和基础管理人员必备的技能，已成为现代企业管理活动中增强企业治理能力、推动企业高质量发展的重要手段。高等学校的本科生和研究生学习和掌握企业战略管理的理论知识框架体系及其实践应用，可以为从事企业战略管理工作打下坚实的基础。

目前，国内已有的“企业战略管理”课程教材的教学内容体系主要从公司层和经营层两个层次，围绕企业战略环境分析、企业文化、战略选择、战略实施、战略控制等内容开展教学。本书编者通过多年课程教研发现，此类教材存在两个问题：一是尚未形成较为成熟的“企业战略管理”课程的课程思政教学内容体系；二是较少围绕企业投资战略、人力资源战略、技术创新战略、设备更新战略、市场营销战略等职能层的战略内容开展教学。

为此，本书在同类教材和编者2017年出版的第1版教材编写基础上，从“企业战略管理”课程内容体系入手，将企业战略管理的公司层、经营层和职能层三个层次的战略相融合，重点阐述企业战略管理的总体框架思路，提炼企业战略管理三个层次的相关理论、方法与案例研究，并深入探索“企业战略管理”课程的课程思政教学内容体系，从而完善国内已有同类教材的课程内容体系。

本书编写的主要特点是：对企业战略管理实践活动中的案例进行定性分析与定量研究，把企业战略管理的基本理论和方法，概念讲解与案例分析相结合，力求使学生学会对企业战略管理实践问题进行识别、分析、判断和决策，掌握企业战略管理的概念、思路和实践应用。通过全面学习企业战略管理的相关知识，让学生建立系统的企业战略管理整体性知识体系和思维方式，培养学生企业战略管理的理论性、实践性和综合性能力，强化学生的社会责任感，为今后进一步的专业学习和实践工作奠定基础。

本书是编者结合多年的教学经验和教材编写经历，深入了解工商管理专业学生的特点和需求编写而成。本书的逻辑内涵和内容安排衔接紧密、文字精练、理论精确、方法描述清晰、模型构建严谨、深入浅出、通俗易懂。本书是编者多年来从事多门课程教学的知识凝练与融合，在出版之际又进行了深入修改，融入了编者近年在企业战略管理领域的研究成果，其内容更具新意和实用性。通过学习，学生可掌握企业战略管理的理论方法和实践应用，提高对于企业战略管理问题的识别、分析、判断和决策能力。

企业战略管理的相关知识现已成为现代企业管理人员、工程技术人员重要的知识储备。“企业战略管理”不仅是高等院校工商管理专业开设的重要课程，也应成为高等院校的公共选修课程。它对于完善高等院校学生的知识体系、提升学生的专业技能，具有非常重要的推动作用。

本书在编写过程中，参考引用了国内外众多专家和学者的大量著作，吸取了国内外最新的企业战略管理理论与研究成果，在此向这些专家和学者们表示深切的敬意和谢意！

编者

2023 年 5 月

目录

Contetns

第一章 企业战略管理概述

【学习要求与目标】

1. 理解企业战略的概念和特征。
2. 掌握企业战略管理的层次、本质和作用。
3. 重点掌握企业战略管理过程。
4. 了解企业战略管理理论的演进及代表性学派。
5. 了解企业战略管理工具。

党的二十大报告提出："全面建成社会主义现代化强国，总的战略安排是分两步走：从二〇二〇年到二〇三五年基本实现社会主义现代化；从二〇三五年到本世纪中叶把我国建成富强民主文明和谐美丽的社会主义现代化强国。"这是党对于国家发展战略方向的总体把握。

2020年11月1日出版的第21期《求是》杂志发表了习近平总书记的《国家中长期经济社会发展战略若干重大问题》一文，文章着重从发展战略角度指出六个问题：第一，坚定实施扩大内需战略。牢牢把握扩大内需这一战略基点，使生产、分配、流通、消费各环节更多依托国内市场实现良性循环，构建以国内大循环为主体、国内国际双循环相互促进的新发展格局。第二，优化和稳定产业链、供应链。在关系国家安全的领域和节点构建自主可控、安全可靠的国内生产供应体系。第三，完善城市化战略。把人民生命安全和身体健康作为城市发展的基础目标，更好推进以人为核心的城镇化，使城市更健康、更安全、更宜居，成为人民群众高品质生活的空间。第四，调整优化科技投入和产出结构。优化科技资源布局，提升科技创新能力，走出一条符合我国国情的科技研发道路。第五，实现人与自然和谐共生。深化对人与自然生命共同体的规律性认识，站在人与自然和谐共生的高度来谋划经济社会发展。第六，加强公共卫生体系建设。从顶层设计上提高公共卫生体系在国家治理体系中的地位。这是国家领导人对国家中长期经济社会发展战略的深刻认识，是国家领导人对国家的对外与对内发展战略进行的总体战略构思和重大的、全局性的规划。对企业来说，企业管理者必须从企业资源条件、外部环境等方面深刻认识企情，从全局角度把握企业总体发展战略方向、客观辩证地思考企业战略问题，进行企业战略管理决策。

【先导案例】

“蜜雪冰城”甜蜜蜜

1. 公司简介

蜜雪冰城是一家经营茶饮与冰淇淋的连锁加盟品牌。1997 年，张红超在郑州开了一家叫作“寒流刨冰”的冷饮店，此为蜜雪冰城的前身。2006 年，蜜雪冰城冰淇淋诞生。次年门店诞生，并开放加盟。2013 年，河南大咖食品有限公司成立，实现核心原料自产化。2018 年，蜜雪冰城越南店开业，同年推出新的品牌 IP 形象——雪王。2020 年，蜜雪冰城门店数突破 1 万家。2022 年，蜜雪冰城发布招股书，即将登陆资本市场。截至 2023 年 3 月 3 日，蜜雪冰城还未上市成功。

2. 行业概况

(1) 饮料行业。饮料一般指的是乙醇含量不超过 0.5%的饮品。我国饮料行业目前处于良好增长态势。根据弗若斯特沙利文数据显示，按零售额计算，我国饮料行业市场规模由 2014 年的 7 344 亿元增长至 2019 年的 9 914 亿元，预计 2024 年中国饮料行业的市场规模将增长至 13 230 亿元。

(2) 现制茶饮行业。现制茶饮指现场制作、加工透明的茶饮饮料。根据艾媒咨询报告显示，中国现制茶饮市场规模由 2016 年的 291 亿增长至 2021 年的 2 796 亿元，年复合增长率为 57.23%，预计到 2025 年，中国现制茶饮的市场规模将进一步扩大至 3 749 亿元。

(3) 现磨咖啡行业。2020 年，我国咖啡市场中，速溶咖啡占比为 52.4%，而现磨咖啡占比为 36.5%。随着现磨咖啡门店数量的增多，中国现磨咖啡的消费量逐步上升。从市场规模来看，现磨咖啡市场从 2017 年的 284 亿元增长到 2021 年的 876 亿元。2017 年至 2021 年的年复合增长率为 32.52%。

(4) 现制冰淇淋行业。根据《中国冰淇淋/雪糕行业趋势报告》显示，中国冰淇淋行业市场规模从 2015 年的 839 亿元增长至 2020 年的 1 470 亿元，2015 年至 2020 年的年复合增长率为 11.87%。同时，我国的人均冰淇淋消费量仍远低于全球平均水平，未来仍有较大的发展空间。

(5) 未来影响行业发展的因素。有利因素：2016 年至 2021 年全国居民人均可支配收入从 23 821 元增长到 35 128 元，居民收入提升是现制饮品和现制冰淇淋行业发展的基础推动力。同时物流冷链运输及保鲜技术的快速发展，保证了产品的安全和新鲜度。不利因素：门店租金成本上涨，原材料价格波动较大，将对现制饮品与现制冰淇淋行业造成冲击。

3. 股权架构

公司股权结构清晰，实控人为董事长张红超、张红甫两兄弟，持股占比共 85.56%。龙珠美城背后的企业是美团龙珠，为美团旗下的投资公司。高瓴蕴祺背后为高瓴资本。

张红超——1976 年出生于河南郑州，蜜雪冰城创始人，现任蜜雪冰城公司董事长。1997 年开始创业，主要从事冰淇淋、餐饮等行业，并于 2008 年 4 月投资创办蜜雪冰城的

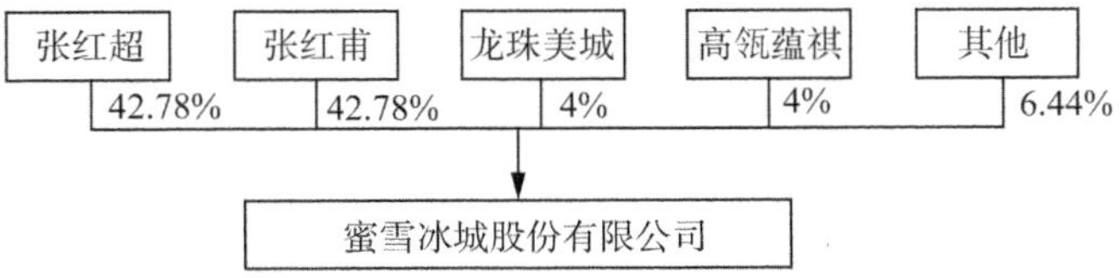

数据来源：企业官网与财报。

加盟管理公司两岸有限。历任两岸有限的执行董事、喜慕实业的执行董事兼总经理。2022年，以280亿人民币财富位列“2022年胡润百富榜”第186位。

张红甫——1984年出生于河南商丘，张红超弟弟。2005年8月，担任郑州丹尼斯百货有限公司运营经理。2007年从大学退学，加入张红超创业团队中。2008年开始，历任两岸有限的运营副总、执行董事，现任公司董事兼总经理、幸运咖监事、雪王投资执行董事、始于足下执行事务合伙人。

4. 业务板块

2022年一季度，公司实现营业收入24.34亿元，归母净利润3.9亿元。具体到各个业务，其中食材销售实现营收17.56亿元，包装材料营收为3.78亿元，设备设施销售为1.16亿元，营运物资及其他收入1.05亿元，加盟商管理收入为0.64亿元，直营门店营收为0.14亿元。按销售模式来分，加盟占比最大，金额为23.40亿元，占比达96%。

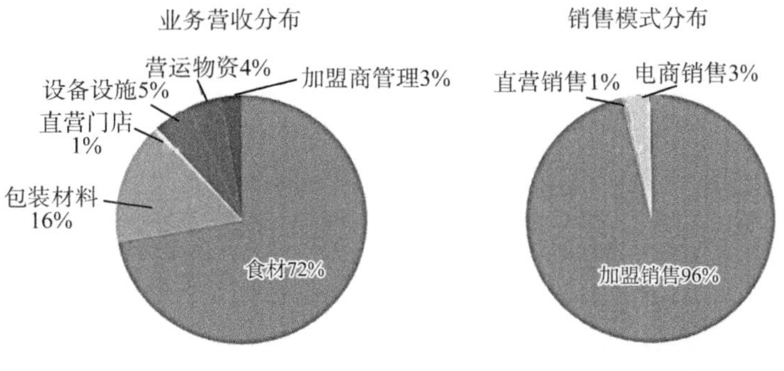

数据来源：企业官网与财报。

5. 商业模式

蜜雪冰城的商业模式在奶茶界独树一帜，因为它本质上根本就不是一家奶茶企业，而是奶茶店的供应商，具有奶茶产品研发、生产、物流、销售完整的产业链。首先说下游客户，蜜雪冰城的直营门店只有不到50家，营收占比也只有0.5%。蜜雪冰城的策略是“直营连锁为引导，加盟连锁为主体”。故最大的客户其实是加盟商，主要营收也来自向加盟商销售食材、包装材料、设备设施和营运物资。目前23 564家门店创造了大量的高质量营收。接着说品牌和渠道，毕竟企业只招加盟也是很难长久的。蜜雪冰城持续打造品牌影响力，各大平台账号的粉丝数总计超3 000万，同时“雪王”IP相关播放量已超过10亿次、“蜜雪冰城”主题曲播放量已超过40亿次、“蜜雪冰城”相关话题播放量更是超过170亿次。然后是

注：本书计算数据或因四舍五入原则，存在微小数值偏差。

工厂和原材料，截至2022年一季度，蜜雪冰城已有252亩（1亩≈667 m^2）制造产业园，13万 m^2 的自动化生产车间，同时在22个省份布局了仓储物流基地，给加盟店提供物资。最后说产品，得益于自有的工厂，产品主打“高质平价”，均价不足十元，在该市场有着独特的竞争力。

雪王

生产工厂

6. 财务指标

公司2020—2021年营收和利润均在快速上升中，得益于门店数量增多、品牌效应增强，2020年和2021年营收分别增长82.38%和121.18%。公司2022年一季度毛利率为30.89%，但毛利率持续下降，主要是因为果葡糖浆、全脂奶粉等原材料成本上升。公司负债率逐渐下降至21.76%，负债水平较低。公司经营现金流持续上升，因为快速扩张，经营现金流相比净利润的比值有一定下降。

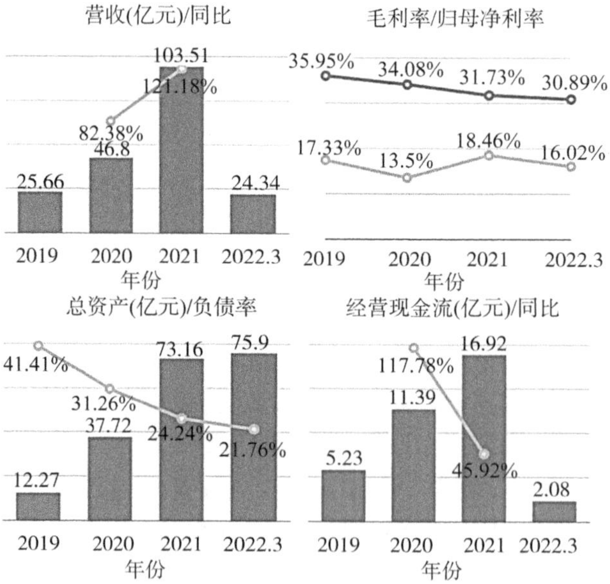

数据来源：企业官网与财报。

1.1 企业战略的概念及特征

1.1.1 战略的概念

“战略”(strategy)一词起初为军事术语,出自古希腊语“strategos”,意为将军或领袖,引申出“strategia”,意为战役或将道。“战略”又称韬略,指将军指挥作战的艺术。毛泽东同志曾指出:“战略问题是研究战争全局的规律的东西。”《中国大百科全书·军事》将“战略”定义为“指导战争全局的方略”。《韦氏新国际英语大词典(第三版)》定义“战略”一词为“军事指挥官克敌制胜的科学与艺术”。《简明大不列颠百科全书》则称“战略”是“在战争中利用军事手段达到战争目的的科学和艺术”。《辞海》对“战略”的定义为“筹划和指导战争及非战争军事行动全局的方略,是国家战略的组成部分,国家军事政策的集中体现,是一切军事活动的主要依据”。①

战略学科史上两个著名的人物,哈佛大学商学院教授迈克尔·波特(Michael E. Porter)和加拿大著名管理学家亨利·明茨伯格(H. Mintzberg),都曾给战略下过定义。波特出版的《竞争战略》《竞争优势》《国家竞争优势》三本书被学界誉为“战略三部曲”,基本上可称之为全球战略学科的通用教材。波特认为“战略是企业为之奋斗的一些终点与企业为达到它们而寻求的途径的结合物”。波特对战略的定义可界定为“战略=目标设定+路径选择”,即回答“我们要去哪儿?我们怎么去?”的问题。

著名管理学家明茨伯格曾出版了一本深受各界欢迎的著作《战略历程》,他将战略界定为“一系列或整套的决策或行动方式”。明茨伯格提出了战略的“5P”概念,他将战略归纳为五个定义,从五个不同角度进行了阐述:

(1) 战略是计划(Plan)。战略是一种有意识的有预计的行动程序,一种处理某种状况的指导纲领。

(2) 战略是计谋(Ploy)。这是指在特定的环境下,企业将战略作为威胁和攻击竞争对手的一种具体手段。

(3) 战略是模式(Pattern)。这种定义将战略体现为一系列的行为,即为实现战略目标进行竞争而实行的重要决策、采取的途径和行动、资源分配的一种模式。

(4) 战略是一种定位(Position)。从战略的内容来看,战略是帮助企业在环境中或市场中找到一处合适位置,是为适应内外环境的变化进行的合理定位。

(5) 战略是一种观念(Perspective)。这种定义强调所有的战略都是一种抽象的概念,它普遍存在于企业全体成员的头脑之中,体现了企业所共有的世界观和市场观,反映了企业对外界环境的一种独特看法。

著名管理学家德鲁克(P. Drucker)认为,战略是决定组织将要干什么以及如何干的问题。著名管理学家钱德勒(Alfred D. Chandler)认为战略是决定企业的基本长期目标以及为实现这些目标采取的行动和分配的资源。另一位著名管理学家安索夫(H. I. Ansoff)认

---

① 柳随年,厉以宁.现代公司运作全书[M].北京:光明日报出版社,1993.

为战略是企业为了适应外部环境，对目前所从事的和将来要从事的经营活动而进行的决策，即战略是一条贯穿于企业活动与产品或市场之间的“连线”，其涉及以下五个战略构成要素：①企业的使命与目标；②（产品与市场）经营范围；③增长向量；④竞争优势；⑤协同作用。

从上述定义，我们可以看出，企业战略是指企业对自己所处的经营环境以及对企业自身经营条件总体分析判断基础上的系统谋划，是一套整体的决策体系，是企业日常经营活动的总纲领，是企业在竞争形势下的定位和再定位，是企业进行资源配置、有所为有所不为的主要依据，是号召企业员工朝着既定目标共同前进的精神支柱。

总体来看，战略不仅是事先设计的预谋性战略，也是根据环境变化的反应性战略。具体来说，战略在实施前需要进行规划，具体实施过程中需要根据环境变化及时应对。战略＝预谋性战略＋反应性战略。

专栏 1.1　田忌赛马的战略意义

公元前四世纪的中国处在诸侯割据的状态，历史上称为“战国时期”。当时，在魏国做官的孙膑，因为受到同僚庞涓的迫害，被齐国使臣救出后，到达齐国国都。齐国使臣将他引荐给齐国的大将军田忌，田忌向孙膑请教兵法，孙膑讲了三天三夜，田忌特别佩服，将孙膑待为贵宾，孙膑对田忌也很感激，经常为他献计献策。赛马是当时最受齐国贵族欢迎的娱乐项目。上至国王，下到大臣，常常以赛马取乐，并以重金赌输赢。田忌多次与齐王及其他大臣赌输赢，屡赌屡输。一天他赛马又输了，回家后闷闷不乐。孙膑安慰他说：“下次有机会带我到马场看看，也许我能帮你。”当又一次赛马时，孙膑随田忌来到赛马场，满朝文武官员和城里的平民也都来看热闹。孙膑了解到，大家的马按奔跑的速度分为上中下三等，等次不同装饰不同，各家的马依等次比赛，比赛为三赛二胜制。孙膑仔细观察后发现，田忌的马和其他人的马相差并不远，只是策略运用不当，以致失败。孙膑告诉田忌：“大将军，请放心，我有办法让你获胜。”田忌听后非常高兴，随即以千金作赌注约请齐王与他赛马。齐王在赛马中从没输过，所以欣然答应了田忌的邀请。比赛前田忌按照孙膑的主意，用上等马鞍将下等马装饰起来，冒充上等马，与齐王的上等马比赛。比赛开始，只见齐王的好马飞快地冲在前面，而田忌的马远远落在后面，齐王得意地开怀大笑。第二场比赛，还是按照孙膑的安排，田忌用自己的上等马与齐王的中等马比赛，在一片喝彩中，只见田忌的马竟然冲到齐王的马前面，赢了第二场。关键的第三场，田忌的中等马和齐王的下等马比赛，田忌的马又一次冲到齐王的马前面，结果二比一，田忌赢了齐王。

【思考】

田忌赛马的故事说明了什么？该案例给我们带来了哪些战略启示？

【解析】

田忌赛马的故事告诉我们：在竞争中，为了达到目标需要在知己知彼的基础上有事先的谋划，对资源进行有效的组合，采取正确的策略和手段。看似很简单的一个故事，却体现出战略的三个核心要素，第一是明确目标，在田忌赛马的故事中它表现为比赛规则。第二是明确自己所具有的资源，并知己知彼，这里体现在田忌和齐王所拥有的马的现实实力。第三是确定制胜的手段，这里体现在具体的资源组合和比赛策略上。

这里需要强调两点：一是不要认为战略仅仅是在战略分析的基础上明确目标，通常在目标、资源确定的情况下，手段在竞争中同样非常重要，因此，战略是目标、资源和手段的结合，战略的概念就是确定合理目标、配置资源和选择手段以实现竞争胜利的过程。二是在战略中，往往需要扬长避短，发挥优势，且需要从长远性、全局性的角度去思考，为了全局利益，必要时应牺牲局部利益。

1.1.2 战略的特征

企业战略的特征表现在六个方面，见图1-1。

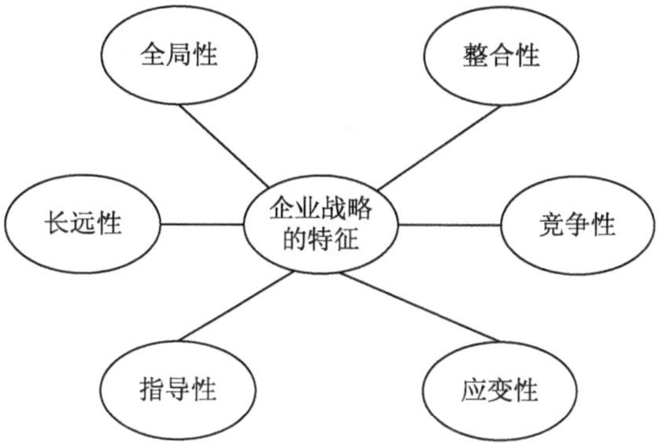

图 1-1 企业战略的特征

1. 全局性

企业战略是以企业总体为研究对象，根据企业持续发展的全局需要而制定的。企业战略必须考虑事关企业发展全局性的多种因素，包括企业战略必须顺应国家和有关地区的政治、经济、技术、社会的发展趋势，同时必须顺应行业的技术、经济、业务模式的发展趋势。

2. 长远性

企业战略重点关注的是企业未来相对较长时期内的总体发展问题，追求短期发展与长期发展的协调统一，着眼于长期发展。

3. 指导性

企业战略规定了企业在一定时期内的基本发展目标，以及实现这些目标的基本途径，并且指导和激励企业全体员工努力工作。

4. 应变性

企业战略解决的不是某个具体运营单位的日常问题，而是在多变的环境中可能影响全局的复杂问题，它必须具有根据组织外部环境和内部条件的变化适时地加以调整，以适应变化的特性；同时，利用可能发生的变化，利用新的发展机会，制定新的战略。

5. 竞争性

企业战略与军事战略一样，其目的通常是克敌制胜，赢得竞争的胜利。竞争性是企业战略的本质特性之一。但是，竞争只是手段，企业的最终目的是发展，发展过程中不排斥与竞争对手的合作。

6. 整合性

企业战略必须与战术、策略、方法、手段相结合。一个好的企业战略如果缺乏实施的力量和技巧，也不会取得好的发展。

1.1.3 战略与规划、计划的区别

广义来讲，战略、规划、计划都是对未来的筹划，也可通称“计划”，国外往往采用广义的计划概念，通常按时间区分，可分为短期计划（1 年以下）、中期计划（2～4 年）和长期计划（5

年以上)。狭义来讲,战略、规划、计划既有联系,又有区别。战略是规划和计划的灵魂,规划和计划必须体现既定的战略。因此,战略是规划的基础,规划又是计划的基础,应当先有战略,再有规划,再制订计划,使其成为可以部署、可以检查的具体行动方案。从这个意义上讲,规划和计划又是战略的继续、深入和细化。

从实施的范围看,企业战略是全面的,而企业规划和计划可以是全面的,也可以是局部的;从实施的时间看,企业战略是长期的,而企业规划一般是中期的,也可以是长期的,企业计划则是短期的;从实施的内容看,企业战略是原则性的,而企业规划是轮廓性的或为粗线条的,企业计划则是细线条的;从实施的方法来看,企业战略以定性为主,而企业规划是定性与定量并重,企业计划则是以定量为主。

此外,企业战略不同于战术、策略,它们之间既有密切联系,又有明显区别。战略与战术主要表现为全局与局部的关系。战略是指企业为达到战略目标及达到目标的途径和手段的总体谋划,而战术是指为达到阶段性或局部性战略目标所采取的具体行动。战略与策略主要是目的与手段的关系,亦即先有战略,后有策略,策略必须服从和服务于战略。

1.2 战略管理的层次及作用

1.2.1 战略管理的概念

"战略管理"这一概念最早由安索夫(H. I. Ansoff)提出。1972 年安索夫发表了《战略管理概念》(The Concept of Strategic Management)一文,正式提出了"战略管理"(strategic management)的概念。他也因对战略管理的开创性研究,成为管理学科的一代宗师,被誉为战略管理的"鼻祖"。

迄今,许多战略管理学者与企业家对"什么是战略管理"提出了不同的见解,以下是具有代表性的几种观点:

(1) 企业战略管理是决定企业长期表现的一系列重大管理决策和行动,包括战略的分析、制定、选择、实施、控制和评价。

(2) 企业战略管理是企业制定长期战略和贯彻这种战略的活动。

(3) 企业战略管理是企业在处理自身与环境关系过程中实现其宗旨的管理过程。

从以上观点可看出,企业战略管理可以理解为两种情形:第一种情形指对企业的战略性管理,运用战略对整个企业进行管理,管理的客体是企业,即如何使企业持续地建立竞争优势,满足利益相关群体的各种需求,实现持续发展。第二种情形指对企业战略的管理,管理的客体是战略,指对企业战略的制定、选择、实施、控制和评价进行的管理,是对企业战略本身的管理。从目前已有的各种战略管理著作所包含的内容来看,这两种情形融为一体、兼而有之。

企业战略管理是决定企业长期经营绩效的管理决策和行动过程。企业战略管理强调的是行动和过程,它由分析形势和环境、选择战略方案、执行战略方案、反馈和控制等几个相互连接且环环相扣的过程组成。企业战略管理涉及企业内外部环境因素及其分析、企业战略目标及其确定、企业为达到战略目标而采取的发展途径、企业实施战略所形成的策略方法体系等多种要素的管理。

专栏 1.2 谁需要"战略管理"

战略管理问题的主体是不论大小、类别，不分地区、国界的。今天，"战略"一词已被人们广泛地运用于经济、政治、外交、军事、文化、教育、科技、环境保护等各个领域，涉及国家、地区、部门、企业、事业单位、社会团体等各类组织。战略观念、战略分析、战略选择、战略决策、战略实施等战略管理概念已成为我国各级政府官员、各类企事业单位主管以及专家学者最为关注的问题。然而，并不是所有的人都认识到战略对一个企业长远发展的重要意义。有人认为："我们从来没有制定过什么战略，企业不是照样发展吗?"也有人只是在企业面临困境时才关注起战略问题。不同的企业有不同的战略，即使是企业战略也会因企业内部条件和外部环境的不同而各不相同，但是战略管理的基本原理是相同的。所以，不管战略管理问题的主体是大是小，是政府部门还是企业，是中国还是外国，是大企业还是小企业，都会有一个类似的战略管理的逻辑体系，并在这个体系中进行战略思维管理。

1.2.2 战略管理的层次

战略管理主要包括三个层次：公司层战略管理、业务层战略管理和职能层战略管理。

1. 公司层战略管理

公司层战略管理主要关注两个问题：第一，企业进入什么业务领域；第二，如何管理多个业务单元来为企业创造价值。具体概括为：

(1) 确定应该进入什么样的业务领域、各个业务之间应该形成怎样的关系。

(2) 确定要采取的合适的战略行动，以提高企业的长期竞争地位和各项业务的综合盈利能力。

(3) 解决跨业务的战略协同效应的问题，将协同效应转化成竞争优势。

(4) 确定企业资源配置的优先序位，以便将企业的资源投向最有吸引力的业务单元。

2. 业务层战略管理

业务层战略管理，亦称为经营层战略管理，是指针对特定经营业务的竞争战略的管理，它所涉及的问题是如何在特定的经营业务领域有序地展开竞争。对于有多个经营业务板块的企业来说，单个经营业务板块的战略就是竞争战略。

根据波特的竞争理论，业务层战略有三种基本模式：

(1) 成本领先战略。成本领先战略是指企业通过扩大规模、控制成本，在研究开发、生产、销售、服务和广告等环节最大限度地降低成本，成为行业中的成本领先者的一种战略。

(2) 差异化战略。差异化战略是指企业向市场提供与众不同的产品或服务，用以满足客户的不同需求，从而形成竞争优势的一种战略。

(3) 集中化战略。集中化战略是指企业把经营战略的重点放在一个特定的目标市场上，为特定的地区或特定的消费群体提供特殊的产品或服务的一种战略。

3. 职能层战略管理

职能层战略管理是指对企业内特定的职能活动或业务领域所制定的战略进行管理，包括生产运作战略、市场营销战略、新产品研发战略、人力资源战略、财务战略等的管理。

如果说公司层战略和业务层战略是强调"做正确的事"(Do the right things)，那么，职能层战略则是强调“把事情做好”(Do the things right)。

战略管理层次的特点见表 1-1。

表 1-1　战略管理层次的特点

特点	公司层战略	业务层战略	职能层战略
(1) 类型	概念性的	混合的	操作性的
(2) 定义	非具体的	混合的	具体的
(3) 可度量性	价值判断	半定量化	定量化
(4) 频度	周期的或突发的	周期的或突发的	周期的
(5) 可调整性	低	中等	高
(6) 与当前活动的关系	革新的	混合的	补充性的
(7) 风险性	高	中等	低
(8) 预期收益	大	中等	小
(9) 成本	大	中等	小
(10) 时间	长期	中期	短期
(11) 灵活性	大	中等	小
(12) 资源充沛度	部分供给	部分供给	全部供给
(13) 协调性	大	中等	小

1.2.3　战略管理的作用

企业战略管理的作用是由其本质特征决定的。企业战略管理作为一种企业管理方式或思想，其主要作用表现在以下四个方面：①谋划企业整体的发展；②筹划企业的长远发展，对企业战略远景有清晰的认识；③指导企业的发展方向，集中战略上的重要方面；④提高企业的应变能力，深化对迅速变化的环境的理解程度，加强组织的凝聚力和战斗力。

企业战略管理的实践表明，战略管理使得企业能够认清形势、扬长避短、把握机会、主动出击。战略管理不仅是系统的、合乎逻辑和理性的战略决策，更重要的是一个企业上下参与并持续沟通的过程。企业战略管理的过程是企业对自身资源条件以及所处的外部经营环境进行清醒认识的过程，它可以使企业更主动地适应和改变环境、把握企业的未来，而不是被动地对外部环境变化做出反应。

1.3　战略管理过程

企业战略管理过程必须立足国家发展战略进行思考。国家发展战略是国家领导人对国家的对外与对内发展战略进行的总体战略构思和重大的、全局性的规划，着眼世界形势，立足中国国情，找出内外不同领域之间的逻辑关系，制定出国家发展的总体战略。在建设中国特色社会主义现代化国家进程中，国家领导人形成了独特的战略分析框架思维：战略判断——战略理念方针——战略目标——战略步骤——战略布局——战略重点和任务。

战略判断是国家领导人根据国内外形势的变化，对国家所处的历史发展阶段和主要特征、时代主题做出新的分析，是国家发展战略构想与设计的关键。战略理念方针是国家领导人在战略判断基础上，对不同时期国家发展理念和发展思路的凝练概括。战略目标是国家发展战略构想与设计的核心部分，是国家领导人对我国国民经济和社会发展的方向做出的准确判断、科学预见、周密谋划和正确决策。战略步骤是国家领导人为实现战略目标而采取的有计划的行动方案。战略布局是国家领导人对战略目标的进一步明确，是战略步骤实施过程中解决如何实现战略目标做出的战略部署。战略重点和任务是国家领导人为实现战略目标，按照战略布局确定的“具体抓手”，既有战略性任务，又有战术性任务。①

企业战略管理的过程是企业对自身资源条件以及所处经营环境进行清醒认识的过程，它可以使企业更主动地适应和改变环境、把握自己的未来，而不是被动地对环境变化做出反应。企业战略管理过程主要包括战略分析、制定、选择、实施、控制和评价等不同阶段，见图 1-2。

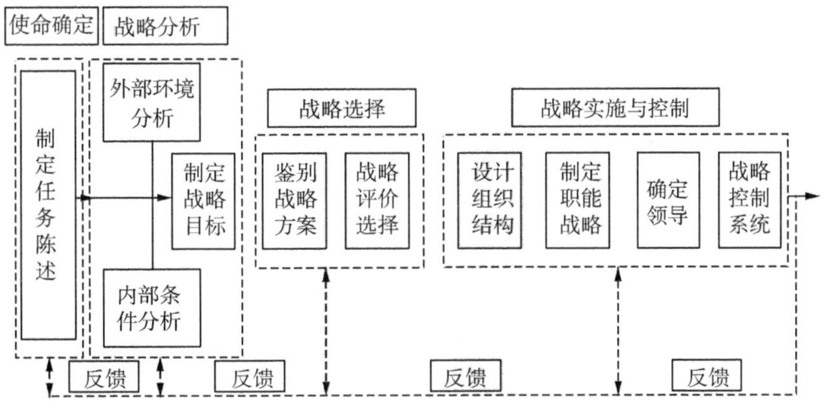

图 1-2　战略管理过程

1. 战略分析

战略分析的目的是综合评价和分析影响企业目前和今后发展的关键因素，并确定在战略选择步骤中的具体影响因素。就企业组织来讲，它包括如下两方面内容：

第一，构建企业文化，确立企业愿景、使命和战略目标，它们是确立战略的依据。企业战略管理的首要任务就是对企业现行战略宗旨、目标和任务进行准确识别。

（1）确定企业的使命和愿景。企业的使命和愿景规定了企业的性质和任务，说明了企业存在和发展的理由，它既与企业当前的环境紧密相连，又具有一定的现实超脱性。

（2）确定企业的战略目标。企业战略目标是企业对未来所要达到的目标和任务的规定，是所要计划活动的最终结果，也就是回答“我到哪里去”的问题。

第二，进行企业外部环境分析和内部环境分析，找到能够对企业未来发展起决定性作用的关键环境要素，包括企业外部环境要素和内部环境要素。

① 吴丹，胡鞍钢，鄢一龙. 国家发展五年规划的战略分析与实践认识——以“十二五”规划为例[J]. 清华大学学报（哲学社会科学版），2016，31(1)：27-39＋189.

(1) 外部环境分析。包括企业宏观环境分析和产业环境分析。宏观环境分析是为了预测宏观环境因素的变化,获得分析行业和企业的背景知识。产业环境分析主要是分析行业竞争结构以及竞争对手的实力、战略和行为模式。外部环境分析就是要回答“我在哪里”这个核心问题,其最终目的是发现企业面临的机会和威胁。通过洞察企业外部环境因素及其变化趋势,企业要善于识别这些环境因素给企业带来的机会,洞察环境因素变化带来的潜在威胁。

(2) 内部环境分析。内部环境分析,亦称为内部条件分析。主要是了解企业的资源、能力和核心竞争力;分析企业的价值链和价值活动,确认企业的地位和实力,找出企业的竞争优势。内部环境分析就是要回答“我是谁”这个基本问题,其最终目的是识别企业内部存在的优势和劣势。通过分析企业的产业价值链,检查企业的基本价值活动、辅助价值活动,以及各种活动之间的连接状况,辨明企业的核心能力等关键资源,企业才能判明自身的基本素质和优劣势,才能做到使自己的能力与战略机会的匹配。

2. 战略制定与选择

战略制定与选择的目的是将企业的外部机会和威胁与内部的优势和劣势相匹配,制定出适合企业的各层次的战略类型和内容,形成适合企业最新发展的战略方案。战略制定阶段包括确定企业的愿景和使命、明确企业要达到的战略目标、制定企业战略方案等。企业战略方案是企业实现战略目标的具体而详细的方法、手段和路径,包括企业的战略方针、战略路径、战略重点、战略阶段、企业政策等方面。

(1) 确定企业的愿景与使命。企业的愿景和使命规定了企业的性质和任务,说明了企业存在和发展的理由,它既与企业当前的环境紧密相连,又具有一定的现实超脱性。愿景是企业对于自身想要实现目标的具体规划,是企业的长远目标,是企业员工共同描绘的一幅美好图景。使命是企业组织存在的宗旨、目的,告诉人们企业对社会的贡献。

(2) 确定企业的战略目标。战略目标是企业对未来所要达到的目标和任务的规定,是所有计划活动的最终结果,也就是回答“我要到哪里去”的问题。

企业外部环境分析、内部环境分析、愿景和使命的确定是企业战略目标确定的前提和基础。但是,与企业使命和愿景不同,战略目标必须落脚到一系列具体的、操作性较强的量化指标体系,这些指标体系就像航海中的罗盘一样,始终指引轮船沿着既定的航线到达目的地。

(3) 确定企业的战略方案。企业战略方案是企业实现战略目标的具体而详细的方法、手段和路径,包括企业的战略方针、战略路径、战略重点、战略阶段、企业政策等方面。当企业在某种情况下,存在多种可行性方案时,需要从多个可选方案中选出最终的方案,这就是战略选择和决策过程。在这个战略选择和决策过程中,需要遵循一定的程序和方法,仔细识别问题,抛开非关键要素,抓住问题的关键,制定标准,做出决策。一般来讲,战略制定与选择包括三个步骤:制定备选方案;评估备选方案;选择最终方案。

企业战略方案制定与选择后,还要确定企业各个经营业务单元的战略,以及各个职能部门的战略,使之成为一个相互支持、相互依存的战略体系。

3. 战略实施

战略实施是将企业战略方案付诸实施的过程。战略实施阶段需要将企业战略与企业组织结构、企业文化相匹配，在合理配置资源的基础上，发挥高层管理者的领导、沟通能力，协调各部门的关系，动员全体员工投入战略实施过程中，以保证战略目标的实现。

企业战略实施情况的好坏将直接影响其整个战略执行成功与否。企业战略的实施往往要涉及企业上下所有的部门和职能领域，以及每一个员工。战略实施一般由中层和基层管理者来领导和施行，高层管理者主要负责战略决策，并对战略执行情况进行督查。对一个企业而言，高层管理者必须具有"事业心"；而中层管理者应具有"进取心"；基层管理者则应具有"责任心"。企业上下只有具备了"三心"，才能在未来把企业打造成为企业"明星"。

4．战略控制

企业战略的实施过程中难免会出现偏差或遇到突发事件，如果不及时发现并进行战略调整，减小偏差，对企业可能会造成重大的影响。战略控制就是将企业战略实施过程中反馈回来的成效结果与战略目标进行比较，评估两者的偏差度，并采取相应的纠正措施，以确保战略目标的完成。

战略控制是企业高层战略活动的控制，它不同于中下层（业务层和职能层）的控制。但为了实现有效的控制，高层管理者需从中下层的员工中获取准确、无偏差的信息，而这往往是难以做到的。因此，在战略执行上，企业要加强沟通，加大执行的力度。

企业战略管理的过程是一个不断循环往复、不断完善、不断优化、不断创新的过程，是一个永无止境的螺旋上升过程。一个战略阶段的完成不是企业战略管理过程的结束，而是新一轮战略过程的开始，每一个循环代表了企业新的发展阶段。

最后需要强调的是，图 1-2 表示的战略管理过程的各个步骤是一个相互联系、相互反馈、相互学习的系统，它反映了战略管理过程的整体性、动态性和柔性，体现了时代变化特征对企业战略管理的要求。

1.4 战略管理理论的演进

1．20 世纪 60 年代以前的战略管理理论

20 世纪初期，亨利·法约尔（Henri Fayol）将企业经营活动划分为技术、商业、财务、安全、会计和管理六大类，并对企业内部的管理活动进行整合，提出了管理具有计划、组织、指挥、协调和控制五项职能，且强调计划是企业管理的首要职能。以上战略思想被哈佛大学的迈克尔·波特教授称为企业战略的第一种观点。

1938 年，美国著名管理学家切斯特·巴纳德（Chester I. Barnard）在《经理人员的职能》一书中，首次将组织理论从管理理论和战略理论中分离出来，认为管理工作应注重组织的效能，强调组织与环境相适应。这种组织与环境相匹配的思想奠定了现代战略分析方法的基础，被波特称为企业战略的第二种观点。

这一时期没有形成系统的战略管理理论，但已有了战略管理思想的萌芽。这一时期理论的主要特征及贡献为：首次在企业管理中引入战略思想，开创战略研究的先河。

2．20 世纪 60 年代的战略规划理论

1962 年，著名管理学家钱德勒对 70 多家大型公司（通用汽车公司、杜邦化学公司等）的发展历史进行了研究，出版了《战略与结构：美国工商企业成长的若干篇章》一书。该书分

析了环境、战略和结构三者之间的关系:企业战略应适应环境变化,而组织结构则应适应企业战略的要求,并随战略变化而变化。

1965 年,哈佛大学的安德鲁斯(Andrews)接受了钱德勒的战略思想,与哈佛其他学者合作出版了《商业政策:原理与案例》一书,与克里斯坦森(Christensen)教授使用单向法形成了战略规划的基本理论体系。该体系将战略划分为四个要素:①市场机会(企业可能做什么,might do);②企业实力(企业能够做什么,could do);③个人激情(企业想做什么,want to do);④社会责任(企业应该做什么,should do)。其中,市场机会和社会责任是外部环境因素,企业实力与个人激情则是企业内部因素。该观点主张企业应通过更好地配置资源,形成独特的能力,以获取竞争优势,波特称其为企业战略的第三种观点。

1965 年,美国学者安索夫出版了《公司战略》一书,首次提出了"企业战略"这一概念:一个组织打算如何去实现其目标和使命,包括各种方案的拟定和评价,以及最终将要实施的方案。该观点提出战略的四个构成要素:产品与市场范围、增长向量、竞争优势、协同效应。根据产品特点和顾客类型进行不同组合,将多元化分为:横向多元化、纵向多元化、同心多元化和不相关多元化。

这一时期理论的主要特征及贡献为:初步形成了企业战略管理研究的理论框架,战略研究主要集中在战略的概念与构成要素等理论问题上。战略必须使企业的内部条件与外部环境相适应,战略规划的制定包括有关信息的收集与分析,战略制定、评估、选择与实施等程序。

3. 20 世纪 70 年代的环境适应理论

环境适应理论强调战略的动态变化。1973 年的石油危机使得企业经营环境变幻莫测,这种环境的不确定性,动摇了战略规划的垄断地位。环境的不确定性成为 20 世纪 70 年代战略管理研究的主要内容,以环境变化分析为中心的战略理论占据主导地位。

1971 年,安德鲁斯在其著作《公司战略概念》中提出:战略的形成过程实际上是把企业内部条件与企业外部环境进行匹配的过程,这种匹配能够使企业的优势和劣势与企业外部机会和威胁相协调。并提出了著名的战略制定模型:SWOT 分析模型。模型充分体现了组织内外部关系对制定战略的重要性。

1979 年,安德鲁斯出版了《战略管理》一书,区分了战略的制定与实施。认为战略的制定是"分析性的",由企业高层管理者负责;而战略的实施是"管理性的",由企业中层与基层管理者负责。此外,林德布洛姆的"摸着石头过河"、奎因的"逻辑渐进主义"、明茨伯格和沃特斯的"应急战略"都把战略视为意外的产物,认为战略是对环境变化的应急对策。

这一时期的战略管理思想强调企业战略与环境相适应的重要性,注重对环境、市场的分析,把企业的经营活动看作统一在战略指导下的相互关联的整体,构建了战略分析框架,为以后的理论研究奠定了基础。这一时期理论的主要特征及贡献为:研究的核心问题是战略管理,战略管理由理论研究开始走向实际应用研究。

4. 20 世纪 80 年代的产业组织理论

1980 年,迈克尔·波特出版的《竞争战略》一书中指出:企业在考虑竞争战略时必须将企业与所处的环境相联系,而行业是企业经营的最直接的环境;每个行业的结构又决定了企业的竞争范围,从而决定了企业的潜在利润水平。为此,迈克尔·波特提出了著名的用于产业竞争环境和产业结构分析的"五力模型"以及"三种通用战略"(成本领先战略、差异化战略和集中化战略)。

1985年,迈克尔·波特出版了《竞争优势》一书,运用价值链的概念来系统识别和分析企业竞争优势的来源,使战略研究进入一个全新的领域。

这一时期理论的主要特征及贡献为:注重产业组织研究。产业组织理论以竞争优势为中心,将战略制定和战略实施有机地结合在一起,五力模型和价值链理论为企业战略管理的研究提供了新的分析方法。

5. 20世纪90年代的资源基础论与核心能力理论

1984年,沃纳菲尔特(Wernerfelt)在《战略管理杂志》上发表了《企业的资源基础论》,意味着资源论的诞生。1990年,美国经济学家普拉哈拉德(Prahalad)和哈默尔(Hamel)在《哈佛商业评论》上发表了《公司的核心能力》一文,掀起了核心能力研究的高潮,标志着企业战略管理研究进入了一个新的阶段。1991年,巴尼(Barney)在《管理学杂志》上发表了《企业资源和持续竞争优势》,指出企业具有持续竞争能力的条件是其资源具有价值性、稀缺性、不可模仿性和不可替代性。

这一时期理论的主要特征及贡献为:着重研究企业内部的资源、能力和知识对竞争优势的影响;注重如何运用企业内部的独特资源与能力来获取竞争优势,构造"能力—战略—绩效"的基本理论。

6. 21世纪初的战略管理理论

1996年,詹姆斯·穆尔(James F. Moore)出版了《竞争的衰亡》一书,首次提出了"商业生态系统"的概念,指出商业生态系统作为经济联合体,包括供应商、主要生产者、竞争者和其他风险承担者,从现代生态学的角度透视了整个商业活动,构建了基于共同进化模式的企业战略全新设计思路。同年,纳尔巴夫(Nalebuff)和布兰登伯格(Brandenburger)在合著的《合作竞争》一书中,提出了实现双赢的合作竞争的新理念。1998年,迈克尔·波特在著作《产业集群与竞争》一书中阐述了企业集群对维持企业竞争优势的重要性。

这一时期理论的主要特征及贡献为:对基于能力的战略和战略联盟的研究成为主流。对外注重构建企业集群的整体优势,以维持和发挥企业自身的竞争优势;对内注重寻求动态战略,以适应环境的变化。

1.5 战略管理理论的代表性学派

作为研究企业全局性经营规律的科学,战略管理自20世纪60年代产生以来,各种理论精彩纷呈。亨利·明茨伯格对20世纪90年代以前的战略管理理论进行了归纳,认为有十种观点影响深远,被称为战略管理理论的十大代表性学派(简称"十大流派")。

1. 设计学派

设计学派起源于20世纪60年代,该学派的代表人物是肯尼斯·安德鲁斯(哈佛)、弗雷德·钱德勒(麻省理工)。设计学派认为,战略是一个主观的概念化过程。战略制定是企业高层在比较机会和威胁、优势和劣势的过程中形成的,企业通过战略设计以求得内部资源和能力与外部环境的匹配。

设计学派代表了有关战略形成过程的最有影响力的观点，设计学派战略制定的模型着重强调内部条件和外部环境的匹配，将战略管理分为战略制定、战略评估、战略实施几个部分。设计学派提出的基本模型为SWOT分析模型，一方面强调对外部环境的评价，明确企业外部的机会和威胁；另一方面强调对内部条件的评价，揭示企业内部的组织优势和劣势。设计学派的基本观点：战略形成应该是一个有意识的、深思熟虑的思维过程；进行控制并保持清醒是首席执行官(CEO)的责任，CEO就是战略家；战略应当是个性化设计的最佳成果之一，应保持明确与简单；当战略形成一个完整的观念时，设计过程才算结束；只有战略完全制定好后才可以贯彻。

2. 计划学派

计划学派与设计学派起源于同一时期，该学派的代表人物是伊格尔·安索夫。计划学派的基本特征为规范化。计划学派认为，设计学派分析问题的方法过于主观，战略应该是一个规范的、深思熟虑的计划过程，战略应该注重步骤和命令式的控制，强调规划、预算、日程安排和远景方案。计划学派的基本观点：战略产生于一个受控的、有意识的正式规划过程，该过程被分解成清晰的步骤，每一步骤都应采用分析技术进行分析；CEO负责战略全过程；战略应当明确，以便于制定明确目标、预算、程序用以贯彻。

计划学派提出了战略规划的基本模式：目标确定阶段、外部审查阶段、内部审查阶段、战略评价阶段、战略运用阶段。计划学派与各类组织进行正式的管理教育、培训、宏观控制的目标一致，但实践中存在着制定与执行、思考与行动、动脑与动手的分离。

3. 定位学派

定位学派起源于20世纪80年代，该学派的代表人物是迈克尔·波特。定位学派认为，战略形成过程要靠系统分析和深思熟虑，企业内部的分析师和外部的咨询顾问是战略的主要制定者。定位学派的主要观点：战略是一个在产业中进行定位分析的过程。战略是通过对产业态势的正式分析，并对企业所处行业的研究，来确定出企业自身的定位的。

定位学派提供了一系列有效的分析工具，包括波特五力模型、战略集团、价值链分析模型。定位学派明确了战略制定的优先顺序，使企业可以在行业的范围内系统考察面临的机会威胁，选择恰当战略。但其局限性是忽视了企业内部资源、能力与核心能力的重要性，只注重竞争，忽视了可能的合作，对环境成熟、稳定的要求较高。

4. 企业家学派

企业家学派的代表人物是约瑟夫·熊彼特(Joseph Alois Schumpeter)等。企业家学派认为，企业战略是靠企业家的个人素质来预见企业未来的发展，并通过他的价值观、权力和意志来约束企业的发展，战略是一个企业家对企业未来图景的洞察过程。企业家学派的主要观点：战略不是精心设计和内容完整的长期计划，而是企业家对未来发展的看法；具有战略洞察力的企业家是企业成功的关键；战略是存在于企业领导人头脑中的关于企业长期发展的意识，是对未来的认识；战略制定过程带有不完全自觉的特性，需要依靠领导人的经验和直觉。

企业家学派的核心概念是远见，是对战略的心理描述，一种灵感，常表现为一种印象而非详细的计划，在总体思路与方向上是深思熟虑的，在具体细节上是随机应变的。企业家学派认为，战略是企业领导人心中的观念，更是一种特殊的、长期的方向感，是对组织未来的远见。战略形成最好不要成为一个完全有意识的思维过程。企业领导人要一心一意发展远见,且远见应该是动态变化的。有远见的企业领导人是企业的战略财富。

5. 认知(识)学派

认知(识)学派的代表人物为赫伯特·西蒙(Herbert Simon)。认知(识)学派认为,战略制定不仅是一个理性思维的过程,而且也包括一定的非理性思维,并且非理性思维更加重要。认知(识)学派的主要观点:战略形成过程是战略家心里的认知过程;战略是人们处理环境信息方式的一种体现。

认知(识)学派认为环境复杂,人的信息处理能力十分有限,因而决策制定就很难非常理性。真正与战略形成有关的心理过程往往表现为直觉,隐藏在人的潜意识中,因而战略既是理性分析的结果,也往往是非理性思维的因素。战略家的思想观念对战略具有重要的作用,要求战略家具有想象力、创造性和艺术家的气质,特别是具有敏锐的洞察力。

6. 学习学派

学习学派的代表人物是詹姆斯·布雷恩·奎因(James Rrian Quinn)和彼得·圣吉(Peter M. Senge)。学习学派的主要观点:①自然选择观点,企业所处环境不可预测,在环境变化中,企业应进行应急反应,仅靠计划是不够的。②逻辑渐进观点,环境复杂,企业无法制定可行性方案,高层管理人员确定战略目标后,应不断调整其核心业务实现目标。③想象观点,仅凭理性分析方法往往无法应对企业内外环境变化,高层管理人员决策时应凭借直觉和想象,尤其是环境巨变时想象更为重要。

学习学派认为战略形成是一个学习和应急的过程。组织环境具有复杂与难以预料的特征,经常伴随着对战略必不可少的知识的传播,同时排斥有意识的控制。战略管理要求不断学习,这一过程中战略制定与实施的界限开始模糊。领导者虽是主要学习者,但集体学习更为重要。领导者的作用不再是深思熟虑的战略家,而是要去管理战略学习的过程。

7. 权力学派

权力学派的代表人物是普费弗(Pfeffer)、萨兰基克(Salancik)。权力学派认为,战略形成不仅受经济因素影响,也受政治因素影响。战略是一个协商的过程或权势作用的过程,包括组织内部各种矛盾着的部门和互为外部环境的组织之间的协商。企业内外部存在着各种正式和非正式的利益团体,他们会利用各自的权力对企业战略施加影响。

权力学派的主要观点:①微观权力观,企业的战略制定是一种实质性的政治运动,是企业内部各种正式和非正式利益团体运用权力、施加影响、讨价还价、直接对抗,最后在各种权力间达成一致的过程。②宏观权力观,反映企业与环境之间的依赖关系。战略制定时要充分考虑合作者、竞争者、顾客、股东、社会等各利益相关者的利益,使企业与环境相协调。战略联盟、合资、网络组织、企业社会责任等理念或实践均与权力学派有关。

8. 文化学派

文化学派认为,企业文化及其背后的价值观念对于战略的形成具有重要的作用。文化学派的主要观点:战略形成是社会交互过程,建立在组织成员的共同信念和理解的基础之上。个人通过文化适应过程或社会化过程来获得这些信念,这一过程是潜移默化的而非通过语言文字来获得。组织成员只能部分地描述巩固他们文化的信念,而对文化来源或解释可能是模糊的。

文化学派认为战略制定过程是集体行为过程，建立在组织成员共有的信仰与价值观之上。战略应采用观念而非立场的形式，以组织成员的意愿为基础。观念植根于集体意向中，并在组织模式中反映出来，受到保护并用作优势。文化学派不鼓励观念改变，反对战略变革。由于存在共同价值观，组织内的协调与控制是规范的。

9. 环境学派

环境学派认为，环境对于企业战略具有重要的影响，企业应该积极地理解并适应环境，战略的形成是一个被动的反应过程。环境学派的主要观点：环境作为一种综合力量，是战略形成过程的中心角色。组织必须适应环境，否则会被淘汰。领导变成被动因素，负责了解环境并保证与之适应。环境学派认为组织群集在原来所处的独特的生态学意义的活动范围中，直至资源稀少、条件恶化，最终组织消灭。环境和领导以及组织一起被列为战略形成过程中的三个中心力量，并且领导和组织从属于外部环境，环境居于支配地位。

10. 结构学派

结构学派的代表人物是钱德勒、明茨伯格、米勒等。结构学派的主要观点：组织是一种结构，在一定时期采用特殊结构形式，与特殊内容匹配，实施特殊行为，形成特殊战略。如果某种因素变化或不连续，结构就会打破，向另一结构转变。这一交替随时间推移形成规律，如企业的生命周期。

结构学派认为战略管理的关键是维持稳定，或适应性变化。战略制定既可以是概念的设计或正规计划，也可以是系统分析或领导远见，还可以是共同学习或竞争性的权力，不同学派就代表了一种特别的结构。

综上所述，十大流派对战略的认识过程可表述为：

a. 设计学派将战略形成看作一个概念作用的过程（资源和能力匹配的过程）；

b. 计划学派将战略形成看作一个正式的过程（严谨的程序化过程）；

c. 定位学派将战略形成看作一个分析的过程（选择可行性方案的过程）；

d. 企业家学派将战略形成看作一个预测的过程（领导人能力体现的过程）；

e. 认知（识）学派将战略形成看作一个心理的过程（对行业知识和经验的升华过程）；

f. 学习学派将战略形成看作一个应急的过程（利用学习适应环境变化的过程）；

g. 权力学派将战略形成看作一个协商的过程（组织内部权力制衡的过程）；

h. 文化学派将战略形成看作一个集体思维的过程（集体思维的过程）；

i. 环境学派将战略形成看作一个反映的过程（组织被动适应环境的过程）；

j. 结构学派将战略形成看作一个变革的过程（管理组织变革的过程）。

1.6 战略管理工具

建立在一定理论基础上供人们用来解决战略管理问题的格式化方式，就是战略管理工具。每个战略管理工具都有名称、理论基础、构成、应用方式、应用范围、局限性等内容。战略管理的每个部分都由这些战略管理工具支撑起来。

1.6.1 外部环境分析工具

战略管理理论中的外部环境分析就是试图描述一个能找到大势的逻辑框架，将复杂的外部环境抽象化、简单化、程序化。外部环境分析主要通过一些战略管理工具进行。外部环境由宏观、产业、竞争三个层次构成，每个层次的环境都要用到相对应的战略分析工具。外部环境分析工具主要包括宏观环境分析工具、产业环境分析工具、竞争环境分析工具。需要注意的是，每个战略管理工具只适合针对某个层次的环境进行分析，不可将环境层次与其对应的工具匹配错误。

1. 宏观环境分析工具

宏观环境分析工具主要从企业的外部政治、经济、社会、科技以及生态环境等方面进行宏观环境分析，如 PEST 分析模型、外部因素评价矩阵等。PEST 分析模型是宏观分析的框架模型。它从政治、经济、社会、技术四个方面对宏观环境进行分析，目的是帮助企业找到影响企业所关注目标的最关键的宏观环境影响因素，发现宏观环境变化带来的机会与威胁。

2. 产业环境分析工具

产业环境分析工具主要用于进行企业所处产业方面的分析，如产业生命周期、波特五力模型、关键成功因素。根据产业生命周期将产业分为导入、成长、发展、成熟、衰退五个阶段，目的是通过认清产业周期变化来分析产业的前景。波特五力模型将产业所受的环境压力分为五个力，目的是借助五个作用力来分析产业竞争强度。产业竞争强度越大，产业进入吸引力越小。关键成功因素主要是分析在行业内要经营成功必须具备的条件，即成功的必要条件。

3. 竞争环境分析工具

竞争环境分析分为两个层次：一是竞争环境的结构分析，二是竞争对手行为分析。竞争环境分析工具包括战略组群分析模型、竞争对手分析模型。战略组群分析模型将产业中众多企业分为一个个战略组群，目的是通过对竞争群体结构的分析来找到战略组群之间的移动障碍及产业中存在的机会。竞争对手分析模型主要用于进行企业所在行业的竞争者及市场结构等方面的分析，帮助企业找到影响企业所关注目标的最关键的因素。

1.6.2 内部环境分析工具

内部环境分析工具主要涉及三个方面的工具或理论：一是价值链模型及价值链系统；二是对标分析；三是资源能力分析。

1. 价值链模型及价值链系统

价值链模型的作用主要是厘清企业运作机理，为内部环境分析提供基础。价值链模型将企业各种活动分为主价值链与辅助价值链，目的是展示企业的基本活动及运作机理，为内部分析找到优势、劣势提供基础。价值链系统将企业与上、下游的连接关系清晰展示处理，有利于找到企业与上、下游的链条中存在的问题。该系统也可以用在外部分析中，以找到价值链系统中的机会与威胁。

2. 对标分析

对标分析确切地说是一种思想或方法。它的目的是通过找到标杆来与企业进行对比，以便发现企业的优势、劣势。其中涉及对标对象的选择以及对标的具体方法等内容。

3. 资源能力分析

资源能力分析的目的是对企业的资源与能力进行分析。资源分为有形资源、无形资源。能力分为研发、生产、营销、财务、组织管理能力等。实际应用中，人们只用其思想，所分析的资源与能力会结合企业实际进行确定，主要强调企业应该辨识核心竞争力。

1.6.3 综合分析工具

综合分析工具主要是将外部环境和内部条件因素整合在一起，以及把战略规划和资本预算紧密结合起来进行战略管理，如SWOT分析模型、波士顿矩阵及通用矩阵、平衡计分卡等。

1. SWOT分析模型

SWOT分析通过对企业内外部环境各方面内容进行综合和概括，进而分析组织的优势和劣势、面临的机会和威胁，以帮助企业把资源配置在最有利的位置。

2. 波士顿矩阵及通用矩阵

波士顿矩阵及通用矩阵，主要分析多业务的经营情况。波士顿矩阵是多元化业务的分析工具。它按照相对市场占有率与市场增长率两个维度、高低两个等级建立由四个象限组成的矩阵，将企业的多个业务分成明星、问题、现金牛、瘦狗等四类，以便针对不同类业务制定不同的战略目标。通用矩阵与波士顿矩阵类似，只是按照竞争地位与产业吸引力两个维度、三个等级(高、中、低)建立由九个象限组成的矩阵。

3. 平衡计分卡

平衡计分卡主要用于从财务角度、顾客角度、内部经营流程、学习和成长方面考察企业绩效，帮助企业找到运营过程中影响企业所关注目标实现的问题。

1.6.4 辅助分析工具

1. 层次分析法

层次分析法主要用于将复杂问题分解成各个组成因素，然后将这些因素按照支配关系进行分组，形成按层级递阶的层次结构。最后，通过两两比较的方式，确定层次中各因素的相对重要性的总排序。

2. 主成分分析法

主成分分析法是将影响战略决策的多个变量通过线性变换，选出较少个数重要变量的一种多元统计分析方法。

3. 数据包络分析法

数据包络分析法主要使用DEA模型及其扩展模型，比较战略决策单元之间的相对效率，对战略决策单元做出评价。一个战略决策单元可以是学校、医院，也可以是银行或企业。

专栏 1.3 战略工具相关常识的总结

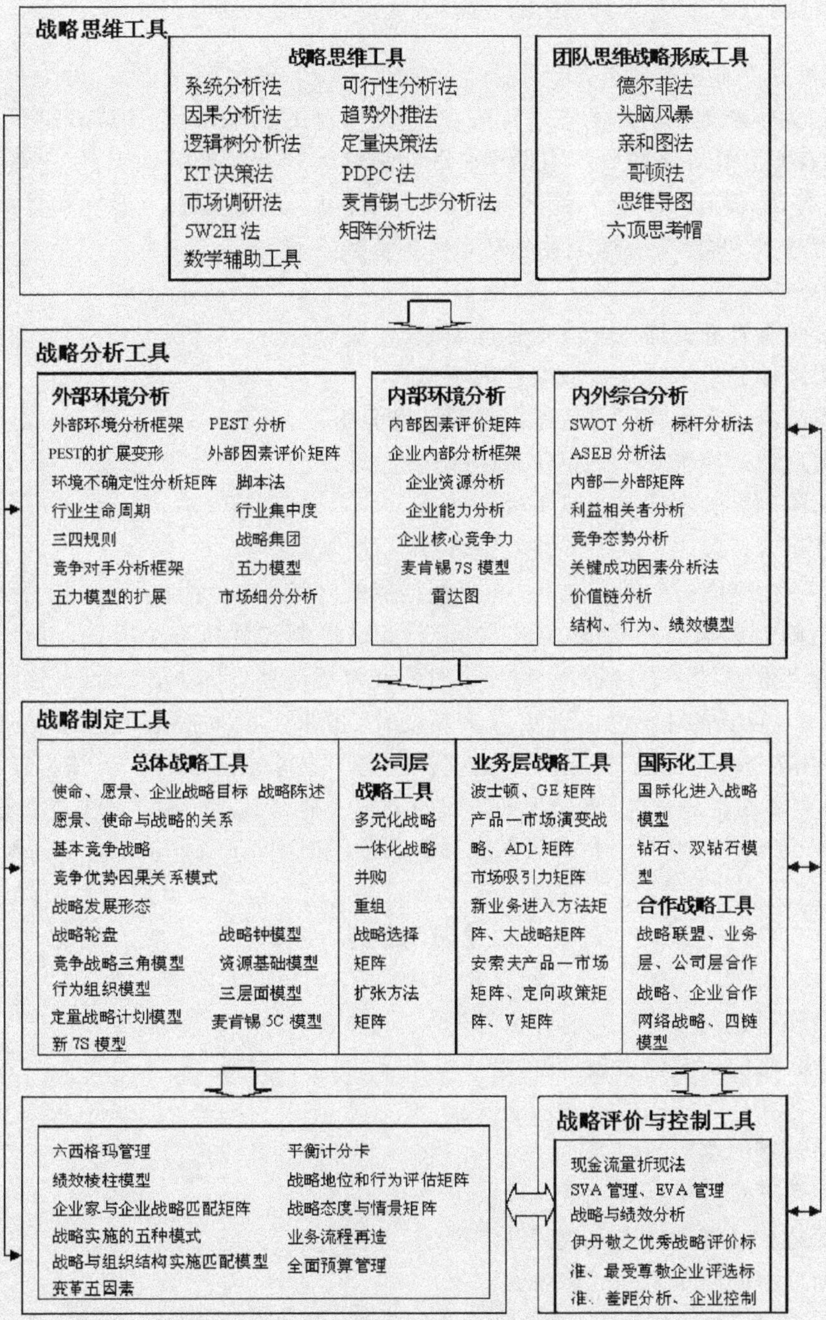

战略工具总图

对企业员工来说，"战略管理工具"似乎是个非常神秘的词汇。通常，企业部分员工会用理工思维的严谨来论证战略管理工具的重要性，企业部分员工会以道家文化的哲理来阐述战略管理思想的重要性。总体来说，战略管理工具是常识的总结，也是对前人违背常识所犯错误的总结。

【本章小结】

企业战略是企业根据其外部环境及企业内部资源和能力状况，为求得企业生存和长期稳定的发展，为不断地获得新的竞争优势，对企业发展的战略目标、达成战略目标的途径和手段的总体谋划。企业战略管理有助于企业对战略远景有清晰的认识，使企业能集中于战略上的重要方面，提高对瞬息万变的环境的理解程度。战略具有全局性和复杂性、系统性和层次性、竞争性和合作性、稳定性和动态性等特征。

企业战略管理的理论知识点可概括为：

① 拨云驱雾直面真谛——战略管理理论；

② 万丈高楼始于基础——战略管理概念；

③ 明察秋毫慧眼识英——战略内外部环境分析；

④ 高瞻远瞩运筹帷幄——企业总体战略选择；

⑤ 华山论剑优胜劣汰——竞争战略选择；

⑥ 行胜于言持续改进——战略实施、评价与控制。

企业战略管理是一个动态过程，一般包括战略环境分析与判断、企业文化构建与战略目标确定、战略制定与选择、战略实施与执行、战略控制与评价五个方面，五个方面形成一个完整的、相互联系的动态过程，而每一个过程又包括许多具体步骤。

展望未来，企业战略环境出现了许多新变化，带来了很多挑战，包括科技创新与互联网＋兴起、经济全球化加速、生态环境治理等问题。全球化、互联网＋、知识经济是我们所处时代的最重要的特征，这需要企业具备面向未来的战略观，强调能力和核心竞争力，强调组织学习和知识创新，强调控制产业标准和影响竞争规则，强调企业社会责任等。

【思考题】

1. 如何理解企业战略？它有什么特征？
2. 企业战略的构成要素包括哪些？
3. 企业存在什么样的战略管理层次？
4. 战略管理的本质是什么？
5. 战略管理过程包括哪几个阶段？
6. 请简述战略管理的十大代表性学派。
7. 如何理解面向未来的战略观？

【拓展阅读】

◇ 阅读推荐

(美)亨利・明茨伯格. 战略历程：纵览战略管理学派[M]. 刘瑞红，徐佳宾，郭武文，译. 北京：机械工业出版社，2002.

◇ 推荐理由

企业战略管理理论有十大流派，它们是：设计学派、计划学派、定位学派、企业家学派、认知(识)学派、学习学派、权力学派、文化学派、环境学派和结构学派。这十大流派分别从不同的角度或层次分析反映了战略形成的客观规律，它们互相补充，共同构成了完整的战略管理理论体系。阅读材料详细阐述了企业战略管理的十大流派，对企业战略管理理论的梳理做出了巨大贡献。

【实践项目】

调查你所在地的一家特定企业的战略制定(规划)的组织部门，了解该企业战略管理工作的基本层次和基本程序是什么，并撰写一份调查报告。

第二章 企业外部环境分析

【学习要求与目标】

1. 理解企业外部环境的基本类型。
2. 掌握企业外部环境因素。
3. 重点掌握企业宏观环境因素及分析工具。
4. 重点掌握企业产业环境因素及分析工具。
5. 重点掌握企业竞争对手分析模型。

党的二十大报告提出："全面建设社会主义现代化国家，是一项伟大而艰巨的事业，前途光明，任重道远。当前，世界百年未有之大变局加速演进，新一轮科技革命和产业变革深入发展，国际力量对比深刻调整，我国发展面临新的战略机遇"，"我国发展进入战略机遇和风险挑战并存、不确定难预料因素增多的时期，各种'黑天鹅'、'灰犀牛'事件随时可能发生。我们必须增强忧患意识，坚持底线思维，做到居安思危、未雨绸缪，准备经受风高浪急甚至惊涛骇浪的重大考验"。这是党对于国家发展面临的外部机遇与挑战的深刻认识。

企业战略分析中，外部环境是影响企业生存和发展的各种客观因素与力量的总和。企业战略必须与企业所处的外部环境相匹配，特别是企业要充分利用外部环境中已经存在或可预见的机会，尽量减少外部环境对企业构成的威胁或潜在的威胁。企业外部环境包括宏观环境、产业环境、竞争环境三个层次。

【先导案例】

一起向"蔚来"

1. 公司简介

蔚来定位为高端智能电动汽车制造企业，与理想、小鹏为造车新势力的三大代表。公司于2014年创立，公司创始人为李斌，总部位于上海。公司目前在售ES8\ES6\EC6\ET7\ET5五款车型，覆盖30万～60万元价格区间。2018年9月登陆纽交所，2022年3月登陆港交所，2022年7月登陆新加坡交易所，实现了三地上市。2021年公司汽车交付量9.14万辆，营业收入361.36亿元，净利润－40亿元。目前市值357亿美元。

2. 行业概况

根据中国汽车工业协会数据，2020年中国新能源汽车销量136.7万辆，对应新能源汽车渗透率5.4%；而2021年中国新能源汽车销量352.1万辆，对应新能源汽车渗透率13.4%。2022年以来中国新能源汽车销量延续高增长，2022年1—6月累计销量260

万辆，渗透率提高到了 20%。

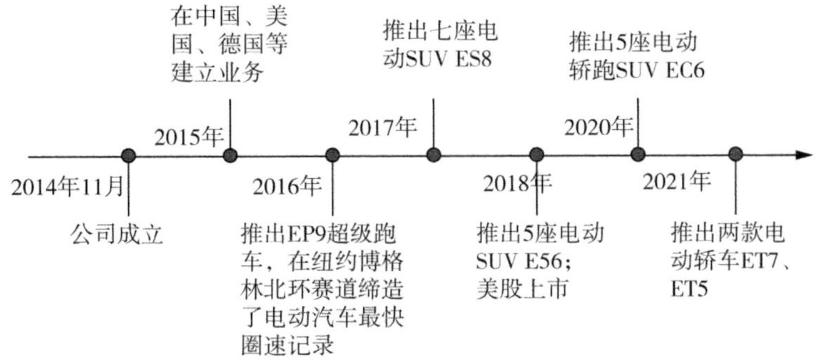

资料来源：公司官网。

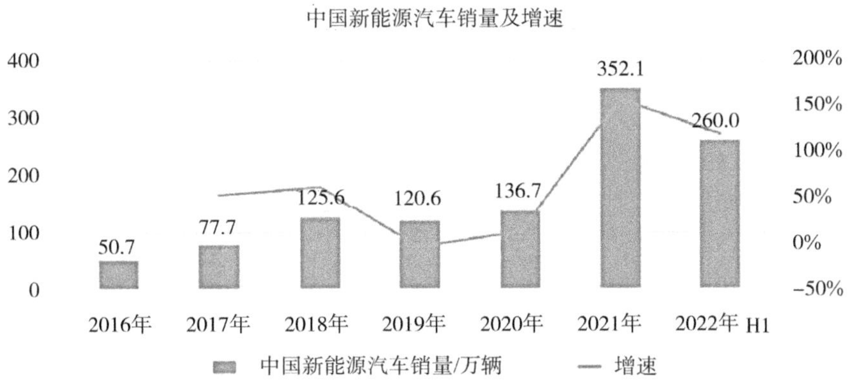

数据来源：中国汽车协会。

中国新能源汽车市场已经实现从政策驱动向产品驱动切换，车型丰富，消费者可选择空间大。根据乘联会数据，以特斯拉 Model 3、Model Y，比亚迪汉，小鹏 P7，理想 ONE 为代表的高端车型受市场追捧。

排名	2021 年销量(轿车)/辆		2022 年 1—5 月销量(轿车)/辆	
1	宏光 MINI	395 451	宏光 MINI	148 855
2	比亚迪秦	187 227	比亚迪秦	120 107

续表

排名	2021 年销量(轿车)/辆		2022 年 1—5 月销量(轿车)/辆	
3	特斯拉 Model 3	150 890	比亚迪汉	71 741
4	比亚迪汉	117 323	比亚迪海豚	47 981
5	奇瑞 eQ	76 987	奇瑞 QQ 冰淇淋	44 434
6	奔奔 EV	76 381	奔奔 EV	41 240
7	埃安 Aion S	73 853	特斯拉 Model 3	38 121
8	欧拉黑猫	63 492	奇瑞 eQ	36 462
9	小鹏 P7	60 569	埃安 Aion S	31 698
10	欧拉好猫	49 900	小鹏 P7	27 365
11	科莱威 CLEVER	46 002	零跑 T03	26 647
12	零跑 T03	40 245	欧拉好猫	23 766
13	思皓 E10X	35 368	欧拉黑猫	19 201
14	比亚迪 e2	33 825	思皓 E10X	18 517
15	雷丁芒果	30 467	东风风神 E70	18 071
排名	2021 年销量(SUV)/辆		2022 年 1—5 月销量(SUV)/辆	
1	特斯拉 Model Y	169 853	比亚迪宋	127 281
2	比亚迪宋	104 244	特斯拉 Model Y	81 516
3	理想 ONE	90 491	理想 ONE	47 379
4	比亚迪唐	50 116	比亚迪唐	46 478
5	哪吒 V	49 646	比亚迪元 PLUS	38 111
6	蔚来 ES6	41 474	埃安 Aion Y	33 348
7	比亚迪元	40 534	哪吒 V	32 255
8	埃安 Aion Y	33 522	比亚迪元	20 253
9	蔚来 EC6	29 905	蔚来 ES6	18 434
10	小鹏 G3	29 721	哪吒 V	17 719
11	大众 ID. 4CROZZ	26 141	极氪 001	14 708
12	威马 EX5	24 025	大众 ID. 4CROZZ	14 450
13	宝马 X3BEV	21 814	零跑 C11	14 067
14	大众 ID. 4X	21 004	问界 M5	13 199
15	蔚来 ES8	20 050	埃安 Aion V	12 166

数据来源:乘联会。

3. 股权架构

蔚来创始人李斌,1975 年生,安徽人,毕业于北京大学社会学专业。李斌是一位连续创业者。1996 年，李斌创办了南极科技公司，帮人租服务器、卖域名。2000 年，当时的汽车还很少，他断定这是一个很好的机会，所以又创办了易车网，然而互联网泡沫导致李斌遇到了巨额的亏损，投资人的撤资更是让他雪上加霜，李斌独自承担了 400 万元的巨额债务，但他并没有想要逃避，最坏的打算就是大不了打工来还债。经过努力，李斌不但还清了债务，还带领易车网于 2010 年成功在纽约上市。2014 年，经过深思熟虑，李斌又决定进军新能源汽车领域，立志造出可以与传统豪华车进行抗争的高端车，并且超越它们。这样的举动让很多的人都不理解，但李斌觉得任何事情都可以做得更好，永远没有上限。2018 年他带领蔚来在纽交所上市。然而上市没多久，汽车的自燃事件使股价一度下跌，那也是李斌和蔚来最困难的时候。后来在安徽政府的投资下，蔚来才度过了危机，重新走向了光明。

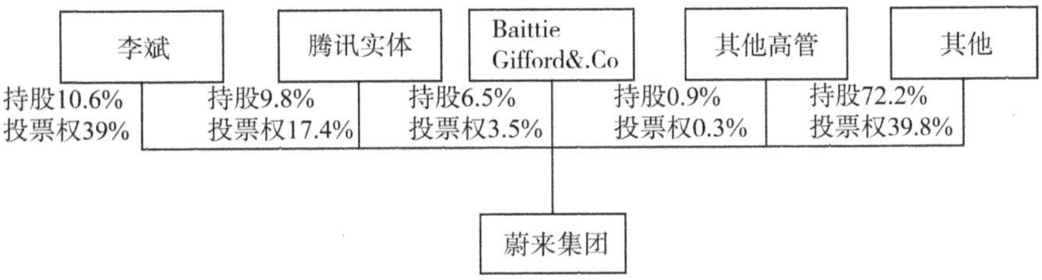

资料来源：公司官网。

4. 商业模式

(1) 蔚来汽车产品矩阵

图片	车型	上市时间	类型	续驶里程/km	零百加速/s	建议售价
	ES8	2017 年	SUV	450/580/850	4.9	46.8 万元起
	ES6	2018 年	SUV	465/610/900	4.7	35.8 万元起
	ES7	2022 年	SUV	485/620/850	3.9	46.8 万元起
	ES6	2021 年	SUV	475/615/910	4.5	36.8 万元起
	ES7	2022 年	轿车	550/705/1000	3.8	44.8 万元起
	ES5	2023 年	轿车	550/700/1000	4.3	32.8 万元起

资料来源：公司官网。

(2) 蔚来汽车换电模式

蔚来主打换电服务,以降低用户充电时长。公司于 2020 年推出电池租用服务 BaaS (Battery as a Service),并与宁德时代、湖北省科投、国泰君安国际合资成立武汉蔚能电池资产公司。蔚能购买蔚来的电池包,并将其出租给购买蔚来 BaaS 服务的消费者,同时负责日常的电池管理等业务。

对于选择 BaaS 服务的消费者而言,租用标准续航电池包(70 kW·h)的消费者购买整车的价格将降低 7 万元,电池租赁价格是 980 元/月;租用长续航电池包(100 kW·h)的消费者购买整车的价格可降低 12.8 万元,电池租赁价格是 1680 元/月。

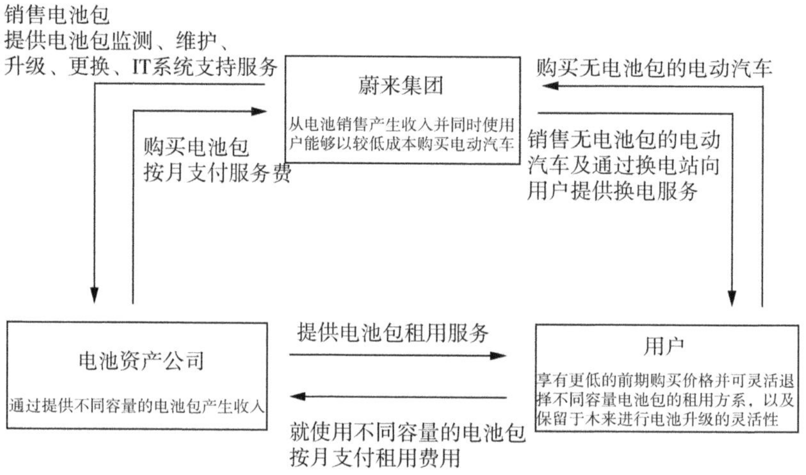

资料来源:招股说明书。

5. 财务指标

公司财务总体特征——虽然公司 2021 年仍巨亏 40 亿,但亏损额度近些年持续降低,毛利率、净利率表现持续好转,经营性现金流净额也转正,公司提出 2024 年力争实现盈亏平衡。

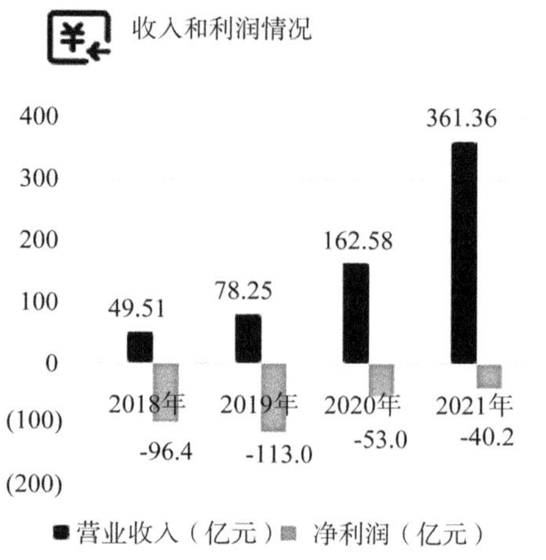

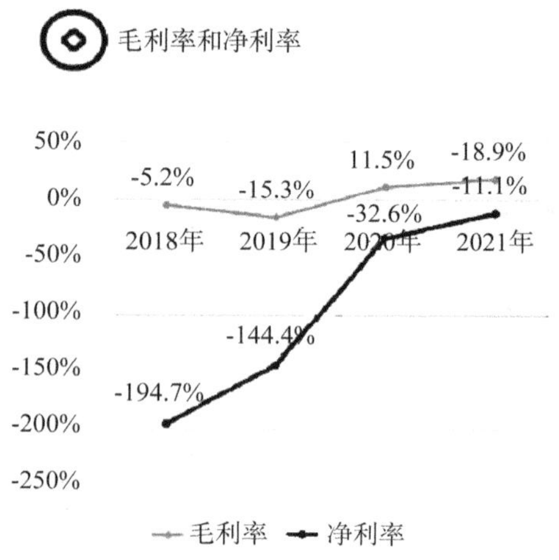

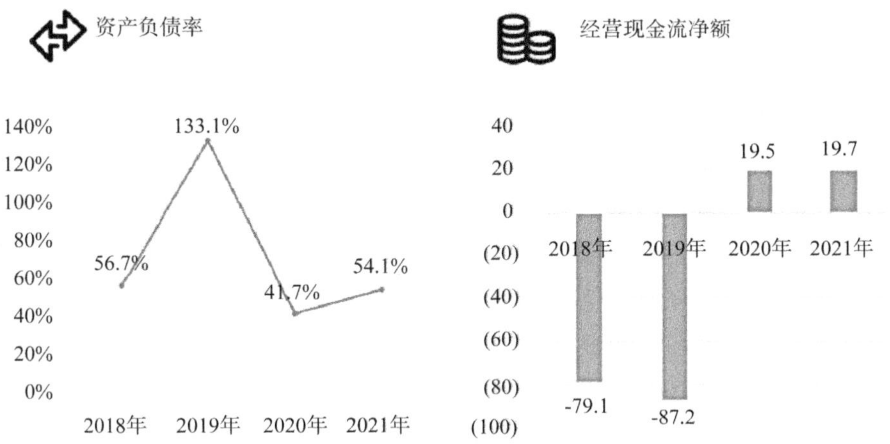

数据来源：公开财报。

2.1　企业外部环境概述

2.1.1　企业外部环境的概念

任何企业都是在一定环境中从事活动的，环境因素及其变化必然会影响企业组织活动的方向、内容以及方式的选择。所有间接或直接影响企业经营的外部因素，构成企业的外部环境。企业战略的好坏很大程度上取决于企业的战略决策者对企业外部环境的评价是否准确、完整和透彻。

企业与外部环境的相互作用关系表现在三个方面：①企业与外部环境相互依存。企业作为社会的经济细胞，它的生存与发展有赖于社会的各个方面，如人力资源状况、原材料供应、融资成本、政府政策等。企业必然与外部环境产生各种交换关系，因此企业经营活动受到各种各样外部环境因素的影响。②外部环境是企业生存和发展的土壤。外部环境为企业的生存经营活动提供了必要的条件，同时也对其生产经营活动起着制约作用。③外部环境为企业创造机遇与挑战。外部环境为企业的生存和发展提供新的机会，同时外部环境可能对企业生存造成威胁。

确认企业外部环境因素时应注意三个问题：①关联性。外部环境分析必须找出与企业的经营活动有明显相关的关联因素。②关键性。外部环境分析的重点是确定对企业经营活动有着重要影响的关键因素。③可分析性。对外部环境分析时，针对关联因素或关键因素，必须有合理合法取得相关信息的渠道。

2.1.2　企业外部环境分析思路

企业的外部环境分析可分为四个环节：一是产业外部环境分析，即宏观环境或一般环境分析；二是产业环境分析或者行业环境分析；三是竞争对手分析；四是战略集团分析。企业外部环境分析思路，见图 2-1。

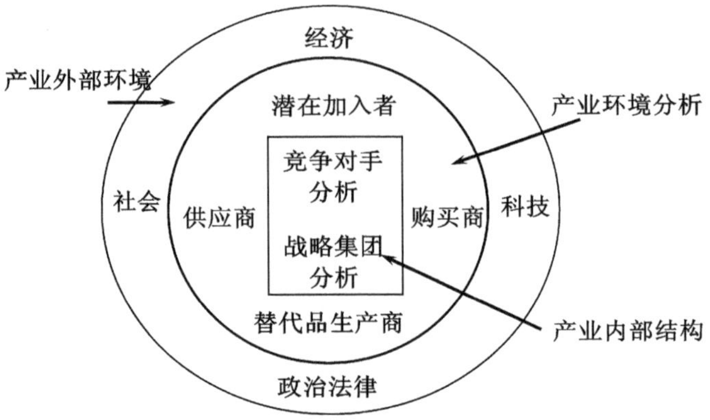

图 2-1　企业外部环境分析思路

2.2　宏观环境分析

企业宏观环境又称一般环境，是指影响企业发展的各种宏观力量。对企业宏观环境进行分析时，不同企业根据自身特点和经营需要，分析的具体内容会有差异，但一般都对政治法律、经济、社会文化和技术这四大类影响企业的主要外部环境因素进行分析。简言之，企业宏观环境分析称为 PEST 分析。其中，P：政治法律环境（Political）分析；E：经济环境（Economic）分析；S：社会文化环境（Social&Cultural）分析；T：技术环境（Technological）分析。

2.2.1　政治法律环境分析

政治法律环境包括一个国家的社会制度、政治体制、政治性团体、政治事件、法律法规、政府的方针与政策等。不同的国家有着不同的政治法律环境，不同的社会制度对企业经营活动有着不同的限制和要求。同一个国家在不同时期由于政府的方针政策不同，对企业经营活动的影响也是不断变化的。通过政治法律环境分析，企业可以明确其所在的国家和政府目前禁止企业做什么、允许企业做什么、鼓励企业做什么。重要的政治法律变量包括：执政党的性质、政治体制、经济体制、政府的管制、税法的改变、环境保护法、产业政策、投资政策、政府补贴水平、反垄断法规、民众参与政治行为等。

专栏 2.1　商务部宣布可口可乐收购汇源案未通过审查

中新网 2009 年 3 月 18 日电（记者翁阳）

中国商务部 18 日正式宣布，根据中国反垄断法禁止可口可乐收购汇源。据悉，这是反垄断法自去年 8 月 1 日实施以来首个未获通过的案例。

2008 年 9 月 18 日，商务部收到关于可口可乐公司收购中国汇源公司的经营者集中反垄断申报材料。经申报方补充，申报材料达到了《中华人民共和国反垄断法》（以下简称《反垄断法》）第二十三条规定的要求，11 月 20 日商务部对此项集中予以立案审查，12 月 20 日决定在初步审查基础上实施进一步审查。

商务部依据《反垄断法》的相关规定，从市场份额及市场控制力、市场集中度、集中对市场进入和技术进步的影响、集中对消费者和其他有关经营者的影响及品牌对果汁饮料市场竞争产生的影响等几个方面对此项集中进行了审查。审查工作严格遵循相关法律法规的规定。审查过程中，充分听取了有关方面的意见。

经审查，商务部认定：此项集中将对竞争产生不利影响。集中完成后可口可乐公司可能利用其在碳酸软饮料市场的支配地位，搭售、捆绑销售果汁饮料，或者设定其他排他性的交易条件，集中限制果汁饮料市场竞争，导致消费者被迫接受更高价格、更少种类的产品；同时，由于既有品牌对市场进入的限制作用，潜在竞争难以消除该等限制竞争效果；此外，集中还挤压了国内中小型果汁企业生存空间，给中国果汁饮料市场竞争格局造成不良影响。

为了减少集中对竞争产生的不利影响，商务部与可口可乐公司就附加限制性条件进行了商谈，要求申报方提出可行的解决方案。可口可乐公司对商务部提出的问题表述了自己的意见，提出初步解决方案及其修改方案。经过评估，商务部认为修改方案仍不能有效减少此项集中对竞争产生的不利影响。据此，根据《反垄断法》第二十八条，商务部做出禁止此项集中的决定。

反垄断审查的目的是保护市场公平竞争，维护消费者利益和社会公共利益。

自 2008 年 8 月 1 日《反垄断法》实施以来，商务部收到 40 起经营者集中申报，依照法律规定立案审查了 29 起，已审结 24 起，其中无条件批准 23 起，对于 1 起具有排除、限制竞争效果的集中，商务部与申报方进行商谈，申报方提出了减少排除限制竞争的解决方案并作出承诺，商务部附加了减少集中对竞争不利影响的限制性条件批准了该集中。

从全球政治大环境来看，一球多制、多元共存、世界多极化继续成为国际政治格局发展的基本方向。国际权力呈分散化态势，世界多极化特征明显。非西方力量在世界事务中影响力上升。经济全球化、政治多极化、模式多样化、文化多元化是世界的基本面貌。各种社会制度和发展模式相互依存、调整变革、竞相发展将成为国际政治发展的基本趋势。全球经济一体化对中国经济的影响越来越大，但出于各国国内政治利益的考虑，各种贸易壁垒将长期存在。纵观企业面对的国内外形势，和平、发展、合作、共赢已经成为当今时代的潮流。经济全球化趋势深入发展。这些有利于企业集中精力加快发展经济，更好地利用国内国外两个市场、两种资源。我国现在仍处于并将长期处于社会主义初级阶段，城乡协调发展、区域协调发展需要进一步加强；自主创新能力有待提升，经济结构布局和绿色经济增长方式亟需进一步优化，制约经济社会发展的体制机制问题还比较多。

2.2.2 经济环境分析

经济环境指构成企业生存和发展的社会经济状况及国家的经济政策，包括社会经济结构、产业布局、经济体制、经济发展水平、经济政策等。经济环境主要包括宏观和微观两个方面的内容。宏观经济环境主要指一个国家的人口数量及其增长趋势，国民收入、国民生产总值及其变化情况，这些指标能够反映国民经济发展水平和发展速度。微观经济环境主要指企业所在地区的消费者收入水平、消费者偏好、储蓄情况、就业程度等因素。这些因素直接决定着企业目前及未来的市场大小。重要的经济环境因素主要包括：GDP 及其增长率、税率、居民可支配收入水平、居民消费(储蓄)倾向、通货膨胀率、规模经济水平、政府预算赤字、就业率与失业率、劳动生产率水平、汇率、证券市场状况、不同地区和消费群体间的收入差别、价格波动、货币与财政政策等。

专栏 2.2　中国数字经济发展

2020 年 5 月 13 日下午,国家发展改革委官网发布"数字化转型伙伴行动"倡议。倡议提出,政府和社会各界联合起来,共同构建"政府引导—平台赋能—龙头引领—机构支撑—多元服务"的联合推进机制,以带动中小微企业数字化转型为重点,在更大范围、更深程度推行普惠性"上云用数赋智"服务,提升转型服务供给能力,加快打造数字化企业,构建数字化产业链,培育数字化生态,形成"数字引领、抗击疫情、携手创新、普惠共赢"的数字化生态共同体,支撑经济高质量发展。

根据国家统计局定义的概念,2020 年,数字经济核心产业增加值在 GDP 中占比 7.8%。根据《国民经济和社会发展第十四个五年规划和 2035 年远景目标纲要》(以下简称"十四五"规划),这一占比到 2025 年有望提升到 10%。GDP 的增长分成两块——劳动生产率和劳动量的增长。中国过去几年 GDP 增长几乎全部来自劳动生产率的增长,近几年平均是 6%左右。根据欧盟的研究,2013—2017 年四年间美国与欧盟的劳动生产率增长绝大部分是由数字经济贡献的。我国经济社会发展已经进入数字时代,内部条件和外部环境正在发生深刻复杂变化,从高速发展向高质量发展转变。数字经济在国民经济社会发展的重要性日渐凸显。"数字化"一词多次在政府工作报告中被提到,"十四五"规划更是明确了"加快数字化发展,建设数字中国"的远景目标,突出了数字经济的战略性地位。数字经济规模长期快速增长,新冠疫情期间更是逆势保持了 3 倍 GDP 增速的增长,占 GDP 的比重也越来越高。

2016—2020年中国数字经济规模

数字经济成为驱动我国经济发展的关键力量。《数字中国发展报告(2022 年)》显示,2022 年我国数字经济规模达 50.2 万亿元,总量稳居世界第二,同比名义增长 10.3%,占国内生产总值的比重提升至 41.5%。

《数字中国发展报告(2022 年)》显示:①数字产业规模稳步增长。我国电子信息制造业实现营业收入 15.4 万亿元,同比增长 5.5%;软件业务收入达 10.81 万亿元,同比增长 11.2%;工业互联网核心产业规模超 1.2 万亿元,同比增长 15.5%。②数字技术和实体经济融合深入推进。农业数字化加快向全产业链延伸,农业生产信息化率超过 25%。全国工业企业关键工序数控化率、数字化研发设计工具普及率分别增长至58.6%和77.0%。全国网上零售额达13.79万亿元，其中实物商品网上零售额占社会消费品零售总额的比重达27.2%，创历史新高。③数字企业创新发展动能不断增强。我国市值排名前100的互联网企业总研发投入达3 384亿元，同比增长9.1%。科创板、创业板已上市战略性新兴产业企业中，数字领域相关企业占比分别接近40%和35%。从动力看，工业数字化占产业数字化比重明显上升，服务业数字化和工业数字化成为驱动数字经济发展的“双引擎”。从贡献看，数字化投入的经济增长贡献度持续上升，经济增长的主要动力来源加速向数字化方向转型。从效率看，数字经济投入产出效率实现跨越式提升。

数字经济时代背景下，我国数字经济重点领域加速发展。5G应用进程进一步加速，我国建成全球规模最大5G独立组网网络，工业互联网融合应用成为5G应用主战场；人工智能技术不断升级，“大模型＋大算力＋大数据”是人工智能的主要发展路径，有限度通用人工智能快速发展。《数字中国发展报告(2022年)》显示，截至2022年底，我国累计建成开通5G基站231.2万个，5G用户达5.61亿户，全球占比均超过60%。全国110个城市达到千兆城市建设标准，千兆光网具备覆盖超过5亿户家庭能力。移动物联网终端用户数达到18.45亿户，成为全球主要经济体中首个实现“物超人”的国家。IPv6规模部署应用深入推进，活跃用户数超7亿，移动网络IPv6流量占比近50%。同时，我国数据中心机架总规模超过650万标准机架，近5年年均增速超过30%，在用数据中心算力总规模超180EFLOPS，位居世界第二。工业互联网已覆盖工业大类的85%以上，标识解析体系全面建成，重点平台连接设备超过8 000万台(套)。车联网由单条道路测试拓展到区域示范，已完成智能化道路改造超过5 000 km。

当前，以信息技术为代表的新一轮科技革命和产业变革突飞猛进，为加快建设数字中国，推进中国式现代化提供了强大发展动能。未来5年，人工智能将实现规模应用，向开放环境的智能体演进。以云计算、大数据和人工智能为代表的新一代信息技术将进一步发挥数字经济的优势，推动数字经济发展迈入新台阶。

2021年全国两会审议通过了“十四五”规划，明确提出着力提升发展质量效益，保持经济持续健康发展。主要内容包括：第一，国内生产总值年均增长保持在合理区间，各年度视情提出经济增长预期目标；第二，全员劳动生产率增长高于国内生产总值增长；第三，城镇调查失业率控制在5.5%以内；第四，物价水平保持总体平稳；第五，实现更高质量、更有效率、更加公平、更可持续、更为安全的发展。

与以往的国民经济和社会发展五年规划一样，“经济发展”类指标排在首位。此次“经济发展”指标中没有设定五年GDP年均增速预期性指标，而是强调“保持在合理区间、各年度视情提出”。凸显更加重视经济发展的质量和效益，同时也体现了应对外部环境不稳定性、不确定性增加的考量。“经济发展”设定了两个预期性指标：全员劳动生产率增长高于GDP增长、2025年常住人口城镇化率提高到65%，折射出未来发展潜力所在。

2.2.3 社会文化环境分析

社会文化环境包括一个国家或地区的人口数量、结构及地理分布、教育文化水平、宗教信仰和风俗习惯、价值观念、就业预期、行为规范、生活方式、文化传统、劳动者素质、审美观点等。其中，人口因素是一个极为重要的因素。人口数量影响着个人或家庭消费品的市场规模，人口的地理分布决定了消费者的地区分布，人口的年龄分布决定了以某年龄层为对象的产品的市场规模；此外，教育文化水平会影响居民的需求层次；宗教信仰和风俗习惯会禁止或抵制某些活动的进行；价值观念会影响居民对组织目标、组织活动的认可与否；审美观点会影响人们对组织活动内容、活动方式以及活动成果的态度。

社会文化环境还包括一个重要因素，即企业所处地理位置的自然资源与生态环境状况，包括土地、森林、河流、海洋、生物、矿产、能源、水源等自然资源，以及环境保护、生态平衡等方面的发展变化。重要的社会文化因素包括：城镇和农村的人口变化，生活方式，购买习惯，地区性趣味和偏好评价，公众道德观念，社会责任，妇女生育率，人口出生、死亡率，人口预期寿命，人均可支配收入，收入差距，对政府的信任度和态度，平均教育状况，储蓄和投资倾向等状况，环境污染控制，能源节约，环保投入与支持力度等。

专栏 2.3　老龄化现象对各行业的影响

根据联合国有关规定，一个国家 65 岁以上的老年人在总人口中所占比例超过 7%，或 60 岁以上的人口超过 10%，便被称为“老年型”国家。当前在全世界 190 多个国家和地区中，约有 60 个已进入“老年型”社会。据估算，今后 50 年间，老年人数大概会翻两番，从 6 亿人增加到将近 20 亿人。

今天，每十个人中就有一个花甲老人。到 2025 年，全世界的老年人口将达到 11.21 亿。到 2050 年，60 岁以上的老年人口总数将近 20 亿，占总人口的 20%，并将超过 14 岁以下儿童人口的总数。百岁老人将从 2002 年的约 21 万增长到 320 万。

到 2050 年，非洲老年人口将从 4 200 万上升到 2.05 亿；亚洲从 3.38 亿增加到 12.27 亿；欧洲从 1.48 亿增加到 2.21 亿；美洲从 9 600 万增加到 3 亿。目前全球人口老龄化最严重的国家是意大利，其老年人口占总人口的 25%。

《社会养老服务体系建设规划(2011—2015 年)》指出，人口老龄化是我国面临的严峻挑战，自 1999 年中国步入老龄化社会以来，中国人口老龄化加速发展，老年人口基数大、增长快并日益呈现高龄化、空巢化趋势。目前，我国城乡失能和半失能老年人约 3 300 万，占老年人口总数的 19%。

2007 年底，我国 60 岁以上老年人口已达 1.53 亿，占人口总数的 11.6%，中国正式步入老龄社会。2020 年，我国老年人口达 2.64 亿，占总人口的 18.7%，且 80 岁以上的高龄老人 3 580 万人，占比 13.56%。庞大的老年人群必将对我国社会、经济等产生重大影响。

由此可见，人口老龄化问题已经成为我国当代社会无法逃避也不能逃避的严峻挑战，更是势必会影响到我国近几十年发展的严重问题之一。

【思考】

人口老龄化现象会对哪些行业产生影响?

【解析】

人口老龄化现象会让年轻一代纳税人感到不安，谁将支付这些人的社会保障和医疗费用? 但人口老龄化现象对如下行业却是一个好消息，如：餐饮、航空、旅游、保健品、制药及丧葬服务等。

不同的社会因素会对不同行业产生影响，需要针对具体的行业分析社会因素的变化带来的是机会还是威胁，并制定相应的应对措施。

人口因素是一个极为重要的因素。人口数量制约着个人或家庭消费品的市场规模。人口的地理分布决定了消费者的地区分布。人口的年龄分布决定了以某年龄层为对象的产品的市场规模。我国《社会养老服务体系建设规划(2011—2015年)》指出,人口老龄化是我国面临的严峻挑战,自1999年中国步入老龄化社会以来,中国人口老龄化加速发展,老年人口基数大、增长快并日益呈现高龄化、空巢化趋势。

联合国关于老龄化的划分标准:第一,轻度老龄化社会。当一个国家60岁以上人口占总人口比重超过10%、或65岁以上人口比重超过7%。第二,中度老龄化社会。60岁以上人口占总人口比重超过20%、或65岁以上人口比重超过14%。第三,重度老龄化社会。60岁以上人口占总人口比重超过30%、或65岁以上人口比重超过21%。按照该标准,国家发展"十三五"规划制定时期,我国60岁以上人口比重达到15%,轻度老龄化社会已经到来。2021年5月11日,人口普查数据发布,我国60岁以上人口占总人口比重为18.7%,仍处于轻度老龄化阶段。

为积极应对人口老龄化问题,国家"十四五"规划第四十五章提出了实施积极应对人口老龄化国家战略。明确制定人口长期发展战略,优化生育政策,以"一老一小"为重点完善人口服务体系,促进人口长期均衡发展。主要内容包括三部分:

第一,推动实现适度生育水平。增强生育政策包容性,推动生育政策与经济社会政策配套衔接,减轻家庭生育、养育、教育负担,释放生育政策潜力。完善幼儿养育、青少年发展、老人赡养、病残照料等政策和产假制度,探索实施父母育儿假。改善优生优育全程服务,加强孕前孕产期健康服务,提高出生人口质量。建立健全计划生育特殊困难家庭全方位帮扶保障制度。改革完善人口统计和监测体系,密切监测生育形势。深化人口发展战略研究,健全人口与发展综合决策机制。

第二,健全婴幼儿发展政策。发展普惠托育服务体系,健全支持婴幼儿照护服务和早期发展的政策体系。加强对家庭照护和社区服务的支持指导,增强家庭科学育儿能力。严格落实城镇小区配套园政策,积极发展多种形式的婴幼儿照护服务机构,鼓励有条件的用人单位提供婴幼儿照护服务,支持企事业单位和社会组织等社会力量提供普惠托育服务,鼓励幼儿园发展托幼一体化服务。推进婴幼儿照护服务专业化、规范化发展,提高保育保教质量和水平。

第三,完善养老服务体系。推动养老事业和养老产业协同发展,健全基本养老服务体系,大力发展普惠型养老服务,支持家庭承担养老功能,构建居家社区机构相协调、医养康养相结合的养老服务体系。完善社区居家养老服务网络,推进公共设施适老化改造,推动专业机构服务向社区延伸,整合利用存量资源发展社区嵌入式养老。强化对失能、部分失能特困老年人的兜底保障,积极发展农村互助幸福院等互助性养老。深化公办养老机构改革,提升服务能力和水平,完善公建民营管理机制,支持培训疗养资源转型发展养老,加强对护理型民办养老机构的政策扶持,开展普惠养老城企联动专项行动。加强老年健康服务,深入推进医养康养结合。加大养老护理型人才培养力度,扩大养老机构护理型床位供给,养老机构护理型床位占比提高到55%,更好满足高龄失能失智老年人护理服务需求。逐步提升老年人福利水平,完善经济困难高龄失能老年人补贴制度和特殊困难失能留守老年人探访关爱制度。健全养老服务综合监管制度。构建养老、孝老、敬老的社会环境,强化老年人权益保障。综合考虑人均预期寿命提高、人口老龄化趋势加快、受教育年限增加、劳动力结构变化等因素,按照小步调整、弹性实施、分类推进、统筹兼顾等原则,逐步延迟法定退休年龄,促进人力资源充分利用。发展银发经济,开发适老化技术和产品,培育智慧养老等新业态。

2.2.4 技术环境分析

技术环境是指与企业生产经营活动相关的科学技术要素的总和,包括产业技术进步,企业相关的新技术、新工艺、新材料的发明情况、应用程度和发展趋势,还包括社会的科技体制、科技政策和科技水平。重要的技术环境因素包括:国际对科技开发的投资和支持重点、该领域技术发展动态和研究开发费用总额、技术创新速度、新技术的影响、技术转移和技术商品化速度、产品寿命周期、专利及其保护情况等。

世界经济面临越来越严重的能源短缺和资源稀缺问题,科学技术往往成为决定人类命运和社会进步的关键所在。同时,科学技术水平及其产业化程度也是衡量一个国家和地区综合实力和发展水平的重要标志。技术的发明和进步不但影响行业的生存和发展,而且也关系大多数企业的生死存亡。对于一个企业来讲,当然要关注所在行业的技术发展动态、竞争对手技术动向等。对中国企业而言,其在技术的开发利用方面存在两个不足:一是总体投入不足,二是技术转化为生产力的能力还有待提升。企业技术投入和研发是一个战略问题,是企业最主要的职能之一,它在一定程度上决定着企业的战略方向和盈利能力。

专栏 2.4　数字经济时代企业数字化转型

企业是经济活动的主体,企业数字化转型是数字经济的重要组成部分,数字经济浪潮下,企业或主动或被动接受数字化产品、服务的改造。不同的企业在信息化程度、资金实力、外部环境、组织结构和人才储备等方面存在巨大差异,它们在数字化程度和转型需求上各不相同。

(1) 中小企业是我国市场的主力,但整体生命周期短,信息化水平和综合实力偏低,不具备足够的人力、财力和技术进行全面的改进,虽然意识到数字化的好处和重要性,但往往动力不足、无从下手,因而处于观望者的角色。

(2) 大中型企业是市场的中坚力量,大多数已经具备较高的信息化水平,也有足够的实力进行数字化转型,所处的市场环境竞争十分严重,对数字化有较高的认知,处于参与者的角色。

(3) 头部型企业大多是转型成功的企业,具备了良好的数字化水平,不仅能够从数字化转型中获得足够的发展动力,还能带动整个行业和上下游企业的数字化转型,处于转型领军者的角色。

1. 何为企业数字化转型

数字经济时代背景下,数字化提供的是工具和方法论,企业转型升级的根本在于商业模式和管理理念的革新。企业获得收入的根本在于通过合理的商业模式为客户提供产品和服务而创造的价值,管理则是为了商业模式能够在成本范围内得到有效的执行。

数字化的核心追求在于"开源、节流、提效、创新",企业数字化转型本身并不是直接贩卖"数字化",只是为企业运营和管理提供更先进的工具和方法论。一些企业在数字化过程中盲目追求技术和能力的高大上，忽视了客户和员工的核心诉求，并未真正为客户提供更高的价值和为员工提高工作效率，容易造成资源的闲置和浪费。数字化转型是一个复杂长期的过程，在技术投入的同时，要切中业务痛点，进行系统性调整和改革。

企业数字化转型的理解

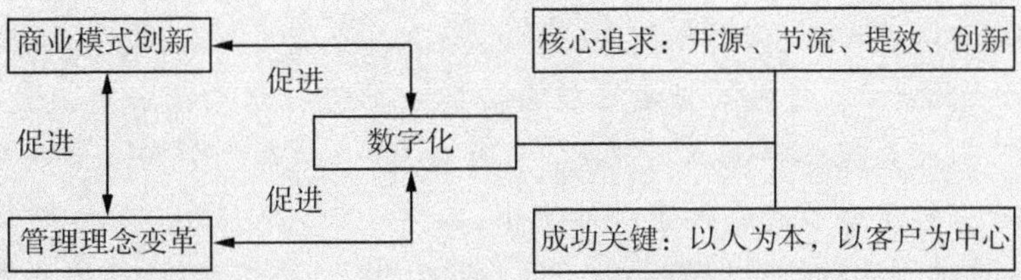

以人为本是企业数字化转型成功的关键。首先，数字化转型是一个系统工程，断章取义和半途而废，导致数字化很难发挥作用而最终沦为鸡肋，因此获得企业从管理层到基层的一致支持至关重要。其次，数字化的意义在于解放员工，一方面企业可以通过 RPA 等软件措施让员工从重复的低附加值的工作中解放出来；另一方面，冗余的和不合实际的数字化工具会降低员工的工作效率，打击员工的积极性。因此企业在做数字化加法的同时，需要从员工实际情况出发，量体裁衣，打造更符合需求的数字化体系。最后，企业的数字化的终极目的是能够通过数字化手段，获得、分析客户需求，并以此做出决策，更好地为客户提供产品和服务。

2. 如何划分企业数字化转型阶段

企业数字化转型主要分为四个阶段：初级阶段、完善阶段、深化阶段和领军阶段。

企业数字化转型的四个阶段

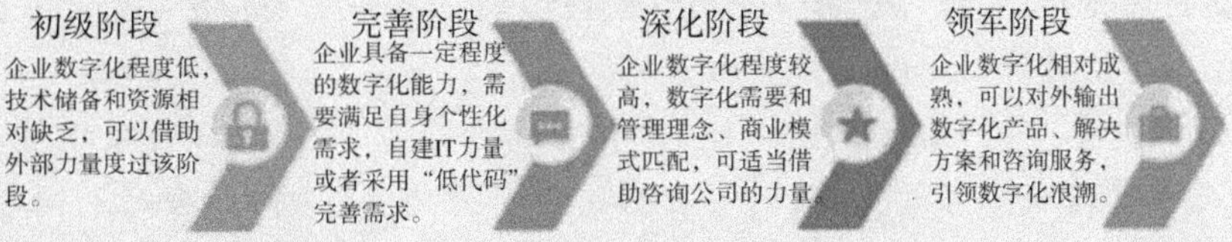

(1) 初级阶段：平台借力，快速夯实基础。处于初级阶段的企业 IT 力量不足、专业人才缺失、投入资金有限、数字化转型经验缺失。企业级 SaaS 产品，与私有云、本地部署相比，具有升级方便、实施周期短、成本低的特点，以“软件即服务”的模式交付产品，不仅可以以较低的时间和资金成本掌握一定程度数字化能力，同时还能规避前期试错风险，是进行数字化转型尝试的最佳选择。

(2) 完善阶段：精打细磨，满足个性化。当企业具备初步的数字化能力后，转型的重点应由技术引进转为自我提升，毕竟企业自己才最了解自身业务和流程，因此掌握一定的自主能力成为该阶段的必修课。实力强大的企业可以通过自建 IT 团队来实现这一目标，对于 IT 力量较为薄弱的企业，“低代码”提供了相应的解决方案。它将代码可视化，使业务人员通过拖拉拽的方式即可搭建企业自己的数字系统，而且在之后的过程中随时可以根据自身的变化进行更新。对于数字能力薄弱的中小型企业可以从此入手，逐渐升级自己的 IT 力量。

(3) 深化阶段：融会贯通，神形兼备。数字化并非独立的技术问题，而是与商业模式、管理理念相辅相成的，最终实现组织、管理和文化的深化与成功。当企业掌握了数字技术后，管理能力的提升至关重要。长期以来，国内企业重业务轻管理，企业发展到一定阶段容易出现后劲不足的问题。管理能力的提升并非易事，借助管理咨询公司的专业知识和经验可以帮助企业顺利度过这一阶段，例如，华为早期就是引入了 IBM 的管理经验，使得自己的管理水平快速提升。数字时代这一举措的必要性更加凸显。

(4) 领军阶段：技术溢出，引领数字化。处于这一阶段的企业，数字化程度非常高，是许多企业学习和模仿的对象。一些企业更是将自身的成功经验总结成解决方案和管理经验，进行大范围的推广，引领企业数字化革新浪潮。以平安为例，从 2018 年开始，平安将自己多年的数字化能力，在平安智慧城市的品牌下对外输出，聚焦于中大型企业，助力行业客户解决数字化转型痛点。通过提供从战略规划咨询到产品、解决方案的全链路服务，平安智慧政企帮助更多企业实现从战略目标规划与分解、组织结构优化、业务流程全面打通、运营管理提效降本等多环节的数智化转型目标。京东、顺丰等，同样在不同领域，将自己的技术能力对外输出。

数字化世界的边界十分宽广，企业的探索也应不断创新和突破，从而帮助更多企业实现转型目标，助力国家数字经济的发展。

3. 如何推进企业数字化转型

(1) 识别数字化转型的目标和关键业务需求。企业在数字化转型之前，需要先认真分析自身的业务需求，以及希望通过数字化转型达到的目标。这需要企业充分了解市场和竞争环境，以及自身的优势和劣势。在这个过程中，企业需要评估自己的供应链现状，找出其中的痛点和问题，确定数字化转型的重点和优先级。

(2) 选择合适的数字化技术和工具。选择合适的数字化技术和工具是推进数字化转型的关键。企业需要根据自身的业务需求和目标，选择适合自己的数字化技术和工具。例如，对于供应链管理，企业可以选择采购管理系统、物流管理系统、供应商管理系统等数字化工具，以提高供应链的效率和可视化程度。

(3) 加强数据管理和分析能力。数字化转型需要企业拥有足够的数据管理和分析能力。企业需要建立健全数据管理系统，对数据进行有效采集、存储和分析。同时，企业还需要拥有足够的数据分析和挖掘人才，以帮助企业更好地了解市场和客户需求，以及优化供应链管理。

(4) 推进组织变革和文化转型。数字化转型需要企业进行组织变革和文化转型，以适应数字化时代的发展趋势。企业需要拥有开放的文化和敏捷的组织架构，以便更快地响应市场变化和顾客需求。同时，企业需要注重人才培养和激励，吸引和留住拥有数字化技能的人才。

(5) 确定数字化转型的关键绩效指标和评估体系。数字化转型需要企业建立有效的绩效指标和评估体系，以监控数字化转型的进展和效果。企业需要根据数字化转型的目标和业务需求，确定关键绩效指标，并建立相应的评估体系和报告机制，以确保数字化转型的效果得到有效评估和持续改进。

另外，企业在推进数字化转型的过程中，还应注意以下几点：

第一，强化数字化文化：数字化转型需要企业内部员工的积极支持和参与，因此需要在企业内部强化数字化文化的建设，提高员工数字化素养和意识。

第二，优化组织架构：数字化转型需要企业在组织架构上做出相应的调整，例如建立数字化部门或职位，以负责数字化转型项目的管理和推进。

第三，加强数据安全保护：数字化转型需要企业在数据采集、存储和处理方面做出相应的安全保护措施，以确保企业数据的安全和保密。

第四，建立数字化生态系统：数字化转型需要企业与供应商、客户、合作伙伴等各方建立良好的数字化合作关系，构建数字化生态系统，实现数字化协同。

第五，不断创新和改进：数字化转型是一个不断迭代的过程，企业需要不断创新和改进，以适应不断变化的市场环境和数字化趋势。

总之，数字化转型对企业来说是一个全面而深刻的变革过程，需要企业从战略、组织、文化、技术等多个方面进行调整和改进，才能实现数字化转型的目标，提高企业的竞争力和创新力。

国家"十四五"规划明确提出坚持创新驱动发展，加快发展现代产业体系。坚持创新在我国现代化建设全局中的核心地位，把科技自立自强作为国家发展的战略支撑。主要内容包括：完善国家创新体系，加快构建以国家实验室为引领的战略科技力量，打好关键核心技术攻坚战，制定实施基础研究十年行动方案，提升企业技术创新能力，激发人才创新活力，完善科技创新体制机制，全社会研发经费投入年均增长 7%以上、力争投入强度高于"十三五"时期实际。"创新驱动"类各项指标全面升级。如 2025 年数字经济核心产业增加值占 GDP 比重提高到 10%；全社会研发经费投入年均增长 7%以上、力争研发投入强度高于"十三五"时期实际；每万人口高价值发明专利拥有量达 12 件。与"十三五"规划纲要相比，"科技进步贡献率""互联网普及率"没有设立在主要指标中，体现出指标调整的与时俱进。

此外，明确提出推动绿色发展，促进人与自然和谐共生。主要内容包括：第一，坚持绿水青山就是金山银山理念，加强山水林田湖草系统治理，加快推进重要生态屏障建设，构建以国家公园为主体的自然保护地体系，森林覆盖率达到 24.1%；第二，持续改善环境质量，基本消除重污染天气和稳步解决城市、农村黑臭水体。落实 2030 年应对气候变化国家自主贡献目标；第三，加快发展方式绿色转型，协同推进经济高质量发展和生态环境高水平保护，单位国内生产总值能耗和二氧化碳排放分别降低 13.5%、18%。"绿色生态"类取代国家发展"十三五"规划纲要中的"资源环境"类，此类指标全部为约束性指标，指标数由原来 10 项减到 5 项。约束性指标是政府对人民的承诺，是在预期性基础上进一步强化政府责任的指标。"耕地保有量""新增建设用地规模""万元 GDP 用水量下降""非化石能源占一次能源消费比重""主要污染物排放总量减少"等指标不再出现在主要指标中。

2.2.5　外部因素评价矩阵

"外部因素评价矩阵"(External Factor Evaluation Matrix)，简称为 EFE 矩阵。它是一种对外部环境进行分析的工具，其做法是从机会和威胁两个方面找出影响企业未来发展的关键因素，根据各个因素影响程度的大小确定加权分数，再按企业对各关键因素的有效反应程度对各关键因素进行评分，最后确定企业的总加权分数。

利用这个矩阵，可帮助战略决策者在制定战略的过程中，归纳和评价经济、社会、政治法律、技术和竞争等方面的信息。建立该模型主要包括以下几个步骤：

步骤 1，列出在外部分析过程中确认的外部因素。因素总数为 10～20 个。因素包括影响企业和其所在行业的各种机会与威胁。首先列举机会，然后列举威胁。

步骤 2，给每个因素（即每个机会、威胁）确定一个权数。权数应在 0.0（不重要）到 1.0（很重要）之间。每一个因素的权数说明这个因素在行业中对企业成功的重要性，各个因素权数总和应该等于 1。

步骤 3，按照企业现行战略对各关键因素的有效反应程度给各关键因素进行评分，范围为 1～4 分，“4”代表最好，“3”代表超过平均水平，“2”代表等于平均水平，“1”则代表最差。评分反映了企业战略的有效性，因此它是以企业为基准的，而步骤 2 中的权重则是以行业为基准的。需要注意的是，威胁和机会都可以被评为 1 分、2 分、3 分和 4 分。

步骤 4，将每一因素的权数和分数相乘得到该因素的加权分数。

步骤 5，将所有因素的加权分数加起来，其总和就是一个企业环境评价的总加权分数。

无论 EFE 矩阵所包含的关键机会与威胁数量多少，一个企业所能得到的总加权分数最高为 4.0，最低为 1.0。因此，平均总加权分数为 2.5。总加权分数为 4.0 反映了企业在整个产业中对现有机会与威胁做出了最出色的反应，说明企业的战略有效地利用了现有的机会并将外部威胁的潜在不利影响降至最小；而总加权分数为 1.0 则说明企业的战略不能利用外部机会或回避外部威胁，企业应对外部环境的能力比较弱。

表 2-1 为某公司外部因素评价矩阵。

表 2-1　某公司外部因素评价矩阵

关键外部因素		权重	评分（分）	加权分数（分）
机会	国际市场上要求的排放标准越来越高	0.12	2	0.24
	国家政府的政策支持	0.10	2	0.02
	未来国内需求强劲	0.08	3	0.24
	国内外汽车产业发展的能源、生态环境约束	0.10	3	0.30
	其他汽车品牌企业的同类新能源汽车价格偏高	0.12	4	0.48
	国内外新能源汽车行业的机制进一步完善	0.06	3	0.18
	巴菲特入股比亚迪	0.02	2	0.04
威胁	消费者对自主品牌新能源汽车的消费信心不足	0.20	2	0.40
	汽车消费市场管理制度缺失	0.03	2	0.06
	丰田和通用汽车将新能源车作为发展重点	0.05	4	0.20
	国内其他自主品牌如长城汽车逐渐进入轿车领域	0.05	3	0.15
	国内外新能源汽车的安全质量标准高	0.03	2	0.06
	消费条件与消费环境的制约	0.02	2	0.04
	美国次贷危机引发全球经济危机	0.02	3	0.06
合计		1.00	—	2.65

2.3　产业环境分析

宏观环境因素对于企业的影响主要是通过对产业结构的影响和作用体现出来。对于一个特定的企业来说，它总是存在于某一产业（行业）环境之内，这个产业环境直接地影响企业的生产经营活动。这一类外部环境是产业环境，它是企业微观的外部环境。

2.3.1　产业环境总体分析

不同的产业之间在其特征和结构方面有着很大的差别，所以产业环境分析往往首先应从整体上把握产业中最主要的经济特性。各个产业之间在以下一些因素上往往存在很大的差异：

（1）市场规模。

（2）市场增长率。

（3）市场竞争的地理区域。

（4）竞争厂商的数量及其相对规模。

（5）购买者的数量及其相对规模。

（6）前向一体化及后向一体化的普遍程度。

（7）产品生产工艺革新和所推出的新产品及其技术变革的速度。

（8）竞争对手的产品服务是标准化的还是差别化的？

（9）规模经济和经验曲线效应的程度如何？

（10）生产能力利用率高低。

（11）必要的资源以及进入和退出的难度。

（12）行业的整体盈利水平如何？

2.3.2　产业环境中的竞争状况分析

美国战略管理学家迈克尔·波特（M. E. Porter）指出，在一个产业里，存在着五种基本竞争力量：潜在进入者、行业内竞争者、替代者、供应商、购买商。产业环境中的竞争状况分析一般采用波特五力模型（亦称为"波特竞争力模型"），见图 2-2。

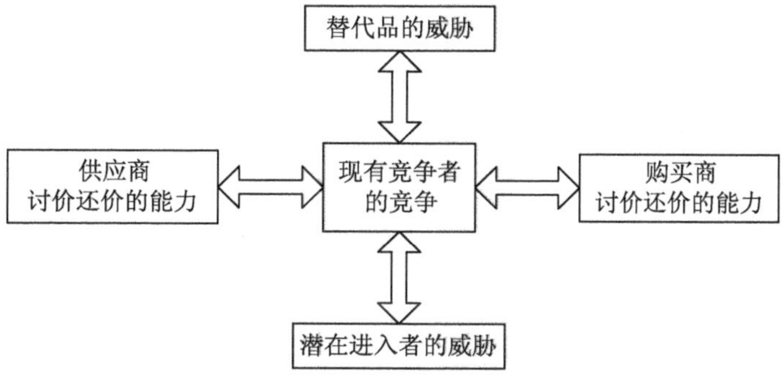

图 2-2　波特五力模型

图 2-2 中，潜在进入者是指产业外随时可能进入某行业的成为竞争者的企业。现有企业间的竞争是指产业内各个企业之间的竞争关系和程度。替代产品是指那些与本企业产品具有相同功能或类似功能的产品。供应商是指企业从事生产经营活动所需要的各种资源、配件等的供应单位。购买商是指具有产品需求的顾客、用户。

在一个产业里，这五种基本竞争力量的状况及其综合强度，引发产业内的经济结构的变化，从而决定着产业内部竞争的激烈程度，决定着产业中获得利润的最终潜力。

1. 潜在进入者分析

决定潜在进入者的竞争力强度的关键结构变量包括规模经济、产品差异性、资本需求、可用的分销渠道、绝对的成本优势。

(1) 规模经济。规模经济迫使新加入者必须以大的生产规模进入，并冒着现有企业强烈反击的风险；或者以小的规模进入，但要长期忍受产品成本高的劣势。这两种情况都会使进入者却步不前。

(2) 产品差异性。产品差异性凸显了原有企业所具有的商标信誉和用户的忠诚性等。它所形成的进入障碍，使新加入者要用很大代价来树立自己的信誉和克服现有用户对原有产品的忠诚。

(3) 资本需求。资本需求所形成的进入障碍，反映了在这种特定市场经营的企业，不仅需要大量资金，而且风险大，进入者要在握有大量资金、冒很大风险的情况下才敢进入。

(4) 可用的分销渠道。特定市场的正常销售渠道，已经为原有企业服务。新加入者要进入该渠道，必须通过让价、合作广告和津贴等办法，来使原销售渠道接受自己的产品。这样就形成了进入障碍。

(5) 绝对的成本优势。绝对的成本优势是指购买者变换现有的供应者所需支付的一次性成本，远远高于不变换现有供应者的成本。成本优势越高，新进入者的威胁越弱。

2. 现有企业间的竞争分析

决定现有企业间的竞争力强度的关键结构变量包括集中程度、竞争对手的多样性、产品差异性、过剩生产能力和成本状况、退出壁垒。

(1) 集中程度。在特定市场处于快速增长时，由于各企业可在与特定市场保持一致的情况下，充分发挥各自握有的资金和资源的作用来发展自己，因而竞争比较缓和。特定市场处于缓慢增长时，有限的发展势必使各企业为了寻求自己的出路，把力量放在争夺现有市场的占有率上，从而使现有竞争者的竞争激化。

(2) 竞争对手的多样性。当一个特定市场的企业为数众多时，必然会有一定数量的企业为了占有更大的市场份额和取得更高的利润，而突破特定市场的一致行动的限制，进行独立行动，采取打击、排斥其他企业的竞争手段。这势必在现有竞争者之间形成激烈的抗衡。

(3) 产品差异性。一个特定市场的产品若差异性高，购买者必然是按照对某些特定销售者的偏好和忠诚性来购买，生产企业间的竞争就会缓和。反之，产品统一性高，购买者所选择的是价格和服务，就会使生产者在价格和服务上展开竞争，使现有竞争者之间的抗衡激化。同样，转换成本低时，购买者选择自由，也会产生相同的作用。

(4) 成本状况、过剩生产能力。当一个特定市场固定成本较高时，企业为降低单位产品的固定成本，势必采用增加产量的措施。企业的这种发展趋势，会使生产能力过剩，而且还会导致价格大战，从而使现有竞争者的竞争激化。

(5) 退出壁垒。退出障碍是指经营困难的企业在退出特定市场时所遇到的困难。这是由以下原因造成的：专业化的固定资产其清算价值低或转换成本高；退出的费用高；战略关系密切；感情上的障碍；政府和社会的限制。当退出障碍高时，经营不好的企业只得继续经营下去，使现有竞争者的竞争激化。

3. 替代产品分析

决定替代产品的竞争力强度的关键结构变量包括买方对替代品的偏好、替代品的相对价格、替代品的性能。

替代是否发生取决于对顾客来说是否经济，如果一种产品带给顾客的转换诱惑超过顾客的转换成本，那么它就可以替代另一产品，转换诱惑的大小取决于替代品与当前使用产品的相对价值/价格比(relative value/price，RVP)。所谓产品的价值/价格比，是指产品提供给用户的价值与用户为它支付的价格之比。而相对价值/价格比，是指替代品价值/价格比与现有产品价值/价格比的比值。

一般来说，替代品及现有产品的价格是比较容易确定的，而估算替代品及现有产品的价值是比较困难的。替代品与现有产品的相对价值取决于这样几个方面：替代品能向用户提供的价值差异性的大小，用户能否感知替代品的价值差异，替代品使用频率是否比现有产品使用频率低等。

替代是否发生还与顾客的转换成本有关系，顾客转换成本越高，替代发生的可能性就越小。转换成本包括：顾客需要搜集替代品的信息、检验替代品是否达到使用者所要求的功能性能及外观等标准，需要重新设计生产活动、使用替代品的培训和学习成本，使用替代品的失败风险，购买替代品配套的软件和零部件等等成本。

顾客使用替代品的欲望也是替代能否实现的关键之一。顾客的替代欲望在不同环境和不同行业有所不同，相同环境和行业中，对于不同年龄、背景、文化的顾客，替代欲望也有很大差异。

4. 供应商分析

决定供应商的竞争力强度的关键结构变量包括供应商投入的产品差别性、供应商和企业在产业里的转换成本、供应商的集中程度、供应商投入产品的替代品的存在、批量大小对供应商的重要性、产业里企业前向一体化的威胁与后向一体化威胁的比较。

在下列情况下，供应商有较强的讨价还价能力：

(1) 供应行业由几家企业控制，其集中化程度高于购买商行业的集中程度。这样，供应商能够在价格、质量的条件上对购买商施加相当大的影响。

(2) 供应商无须与替代产品进行竞争。

(3) 对供应商来说，所供应的行业无关紧要。

(4) 对购买商来说，供应商的产品是很重要的生产投入要素。

(5) 供应商们的产品是有差别的，并且使购买者承担很高的转换成本。

(6) 供应商对买主行业来说构成很大的前向一体化威胁。

5. 购买商分析

决定购买商的竞争力强度的关键结构变量包括价格敏感性和议价能力两方面，价格敏感性体现在相对总成本的产品成本、产品差异性、买方之间的竞争；议价能力体现在相对于生产商来说买方的规模和集中程度、买方的转换成本、买方的信息、买方的向后集成能力。

作为购买商，必然希望所购产业的产品物美价廉，服务周到，且从产业现有企业之间的竞争中获利。在下列情况下，购买商们有较强的讨价还价能力：

（1）购买商们相对集中并且大量购买。

（2）购买的产品占购买商全部费用或全部购买量中很大的比重。

（3）从该行业购买的产品属标准化或无差别的产品。

（4）购买商的行业转换成本低。

（5）购买商的利润低。

（6）购买商们有采用后向一体化策略对销售者构成威胁的倾向，他们宁愿自己生产而不去购买。

（7）销售者的产品对购买商的产品质量或服务无关紧要。

（8）购买商掌握供应商的充分信息。

2.3.3 产业环境竞争分析的操作方法

产业环境竞争分析时，需要建立包含五种竞争力量的统计表格（表 2-2 至表 2-6）。表格的左边是五种竞争力量及其各自所包括的若干内容的陈述。右边是对这些陈述的态度，管理人员可以根据自己的态度进行打分。坚决同意打 1 分，一般同意打 2 分，不同意也不反对打 3 分，一般反对打 4 分，坚决反对打 5 分。

表 2-2 潜在进入者

各种竞争力量	坚决同意	一般同意	不同意也不反对	一般反对	坚决反对
① 进入这个行业的成本很高	1	2	3	4	5
② 我们的产品有很大的差异性	1	2	3	4	5
③ 需要大量资本才能进入这个行业	1	2	3	4	5
④ 顾客更换供应商的成本高	1	2	3	4	5
⑤ 取得销售渠道十分困难	1	2	3	4	5
⑥ 很难得到政府批准经营与我们同样的产品	1	2	3	4	5
⑦ 进入这个行业对本企业的威胁性不大	1	2	3	4	5
分数＝（各项得分之和/所回答的项数）×（第 7 项的得分）					

表 2-3 现有竞争者

各种竞争力量	坚决同意	一般同意	不同意也不反对	一般反对	坚决反对
① 本行业中有许多竞争者	1	2	3	4	5
② 本行业中所有竞争者几乎一样	1	2	3	4	5

续表

各种竞争力量	坚决同意	一般同意	不同意也不反对	一般反对	坚决反对
③ 产品市场增长缓慢	1	2	3	4	5
④ 本行业的固定成本很高	1	2	3	4	5
⑤ 我们的顾客转换供应商十分容易	1	2	3	4	5
⑥ 在现有生产能力上再增加十分困难	1	2	3	4	5
⑦ 本行业没有两个企业是一样的	1	2	3	4	5
⑧ 本行业中大部分企业要么成功，要么垮台	1	2	3	4	5
⑨ 本行业中大多数企业准备留在本行业	1	2	3	4	5
⑩ 其他行业干什么对本企业并无多大的影响	1	2	3	4	5
分数＝(各项得分之和/所回答的项数)×(第 4 项的得分)					

表 2-4　替代产品

各种竞争力量	坚决同意	一般同意	不同意也不反对	一般反对	坚决反对
① 与我们产品用途相近似的产品很多	1	2	3	4	5
② 其他产品有和我们产品相同的功能和较低的成本	1	2	3	4	5
③ 生产和我们产品功能相同产品的企业在其他市场有很大利润	1	2	3	4	5
④ 我们非常关心与我们产品功能相同的其他种类的产品	1	2	3	4	5
分数＝(各项得分之和/所回答的项数)×(第 4 项的得分)					

表 2-5　购买商

各种竞争力量	坚决同意	一般同意	不同意也不反对	一般反对	坚决反对
① 少量顾客购买本企业的大部分产品	1	2	3	4	5
② 我们的产品占了顾客采购量的大部分	1	2	3	4	5
③ 本行业大部分企业提供标准化类似的产品	1	2	3	4	5
④ 顾客转换供应商十分容易	1	2	3	4	5
⑤ 顾客产品的利润率很低	1	2	3	4	5
⑥ 我们的一些大顾客可以买下本企业	1	2	3	4	5
⑦ 本企业产品对顾客产品质量贡献很小	1	2	3	4	5
⑧ 我们的顾客了解我们的企业以及企业可以赢利多少	1	2	3	4	5
⑨ 诚实地说，顾客对本企业的供应商影响很小	1	2	3	4	5
分数＝(各项得分之和/所回答的项数)×(第 5～9 项的得分均值)					

表 2-6 供应商

各种竞争力量	坚决同意	一般同意	不同意也不反对	一般反对	坚决反对
① 本企业需要的重要原材料有许多可供选择的供应商	1	2	3	4	5
② 本企业需要的重要原材料有许多替代品	1	2	3	4	5
③ 在我们需要最多的原材料方面，我们企业是供应商的主要客户	1	2	3	4	5
④ 没有一个供应商对本企业是关键性的	1	2	3	4	5
⑤ 我们可以很容易地变换大多数的原材料供应商	1	2	3	4	5
⑥ 相对于我们的企业来说，没有一家供应商是很大的	1	2	3	4	5
⑦ 供应商是我们经营中的重要部分	1	2	3	4	5
分数＝(各项得分之和/所回答的项数)×(第 5～7 项的得分均值)					

2.3.4 企业间竞争的竞争态势矩阵

竞争态势矩阵(Competitve Profile Matrix，CPM)用于确认企业的主要竞争者及相对于该企业的战略地位，以及这些主要竞争者的特定优势与弱点。

CPM 与 EFE 中的权重和总加权分数含义相同。但是 EFE 与 CPM 之间存在一些重要区别：

首先，CPM 矩阵中的关键因素更为笼统，它们不包括具体的或实际的数据，而且可能集中于内部问题；

其次，CPM 矩阵中的因素不像 EFE 矩阵中的那样被分为机会与威胁两类；

最后，CPM 矩阵中竞争企业的评分和总加权分数可以与被分析企业的相应指标相比较，这一比较分析可提供重要的内部战略信息。

以雅芳与欧莱雅、宝洁之间的竞争态势矩阵为例，如表 2-7 所示。

表 2-7 雅芳与欧莱雅、宝洁之间的竞争态势矩阵

行业关键战略因素	权重	本企业(雅芳)		竞争者 1(欧莱雅)		竞争者 2(宝洁)	
		评分	加权分数	评分	加权分数	评分	加权分数
① 广告	0.20	1	0.20	4	0.80	3	0.60
② 全球竞争(扩张)	0.20	4	0.80	2	0.40	2	0.40
③ 财务状况	0.15	4	0.60	3	0.45	3	0.45
④ 价格竞争力	0.10	3	0.30	3	0.30	4	0.40
⑤ 用户忠诚度	0.10	4	0.40	4	0.40	2	0.20
⑥ 市场份额	0.05	1	0.05	4	0.20	3	0.15
⑦ 管理	0.10	4	0.40	3	0.30	3	0.30
⑧ 产品质量	0.10	4	0.40	4	0.40	3	0.30
总计	1.00	—	3.15	—	3.25	—	2.80

除表 2-7 中的 8 项关键因素之外，产品品种、销售、配送效率、专利、设施布局、生产能力及效率、经验、劳资关系、技术优势以及电子商务技能等也可以列为关键因素。

需要说明的是，不能仅仅因为在竞争态势矩阵中一家企业评分比另一家企业高，便认为这家企业就比那家企业强。数字反映了企业的相对优势，但表面现象往往给人们带来错觉。数字不能说明一切，分析的目的不是得到一个好看的数字，而是对信息进行有实际意义的分析与评价，以便帮助进行决策。

2.4 产业内战略集团分析

产业内战略集团分析，是按照产业内各企业战略地位的差异，把企业划分成不同的战略群体，并分析各群体间的相互关系以及群体内企业间的关系，从而进一步认识产业及其竞争的状况。

一个产业内的企业，在战略上会有许多共同点，但也会有许多不同点。战略的不同主要表现在以下四个方面：

(1) 纵向一体化程度不同。有的企业自己生产原材料和零部件，有的则完全从外部采购；有的企业有自己的销售渠道和网点，有的则全靠批发商和零售商。

(2) 专业化程度不同。有的企业只经营某一种产品和服务项目，有的则提供多品种、多规格的产品和服务，有的甚至是跨行业经营。

(3) 研究开发重点不同。有的企业注重争取开发新产品的领导地位，不断投放新产品。有的企业把研发重点放在生产技术上，力争在质量和成本上取得优势。

(4) 营销重点不同。有的企业重视维持高价产品，有的企业则采取低价策略展开竞争；有的企业特别重视对最终用户的推销活动，有的企业主要以为销售者提供服务来巩固和扩大疏通渠道。

战略集团，是指一个产业内执行同样或类似战略，并具有类似战略特征的一组企业。在同一战略群体内，企业在生产规模和市场占有率等方面可能有所不同，但它们的性质相同，处于相同的竞争地位，因而对环境变化的反应会有所相同。这种特征可以用战略集团图勾画出来，作为产业内部竞争分析的一种工具，见图 2-3。

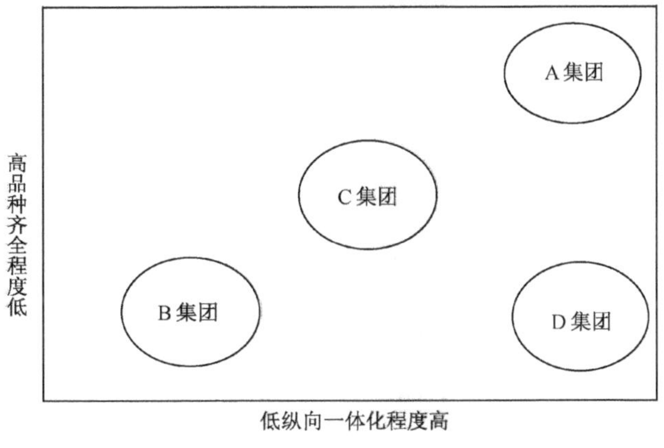

图 2-3　产业战略集团图

图中描述了一个产业内形成的四种战略集团，不同的战略集团代表了不同类型的战略取向。其中：

A 集团的特征：丰富的产品品种，高度纵向一体化，成本低，中等质量。

B 集团的特征：简单的产品品种，低纵向一体化，高成本，高质量，高技术水平。

C 集团的特征：品种齐全程度和纵向一体化程度都是中等，中等价格，质量低，服务质量高。

D 集团的特征：简单的产品品种，成本低，价格低，服务水平低。

战略集团之间竞争强度的决定因素包括战略集团间的市场相互牵连程度、战略集团数量以及它们的相对规模、战略集团建立的产品差别化、各集团战略的差异。

2.5　竞争对手分析

竞争对手分析是对现有竞争者、潜在竞争者、正在和有可能进行市场整合的企业进行分析。其中潜在竞争者包括不在本产业但不费力气便可以克服障碍进入的企业、进入本产业可以产生明显协同效应的企业、其战略的延伸必将导致加入本产业竞争的企业、可能前向一体化和后向一体化的客商和供应商。

2.5.1　竞争对手分析框架

企业竞争对手是企业经营行为最直接的影响者，竞争对手分析框架见图 2-4。

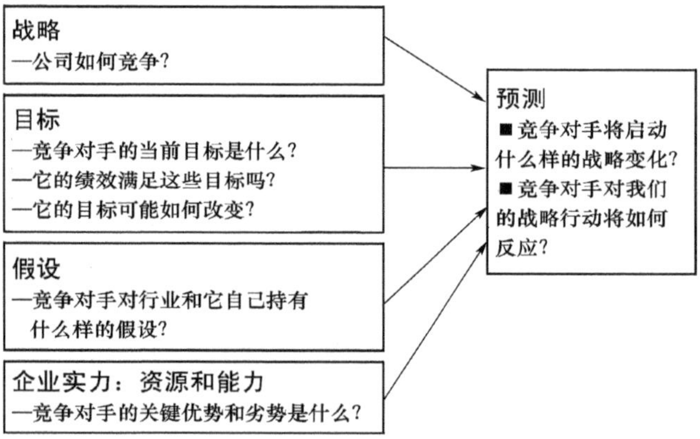

图 2-4　竞争对手分析框架

波特在 1980 年出版的《竞争战略》一书中提出了竞争对手分析模型，从企业的现行战略、未来目标、竞争实力和自我假设四个方面分析竞争对手的行为和反应模式，见图 2-5。

一般地，我们需要对竞争对手的市场状况、财务状况、产能状况、创新能力和企业领导人等相关内容进行分析：

(1) 竞争对手的市场状况分析。确定竞争对手的市场地位（市场占有率），明确竞争对手是市场的领导者、跟随者还是参与者，明确哪个市场区域或是哪种产品最具有竞争力。

(2) 竞争对手的财务状况分析。包括竞争对手的盈利能力分析、成长性分析、负债情况

2.6.1　华为 PEST 分析

1. 政治法律环境分析

① 政府政策支撑。华为公司于 1987 年成立，正巧赶上改革开放的浪潮，因此企业初期发展得到了较大的发展优势，并积极响应“走出去”战略，拓展海外市场。十七大以来，推动科学发展、强调社会和谐成为国家发展的主旋律。中国政府越来越重视发展、扶持民营经济，鼓励大胆创新，提高经济附加值，为移动互联网的发展壮大提供了政策支持。此外，国家发展规划中互联网建设、政府信息化的大力投入、农村教育投入的增加以及全面的医疗信息化升级，成为网络市场需求的主要推动力。

② 电信设备产业加速发展。目前，世界信息经济和互联网产业的迅猛发展，为通信设备制造业提供了难得的发展机遇和巨大的发展空间，使其成为目前发展速度最快的行业之一。同时，国内政治环境稳定，国家大力扶持电信产业的发展，电信终端也得以飞速发展。电信设备产业在政府的支持下经历了数字交换机阶段、GSM 阶段、3G 和 4G 阶段，并进入 5G 阶段，实现蛙跳式追赶，为中国企业进入电信市场打开了大门。

③ 法律保护意识。我国已于 2008 年 8 月 1 日起正式施行《中华人民共和国反垄断法》，这表明了我国加大对垄断和不正当竞争等破坏市场竞争行为的监管力度，其必将对企业的市场行为产生重要影响。华为公司对内部法律资源进行了整合，专门成立了一个由华为的所有法律成员组成的法律部，加强了华为的法律意识。另外，华为公司还有其专门的《华为基本法》，这充分体现了在市场经济条件下，华为超强的法律意识，不仅是对华为内部员工，而且涉及华为外部竞争对手之间的争端。此外，华为受到国外法律政策的限制和一定的技术壁垒，如 2012 年美国对华为开展了关于其国家通信安全的调查。2019 年美国将华为列入其实体清单，限制美国公司向华为供货，限制华为终端的上游芯片供应商。

2. 经济环境分析

① 经济全球化。全球经济一体化对中国经济的影响越来越大，世界信息经济和互联网产业的迅猛发展，为通信设备制造业提供了难得的发展机遇和巨大的发展空间，使其成为目前发展速度最快的行业之一。经济全球化趋势仍将深入发展，这有利于企业更好地利用国内国外两个市场、两种资源，集中精力加快发展经济。

② 社会主义市场经济体制不断完善。随着改革开放的深入贯彻，社会主义市场经济体制逐步发展完善，政府对其职能也在进行改革。首先，实行政企分开，充分给予企业经营自主权，在市场上营造了一个公平竞争的发展环境。其次，按照精简、统一、效能的原则，对政府机构进行改革。政府简政放权，减少审批环节，给企业发展提供了较大自由，华为在自由竞争的市场体制下加上政府的简政放权条件下，获得巨大的发展优势。

③ 市场需求扩大。目前，我国国民经济发展迅速，居民的可支配收入不断增加，社会购买力不断增强，使得人们对于手机等通信工具的需求也成倍增长。我国的通信业从二十年前制约国民经济发展的瓶颈成长为国民经济先导和支柱性产业之一。目前，我国电话用户、网络规模、互联网用户均位居世界第一。

2007 年，中国互联网用户超过美国，成为世界网民数第一大国，2011 年 12 月达到 5.13 亿，其中手机网民规模为 3.56 亿，均居世界第一位。2010—2014 年，中国互联网上网人数从 4.57 亿人上升至 6.59 亿人，其中手机上网人数达到 5.57 亿人，宽带用户超过 7.8 亿户，成为世界最大的通信技术和互联网市场。2016 年，我国互联网上网人数已达到 7.31 亿人，其中手机上网人数 6.95 亿人，互联网普及率达到 53.2%，其中农村地区互联网普及率达到 33.1%；固定互联网宽带接入用户 29 721 万户，其中固定互联网光纤宽带接入用户 22 766 万户；移动宽带用户 94 075 万户。2020 年，我国全国电话用户总数 177 598 万户，其中移动电话用户 159 407 万户。移动电话普及率为 113.9 部/百人。固定互联网宽带接入用户 48 355 万户，其中固定互联网光纤宽带接入用户 45 414 万户。移动互联网用户接入流量 1 656 亿 GB。互联网上网人数 9.89 亿人，其中手机上网人数 9.86 亿人，互联网普及率为 70.4%，其中农村地区互联网普及率为 55.9%。

中国是拥有 14 亿人口的发展中国家，随着居民生活收入水平的提高和智能手机的开发，人们对于手机的功能需求也倾向于智能化，这为华为智能机的发展奠定了一个良好基础。

3. 社会文化环境分析

① 生活消费必需品。随着人们用于娱乐消费的可支配收入比重不断提高，电子通信产品和旅游消费在人们生活中所占的比重也在不断提高。同时，国内教育事业快速发展，文盲比例逐年下降，随着我国互联网技术的进步和电子商务的飞速发展，智能手机日渐成为人们生活中必不可少的工具，人们对智能手机的使用越来越普及，越来越多追求个性的 90 后迅速成为手机市场主导，手机消费群体持续扩大，人们追求更加时尚、简约实用、性价比高的手机。

② 社会价值取向。国内教育事业发展快速，国民受教育程度普遍上升，文盲比例逐年下降，对智能手机性能的要求也越来越高。人们的购买越来越理性化，越来越注重其环保、高效，喜欢性价比高的产品，重视品牌和产品质量已成为人们的消费理念，人们对售后服务的要求越来越高。华为的中低端产品市场广阔，以家庭为单位的消费品需求数量增加。

4. 技术环境分析

随着科学技术的发展，信息技术使信息传递更快、更便捷，促进了全球经济协调机制的形成。世界经济总量的增长，大多是由科技进步推动的。随着商业竞争的加剧，企业产品创新速度的快慢和科技含量的大小决定了企业的盛衰成败。科学、技术、生产之间以及各门科学和各项技术之间的关系更加紧密，科技成果转化为生产力的速度空前加快，极大地提高了劳动生产率，促进了世界经济的发展。20 世纪 70 年代初，在西方发达国家，科技进步对经济增长的贡献为 50%，而现在已经达到了 80%。

狭义的通信技术发展与 18 世纪以来的电磁通信技术发展是同步的、互相促进的。从架空明线、同轴电缆到光导纤维，从步进制、纵横制到数字程控交换机，从固定电话、卫星通信到移动电话，信息通信技术的每一次重大进步，都给电信业的发展注入了新的活力。特别是信息技术革命以来，微电子技术、计算机技术、光纤技术、因特网等相关技术的快速发展，极大地增强了电信网的综合通信能力，推动了社会通信服务水平的提高。

以世界上第一台电子计算机“埃尼阿克（ENIAC）”诞生为标志，信息技术革命拉开序幕。从 20 世纪中叶开始，信息技术不断取得革命性的进步，大批重大科技成果转化为商用，极大地推动了社会生产力的发展，电信业也在信息技术革命的浪潮中不断发展。在基础技术领域，电子技术、微电子技术突飞猛进。1947 年晶体管被发明，1958 年诞生了世界上第一块半导体集成电路。晶体管和集成电路的发明，为电子设备的进一步小型化、轻量化和节能化打下了坚实的基础。随着集成电路的加速发展，芯片的运算能力及性能价格比呈几何级数增加，功能也日益强大，从而带动计算机技术达到了前所未有的水平。卫星通信技术高速发展也是一个重要方面。1965 年，第一颗地球同步通信卫星发射成功，全球数亿人同时观看一场奥运会比赛从此成为可能，开辟了卫星通信的新纪元。此后，卫星通信的技术手段迅速提高，成为现代通信的重要手段之一。程控交换机的出现是电话交换技术的一个重大突破。与传统机电式交换机相比，程控交换机的工作效率提高了上万倍，而体积一般只有机电式交换机的十分之一，20 世纪 80 年代以来，程控交换机已成为世界各国电信网中交换设备的主要产品。

通信业是最古老的产业之一，曾经长期相对稳定。在新技术革命的推动下，在全球网络化发展和信息高速公路建设浪潮推动下，通信业得到飞速发展，高新技术层出不穷，竞争也空前激烈。美国英特尔公司副总裁摩尔提出了一个描述集成电路发展速度的所谓“摩尔定律”，即集成电路芯片的集成度每 12～18 个月就翻一番，这一趋势至今仍在延续。集成电路的广泛应用，为通信设备的微型化、智能化、自动化和数字化打下了坚实的基础。目前，通信技术正在向着融合、宽带、高速的方向发展。

目前，代表性的通信技术主要有：

① 光纤通信。光纤通信就是利用光波作为载波，以光纤作为媒介传播信息的通信方式，其特点是传输量大、速度快、损耗低、体积小、重量轻以及抗干扰、抗辐射性强。“信息高速公路”实际上就是建设高速传播的光纤网络，即光纤通信技术的运用和发展。数字通信在微波时代早已有之，但过去长期流行的是 PDH 系统即准同步系列。自 20 世纪 70 年代末光纤数字通信技术进入电话网以后，1985 年美国贝尔实验室首先提出同步光纤的构想即 SONET，光缆被引入电信网络的各条中继线，光纤迅速取代了铜线。从 20 世纪 70 年代末到 21 世纪初，光纤通信的通信容量已提高了数百倍，最高比特率由 500 Mb/s 提高到了 10 Gb/s。

② 数据通信。从 20 世纪 50 年代开始，随着计算机远程信息处理应用的发展，数据通信应运而生。所谓数据通信，是按照一定通信协议利用通信传输技术在两个功能单元之间传递数据信息。数据通信与电话通信的最大区别在于数据通信是计算机和计算机之间的通信。早期的数据通信是在模拟网环境中进行的，所以它只能以直达线路方式向用户提供异步低速永久性连接电路的数据通信业务。20 世纪 70 年代末，随着大规模集成电路技术、计算机软件技术的迅速发展，数据通信设备的智能化程度大大提高，同时光纤传输技术的应用普及也为提供高速率、高质量的传输环境提供了可靠的保证。电视、视频点播、电子数据交换、可视图文、智能用户电话等业务日渐普及，而这些业务都与数据通信有密切的联系。

③ 移动通信。移动通信泛指移动用户与固定用户之间或移动用户相互间的通信，如采用寻呼机和移动电话通信，广义上则包括一切无线电通信、个人通信及卫星移动通信。移动通信业务是全球通信发展最快的一个门类。20 世纪 90 年代初，欧美等国和日本指定了数字蜂窝标准，着手实行移动通信由模拟向数字过渡，世界上出现了研究个人通信网(PCN)的浪潮，无线革命已经展开。个人通信或者说通信个人化是人们早就梦想实现的一

种理想通信方式，最终实现 3 个 W，即任何人（Whoever）、在任何地方（Wherever）、在任何时间（Whenever）都能进行通信。

④ 智能网（IN）技术。智能网是计算机与通信相结合的产物。它是将网络的业务功能、网络管理功能和信令转换功能独立出来，与交换部分和传输部分分离。智能网技术是各国通信业致力发展的热点技术之一，20 世纪 90 年代以来它已成为世界电信网的发展趋势。近年来，全球的智能网业务得到异常迅速的发展。推动智能网发展的因素主要有：第一，电信市场的竞争日益激烈，网络运营者需要更快地推出新业务和提高性能，减少提供新业务对交换设备生产厂家的依赖，更加经济有效地利用网络；第二，新型技术的飞速发展，特别是计算机技术在通信中的应用使智能网的结构得以实现。智能网的最大优势就是新业务能力，依靠计算机和数据库中的应用软件，就可以开发新业务，增加新功能，而不必大量更换硬件设备。这正顺应了当前技术变化快，通信企业难以随时更换设备的需要。

从全球通信技术发展趋势来看，各类通信方式形成了相互渗透、相对竞争的态势，同时，随着信息技术的不断迅猛发展，数据化、宽带化、光纤化和无线化已经成为通信网络技术的主流发展趋势。

① 信息化。信息化的趋势保证华为的发展具有广阔的市场前景。随着社会经济发展，信息化已经渗透到社会生活的各个角落。电信设备行业通过提供迅速、快捷的通信工具，成为经济和社会信息化的重要推动力量。高效而经济地获取并使用信息成为几乎所有行业的重要竞争优势来源。作为移动设备供应商的华为顺势而为，获得了广阔市场前景，这一前景还在不断扩大。

② 技术成熟。随着科技进步，液晶电容和电阻屏屏幕制造相关技术逐渐成熟，带来了可视角度和显示像素的视觉体验极佳的手机屏幕，使得手机支持众多的游戏和应用，给消费者带来了很多乐趣与方便。华为全面启动 5G 技术研发，首次建成了一个全世界超大规模的室外 5G 网络实验场。

华为 EFE 矩阵分析见表 2-9。

表 2-9　华为 EFE 矩阵分析

关键外部因素		权重	评分	加权分数
机会	1. 国家政府的政策支持，积极开拓海外市场，获得了政府出口信贷资金的支持	0.04	4	0.16
	2. 中国加入 WTO 后进出口的限制越来越少	0.04	3	0.12
	3. 低成本路线（成本领先战略）	0.07	3	0.21
	4. 立足中国用户（本土化的服务）	0.07	4	0.28
	5. 通信业的快速发展，市场容量增长，消费品需求量增加	0.04	2	0.08
	6. 居民的可支配收入水平持续稳定并以较高速度增长	0.03	2	0.06
	7. 自主研发了全球尖端核心技术	0.15	4	0.60
	8. 全面启动 5G 技术研发	0.10	4	0.40

续表

关键外部因素		权重	评分	加权分数
威胁	1. 各国为促进本国经济发展采取各种严格的保护措施（华为受美国市场国家安全干扰）	0.10	2	0.20
	2. 科学技术企业竞争很激烈	0.05	3	0.15
	3. 自主研发技术成本非常高，市场竞争优势技术投资的风险大	0.04	2	0.08
	4. 高端智能手机被苹果和三星电子两家所垄断	0.09	2	0.18
	5. 全球电信为利用中国低成本的工程和制造能力，正把更多业务活动转移到中国	0.03	2	0.06
	6. 消费者购买产品越来越理性化，对产品的要求越来越高	0.04	2	0.08
	7. 世界技术发展速度非常快，产品价格不断走低，产品生命周期变短	0.04	3	0.12
	8. 品牌形象树立不足，顾客忠诚度不够	0.07	2	0.14
总分		1.00	—	2.92

华为 EFE 矩阵的总平均分为 2.92 分，高于平均分 2.5 分，说明华为能够对外部的机会和威胁做出反应，可以通过适当的方式去利用有利的机会和避开不利的威胁。

2.6.2　华为五力模型分析

1. 行业现有竞争者分析

智能手机市场发展迅猛，旗舰机不断出现，智能手机更新速度非常快，各手机厂商都试图降低手机产品成本、提升服务质量，并争取扩大与其他品牌的差别。在智能手机行业，三星、苹果、华为等手机厂商之间的竞争异常激烈，大多数品牌在手机产品差异化方面都有所侧重，不断完善手机产品质量、功能，购买者具有相当的品牌支持度。而且智能手机一般价格偏高，用户转换成本高。

手机行业现有竞争者分析见表 2-10。

表 2-10　手机行业现有竞争者分析

高端市场竞争对手	苹果 三星	二者依然占据大半江山。 苹果公司从未涉及低端。 尽管三星 Note7 出现爆炸召回丑闻，但实力依然不可小觑。 总体来说和华为大部分目标客户并不重合，华为一直在试图提升自己的品牌形象，跃向高端市场。
中低端市场竞争对手	“中华酷联”	中兴、华为、酷派、联想四家的手机产品、目标客户和业务模式高度一致，存在着激烈的竞争。
	小米 OPPO VIVO 格力 ……	智能手机市场十分广阔、潜力巨大、十分诱人。 电讯行业总体生产规模和能力大幅提高，改变了供求原有状态，使原有的竞争压力加大。

就竞争对手小米手机而言，小米手机的市场定位是“为发烧而生”和市场价格定位。

① “为发烧而生”。小米手机是小米公司研发的一款高性能手机，主要针对手机发烧友，采用线上销售模式。它在年龄层次上更适合年轻消费者购买和认同，在性别上男女都适合。因为它的系统是开放的，方便手机发烧友刷系统，而发烧友往往是一群年轻的群体。小米官网会定期推出新系统，方便用户刷系统。

② 市场价格定位。当前手机行业中，苹果、三星手机相对价格过高，而小米手机的横空出世打破了这一格局，以不满 2 000 元人民币的低价格，让收入较低的消费者群体都能接受。在手机销售过程中，销售渠道占据了大量的销售成本。想大幅度降低成本，减少销售渠道是最好的办法。小米采用线上销售模式，这一点无疑让消费者买到小米手机的价格比其他手机要便宜不止一半。2017 年后，小米升级商业模式，把纯线上销售模式升级到线上下融合的“新零售”模式。

华为对于竞争对手小米的反应如何？

第一，针对小米的客户群体的单一性，华为凭借强大的渠道销售，多年的积累及优于小米的议价能力，拓宽整体覆盖面，高中低档的手机均有在售。

第二，针对小米强大的电商模式，华为也做了自己的电商，渠道营销仍然是它的主要销售方式，渠道营销涉及面更广。

第三，针对小米的用户忠诚度，华为加强宣传力度，合理利用网络媒体的力量，提升企业的品牌知名度。

2012 年起，智能折叠屏手机开始问世。手机行业掀起智能折叠屏手机的技术革新。① 2012 年，京瓷发布 KS8000，该手机采用两块独立的 TFTLCD 屏幕，每一块的分辨率都是 800×480，可以在单屏模式、平板模式、多任务模式之间切换。② 2017 年 10 月，中兴发布了中兴 Axon M 折叠双屏幕智能手机，屏幕是由两块屏幕拼接而成的，因此在展开状态下的屏幕画面完整性方面稍显不足。③ 2018 年 10 月，柔宇科技发布了全球首款真正的折叠屏手机 FlexPai，可在 0°到 180°区间内任意角度弯折，可承受 20 万次自由弯曲、折叠、卷曲，外加采用了多轴联动精密铰链的外折式屏幕设计，确保手机屏幕弯折的稳定性、可靠性。④ 2019 年，三星、华为等企业陆续布局折叠屏手机市场，推出折叠屏手机，拉开折叠屏手机时代的序幕。三星发布 Galaxy Fold，华为发布 Mate X。⑤ 2020 年，华为发布 Mate Xs，三星发布 Galaxy Z Flip、W21 等一系列手机。从 DSCC 前瞻产业研究院的调研结果来看，2020 年三星智能折叠屏手机占据了 88%的折叠屏手机市场份额，成为智能折叠屏手机企业的“领头羊”。

2. 潜在进入者分析

① 客串做硬件的互联网企业：如谷歌、百度、360 等都曾推出过自己的定制智能手机，但由于种种原因都不是很成功。

② 国内中低端手机市场：中兴、华为、酷派、联想，“中华酷联”四大巨头。

③ 颠覆原有模式的手机厂商：如小米、OPPO、VIVO 等，它们运用吸引眼球的营销策略，对于特定的消费者具有一定的吸引力。

面对潜在进入者的挑战和威胁，华为如何应战？

第一，就电信产品市场而言，华为公司进入该市场较早，因此建立了较强的市场知名度，提高了顾客对华为品牌的忠诚度。

第二，电信产品市场需要大量的投资和成熟的分销渠道，华为在这两方面也取得了一定的优势。

第三，华为经过多年的大力发展，企业规模不断壮大，可以通过规模经济或多元化经营，使企业的生产成本得以分摊，取得规模经济效应。

第四，华为在“经验曲线”的基础上建立了成功的战略：生产经验的不断积累，使得“经验曲线”让华为降低成本，提高利润。相对竞争者而言，华为取得了一定的竞争优势。

3. 替代品分析

随着智能手机行业的迅猛发展，华为手机的替代品也在不断地发展。华为存在的替代威胁是一些可以改善现有产品品质和具有较高性价比的产品，特别是该替代品是由盈利很高的产业生产，将更具有竞争力。

华为手机作为国产手机，相对来说，小米、魅族等品牌手机可以当作其替代品，就与其竞争不断的小米手机来说，华为手机的替代威胁也是较大的。此外，还包括具有通信模块的平板电脑以及智能模式可穿戴设备。因此，华为应该加大产品研发力度，提高产品技术含量，使产品更具竞争性。

4. 供应商的议价能力

智能手机的供应商可以理解为包括手机的代工商、设计公司和操作系统厂商、芯片和处理器供应商、手机行业外壳、按键电声产品供应商等。供应商对华为而言具有很强的价格谈判能力。

① 提供通信设备部件的供应商：如核心部件芯片、触摸屏和LCD等供应商所在行业都是典型的寡头垄断市场，核心技术掌握在外资公司手中。

② 劳动力的供应：劳动力作为一种特殊供应商对企业盈利和成本控制也具有举足轻重的作用。事实表明，高技术人才、管理人才和营销人才是企业发展过程中短缺的几类人才。

5. 购买者的议价能力

华为手机的直接购买者大致分为两类：电信运营商和单个消费者，主要客户依然是电信运营商。

① 电信运营商：不是最终的消费者，但会通过话费补贴等营销方式将手机推送给其客户。电信运营商市场是典型的寡头垄断市场，其订货量巨大，具有极强的议价能力。因此运营商在与华为的业务中显然处于强势地位，经常在价格、付款方式及其货期等方面施加压力。

② 单个消费者：虽然华为树立了较好的品牌形象，但大多数消费者认为华为仍然是中低端的品牌。很多消费者购买华为产品的原因是价格适中。而消费者可供选择的其他品牌还很多。

此外，华为在进行产品研发设计、产品宣传、营销策划时都必须慎重考虑与顾客有关的各类因素。顾客对手机的期望，不仅仅局限在基本功能，而是更加注重视频等个人信息存储管理、应用程序以及基于无线数据通信等功能。

【本章小结】

确定企业的发展战略，首先要对企业的外部环境进行扫描分析。任何企业都是在一定的环境下生存和发展的，环境的变化给企业的生存和发展或带来了机遇，或带来了威胁。因此，企业战略管理的基础是要对企业宏观环境、产业环境和竞争对手进行分析。

企业宏观环境是指对企业的生存和发展具有战略性影响的环境因素。企业宏观环境要素包括政治法律环境、经济环境、社会文化环境、技术环境等，对以上环境要素的分析方法简称“PEST”分析法。

产业环境属于企业外部环境的中观环境，产业环境分析的内容是分析本行业中企业竞争格局以及本行业和其他行业的关系。行业的结构及其竞争性决定了行业的竞争态势和企业可能的战略。产业环境分析经典的工具是波特的“五力模型”，即对潜在进入者、替代品、供应方、购买方及竞争对手进行分析，简称“五力模型”分析法。

竞争对手是企业经营最直接的影响因素，所以要从具体企业的角度，对竞争对手的市场状况、财务状况、产能状况、创新能力和企业领导者等相关内容进行分析。

【思考题】

1. 外部环境分析可以分为哪几个层面?
2. 产业的 5 种竞争力量是如何影响产业吸引力的?
3. 运用波特的五力模型分析某一具体产业的竞争结构和格局。
4. 运用战略群组分析国内手机业的竞争格局。
5. 调查了解某一企业及其主要竞争对手，运用波特的竞争对手分析模型进行分析，并借助 CPM 进行总体评价。
6. 运用 EFE 矩阵对某一企业的外部环境进行评价分析。

【拓展阅读】

◇ 阅读推荐

(韩)W. 钱・金，(美)勒妮・莫博涅. 蓝海战略：超越产业竞争开创全新市场[M]. 吉宓，译. 北京：商务印书馆，2005.

◇ 推荐理由

蓝海战略是开创无人争抢的市场空间，超越竞争的思想范围，开创新的市场需求，经由价值创新来获得新的空间。而红海战略是指在现有的市场空间中形成价格竞争，他们是在争取效率，然而增加了销售成本或是减少了利润。阅读材料先后获得了“《华尔街日报》畅销书”、“全美畅销书”和“全球畅销书”等称号，已经被译成了 24 种语言，打破了版权出售记录。阅读材料将给你来带全新的战略管理思维，告诉你企业如何超越竞争，启动和保持获利性增长。

【实践项目】

调查你所在地的一家特定企业，及时收集和准确把握企业的外部环境信息，如国家经济发展战略、国民经济和社会发展的长远规划和年度计划，产业发展和调整政策、国家科技发展政策，宏观调控政策，顾客、竞争对手、供应厂家以及潜在的竞争者的情况等，并撰写调查分析报告。

1. 针对特定企业，应用 PEST 分析工具，从政治法律环境、经济环境、社会文化环境、技术环境等方面，撰写一份特定企业的宏观环境分析报告。

2. 针对特定企业，应用波特五力模型分析工具，从供应商、购买者、现有竞争者、潜在进入者、替代品等方面，撰写一份特定企业的产业环境分析报告。

3. 列出特定企业当前面临的外部机会和威胁，应用外部因素评价矩阵，对特定企业的外部机会和威胁两方面的因素进行评价。

4. 列出特定企业和竞争对手的关键成功因素，应用竞争态势评价矩阵，对特定企业和竞争对手的关键成功因素进行评价。

第三章 企业内部环境分析

【学习要求与目标】

1. 掌握企业资源类型。
2. 重点掌握企业价值链分析的基本原理。
3. 理解企业核心能力的概念和特征、企业核心能力的成因。
4. 重点掌握企业内部环境因素及分析工具。
5. 重点掌握 SWOT 分析方法、波士顿矩阵分析法。

党的二十大报告提出:我们对新时代党和国家事业发展作出科学完整的战略部署,明确“五位一体”总体布局和“四个全面”战略布局;我们提出并贯彻新发展理念,着力推进高质量发展,推动构建新发展格局,实施供给侧结构性改革,制定一系列具有全局性意义的区域重大战略;我们实行更加积极主动的开放战略;我们深入贯彻以人民为中心的发展思想,在幼有所育、学有所教、劳有所得、病有所医、老有所养、住有所居、弱有所扶上持续用力;我们坚持绿水青山就是金山银山的理念,坚持山水林田湖草沙一体化保护和系统治理;我们贯彻总体国家安全观,国家安全领导体制和法治体系、战略体系、政策体系不断完善;我们确立党在新时代的强军目标,贯彻新时代党的强军思想,贯彻新时代军事战略方针。党的二十大报告还指出,“在充分肯定党和国家事业取得举世瞩目成就的同时,必须清醒看到,我们的工作还存在一些不足,面临不少困难和问题。主要有:发展不平衡不充分问题仍然突出,推进高质量发展还有许多卡点瓶颈,科技创新能力还不强;确保粮食、能源、产业链供应链可靠安全和防范金融风险还须解决许多重大问题;重点领域改革还有不少硬骨头要啃;意识形态领域存在不少挑战;城乡区域发展和收入分配差距仍然较大;群众在就业、教育、医疗、托育、养老、住房等方面面临不少难题;生态环境保护任务依然艰巨”,“对这些问题,我们已经采取一系列措施加以解决,今后必须加大工作力度”。这是党对于国家发展面临的内部优势与劣势的深刻把握。

《孙子兵法》云:“知彼知己者,百战不殆;不知彼而知己,一胜一负;不知彼,不知己,每战必殆。”企业战略分析中,外部环境分析属于“知彼”,企业对自己内部条件的分析属于“知己”。企业内部环境分析涉及的影响因素较多,除了要考虑战略层面的问题,也要考虑经验层面、战术层面的问题。为了准确确定企业当前面临的战略问题,企业战略决策者必须对企业进行系统而全面的深入分析,时刻考虑企业的优势和劣势。

【先导案例】

酒中黄金"贵州茅台"

1. 公司简介

贵州茅台主要从事茅台酒及系列酒的生产与销售，旗下拥有"茅台酒"和"系列酒"两大类产品。茅台是我国白酒行业的龙头。根据英国 Brand Finance 发布的"2021 全球烈酒品牌价值 50 强"榜单，贵州茅台酒以 453.33 亿美元的品牌价值位居全球烈酒品牌第一，是中国名优白酒的代表。公司成立于 1951 年，总部位于贵州仁怀市茅台镇。实控人为贵州省国资委。2001 年 8 月在上交所上市，股票代码 600519.SH。2021 年营业收入 1 095 亿元，净利润 557 亿元。

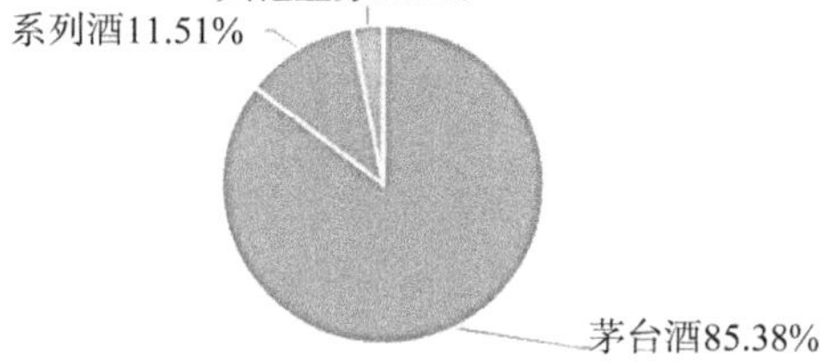

注：茅台酒主要包括飞天茅台与非标酒（年份酒、生肖酒、定制酒等）；
系列酒主要包括王子酒、迎宾酒、赖茅、汉酱、仁酒、贵州大曲等。

数据来源：公司官网。

2. 行业概况

根据国家统计局数据，2021 年规模以上白酒企业营业收入 6 033.5 亿元，2015—2021 年行业收入复合增速为 1.37%，行业整体步入平稳期。

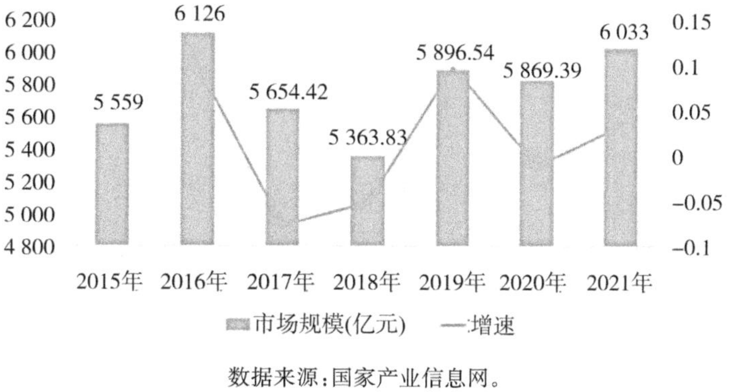

数据来源：国家产业信息网。

白酒价格范围带非常宽，行业分层非常明显。按照零售价格的不同，可以分为高端、次高端、中高端、低端四类。不同价格带的白酒，存在着明显的品牌差异和竞争格局。随着居民的消费升级，行业总体呈现出向中高端及以上价格带升级的趋势。

与白酒行业整体低速增长形成鲜明对比的是，近些年高端白酒增速明显。2015—

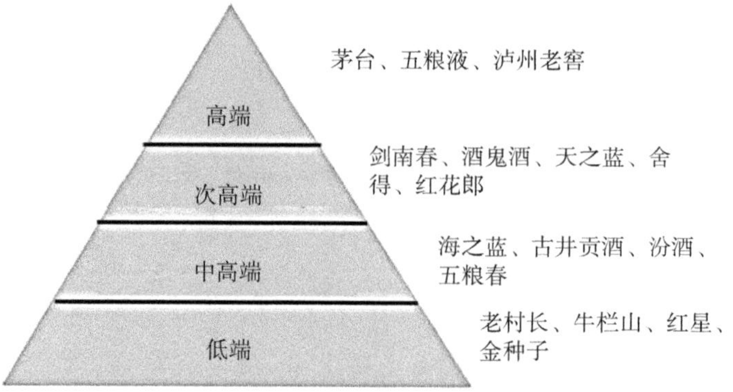

数据来源:国家产业信息网。

2021 年,茅台、五粮液、泸州老窖三家高端白酒企业的收入复合增速分别达 21.8%、20.5%、20%。从收入占比来看,三大高端白酒企业营收占行业比重持续提升,从 2015 年的 11%增至 2021 年的 32.5%。随着人民收入水平的提升和健康意识的提升,少喝酒、喝好酒逐步成为人民在饮酒上的共识。因此,品牌化、高端化仍将是白酒行业的发展趋势。

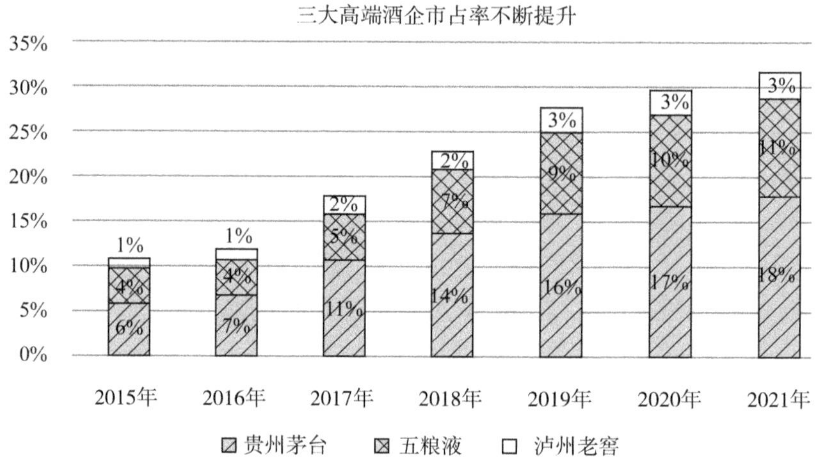

数据来源:国家产业信息网。

3. 股权架构

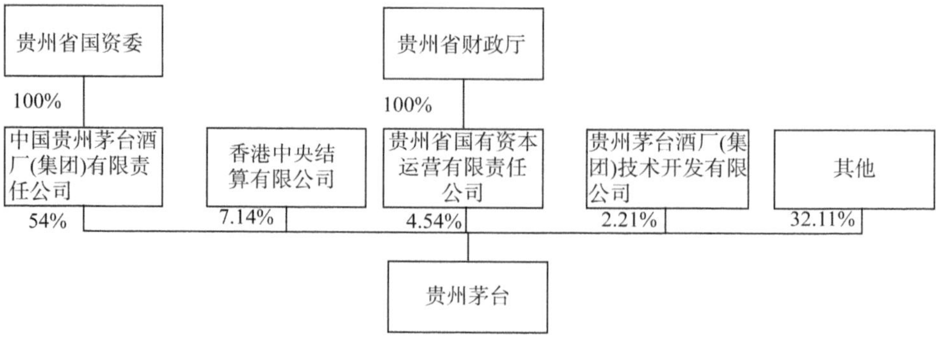

数据来源:公司官网。

4. 商业模式

公司是奢侈消费品的商业模式。通过塑造产品的稀缺属性、传播品牌的历史文化内涵、给予经销商充分利益激励、占领意见领袖的消费心智，共同打造了产品的高端奢侈品形象，获取了超额的利润。公司渠道销售以经销为主，销售占比80%；直销为辅，销售占比20%。经销是以经销商、商超、电商的形式向消费者销售产品。直销是通过自营渠道将产品直接销售给终端消费者。

5. 财务指标

贵州茅台的成长驱动力表现为：(1) 从价格来说：提价、产品结构升级和直营占比提升助力价格提升。(2) 从销量来说：产能稳步扩张，奠定增长基础。(3) 非标茅台酒(生肖酒、精品酒)、系列酒的增长。

6. 核心竞争力

(1) 品牌优势。曾连续上榜国家曾经举办的5届全国评酒会。曾在国际上获得“巴拿马万国博览会”金奖、国际名酒大赛金奖等全球烈性酒品牌价值第一名。

(2) 产品优势。茅台酒生产过程包含：制曲、制酒、贮存、勾兑和包装等5个环节，生产周期历时5年，对产区的原料、气候、菌群、水源都有严格要求，工艺独特保证产品品质。

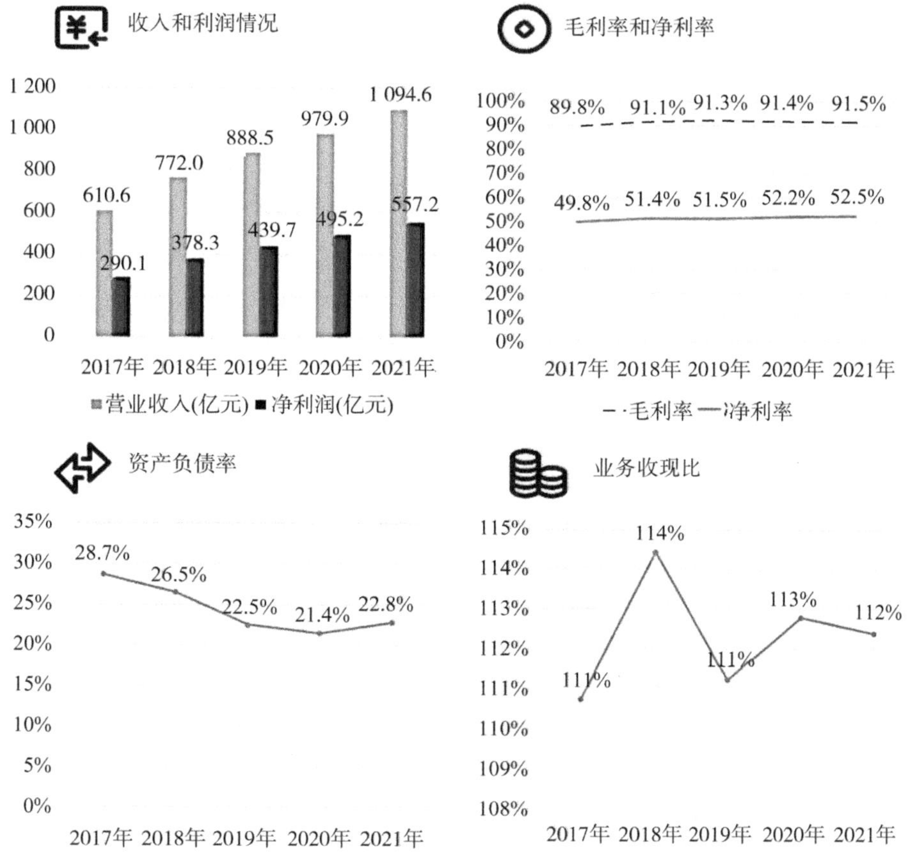

数据来源：公开财报。

(3) 渠道优势。渠道扁平化,经销商盈利空间大,销售动力足。公司逐步加大直营比例,推出 i 茅台电商,提高自身盈利水平。

(4) 价值优势。在商品价值以外,茅台酒还具备三大附加价值:奢侈品价值;社交货币价值;抗通胀价值。受到众多消费者喜欢。

3.1 企业资源分析

3.1.1 企业资源的概念

企业资源是指企业在向社会提供产品或服务的过程中所拥有、控制或可以利用的、能够帮助实现企业经营目标的各种生产要素的集合。

企业资源的界定可以分为广义和狭义两类。广义的界定把能力也纳入资源的范畴,这里的能力是指资源组合的能力,包括管理、创新、风险承担以及应用分析等方面。狭义的界定是把资源和能力分开。基于狭义的范畴,把资源定义为:企业资源是指企业可以全部或者部分利用的、能为企业创造价值的一切生产要素的集合。

企业资源分析是从企业全局来把握企业资源在数量、质量、结构、分配和组合等方面的情况,它形成企业的经营结构,也是企业综合实力的物质基础。企业资源的现状和变化趋势是制定总体战略和进行经营领域选择最基本的依据。

3.1.2 企业资源分类

企业资源主要分为三类:

(1) 按是否容易辨识和评估来划分,可分为有形资源和无形资源。有形资源是指能够看得见的并且可以量化的资产。有形资源容易被识别,而且也容易算出其价值,如机器、设备、房屋、资产等。主要包括财务资源、实体资源、人力资源、组织资源等。无形资源是指组织成长过程中积累的、不能被竞争对手了解和模仿的资产。主要包括:技术资源、商誉等。见表 3-1。

表 3-1 企业有形资源和无形资源

资源		主要的评估内容
有形资源	财务资源	资产负债率、资金周转率、可支配现金总量、信用等级
	实体资源	固定资产现值、设备寿命、先进程度、企业规模、固定资产多用途
	人力资源	员工知识结构、受教育水平、平均技术等级、专业资格、培训情况、工资水平、与产业平均水平比较
	组织资源	企业的组织结构以及正式的计划、控制、协调机制
无形资源	技术资源	专利数量和重要性、从独占性自身产权所得收益,全体员工中研究开发人才的比重、创新能力
	商誉	品牌知名度,品牌重构率,企业形象,产品认同度,供应商,分销商认同的有效率,支持性双赢关系

相对于有形资源，企业的成功更多地取决于知识产权、商誉、创新能力等无形资源。无形资源更具潜力。由于无形资源更难被竞争对手了解、购买、模仿或替代，企业更愿意将其作为企业能力和核心竞争力的基础。因此，无形资源越来越成为企业竞争不可或缺的战略性资源。

(2) 按维持竞争优势可持续性的不同来划分，可分为长周期资源、标准周期资源、短周期资源。其中，长周期资源(可持续化高，难以模仿)包括专利、品牌，为企业发展形成强有力的保护屏障；标准周期资源是企业进行大规模标准化生产、达到有效生产过程的资源；短周期资源(可持续化低，容易模仿)是容易被模仿的技术，具有一定的市场知名度。

真正帮助企业在长期水平上建立起竞争优势的资源，往往是标准周期和长周期资源。其中无形资源扮演着重要的角色。从战略角度讲，企业必须注重发展标准周期资源和长周期资源，保持长期战略竞争能力。

(3) 按暂时性或可否及时调整来划分，可分为流量资源和存量资源。其中，流量资源是暂时的、可以及时调整的资源；存量资源是经过漫长时间积累形成的资源，是通过内部开发获得的、无法从市场上购买的战略资源。存量资源的差异构成战略不对称，随着时间的延伸，许多流量资源会逐渐演变成企业宝贵的存量资源。

3.1.3 企业资源的分析过程

企业的成功源于对资源的成功开发和利用，因此，必须做好企业资源分析工作。企业资源分析可按以下四个步骤进行：①分析现有资源；②分析资源的利用情况；③分析资源的应变力；④进行资源的平衡分析。

1. 分析现有资源

确定企业目前拥有的资源量和可能获得的资源量。资源清单包括有形资源和无形资源的内容：管理者和管理组织资源、企业员工资源、市场和营销资源、财务资源、生产资源、设备和设施资源、组织资源、企业形象资源。

进行上述资源分析时，不仅要分析企业目前已经占有的资源(现有资源)，还要对经过努力可能获得的资源(潜在资源)进行分析。

2. 分析资源的利用情况

分析资源利用情况，原则上通过产出与资源投入的比率(投入产出比)进行。运用比较法，将本企业资源的实际利用情况分别与企业计划中制定的目标、企业历史最好水平、企业所在产业的平均水平以及最好水平，以及竞争对手的情况进行比较。具体可采用一些财务指标。另外，不同职能活动采用其他一些指标，如营销活动效率分析采用销售额与销售费用、广告费用的比率；生产活动分析采用产出数量与废次品的比率等。

3. 分析资源的应变力

资源应变力分析的目的是确定一旦战略环境发生变化，企业资源对变化的适应程度。对处于多变环境的企业来说，更需做好资源的应变力分析，作为建立高度适应环境变化的资源基础的出发点。分析重点应放在那些对环境变化特别敏感的资源上。

4. 进行资源的平衡分析

进行资源平衡分析主要应做好四个方面：

(1) 业务平衡分析。分析企业各项业务的经营现状、发展趋势，确定企业在各项业务上的资源分配是否合理。

(2) 现金平衡分析。分析企业是否拥有必要的现金储备,或拥有应付战略期内现金需要的资本金来源。

(3) 高级管理者资源平衡分析。分析高级管理者资源数量与质量、管理风格、管理模式等,战略制定、实施所需人力资源的适应程度。

(4) 战略平衡分析。确定企业资源是否符合战略目标的要求。

通过上述四个步骤进行企业资源分析,关键是确定企业的资源强势和弱势。资源强势,主要指企业所特有的能提高企业竞争力的资源,往往表现在:重要的专门技能;宝贵的有形资产、人力资源、组织资源;宝贵的无形资源、技术资源。资源强势是形成企业核心竞争能力的重要基础。

3.1.4 企业技术资源分析

企业技术资源分析包括技术人才、产品和技术装备与工艺水平,以及生产率的分析。其中:①技术人才分析,主要是分析企业所拥有的技术人才的数量及其水平,技术人才水平的高低,最终体现在企业的产品开发能力、产品制造能力与水平上。②技术装备与工艺水平分析,反映企业使用技术装备的先进程度、工作效率和生产率水平,它最终体现在产品质量、成本和劳动生产率的高低上。

1. 企业生产率水平分析

企业生产率水平分析的主要方法是经验效益法(或称经验曲线法和学习曲线法),经验效益法的核心思想是随着经验的增加,单位产品(服务)成本下降。具体体现在三个方面:

(1) 每次完成同一性质的任务后,下一次完成该性质任务或生产单位产品所需要的时间将减少。

(2) 单位产品的生产时间将呈递减的速率下降。

(3) 单位产品生产时间的减少将遵循一个可预测的模式。

经验效益曲线见图 3-1。

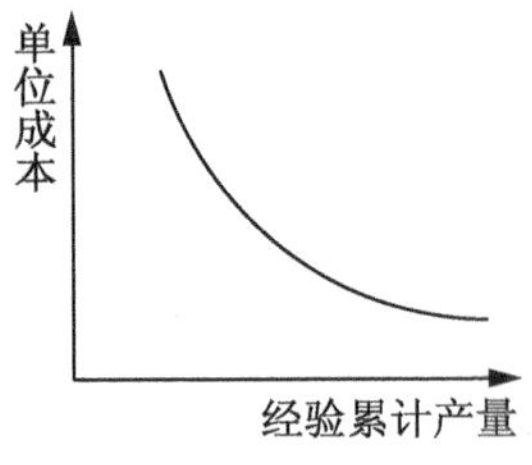

图 3-1 经验效益曲线

图 3-1 中,经验效益曲线的数学公式为:

$$C_n = C_q \times (n/q)^{-b}$$

式中:C_n 为第 n 个产品的单位成本,C_q 为第 q 个产品的单位成本,n 为现时的经验,q 为以前某时的经验,b 为常数。

经验效益主要取决于六个方面:①劳动效率的提高;②劳动分工与重新设计;③新的生产工艺;④生产设备效率的提高;⑤产品标准化和产品的重新设计;⑥有效地利用资源。

经验效益的战略意义:经验效益所提示的规律是,随着经验的增加,单位产品成本降低。因此,对于处于有经验效益产业中的企业来说,追求以经验效益为基础的成本领先战略是一条可取的竞争战略。一方面,较低的产品成本使企业获得高于产业平均水平的收益;另一方面,在价格竞争中,企业可降低产品价格,掌握竞争中的主动权。最终,巩固或改善企业的战略地位。见图 3-2。

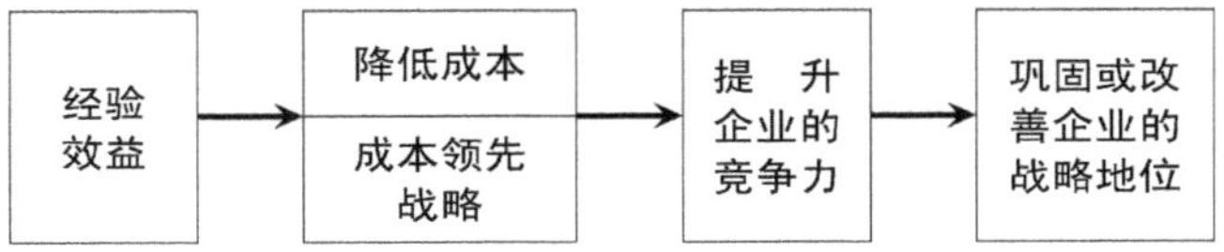

图 3-2　经验效益的战略意义

2. 技术优势分析

(1) 技术潜力分析

针对企业技术潜力分析时，反映技术潜在优势的指标主要包括：研发投入强度；研发投入人员数；技术装备的先进水平；设备新度；设备更新率；设备的技术状况。

(2) 现实技术优势分析

针对企业现实技术优势分析时，反映技术潜在优势的指标主要包括：新产品产值率；新产品开发指数；新产品品种开发率；专利数量及实现程度。

3.2　企业价值链分析

3.2.1　企业价值链概念

价值链分析法是由美国哈佛商学院教授迈克尔·波特总结提炼出来的，是一种寻求确定企业竞争优势的有效工具。他认为，可以将各种原始资源增值转化为最终产品，并使顾客认知其价值的企业活动视为价值链活动。一个企业的生产经营活动可分解为若干自成一体但在战略上相互关联的活动。企业的价值活动之间的相互联系、相互作用的关系，构成了一个企业特有的价值链。每一项价值活动都是构建企业竞争优势的基石。企业价值链分析的目的是使人们知道一个企业的竞争优势源自何方。对企业资源及其是否有优势的分析，就在于找到竞争差异性是如何通过价值链实现的。

3.2.2　企业价值活动分析

企业内外价值增加的活动分为基本活动和支持性活动。见图 3-3。

1. 基本活动分析

基本活动包括进料后勤、生产作业、发货后勤、销售或市场营销、售后服务。

(1) 进料后勤。如原材料进厂处理、库存管理、存货控制等。

(2) 生产作业。如物资转换为最终产品所必要的加工、包装、装配等。

(3) 发货后勤。如最终产品的仓储、安排送货日期和调配送货车辆等。

(4) 销售或市场营销。如选择销售渠道、企业广告和促销活动、处理好与经销商的关系等。

(5) 售后服务。包括安装、修理、培训和调试。

2. 支持性活动分析

支持性活动包括采购、技术开发、人力资源管理、企业基础设施。

(1) 采购。采购的物资包括生产过程中要消耗的材料（如原材料以及固定资产——机

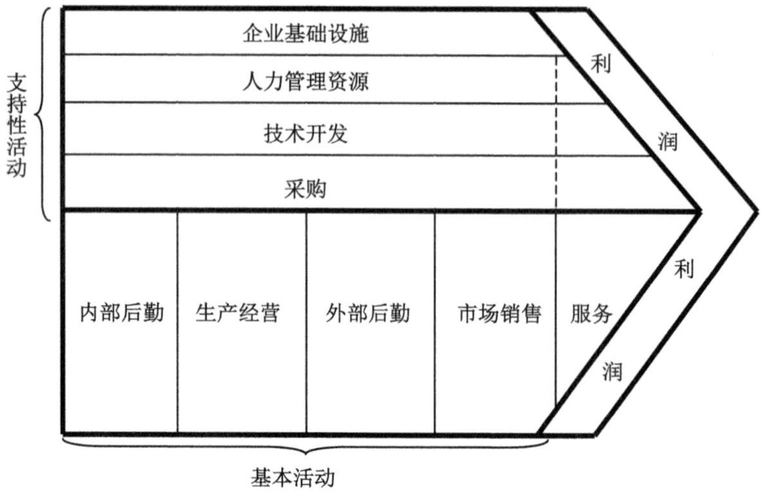

图 3-3 企业价值链活动

器、实验设备、办公室设备)。

(2) 技术开发。如改良设备、基础研究和产品设计以及服务等。

(3) 人力资源管理。包括设计所有员工的招聘、聘用、培训、职业发展以及工资薪酬等行为。

(4) 企业基础设施。包括总体管理、计划、财务、会计、法律支持等行为。

在不同的企业参与的价值活动中,并不是每个环节都可创造价值,实际上只有某些特定的价值活动才真正创造价值,这些活动就是价值链上的"战略环节"。

3.2.3 企业价值活动类型

企业价值活动类型包括直接活动、间接活动、质量保证活动。

(1) 直接活动。这是指直接创造竞争价值的活动,如零部件的加工、产品设计、装配、广告等活动。

(2) 间接活动。这是指作用在直接活动之上、使之继续进行的活动。如维修、销售管理、研究开发管理等活动。

(3) 质量保证活动。这是指确保其他活动质量的活动。如监督指导、测试、检验、调试等活动。

价值链是分析一个企业竞争优势的基本概念。价值链活动有着完全不同的经济效果,对竞争优势的确立起着不同的作用,应该加以区分并权衡取舍,以确定核心和非核心活动。

3.2.4 企业价值链间的联系

价值链不是一些独立活动的集合,而是相互依存的活动构成的一个系统。在这个系统中,各项活动之间存在着一定的联系,这些联系体现在某一价值活动进行的方式与成本之间的关系上,或者与另一活动之间的关系上。

企业价值活动间的内在联系所形成的竞争优势有两种形式——最优化与协调。企业价值链间的联系,见图 3-4。

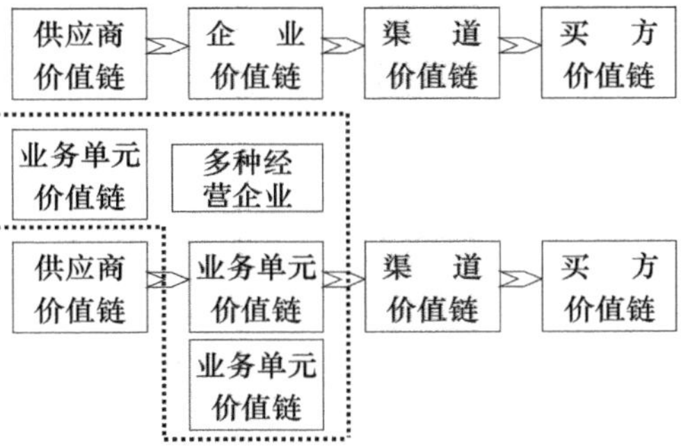

图 3-4 价值链间的联系

3.3 企业能力分析

3.3.1 企业一般能力分析

企业能力是企业对各种资源进行有效的整合,以发挥最大潜在价值的技能。企业可持续竞争优势是将具有战略价值的资源和能力进行整合、升华而形成的核心竞争力所产生的。企业的竞争优势源于企业的核心竞争力,核心竞争力又源于企业能力,而企业能力源于企业资源。

在识别、判定一个企业的核心竞争力之前,首先要弄清一个企业的一般能力状况。对企业基本能力的分析,可从企业生产经营的各项功能的角度分别进行,主要包括财务能力分析、营销能力分析、生产管理能力分析、组织效能分析、企业文化分析。

1. 财务能力分析

要分析、判断一个企业的经营能力,首先必须分析企业的财务状况,因为企业的财务报表和资料记录了企业经营的整个过程和绩效水平。分析企业财务状况广泛使用的方法是企业财务比率分析。

企业财务比率分析的指标体系主要由五大类指标构成,即收益性、安全性、流动性、成长性和生产性指标(见表 3-2)。其中,收益性指标用来观察企业一定时期内的收益及获利能力;安全性指标用来观察企业一定时期内的偿债能力;流动性指标用来观察企业一定时期内的资金周转状况;成长性指标用来观察企业一定时期内的经营能力的发展变化趋势;生产性指标用来判断企业在一定时期内生产经营能力、生产经营水平和生产成果分配等。

表 3-2 企业财务比率分析的指标体系

收益性指标	安全性指标	流动性指标	成长性指标	生产性指标
资产报酬率	流动比率	存货周转率	销售收入增长率	人均销售收入
所有者权益报酬率	速动比率	应收账款周转率	税前利润增长率	人均净利润
每股利润	资产负债率	流动资产周转率	固定资产增长率	人均资产总额
股利发放率	所有者(股东)权益比率	固定资产周转率	人员增长率	人均工资

续表

收益性指标	安全性指标	流动性指标	成长性指标	生产性指标
市盈率	利息保障倍数	总资产周转率	产品成本降低率	
销售利税率				
销售毛利率				
销售净利率				
成本费用利润率				

表 3-2 中，一般而言，流动比率以 2∶1 较为合适，速动比率以 1∶1 较为合适。所有者（股东）权益比率与资产负债率之和为 1，所有者（股东）权益比率越大，财务风险就越小。利息保障倍数的比率若低于 1，则企业无法偿付贷款利息，该比率越高，说明按时按量支付利息就越有保障。

财务能力分析结果可用雷达图的形式表示出来，见图 3-5。

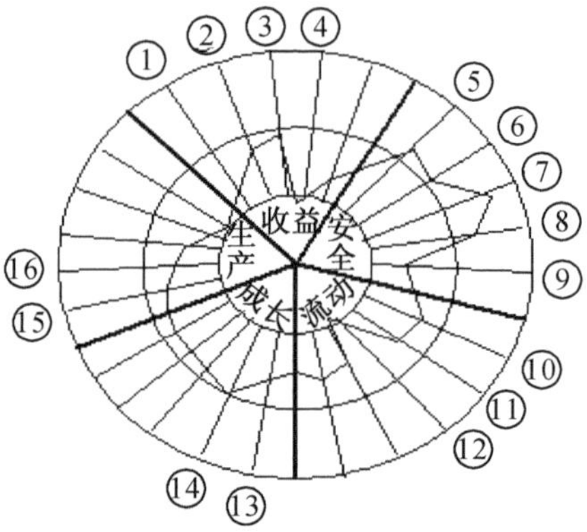

收益性：①资产报酬率；②所有者权益报酬率；③销售利润率；④成本费用率。

安全性：⑤流动比率；⑥速动比率；⑦资产负债率；⑧所有者权益比率；⑨利息保障倍数。

流动性：⑩总资产财转率；⑪应收账款周转率；⑫存货周转率。

成长性：⑬销售收入增长率；⑭产值增长率

生产性：⑮人均利润；⑯人均销售收入。

图 3-5　财务能力分析结果的雷达图

图 3-5 中，雷达图清楚、直观地反映了企业财务及经营管理的优势和劣势。最小圆代表同行业平均水平的 1/2 或最低水平。中间圆代表同行业平均水平，又称标准线。最大圆代表同行业先进水平或平均水平的 1.5 倍。

2. 营销能力分析

营销能力分析通常从五个方面来进行：市场环境分析、产品竞争能力分析、销售活动能力分析、新产品开发能力分析、市场决策能力分析。其中：

（1）市场环境分析主要涉及行业动向（销售趋势、产品普及率、竞争关系、技术发展趋势）、消费者行为（销售对象、购买动机、购买过程）、企业形象（知名度、消费者意见、中间商意见）。

（2）产品竞争能力分析主要涉及产品的市场地位（市场占有率、市场覆盖率）、收益性、成长性（销售增长率、市场扩大率）、竞争性（产品强度）、结构性（产品构成）。

（3）销售活动能力分析主要涉及企业的销售组织、销售绩效、销售渠道、促销活动、销售计划。

（4）新产品开发能力分析主要涉及新产品开发计划、开发组织、开发过程、开发效果。

（5）市场决策能力分析主要涉及企业的经营方针、经营计划、决策过程、信息系统。

针对企业营销能力进行分析时，应针对产品竞争能力、销售活动能力、新产品开发能力、市场决策能力进行分析，见图 3-6。

图 3-6 中，产品竞争能力是指企业面对市场以产品的研发、生产、经营和服务为中心，即以产品为核心与竞争对手对抗性较量的能力。通过对产品的市场地位、收益性、成长性和竞争性等方面的分析和评价，可判断产品所具有的市场竞争力。

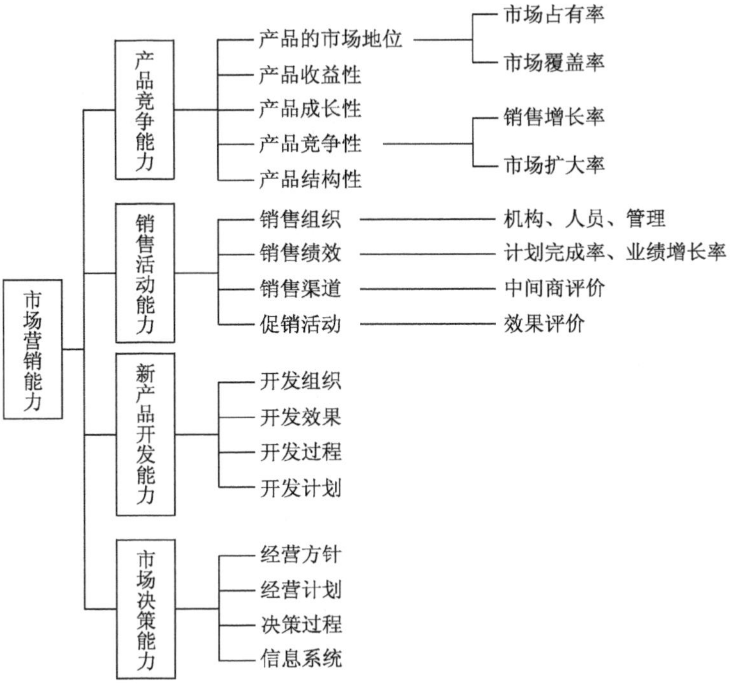

图 3-6 市场营销能力分析

(1) 分析产品的市场地位。不仅要定性地分析该产品的知名度,更重要的是定量评价市场占有率和市场覆盖率。计算市场占有率和市场覆盖率的公式如下:

市场占有率=本企业产品销售量/市场上同类产品销售量

市场覆盖率=本企业产品的投入地区数/全市场应销售地区数

(2) 分析产品的收益性。主要是对各种产品的销售收入、利润贡献和成本进行分析比较,从而发现高收益产品,调整或淘汰问题产品。

(3) 分析产品的成长性。把产品近几年的销售指标进行纵向比较,通常着重分析其销售增长率和市场扩大率。计算年度销售增长率和市场扩大率的公式如下:

销售增长率=(某年度销售量-上年度销售量)/上年度销售量

市场扩大率=(某年度市场占有率-上年度市场占有率)/上年度市场占有率

(4) 分析产品的竞争性。分析和评价相对于其他产品来说在质量、外观、包装、商标、价格及服务等方面所具有的优越性。通常采用的方法是加权评分法。其分析评价步骤是:选择几个竞争产品,组成有一定代表性的评比人员,确定评比项目,规定各项目的评分标准,绘制评分表,评比人员独立公正地逐项打分填入表格,最后根据评分结果研究本企业产品的竞争性。

(5) 产品结构分析。产品结构是指某一企业的产品数量(同一行业内)的多少和产品多元化(跨行业多种经营)程度。企业向市场提供的全部产品在类别、品种、规格、型号、版本等方面的形态称为产品组合,也称之为产品结构。企业现有产品的结构状况一般可用波士顿矩阵进行分析。判断产品结构合理性的原则包括四个:符合国家宏观经济政策;适应市场及用户的要求(只有了解市场需求信息,才能为企业产品结构调整制定出正确的方向与策略);良好的经济效益(研究和调整企业产品结构的最终目标是使企业的综合效益达到最大);自我调整机制(企业应及时汇总供应、生产和销售各个方面的情况,适时进行产品结构调整,使企业的产品结构有良好的弹性,保证企业产品结构能经常处于较合理的状态)。

3. 生产管理能力分析

生产管理能力分析从五个方面展开:生产过程分析、生产能力分析、库存分析、劳动力分析、质量分析。其中:

(1) 生产过程分析包括技术选择、设施选择与布局、工艺流程分析、生产控制和运输等分析。

(2) 生产能力分析包括产量预测、设施和设备计划、生产计划等分析。

(3) 库存分析包括订货的品种、时间、数量以及物料搬运等分析。

(4) 劳动力分析包括绩效测定、丰富工作内容、工作标准等。

(5) 质量分析包括质量控制、检验、保证和成本控制。

4. 组织效能分析

企业组织效能分析是企业内部条件分析的基本环节和主要内容之一。因为企业的一切活动都是组织活动,组织是进行有效管理的手段。企业作为一个组织其最重要的是组织成员的团结协作,这是组织的力量所在。分析企业组织的情况,改善组织工作,建立合理的组织结构,对企业管理而言是治本之举,分析企业组织效能才能发现组织结构中的缺点或弱点,进而进行组织变革,提高企业管理组织的效率。

进行组织效能分析时可以从六个角度进行,即:

(1) 从分析组织任务分解入手,对组织任务分解的合理性做出判断。

(2) 从分析岗位责任制、职责权限对等性入手发现改善的机会。

(3) 从分析管理体制入手,对企业集权与分权的有效性进行分析。

(4) 从分析组织结构入手,确定是否适应未来战略方向。

(5) 从分析管理层次和管理幅度入手,发现新增或合并管理职能部门的可能性。

(6) 从分析人员入手,根据组织任务分解、职位标准和职务手册等对企业所有现职管理者承担现职工作的能力和职业前景进行分析判断,看现职管理者的胜任程度和职位标准等是否应当修正。

5. 企业文化分析

对企业文化进行分析应注意把握五个方面的内容,即:

(1) 企业文化现状分析。

(2) 企业文化建设过程分析。

(3) 企业文化特色分析。

(4) 企业文化与战略目标、战略和内外环境的一致性分析。

(5) 企业文化形成机制分析。

通过以上分析,得出企业能力强项和弱项是什么,从而对是否继续执行现行战略,或变革战略做出重大决策。

专栏 3.1　如何识别资源的价值

一家餐饮管理有限公司，分析了现有的连锁餐厅具有如下一些资源：

有充足的车位，在餐厅周围提供了进出的标志；地板设计独特，吧台、餐桌布局和餐厅的整体装潢体现了轻松活跃的现代化气息；各种餐具尽可能地融入了欢迎问候语；提供免费饮料；菜单制作精美，图片式展现各种菜品；在餐厅内提供了可视查询系统，可查询排队等候的情况；为排队等候的顾客提供了多种消遣方式，如扑克、五子棋、瓜子、糖果、游戏、餐厅的宣传资料等；厨房亦有查询系统，了解各订单等候的时间；提高服务标准，所有的服务人员均受到正规培训，且通过合理的考核机制确保服务人员的服务质量和态度；餐桌设置了用于客户反馈的便签，顾客可随时写下自己的建议和抱怨。

【思考】

根据以上资料，分析该餐饮公司具有的核心资源和核心能力，及其所执行的战略。

【解析】

对以上资源进行整理，可将核心资源、能力和执行的战略总结如图所示。

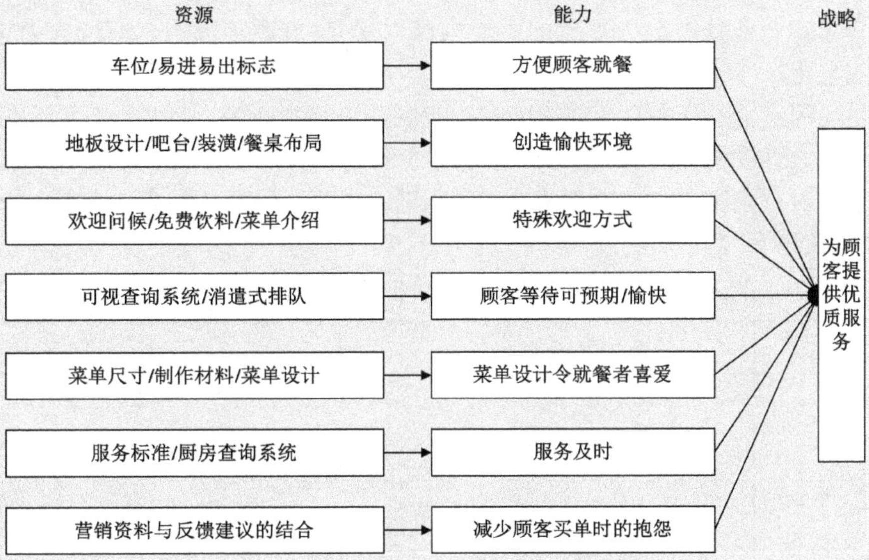

该餐厅拥有的核心资源和核心能力图

3.3.2　企业核心能力分析

企业具备一般能力，是其在行业中获取利润以求得生存的最基本的条件。而企业的核心能力是其获取持久竞争力的源泉。

1. 核心能力的概念

核心能力，一般又称为核心竞争力。1990 年，两位管理学家哈默尔(G. Hamel)和普拉哈拉德(C. K. Prahalad)在《哈佛商业评论》发表的《企业核心能力》一文中定义："核心能力是组织中的积累性学识，特别是关于如何协调不同生产技能和有机结合多种技术流派的学识。"企业核心能力是企业的整体资源，它涉及企业的技术、人才、管理、文化和凝聚力等各方面，是企业各部门和全体员工的共同行为。除此之外，美国麦肯锡咨询公司对核心能力的定义为："企业核心能力是某一组织内部一系列互补的技能和知识的组合，它具有使一项或者多项关键业务达到行业一流水平的能力。"几十年来，核心能力理论引起越来越多的学者和企业家的重视，它也成为分析企业内部条件的关键理论工具之一。

2. 核心能力的特征

企业核心能力体现了三大特征：价值特征、资产特征、知识特征。

(1) 价值特征。主要表现在三个方面：①为企业创造企业价值、降低成本，显著提高企业的运营效率。②实现顾客看重的价值。③对企业保持竞争优势具有特殊的贡献。

(2) 资产特征。作为企业的专门资产，具有历史依存性，是企业积累性学习的结果。对潜在进入者构成一种进入壁垒，以保护垄断利润的获得。对企业本身构成一种退出壁垒，产生一种推动作用，激励企业员工为共同的目标而努力。

(3) 知识特征。关于如何协调企业各种资源用途的知识形式，以隐性知识为主。

3. 核心能力成因分析

在外部环境因素的作用之下发挥内部因素的整合协调作用，才能实现核心能力的形成效能，形成企业自身的核心能力。

决定和影响企业核心能力形成的主要内部因素有：资源与能力、创新、人力资本、管理机制和企业文化。

外部环境因素主要分为产业环境因素与宏观环境因素两种。其中，产业环境因素是指与产品所处产业直接相关的因素，主要包括企业间的竞争、产品间的竞争、消费者需求；宏观环境因素是对企业核心能力的形成产生间接影响的因素，主要包括政策法律环境、经济环境、社会文化环境、自然环境。

专栏 3.2　著名企业的核心能力

企业名称	核心能力	最终产品
Honda	发动机关键技术	汽车、摩托
3M	黏性材料技术	告示贴、录像带、投影仪、磁带
Sony	机械电子器件及其微小化技术	袖珍录音、录像设备、小型电视
Canon	光学和图像技术	复印机、照相机
IBM	计算机领域核心技术人才	计算机、IT 用户最终解决方案、软件
青岛海尔	质量控制水平、真诚服务能力	家电、数字设备
华为科技	产品集成创新、企业文化	数字通信关键设备
清华同方	资本、知识、产业嫁接能力	电脑、民用核技术、新能源新材料

4. 核心能力的判断标准

判别一个企业是否有核心能力，有以下四项基本标准：

(1) 增值性和效益性。企业核心能力要在为客户创造价值的过程中做出显著贡献。不能产生效益、不能为客户创造价值的能力不算核心能力。

(2) 领先性和独特性。企业核心能力要在企业中的某种技术或者管理方面处于领先地位。不能领先、或者说不具备优势的就不是企业的核心能力。同时，企业核心能力是很独特的，应该是难以被竞争对手模仿的。凡是能够很容易被竞争对手模仿的都不能称之为核心能力。

(3) 延展性及多样性。企业核心能力是企业的主导力量，它不是局限于企业某一产品和服务，而是能够普惠于企业的若干领域，能够最大限度实现范围经济效应。如果企业这项能力不能使得企业衍生出若干新产品和新服务，则不能称之为核心能力。

(4) 协调性和整合性。企业核心能力是协调不同生产技能领域及有机结合多种技术的积累性学识，它更多地表现为企业的整体素质，而不仅仅是指企业某一两项诀窍或者生产技能。

企业凡是具备以上四项基本标准，就说明企业具有核心能力。凡是不具备以上四项基本标准，说明企业没有核心能力，或者说企业核心能力不完整，还需要加以不断培育。

除此之外，企业核心能力还具有相对性、动态性和不可交易性。其中，所谓相对性，是指核心能力是相对于竞争对手而言的，具有地区相对性的核心能力也可以称之为核心能力；所谓动态性，是指核心能力也有生命周期，随着时间变化、环境条件的改变，核心能力要不断推陈出新，要防止核心能力刚性；所谓不可交易性，是指核心能力只能通过企业自身长时间的培养，不可能轻易从市场上买到，轻易通过市场交易方式获得的能力不能称之为核心能力。

企业内部条件分析的重要任务之一就是辨识和评价企业的核心能力，了解企业在核心能力产生、培育、应用方面还存在哪些缺陷，应当如何加以改进。

3.4 企业竞争优势分析

3.4.1 竞争优势的构成与分类

迈克尔·波特教授在其《竞争优势》中认为：竞争优势来源于企业在设计、生产、营销诸多环节中若干相分离的活动，企业正是通过比其竞争对手更出色地开展这些重要的战略活动来赢得竞争优势的。

企业的竞争优势可分为四类：①以显露程度为标志，分为现有优势和潜在优势；②以对比差距大小为标志，可分为相对优势和绝对优势；③以优势内容为标志，可分为数量优势与质量优势；④以优势的覆盖范围为标志，可分为局部优势和整体优势。企业的竞争优势体现在企业拥有的优势地位和优势实力等方面。其中，企业拥有的优势地位主要表现为优越的地理位置、优越的产业地位、优越的政策地位。企业拥有的优势实力主要表现为资源的积蓄状况、资源的组合状况、资源的运用状况。

3.4.2 竞争优势的来源

企业竞争优势有三个主要来源：

1. 价值活动本身

价值活动本身是构筑竞争优势的基石。企业从事的各种不同价值活动，虽然对于企业的成功都是必不可少的，但是确认哪些活动支持企业的竞争地位很重要。一方面，对一个企业而言，在关键价值活动的基础上建立和强化这种优势可以帮助企业获得成功。另一方面，由于价值活动已列在企业的价值链中，只要同其他企业对比，就不难发现自身竞争优势之所在。

2. 价值链内部联系

价值链并不是一些独立活动的综合，而是相互依存的活动构成的一个系统。价值活动是由价值链的内部联系联结起来的，基本活动之间、不同辅助活动之间、基本活动与辅助活动之间都存在着联系，竞争优势往往来源于这些联系。如成本高昂的产品设计、严格的材料规格或严密的工艺检查，都会大大减少服务成本的支撑，而使总成本下降。

3. 价值链的外部联系

联系不仅存在于企业价值链内部，而且存在于企业价值链与供应商、渠道价值链和买方价值链之间。供应商、渠道和买方的各种活动进行的方式会影响企业活动的成本或收益，反之亦然。供应商为企业提供某种产品或服务，销售渠道具有企业产品流通的价值链，企业生产的产品就是买方价值链的外购投入，因此，企业的各项价值活动和它们与企业的价值链间的各种联系都会增强企业的竞争优势。

企业应对价值链的内部联系和外部联系给予高度的关注。对这些联系进行规划，既可以提供独特的成本优势，又可以基于这些联系将企业的产品或服务与其他企业区分开来，即可以实现差异化。而竞争者常常会仿效企业的某项活动或某个行为，但却很难抄袭到价值链之间的这些联系。

3.4.3 竞争优势形成的形式与基本思路

1. 竞争优势形成的形式

一般来说，企业价值链活动间的内在联系形成的竞争优势有两种形式，即最优化决策与协调决策。

（1）最优化决策。企业为实现其总体目标，往往在各价值活动间的联系上进行最优化的决策，以获取竞争优势。例如，企业为了获得低成本优势，既可以降低人工成本，又可以降低机器成本，还可以选择成本高昂的产品设计、严格的材料规格或严密的工艺检查，以减少服务成本。

（2）协调决策。在协调方面，企业通过协调各活动之间的联系，来增加产品的差异性或降低成本。例如，企业要按时发货，则需要协调企业内部的生产加工、成品储运和收货服务之间的联系。与此同时，企业管理者应该认识到，价值活动的联系不仅仅存在于企业内部，而且存在于企业与企业之间。其中最典型的是纵向的联系，即企业价值链与供应商和销售渠道价值链之间的联系，这往往影响企业活动的成本与效益，反之亦然。

2. 竞争优势形成的基本思路

竞争优势形成的基本思路是指找到恰当的途径，并在可接受的代价之下，获得比竞争对手更强大的，而且带根本性的竞争优势。其基本思路见图 3-7。

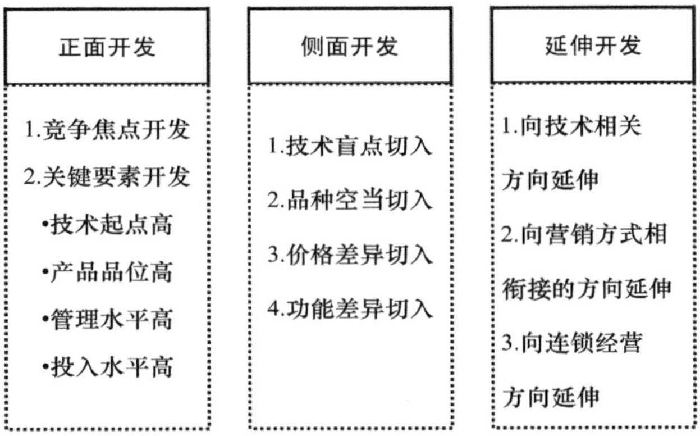

图 3-7　竞争优势形成的基本思路

专栏 3.3　苹果公司的不断创新

苹果公司(Apple)是最早涉足个人电脑领域的厂商之一,它所生产的苹果一代、二代电脑曾经流行于诸多国家的大中学校园。它是第一个开发出图形界面操作系统的公司。公司的创始人团队有着超群的创造及研发能力,这正是它曾经辉煌的原因。然而,由于内部纷争,公司曾经陷入低谷,计算机市场占有率大幅下滑到 5%,而苹果操作系统也逐渐远离大众的视野。

20 世纪 90 年代中后期,苹果开始重振雄风,先是打出口号"Think differently"以吸引那些喜欢标新立异的顾客,紧接着以令人炫目的速度推出设计新颖的个人电脑。苹果在 21 世纪初开发出 iPod 音乐播放机,同时利用对 MP3 播放系统的深刻了解,开发出了全系列播放机产品。苹果在 iPod 之后推出的 iPhone 和 iPad 同样令人惊叹。它们以独树一帜的时尚设计和高贵的品质征服了无数客户的心,全球销量以千万计。但是,苹果并没有停止创新,它已经把创新当作公司必不可少的运营实践而融入企业的基因中了。

苹果的四大创新主要包括:理念创新、商业模式创新、产品创新、文化创新。

(1)理念创新

设计理念:设计出色的产品来改变世界,把握简约的原则,主动地创造需求。

营销理念:苹果出售的不只是产品,还是一种理念、一种品牌、一种服务、一种时尚和一种身份。苹果公司要求店内的服务人员只解答用户的"疑难杂症",不做促销,也不能靠卖产品挣佣金。

(2)商业模式创新

客户价值:提供超出同业的最新技术,将先进的技术、合适的成本和出众的营销技巧相结合。

关键流程:公司制度、企业文化、研发管理。

盈利模式:出售硬件设备,广告盈利,出售音乐和应用软件,闭环盈利模式。

关键资源:设计和研发人员。

(3)产品创新

海盗精神:与众不同。

产品工艺：制造最完美的产品，简洁美观的外形、色彩运用、新型材料。

市场需求导向：产品研发由技术导向转向消费导向。

技术应用：硬件、软件、网络、内容以及服务的整合成功。

在苹果公司内部，一个新的创意从萌芽到运用通常要经过一个"10 到 3 到 1"的过程。工程师在考虑解决一个问题的方法时，首先要拿出 10 个可能的解决方案，在此阶段，毫无限制地激发创意。紧接着由专家团队从 10 个可行性方案中选出 3 个较为优秀的，再从中挑选出 1 个作为最后的实施方案。这一过程保证了不同观点的产生，又兼具了实施的可行性，使产品不断优化。除此之外，公司内的研发团队每周都会有两次会议。第一次会议是头脑风暴会议，每个人都可以尽情地发表自己的想法，无论职位高低。力求通过高效的交流，思想的碰撞激发创意，追求创意也追求数量。第二次会议是成果和创意筛选会议，这次会议与第一次完全相反，设计师和工程师在这次会议上必须明确每一件事情，需要对前面疯狂想法的可行性和进展做出描述，保持理性的想法。

(4)文化创新

创立"I"语言：苹果公司列"I"产品的相继成功，使 I 语言应运而生。I 语言代表的是一种简洁但不简单的态度，也同时是尊贵用户和有品位的代名词。I 语言反映出苹果公司严谨、追求完美、极致的创作理念，同时也催生出"乔帮主"等一系列大众对乔布斯的尊称，使追求 I 系列的产品成为一种潮流。

产品发布仪式：每一款苹果的新产品都会有一场特殊的发布会，通常，没有豪华的会场，没有隆重出席的嘉宾，但是独特的发布会仍是 IT 行业的朝拜圣地，因为发布会总是会给人带来惊叹，更加突出了产品才是发布会的主角。加上会后的亲身体验专区，消费者会和新产品零距离接触，这都是苹果的独创。

新的营销模式：新产品的营销模式，也是苹果创新文化的独创。饥饿营销就是苹果的首创。之前的生产厂商，都会在新产品上市前备好库存，趁着上市之初大捞一笔。但苹果却反其道而行，使得新产品深入人心时却一机难求。加上缩短了产品生命周期，在新产品上架时，即使有利润低的旧产品下架。消费者在猎奇心理的促使下，对苹果产品一直处于不断的追逐状态。此外，感官体验场所营销模式也是苹果的另一撒手锏。宽敞简洁的卖场内，消费者以体验产品为主，如果有需要，服务人员会及时进行帮助。舒适的体验环境使消费者与电子消费品近距离接触，由此也使消费者产生"情感的经济"。

追逐风险：乔布斯曾说过，"只有疯子才能改变世界"。很难有公司不顾市场反应而专注于自己的创造，早期的苹果公司也曾由于过于激进而吃亏。但是正是因为有了高风险，才有可能获得高回报。同时面对竞争对手，苹果从来不曾回避，谈到与微软的合作，乔布斯认为这是一个机会，"无法打败对手，那就让他变成合作者"。苹果自信于自己独到的眼光，永远处于行业创新的领导者而非追逐者。正是对风险的追逐，才使苹果成功地用"iPod＋iTunes"的模式统治电子消费品，并在品牌建立的过程中逐步收回所流失的 PC 市场。

3.4.4 内部因素评价矩阵

对企业内部环境分析进行总结的步骤是建立内部因素评价矩阵（Internal Factor Evaluation Matrix），简称 IFE 矩阵。

内部因素评价矩阵法，是一种对内部因素进行分析的工具，其做法是从优势和劣势两个方面找出影响企业未来发展的关键因素，根据各个因素影响程度的大小确定加权分数，再按企业对各关键因素的有效反应程度对各关键因素进行评分，最后确定企业的总加权分数。

利用这个矩阵，可以帮助企业经营决策者对企业内部各个职能领域的主要优势与劣势进行全面综合的评价。

内部因素评价矩阵分析包括以下几个步骤：

(1) 列出在内部环境分析过程中确认的关键因素。因素总数在 10～20 个之间。因素包括优势和劣势两个方面。首先列举优势，然后列举劣势。要尽量具体，可能时要采用百分比、比率和对比数字。

(2) 以产业为基准，赋予每个因素以权重，其数值由 0.0(不重要)到 1.0(非常重要)。无论关键因素是内部优势还是劣势，对企业绩效有较大影响的因素都应当得到较高的权重。所有因素的权重总和必须等于 1。

(3) 为各关键因素进行评分，范围为 1～4 分，“4”代表重要优势，“3”代表次要优势，“2”代表次要劣势，而“1”则代表重要劣势。评分以企业为基准，而权重则以产业为基准。

(4) 用每个因素的权重乘以它的评分，即得到每个因素的加权分数。

(5) 将所有因素的加权分数相加，以得到企业的总加权分数。

无论 IFE 矩阵包含多少关键因素，一个企业所能得到的总加权分数最高为 4.0，最低为 1.0。平均总加权分数为 2.5。总加权分数大大低于 2.5 的企业，其内部状况处于劣势；而分数大大高于 2.5 的企业，其内部状况则处于优势。当某种因素既是优势又构成劣势时，则在关键因素中出现两次。

表 3-3 为某公司内部因素评价矩阵。

表 3-3　某公司内部因素评价矩阵

关键内部因素		权重	评分(分)	加权分数(分)
内部优势	公司知名度	0.05	4	0.20
	市场份额	0.05	3	0.15
	产品质量	0.06	3	0.18
	创新效率	0.03	4	0.12
	地理覆盖面	0.02	4	0.08
	成本—资金利用率	0.05	3	0.15
	资金稳定	0.05	3	0.15
	设备	0.05	3	0.15
	技术制造工艺	0.03	3	0.09
	能干、富于想象的领导集团	0.15	3	0.45
	具有奉献精神的员工	0.15	3	0.45
	设计创新能力	0.04	3	0.12

续表

关键内部因素		权重	评分(分)	加权分数(分)
内部劣势	服务质量	0.05	1	0.05
	销售队伍效率	0.04	2	0.08
	现金流量	0.05	2	0.10
	准时交货能力	0.03	1	0.03
	规模经济	0.03	2	0.06
	灵活性或反应能力	0.07	2	0.14
合计		1.00	—	2.75

专栏3.4　青岛海尔集团“OEC管理”①

一、青岛海尔集团“OEC管理”破译

1995年3月15日。一位文质彬彬的中年男子从容不迫地走上中央党校的讲台，就企业管理发表精彩演说。在座的60位学员身份非同小可，他们都是“国有企业改革”专题研究班的省部级头头脑脑。这位身上散发着儒雅气息的中年男子身份也很特别。他并非党校教师，而是一名企业家——青岛海尔集团总裁张瑞敏。

台上旁征博引、滔滔不绝；台下兴趣盎然，意犹未尽。精彩的演讲把一个陌生的词汇——“OEC管理”变成了大家津津乐道的话题。

来到青岛我们发现，11年前，海尔还只是一个濒于倒闭、亏损达147万元的集体小厂，11年后的今天，海尔已成为在国内外市场上有相当知名度的大型企业集团。1994年实现销售收入25亿元，利润达2亿元。发生这一奇迹的奥妙是什么？海尔人自豪地说：OEC科学的管理体系是推动企业振兴的有力武器。

那么这个为海尔引以为骄傲和自豪的OEC又是怎么样的一种管理方式呢？

走进海尔生产车间，随处可见一块60 cm见方的图案。红线白芯正中印着一对特别引人注目的大脚印。陪同采访的工会副主席王培华告诉记者：这就是海尔现场管理非常有名的“6S大脚印”。站在绿色大脚印上，迎面映入眼帘的是高悬着的大牌子，上面赫然写着“整理、整顿、清扫、清洁、素养、安全”12个大字。据介绍，由于这6个词语外文都是以S开头，因此简称“6S”。“6S脚印”构成海尔OEC管理不可或缺的环节。每天上班前，班长总要站在此处讲评昨日“6S”工作和当日要求，并将昨日“6S”较差员工请到脚印上检讨自己的工作，以求当日改进。每日下班后，班长都要站在绿色大脚印上，总结当日“6S”及其他工作指标完成情况。“6S大脚印”在此就具有了特别意义，它通过规定的形式使上下岗职工进行自我审视、自我提示。从而把管理由“强制”引向了“自主”。

“绿色工位认证”是海尔现场管理的另一大特色。在车间里，每个班组的工序都挂着另一块赫然醒目的牌子，上写着班组每个员工的名字，名字底下分别贴着一些绿色或黄色的圆标签，这是海尔实行“绿色工位认证”的动态显示，绿色说明该工位处于正常状态。黄色说明该工位工作

① 资料来源：根据侍强等的“青岛海尔集团‘OEC管理’破译”(《工人日报》，1995年)改编。

有偏差,需要尽快纠偏。“绿色工位认证”不仅起到激励作用,还使车间主任和职能管理人员对各工位工作状态一目了然。现在,这块标牌已成了车间和班组管理的“路标”。

现代企业经营的实施最终将落实于基层和现场,因此现场便成了企业一切活动的落脚点。然而,如何将全公司的总目标分解落实到具体的现场中,这就不只是一种理念,更是一门艺术。

海尔的车间里有个明显特点:标语口号少,各种牌牌单子多。记者采访中时常不经意地在电梯、窗玻璃、消防器及每台设备上看到张贴着的牌牌。上面清晰地写着事情的编号、责任人的编号和检查人的编号。《海尔报》总编苏芳雯女士介绍说:这是OEC管理三个基本框架之一的目标计划系统在生产现场的具体体现。在海尔大到一台设备,小到一块玻璃,都明确规定主管人、责任者、审核者。每个车间都设有“车间日清栏”,每天的质量、劳动纪律、工艺、文明生产、设备物耗的情况在栏内一览无遗。

据悉,日本一家著名公司的代表来大陆寻找合作伙伴,遍访了很多企业,均感犹豫不决。最终来到了海尔。参观时趁人不备,摸了一下背人处的模具,竟然一尘不染。正是这一摸,促使他最后下了决心,与海尔签订了合作合同。

让我们还是回到最初的问题。OEC是什么?不是概念,不是本本,是活生生人的活动。它既是解读海尔经营活动这本天书的密码,也是打开现代化管理大门的钥匙。

现场和人的活动是生动和形象的,而支撑这一生动有序局面的是一整套科学严密的管理体系。这种管理体系用海尔人自己的话说叫“日清日高管理法”,或者称为“OEC”,而外界干脆称之为“海尔模式”。

“OEC”是“Overall Every Control and Clear”这几个英文字母的缩写,其含义为全方位地对每天每人、每件事进行清理、控制,做到“日事日毕、日清日高”。用张瑞敏的话说,就是“企业每天所有的事都有人管,做到总账不漏项,事事有人管,人人都管事,管事凭效果,管人凭考核”。

对于企业的行为,海尔人是这样理解的:企业在市场经济中所处的位置就如同斜坡上的一个球体,其远大的目标是要创出国际名牌,要想巩固自己所处的位置不下滑,就要有充分的止动力。而止动力就要靠严格的管理来保证,否则有了好的机制,有了好的设备,同样会滑下来。正是基于这样的认识,11年来海尔人一直为寻求止动力苦苦探索。

1989年10月底,在按惯例进行月度指标考核时,公司发现吸附车间当月物耗大且废品率高。在追究责任的过程中,唯一的操作工摆出了诸如水温、水压不正常及材料不好等种种理由,由于对每一天的运作状况没有记录凭据,因而,不仅找不到责任人,而且所涉及的人个个理直气壮。待到下一个月底考核时,浪费继续严重,情形依然如故。

在严峻的现实面前,张瑞敏提出不要到月底“算总账”,而要在每天下班前,由企管办带领各部门负责人都来到该车间,大家一起搞现场清理。三个月后,各项物耗指标明显降了下来,产品质量也大大提高了,而作为OEC雏形的“全方位优化”管理思想也从现场管理中产生了。1990年上半年,这种管理方式在全厂各车间推广,到1992年初,“日清”已从管理思想变为操作体系。

在海尔采访的几天中,我们听到最频繁的一个词是“日清”,无论是介绍情况的科室管理人员,还是接受采访的工人,都把“日清”挂在嘴上。在车间,我们见到每个工人都拥有一份名叫“三E”的卡。“三E”即每人、每天、每个要素三个英文单词的缩写,此卡是将每个员工每天工作的产量、质量、物耗、工艺操作、安全、文明生产及劳动纪律七个要素，通过换算价值化，使工人每天的工作报酬做到了日清。令我们感兴趣的是，此卡由职工自己计算日薪，自己填写，班长每日检查确认。这样，每个人每天的工作有了一个明确的结果，月底发工资时，以往那种因考核随意性引发的不满情绪不见了。

海尔 11 年发展过程，可以说每前进一步都与其管理水平的提高分不开。海尔对以前的管理方式进行总结后得出这样一个结论：仅仅对事后结果进行奖罚与纠偏无法保证企业在生存竞争中处于永远向上的优势，必须使企业的每位员工都对每天的工作目标、绩效及出现的问题和原因、责任十分清楚，企业则以自我纠偏为主、监督考核为辅来实施控制目标的实现和发展。“日清”制度的产生就源于海尔人这样的管理理念。深刻的理念似乎难以理解，而将其指导实践却是形象而又生动的。

在车间，记者发现人手一册的除“三 E”卡外，还有《质量价值责任券手册》。这是海尔把以往生产过程中出现过的所有问题，整理分析后汇编而成的。它针对每一个缺陷，明确规定了自检、互检、专检三个环节所应负的责任价值，质检员检查发现缺陷后，当场撕价值券，由责任人签收，对操作工互检发现的缺陷，经质检员确认后，当场予以奖励，同时对漏检操作工和质检员进行罚款，价值券上详细记录该缺陷操作工工号和漏检质检员检验章。通过实行价值券，上下工序建立起了严格的质量监督机制，每到午餐时间，每个人都要到下一道工序去看看，是否有自己干的活不合格，因为他们心中想的是“下道工序就是用户”。

海尔的管理是严格的，而这种严格约束对每一个人来讲都是平等的。管理人员与普通员工一样，既是管理的主体，又是管理的客体，不按时保质完成计划目标同样会受到处罚。在海尔，我们发现任何一件事情，任何一样物品，都处于有序的管理控制状态。企业内的所有人员，上至总裁，下到每一个员工都十分清楚自己每天应该干什么，干多少，按什么目标干，要获得什么样的结果。哪怕是唯一的一个修剪花草的花匠，其工作的每一个环节都要“日清”，都不允许当日的事当日不完成的现象发生。从上到下，从生产到管理，尽管工作性质不同，控制的方式不一，但每一个环节都让人感到“日清”管理透着新鲜和活力。

职工的积极性是企业活力的源泉，要充分发挥职工的积极性、主动性和创造性，离不开对职工真诚的理解、尊重和爱护。采访中的所见所闻，使我们深深感到“职工是企业的主人”在海尔不光是一句口号。

关于职工，张瑞敏是这样理解的：“人人是人才。”他说：“作为一个领导者，你可以不知道下属的短处，但不能不知道他的长处，要用人之长，并给他们创造发挥才能的条件，即所谓你能翻多大的跟斗，我就给你搭多大的舞台。”工人们说：能被理解、被尊重、被需要的感觉能产生一种神奇力量，它能激发我们释放出自己的潜能。这样上下两者结合，怎能不增强职工的参与意识而形成合力？在海尔我们发现，这种理解和尊重有一套完整的激励机制来保障。以工人名字命名工人的发明创造和技术革新，这是海尔对职工主人翁地位及职工在企业的重大作用的确认和尊重，工人们说，这种尊重是奖金代替不了的。

在海尔，几乎听不到职工对大环境的抱怨，人们看到的和听到的，多是他们乐观和主动进取的姿态。我们把这样的工作环境概括为“有条不紊，波澜不惊”，而海尔人称之为“氛围”。在海尔，我们看到了中国的现代企业管理，也看到了民族工业的曙光。

二、斜坡球体论——海尔的管理理念

张瑞敏“吾日三省吾身”，悟出了企业好比斜坡上的圆球，由于处在市场竞争的环境下，企业环境、企业职工内部的影响形成的制约力有使企业球体向下滚动的本性。企业球体向上移动，需要两个力，支撑力保证它不向下滑；企业的基础工业，好比是拉动力，使企业慢慢地向上移动，这好比是企业的创新能力，这两个力缺一不可。

斜坡球体定律，被海尔企业的管理者们称为“海尔发展定律”，它也是企业发展的一般规律。“斜坡球体定律”的公式是：$A=(F_{动}-F_{阻})/M$，即企业发展的加速度，与企业发展动力之和与阻力之和的差值成正比，与企业的规模成反比，其中 A 代表企业发展的加速度，$F_{动}$ 代表企业发展的动力之和。$F_{动1}$、$F_{动2}$、$F_{动3}$ 是海尔企业发展的三个动力要素。这三个要素分别是：$F_{动1}$＝基础管理的止退力；$F_{动2}$＝优质产品、优质服务、科技发展的提升力；$F_{动3}$＝创国际名牌市场占有率扩大的推动力。$F_{阻力}$ 代表影响企业发展的阻力之和（$F_{阻1}+F_{阻2}$），$F_{阻1}$、$F_{阻2}$ 是海尔企业发展的阻力两要素。$F_{阻1}$＝来自企业内部的自身惰性下滑力；$F_{阻力2}$＝来自企业外部竞争对手的压力。M 代表企业的品质，品质＝规模。日事日毕日清日结，日结日高是从素有日本“家电王国”之称的松下电器日事日毕日清日结的经营管理中吸取的营养，从而解决基础管理的问题，使 $F_{动1}>F_{阻1}$；日清日高解决速度的问题，使 $F_{动2}+F_{动3}>F_{阻2}$。影响企业发展的三种力量含义分别是：

1．拉动力

是促进企业成长的力量，包括创新能力和开发能力的增强，技术的提高，人才的涌现，工人素质的提高，管理能力的增强，职工收入的提高，销售收入的提高，利润成倍地增加，市场占有率的扩大，市场销路的扩大，顾客满意的程度和企业知名度的提高等。这中间最关键的三个：一是基础管理的止退力；二是优质服务，科技发展的提升力；三是创新能力，而创新是企业不断进步的动力。

2．制约力

是限制和阻碍企业发展的力量，包括市场竞争者过多，老员工自满情绪的滋长，惰性的增加，设备老化，知识落伍，创新精神减弱，管理结构复杂，对市场变化反应迟钝。基础管理减弱，工人素质下降，工人离厂率增高，企业领导威信降低——这些因素会促使企业缓慢地死亡。以上所说，主要还是职工惰性和自满情绪增长，尤其是在企业规模的增大并有一定成功后，企业的敌人是自己，最大的敌人是传统的思维。

3．支撑力

是支援企业正常运行的力量和防止企业下滑的力量。一些基础性的管理必须要科学化、规范化、制度化、标准化，企业的运行便可走向正轨。多年的经验使海尔企业总结出OEC管理的核心。

日清控制体系也就是斜坡上球体的支撑力，OEC深层含义有三：(1)管理是企业的主要条件，没有管理，企业就会下坡，走向死亡，更不会成功。(2)管理要常抓，坚持不懈。管理工作是一项非常艰苦而又细致的工作，只有深入细致地反复抓，抓反复，才能不滑坡，上档次。(3)管理是动态，没有止境，企业向前发展壮大，需要企业根据自己内部的情况，建立目标，进行调整；根据内外部条件不断的变化进行调整，优化组合，而不能形成条文，一成不变。海尔的口号是“练为战，不为看，一切服从于效果”。

【分析题】

海尔经过几十年的发展已经形成独特的文化和自己的核心能力，请用战略环境分析方法搭建分析框架，对海尔成功的内部环境因素进行分析。

【分析思路提示】

任何一个企业的发展离不开正确的战略方向的选择、制定和实施，企业在不断的发展过程中也在不断地积累资源和能力，这些资源和能力又成为企业继续发展的动力。分析者可将功能分析法、价值链分析法与核心资源与能力分析法相结合，总结出海尔的 IFE 矩阵。

3.5 企业战略因素综合分析方法

3.5.1 SWOT 分析

SWOT 分析又称战略态势分析法，是企业内部情况分析最常用的一种方法，其思想最早是由安索夫于 1956 年提出来的，后来经过发展而成为一个用于战略分析的经典实用方法。为了综合分析企业内外环境因素对企业战略的影响，达到内外环境的协调和最佳配合，企业通常根据企业拥有的资源和能力，从优势（Strengths）、劣势（Weaknesses）、机会（Opportunities）、威胁（Threats）四个方面进行分析，简称 SWOT 分析。SWOT 分析思路，见图 3-8。

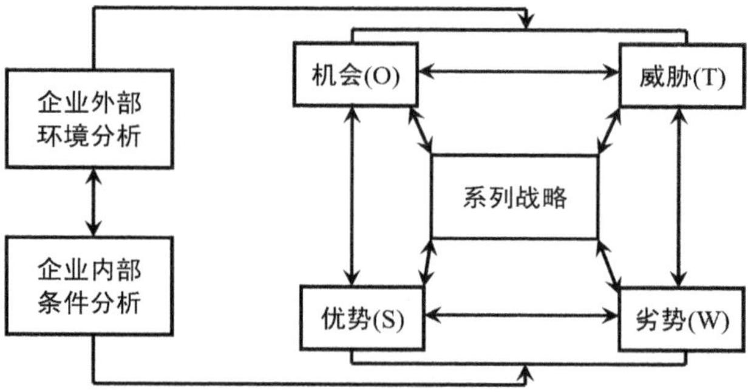

图 3-8 SWOT 分析思路

图 3-8 中，SWOT 分析的主要内容为：

1. 分析环境因素

运用各种调查研究方法，分析出企业所处的各种环境因素，包括外部环境因素和内部环境因素。其中外部环境因素包括机会因素和威胁因素，即外部环境中对企业发展有直接影响的有利因素和不利因素，属于客观因素；内部环境因素包括优势因素和劣势因素，它们是企业自身存在的积极因素和消极因素，属于主观因素。在调查分析这些因素时，不仅要考虑到历史与现状，更要考虑未来与发展。

优势：组织的内部因素，具体包括有利的竞争态势、充足的资金来源、利好的企业形式、技术力量、规模经济、产品质量、市场份额和广告攻势等。

劣势：组织的内部因素，比如设备老化、管理混乱、缺少关键技术、研究开发落后、资金短缺、经营不善和产品积压等。

机会：组织的外部因素，例如出现了新市场、用户提出新需求、产业政策支持或竞争对手失误等。

威胁：组织的外部因素，比如出现新的竞争对手、替代产品增多、市场紧缩、行业政策不利的变化、经济衰退、客户偏好改变和不利的突发事件等。

SWOT 分析方法的优点在于考虑问题全面，它是一种系统思维，而且可以把对问题的"诊断"和"开处方"紧密结合在一起，条理清楚，知行一体。

根据图 3-8 中的 SWOT 分析思路，SWOT 分析必须充分考虑以下几方面的问题：企业目前的地位是否巩固？如果企业按照现行战略或稍加调整，今后是否会保持或改善或恶化企业的地位？企业相对于关键竞争对手而言，在其重要的竞争变量及产业的关键要素方面地位如何？企业最终能获得的真正竞争优势有哪些？企业在应付产业的竞争压力及竞争对手的预期攻势的防卫能力如何？

2. 构造 SWOT 矩阵

将调查得出的各种因素根据轻重缓急或影响程度等进行排序，构造 SWOT 矩阵(见图 3-9)。在此过程中，将那些对企业发展有直接的、重要的、大量的、迫切的或久远的影响因素优先排列出来，而将那些间接地、次要的、少许的、不紧要的或短暂的影响因素排列在后面。

	优势-S 1. 2. 列出优势 3.	劣势-W 1. 2. 列出劣势 3.
机会-O 1. 2. 列出机会 3.	SO战略 1. 2. 发挥优势，利用机会 3.	WO战略 1. 2. 利用机会，克服劣势 3.
威胁-T 1. 2. 列出威胁 3.	ST战略 1. 2. 利用优势，回避威胁 3.	WT战略 1. 2. 减小劣势，回避威胁 3.

图 3-9　SWOT 矩阵

SWOT 方法为企业提供了四种可供选择的战略，即 SO 战略、WO 战略、ST 战略、WT 战略。

(1) SO 战略：是利用企业内部优势去抓住外部机会的战略。

(2) WO 战略：是利用外部机会来改进内部劣势的战略。

(3) ST 战略：利用企业优势去避免或减少外在威胁的战略。

(4) WT 战略：是直接克服内部劣势和避免外部威胁的战略。

四种可供选择的战略中，SO 战略属于快速发展战略，WT 战略是防御性战略。

3. 制定行动计划

在完成环境因素分析和 SWOT 矩阵的构造后，便可以制定出相应的行动计划。制定计划的基本思路是：发挥优势因素，克服劣势因素，利用机会因素，化解威胁因素。运用系统分析的综合分析方法，将排列与考虑的各种环境因素相互匹配起来加以组合，得出一系列企业未来发展的可选择战略对策。

根据 SWOT 分析的主要内容，SWOT 分析评价的具体步骤为：

(1) 根据产业分析，竞争对手的 SWOT 分析所得出的结论，列出决定企业成败的关键战略要素与企业的主要竞争对手；

(2) 根据企业本身及主要竞争对手在每个关键战略要素上所具有的竞争力的强弱情况进行评分；

(3) 将本企业自身与主要竞争对手在每个战略要素上的得分加总，然后比较总得分值的大小，排出本企业与竞争对手在竞争力量总体水平上的相对强弱顺序。

SWOT 分析是战略分析与战略选择的连接桥梁，是对企业外部环境与内部条件分析的一种有效的工具。它将外部分析与内部分析得出的若干结论置于图 3-9 的模型之中，实现了外部与内部的匹配。并将匹配结果与常见的战略选择方式联系在一起，形成备选战略。通过这种分析，既可以了解企业总体优势与劣势，也可以了解企业面临的机会与威胁，从而为制定企业战略提供系统的科学依据。当然，SWOT 分析的正确使用来源于渊博的知识、丰富的经验、充分的信息、战略思维和商业直觉，是一个非常综合性的系统思维过程。

3.5.2 波士顿矩阵分析

波士顿矩阵是美国波士顿咨询公司(Boston Consulting Group，BCG)在 20 世纪 60 年代为一家纸业公司提供咨询服务时提出的一种投资组合分析方法(见图 3-10)。

图 3-10 中，纵坐标为需求增长率，表示该业务的销售量或销售额的年增长率，用数字 0%～20%表示，并认为市场增长率超过 10%就是高速增长。横坐标为相对市场占有率，表示该业务相对于最大竞争对手的市场份额，用于衡量企业在相关市场上的实力，用数字 0.1(该企业销售量是最大竞争对手销售量的 10%)至 10(该企业销售量是最大竞争对手销售量的 10 倍)表示，并以相对市场份额 1.0 为分界线。要注意的是，这些数字范围在运用中应根据实际情况的不同进行修改。

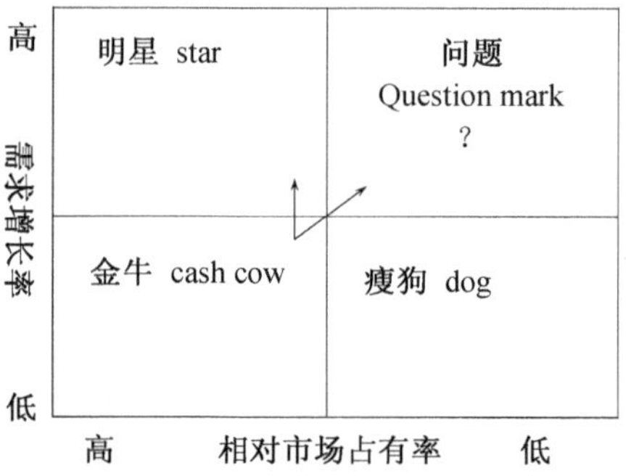

图 3-10 波士顿矩阵分析思路

根据有关业务或产品的市场增长率和相对市场占有率，波士顿矩阵把企业全部的经营业务定位在 4 个区域中。

(1) 明星业务区。企业通常能回收大量资金，但同时又要为迅速增长的市场保持优势而投入大量的资金，两者相抵，企业资金净收入并不多。

(2) 问题业务区。是有待开发的机会，它们由于市场迅速增长而具有吸引力，但企业并没有在这个市场上占有适当的地位。企业需要做出决策，在其中选择一部分业务使其能成功地提高到行业的领先地位，但这要求投入大量资金。

(3) 金牛业务区。是企业资金的主要来源，它们能回收的资金大于再投资的需要。在企业能够集中调度资金的前提下，能提供投资于其他业务的资金。

(4) 瘦狗业务区。既没有吸引力,又处于软弱地位,可能会回收少量投资仅维持其经营的开支。应该逐步回收,慢慢退出。

通过波士顿矩阵分析,企业的管理层能迅速看到企业每项业务在整个业务组合中的位置,以便制定出整个企业未来发展的动态战略。一般来说企业可以采取4种不同的战略。

(1) 发展战略。目的是扩大产品的市场份额(适用于问题类业务和明星类业务)。

(2) 维持战略。目的是保持产品的市场份额(适用于金牛类业务)。

(3) 收获战略。目的是增加短期现金收入,不考虑长期影响(适用于金牛类、问题类和瘦狗类业务)。

(4) 放弃战略。目的是出售或清理某些业务,把资源转移到更有潜力的领域(适用于瘦狗类和问题类业务)。

波士顿矩阵提高了企业经营管理者的分析和战略决策能力,帮助他们以前瞻性的眼光看问题,更深刻地理解企业各项业务活动的联系,加强业务单元和企业管理人员之间的沟通,及时调整企业的业务投资组合,收获或放弃萎缩业务,加强在更有发展前景的业务中的投资。

尽管使用波士顿矩阵有很多好处,但是它也存在很大的局限性,主要包括:

(1) 由于评分等级过于宽泛,可能会造成两项或多项不同的业务位于一个象限中。

(2) 由于评分等级带有折中性,很多业务位于矩阵的中间区域,难以确定使用何种战略。

(3) 仅仅假设企业的业务发展依靠的是内部融资,而没有考虑外部融资。举债等筹措资金的方式并不在波士顿矩阵的考虑之中。

(4) 波士顿矩阵还假设这些业务是独立的,但是许多企业的业务是紧密联系在一起的。比如,如果金牛类业务和瘦狗类业务是互补的业务组合,如果放弃瘦狗类业务,那么金牛类业务也会受到影响。

(5) 这种方法难以同时顾及两项或多项业务的平衡。因此在使用这种方法时要尽量占有更多资料,审慎分析,避免因方法的缺陷造成决策的失误。

(6) 波士顿矩阵强调市场占有率,其背后假设是"成本领先战略"。当企业在各项业务上都准备采用(或正在实施)成本领先战略时,可以考虑采用波士顿矩阵,但是如果企业准备在某些业务上采用差异化战略,那么就不能采用波士顿矩阵了。

3.6 案例分析

3.6.1 华为资源分析

1. 有形资源

(1) 财务资源

2013年,华为研发费用支出为306.72亿元,占销售收入的12.8%。2014年,华为投入研发的经费为408亿元(相当于65亿美元),占销售收入的14.2%。2015年,华为研发投入增至596亿元,占销售收入的15.1%。近年来,华为持续投入技术创新与研究。iiMedia Research(艾媒咨询)数据显示,2016年、2017年华为研发投入分别增至764亿元、897亿元,2018年华为研发资金投入首次超过千亿元,达到1 015亿元。2014—2018年华为研发投入每年增速在10%以上。2019年，华为研发投入达到1 317亿元，占全年销售收入的15.3%，同比增长29.7%。2020年，华为研发投入高达1 418.93亿元，同比增长7.8%。同年，华为全球销售收入8 914亿元，研发投入占销售收入的比重增至15.9%。

华为历年销售收入情况见表3-4。

表3-4 华为历年销售收入情况

年份	销售收入（亿元人民币）	增长率（%）	海外市场收入占比（%）	营业利润率（%）	净利润（亿元人民币）
2011	2 039	10.10	67.99	9.10	116
2012	2 202	7.99	66.00	9.40	156.2
2013	2 390	8.50	64.85	12.20	210
2014	2 882	20.00	62.22	11.90	278.66
2015	3 950	37.00	57.55	11.60	369.1
2016	5 212.74	32.00	52	9.1	370.52
2017	6 036.21	16.00	50	9.3	474.55
2018	7 212.02	19.5	49	10.2	593.45
2019	8 588.33	19.1	41	9.1	626.56
2020	8 914	3.8	34.4	8.1	646

资料来源：华为年报，https://www.huawei.com/cn/annual-report。

2019年7月22日，美国《财富》杂志发布了世界500强名单，华为排名第61位。华为2019年年度报告显示，华为净利润达627亿元，同比增长5.6%，经营活动现金流914亿元，同比增长22.4%。受海外销售收入下降的影响，华为净利润增速下滑。但是，运营商、消费者和企业三大业务板块均实现正向增长。a.在运营商业务领域，华为引领5G商用进程，与全球运营商一起设立了5G联合创新中心，持续推动5G商用和应用创新；推出RuralStar系列解决方案，有效解决了偏远、边际覆盖难题，累计为超过50个国家和地区的4 000多万偏远区域人口提供了移动互联网服务，实现销售收入2 967亿元人民币，占比34.5%，同比增长3.8%。b.在消费者业务方面，受益于5G网络建设的开展，保持了稳健增长势头，消费者业务手机销量持续增长、渠道下沉，以及企业业务抓住数字化与智能化转型机遇、提升场景化的解决方案能力。2019年华为智能手机出货量超过2.4亿台，位列全球第二，其中5G手机出货量超过690万台。PC、平板、智能穿戴、智慧屏等以消费者为中心的全场景智慧生态布局进一步完善，实现销售收入4 673亿元人民币，占比54.4%，同比增长34%。其中，PC出货量同比增长200%，智能穿戴业务出货量同比增长170%。c.企业业务稳步增长。据统计，全球已有700多个城市、世界500强企业中的228家选择华为作为其数字化转型的伙伴；华为首次发布了计算产业战略，致力于成为智能世界的“黑土地”，推出全球最快昇腾910 AI处理器及AI训练集群Atlas 900，实现销售收入897亿元人民币，占比10.4%，同比增长8.6%，增长放缓。

分区域看，中国市场收入 5 067 亿元，占比达 59%，同比增长 36.2%；欧洲中东非洲收入 2 060 亿元，同比增长 0.7%；亚太地区收入 705 亿元，同比减少 13.9%；美洲收入 525 亿元，同比增长 9.6%。除中国市场之外，华为全球最大的市场在欧洲。年报显示，2019 年欧洲、中东、非洲市场总收入同比 2018 年增长仅 0.7%，几乎停滞不前。甚至在亚太地区，出现了同比下滑 13.9%的情况。亚太地区负增长主要是由于"一些国家运营商市场投资周期波动、消费者业务不能使用 GMS(谷歌移动服务)生态"。

2020 年 8 月 10 日，美国《财富》杂志公布世界 500 强榜(企业名单)，华为排在第 49 位，为 2020 中国民营企业 500 强第一名。2020 年 11 月 17 日，华为投资控股有限公司整体出售荣耀业务资产。对于交割后的荣耀，华为不占有任何股份，也不参与经营管理与决策。华为 2020 年年度报告显示，华为约有 19.7 万员工，达到历史新高；业务遍及 170 多个国家和地区，服务全球 30 多亿人口。华为坚持对 5G、云、人工智能及智能终端等面向未来的研究创新及保障业务连续性等方面持续投入。华为研发费用支出为人民币 1 418.93 亿元，约占全年收入的 15.9%，增长 7.78%，并超过阿里、腾讯、百度、京东等公司在 2020 年研发投入的总和。华为 2020 年年度收入按区域细分，中国市场 2020 年收入 780 亿元，同比增长 15.4%，占到了全部年度收入的 65.6%，海外市场均有不同程度的下降。10 年来，收入增幅最低；10 年来，现金与短期投资首次负增长；7 年来，经营活动现金流最低。华为历年资产负债表见表 3-5。

2020 年，华为业绩增长速度放缓，但基本实现了经营预期，其中销售收入 8 914 亿元，同比增长 3.8%，净利润 646 亿元，同比增长 3.2%。华为坚持以创新的 ICT 技术持续为客户创造价值，助力全球科技抗疫、经济发展和社会进步，改善经营质量，2020 年全年经营业绩基本达到预期。华为轮值董事长胡厚崑提出，将继续与客户及伙伴开放合作，推动社会、经济与环境的可持续发展。通过聚焦 ICT 基础设施，华为能够扮演好社会数字化转型的使能者的角色。

华为 2020 年年报中公布了按业务划分的运营商、消费者和企业三大业务的相关财务数据。2020 年，运营商业务基本上保持稳定，收入 3 026 亿元，同比增长 0.2%，占比达到了 34%；企业业务的收入增速达到 23%，达到 1 003 亿元，占比达到了 11.3%；消费者业务中，手机之外其他的可穿戴、平板、PC、大屏等设备，收入增长了 65%，2020 年度整体收入 4 829 亿元，同比增长 3.3%，占比达到了 54.2%。

2020 年疫情期间，在运营商业务领域，华为助力全球 170 多个国家和地区的 1 500 张运营商网络稳定运行，满足人们在社交隔离期间在线办公、在线教育和在线购买生活物资的需求。华为携手运营商，一起打造最佳体验网络，并联合运营商在煤矿、钢铁、港口、制造等 20 多个行业展开超过 3 000 个 5G 创新项目实践。

华为企业业务加强打造场景化创新方案、构建共生共创共享的数字生态，与客户、伙伴共创行业新价值。疫情期间，华为通过云 AI 辅助诊断等方案为多个国家及地区提供技术与经验，共克时艰。华为联合伙伴向超过 5 000 万的学生提供基于华为云的中小学教育云平台服务，助力远程教育。

表 3-5 华为历年资产负债表

年份	2016 年	2015 年	2014 年	2013 年	2012 年	2011 年	2020 年		2019 年		2018 年	2017 年
币种单位	百万元人民币						百万元美元	百万元人民币	百万元美元	百万元人民币	百万元人民币	
销售收入	521 574	395 009	288 197	239 025	220 198	203 929	136 717	891 368	122 972	858 833	721 202	603 621
营业利润	47 515	45 786	34 205	29 128	20 658	18 796	11 120	72 501	11 145	77 835	73 287	56 384
营业利润率	9.1%	11.60%	11.90%	12.20%	9.40%	9.20%	8.1%	8.1%	9.1 %	9.1%	10.2%	9.3%
净利润	37 052	36 910	27 866	21 003	15 624	11 655	9 916	64 649	8 971	62 656	59 345	47 455
经营活动现金流	49 218	49 315	41 755	22 554	24 969	17 826	5 402	35 218	13 085	91 384	74 659	96 336
现金与短期投资	145 653	125 208	106 036	81 944	71 649	62 342	54 812	357 366	53 127	371 040	265 857	199 943
运营资本	116 231	89 019	78 566	75 180	63 837	56 996	45 870	299 062	36 890	257 638	170 864	118 503
总资产	443.634	372 155	309 773	244 091	223 348	193 849	134 491	876 854	122 947	858 661	665 792	505 225
总借款	44 799	28 986	28 108	23 033	20 754	20 327	21 751	141 811	16 060	112 162	69 941	39 925
所有者权益	140 133	119 069	99 985	86 266	75 024	66 228	50 678	330 408	42 316	295 537	233 065	175 616
资产负债率	68.4%	68.00%	67.70%	64.70%	66.40%	65.80%	62.3%	62.3%	65.6%	65.6%	65.0%	65.2%

资料来源：华为年报，https://www.huawei.com/cn/annual-report。

消费者业务不断坚持“1＋8＋N”全场景智慧生活战略，以 HarmonyOS 和 HMS 生态为核心驱动及服务能力，围绕以智慧办公、运动健康、智能家居、智慧出行和影音娱乐为主的五大生活场景，为消费者打造全场景智慧生活体验。

华为云业务收入被计入企业业务营收中，2020 年，华为云增速达 168%，增速最快。疫情加速了企业数字化进程，企业上云的积极性空前高涨，华为云在国内公有云市场的增速很快，已经位列市场第二(见图 3-11)。

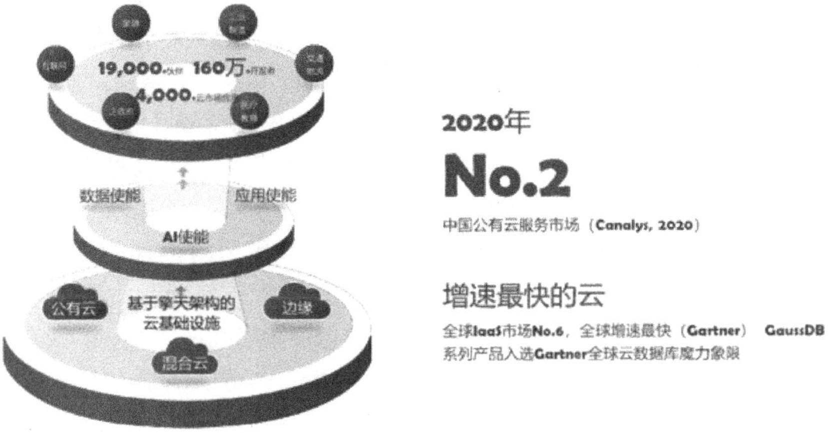

图 3-11　2020 年华为云业务收入

资料来源：华为年报，https://www.huawei.com/cn/annual-report。

华为云已上线 220 多个云服务、210 多个解决方案，在全球累计获得 80 多个权威安全认证，发展 19 000 多个合作伙伴，汇聚 160 万开发者，云市场上架应用 4 000 多个。

按区域划分，2020 年，中国区营收已经占到了整个集团营收的 65%以上，2020 年中国市场的收入是 5 849 亿元人民币，增长了 15%；EMEA(欧洲、非洲、中东)地区的收入为 1 808 亿元，同比下降了 12.2%；亚太地区收入 643.69 亿元，同比下滑 8.7%；美洲地区收入 396.38 亿元，同比下滑 24.5%。

此外，2020 年，华为现金流为 2 156 亿元，负债率为 62.3%(见图 3-12)。

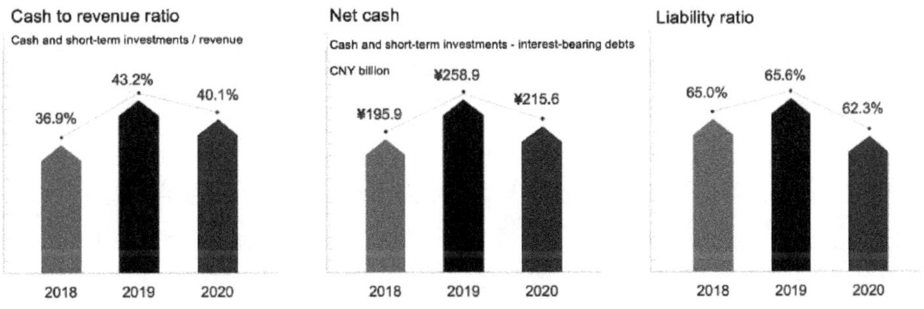

图 3-12　2018—2020 年华为资本结构变化

资料来源：华为年报，https://www.huawei.com/cn/annual-report。

(2) 实体资源

1996 年,华为与长江实业旗下的和记电讯合作,提供以窄带交换机为核心的“商业网”产品。华为的 C&C08 机打入香港市话网,开通了许多内地未开的业务,使华为大型交换机进军港澳台及国际电信市场迈出了第一步。

华为抓住中俄达成的战略协作伙伴这一国际关系变化中隐藏的商机,加快与俄罗斯的合作。1996 年,华为开始进入独联体市场。历时三年的时间,华为在莫斯科与西伯利亚首府诺沃西比尔斯克之间铺设了 3 000 多 km 的光纤电缆。

从 1998 年开始,华为就把触角探向世界的核心市场——欧美。虽然第一单合同额只有 38 美元,但到 2001 年,华为与俄罗斯国家电信部门签署了上千万美元的 GSM 设备供应合同。2002 年底,华为又取得了 3 797 km 的超长距离国家光传输干线的订单。到 2003 年,华为在独联体国家的销售额超过 3 亿美元,位居独联体市场国际大型设备供应商的前列。欧洲市场已然成为华为业务开展的重地,其多项创新业务首单落地欧洲,比如第一个分布式基站,第一个 2G、3G 合并基站商用地点在德国;同时,华为的全球能力中心、财务中心以及风险控制中心都设在了欧洲;从销售收入贡献来看,欧洲市场更是举足轻重。

1999 年,华为在印度班加罗尔设立研发中心。该研发中心分别于 2001 年和 2003 年获得 CMM4 级认证、CMM5 级认证,成为中国移动全国 CAMEL Phase II 智能网的主要供应商,该网络是当时世界上最大和最先进的智能网络。1999 年到 2000 年的两年时间里,华为先后拿下了越南、老挝、柬埔寨和泰国的 GSM 市场。随后,华为又把优势逐渐扩大到中东地区和非洲市场。

进入 21 世纪后,华为设立海外分支机构、吸引人才的力度进一步增大:设置在德国慕尼黑的研究所已拥有将近 400 名专家,研发团队本地化率近 80%。

从 2001 年开始,华为加快了国际化研发布局的推进速度。美国是 CDMA、数据通信和云计算的发源地,华为便在硅谷和达拉斯设立了两个研究所。欧洲是 3G 的发源地,爱立信是 3G 技术的领导者,为此华为在瑞典斯德哥尔摩设立了 3G 技术研究所。俄罗斯在无线射频领域居于世界领先地位,华为便在莫斯科建立了以射频技术开发为重点的研究所。

华为在德国、瑞典、美国、印度、俄罗斯、日本、加拿大、土耳其以及中国的深圳、上海、北京、南京、西安、成都、杭州、重庆、武汉等地设立了 16 个研究所。2015 年,从事研究与开发的人员约 79 000 名,占公司总人数的 45%。

“2012 实验室”的主要研究方向有新一代通信、云计算、音频视频分析、数据挖掘、机器学习等,主要面向的是未来 5~10 年的发展方向。“2012 实验室”旗下有很多以世界知名科学家或数学家命名的神秘实验室,包括香农实验室、高斯实验室、谢尔德实验室、欧拉实验室、图灵实验室等。

华为“诺亚方舟实验室”主要围绕人工智能展开研究,设立于香港科学园,实验室主任由香港当地大学教授出任,并聘用了全球各地区科研人员从事基础研究工作。

2014 年 2 月 27 日,在西班牙巴塞罗那举行的 2014 年世界移动通信大会上,华为与欧盟及产业界各方共同推动 5GPPP Association(5G 公私合作联盟)正式成立。

2015 年 1 月 20 日,华为在西安宣布网络功能虚拟化开放实验室(NFV Open Lab)正式建成,首期投资超 500 万美元。

截至 2015 年 12 月 31 日，华为加入了 300 多个标准组织/产业联盟/开源社区，担任超过 280 个重要职位，在 IEEE-SA、ETSI、WFA、TMF、OpenStack、Linaro、OASIS 和 CCSA 等组织担任董事会成员。2014 年提交标准提案超过 4 800 篇，2015 年提交提案超过 5 400 篇，累计提交提案 43 000 余篇。

2016 年 5 月，新设立迪拜研究中心（满足中东和北非地区业务的需要）。2016 年 6 月 14 日，华为宣布法国数学研究所成立。旨在挖掘法国基础数学资源，致力于通信物理层、网络层、分布式并行计算、数据压缩存储等基础算法研究，长期聚焦 5G 等战略项目和短期产品，完成分布式算法全局架构设计等。华为还在巴黎建立了数学、美学、家庭终端和无线标准 4 个研发中心。成立当天，华为常务董事徐文伟说到，华为已经走入“无人区”，没有引路者，也没有跟随者，而且未来还有很多不确定性。

（3）人力资源

华为在全球设立了 36 个培训中心，为当地培养技术人员，并大力推行员工的本地化。

第一，各类人员结构。华为现有员工中技术研究及开发人员占 40%，市场营销和服务人员占 35%，生产人员占 12%，管理人员占 10%，这种人员结构反映了华为公司的经营战略，反映了异常激烈的市场竞争。

第二，人员工龄结构。华为员工中，工作 5 年以上的占 12%，工作 4～5 年的占 23.5%，2～3 年的占 38%，1～2 年的占 18%，1 年以下的占 8.5%，这种工龄结构说明华为的职工流动性很大，对企业会有不利影响，流动性大并不是不好，只是如果能保持职工的稳定性可能会更好，当然这与华为公司的高速发展战略和近年的人员招聘策略有关。

第三，人员文化程度结构。华为员工中，博士占 0.8%，硕士占 41%，本科占 46.5%，大专或以下占 12%，这说明与一般企业相比，华为的员工平均学历较高，这是由高科技企业的特点决定的，也是华为发展的基石。

第四，人员职称结构。华为员工中，具有高级职称的占 4%，中级职称的占 31.5%，初级职称的占 60%，没有职称的占 9%，高学历低职称的员工在华为占很大比例。

2. 无形资源

华为是全球领先的信息与通信技术（ICT）解决方案供应商，专注于 ICT 领域，坚持稳健经营、持续创新、开放合作，在电信运营商、企业、终端和云计算等领域构筑了端到端的解决方案优势，为运营商客户、企业客户和消费者提供有竞争力的 ICT 解决方案、产品和服务，并致力于实现未来信息社会、构建更美好的全连接世界。2017 年 6 月 6 日，“2017 年 BrandZ 最具价值全球品牌 100 强”公布，华为名列第 49 位。2018 年 2 月，沃达丰和华为完成首次 5G 通话测试。2018 年“中国 500 最具价值品牌”中华为居第 6 位。12 月 18 日，“2018 世界品牌 500 强”揭晓，华为排名第 58 位。2019 年 8 月 9 日，华为正式发布鸿蒙系统；12 月 15 日，华为获得了首批“2019 中国品牌强国盛典年度荣耀品牌”的殊荣。

华为的知识产权部早在 1995 年就创立。从专利申请量来看，自 2000 年开始，华为国内专利申请量以每年翻倍的速度增长。华为历年专利申请情况，见表 3-6。

表 3-6　华为历年专利申请情况

年份	累计申请专利数	累计中国专利申请数	PCT 数	获得专利授权数
2010	49 040	31 869	8 892	17 765
2011	57 972	36 344	10 650	23 522(九成为发明型专利)
2012	68 895	41 948	12 453	30 240
2013	77 514	44 168	14 555	36 511
2014	72 636	48 719	—	38 825
2015	83 163	52 550	—	50 377

2016 年，国际专利、商标和工业品外观设计申请连续第 7 年保持增长，创下新的纪录。其中，中国的国际专利申请量增长了 44.7%，中兴通信股份有限公司和华为技术公司分列国际专利申请人第一位和第二位。2019 年，联合国下属的世界知识产权组织（WIPO）公布了在 PCT(Patent Cooperation Treaty，专利合作条约）框架下，2018 年的全球专利申请数量分布及增长概况。2018 年，WIPO 的专利申请总量达到了 25.3 万个，创历史新高，同比增长 3.9%。亚洲国家申请数量首次过半，中国独领亚洲经济体风骚，华为位居世界第一，专利申请数量创新高。根据世界知识产权组织（WPIO）公布的数据，2019 年中国通过专利合作条约（PCT）体系申请了 58 990 件专利，首次超过美国（57 840 件），成为世界第一。中国华为以 4 411 件专利申请量遥遥领先，连续三年世界第一，之后是日本三菱电子、韩国三星电子、美国高通、中国 OPPO、中国京东方、瑞典爱立信、中国平安科技、德国博世、韩国 LG 电子。2020 年，尽管全球遭受新冠肺炎冲击，但 PCT 申请量仍增长至 27.59 万件，创下历史新高。2020 年华为凭借 5 464 件 PCT 申请量，夺得全球冠军。这已经是华为连续第 4 次获得此殊荣。

从发明专利授权量看，2019 年，我国发明专利授权量排名前 3 位的国内（不含港澳台）企业依次为：华为技术有限公司（4 510 件）、中国石油化工股份有限公司（2 883 件）、OPPO 广东移动通信有限公司（2 614 件）。截至 2020 年 12 月 31 日，根据全球专利数据库发布的报告显示，全球排名前 20 的企业专利权中，我国的华为、OPPO 和中石化占据了前三名，专利授权分别为 6 393 件、3 580 件和 2 921 件。华为国际媒体事务总裁郭福林对英国《金融时报》表示，到 2020 年底，公司拥有超过 10 万项有效专利，高于 2019 年底的 8.5 万多项有效专利，这是公司有史以来最大的年度增长。

3.6.2　华为竞争力分析

华为的“狼性”文化强调团结、奉献、学习、创新、获益与公平，更强调积极进取，以绩效为导向。华为有着一套独特的人力资源管理方法，包括新员工培训、员工考核方法、批评与自我批评等等，为华为保持其“狼性文化”“奉献精神”提供了保证。

华为有一套完善的客户参观流程，把竞争对手做广告的费用拿来请客户和供应商参观华为的产业园区，有针对性地聚焦客户，提升华为形象，增强客户选择华为的信心。

先进的生产工艺体系缩短了产品的生产周期，提高了生产效率和生产质量。完整的供应商认证流程保证了产品和工程实施的质量，赢得快速、高质量、低成本的比较竞争优势。

（1）研究开发能力

华为持续提升围绕客户需求进行创新的能力，长期坚持不低于销售收入10%的研发投入，对新技术、新领域进行持续不断地研究和跟踪。目前，华为在FMC、IMS、WiMAX、IPTV等新技术和新应用领域都已经成功推出了解决方案。华为主动应对未来网络融合和业务转型的趋势，从业务与应用层、核心层、承载层、接入层到终端，提供全网端到端的解决方案，全面构筑面向未来网络融合的独特优势。

（2）生产运作能力

华为拥有通信设备制造业界最为全面的产品线，能提供业界最完整的端到端的解决方案和“一站式”服务。华为的产品与解决方案已经应用于全球众多国家和地区，国际市场成为华为销售额的主要来源。华为已成长为一个全球化公司，在海外设立多个地区部和分支机构，使得华为可以更加贴近客户，倾听客户需求并快速响应。

华为采用国际化的全球同步研发体系，聚集全球的技术、经验和人才来进行产品研究开发，使华为的产品一上市，技术就与全球同步。

华为在海外设立多个区域培训中心，为当地培养技术人员，并大力推行员工的本地化。全球范围内的本地化经营，不仅加深了华为对当地市场的了解，也为所在国家和地区的社会经济发展做出了贡献。

华为聘请德国FhG帮助进行生产工艺体系的设计（包括立体仓库、自动仓库和整个生产线的布局），从而减少了物料移动，缩短了生产周期，提高了生产效率和生产质量。

（3）市场营销能力

华为与众多世界领先的运营商建立了长期、稳固的伙伴关系。固定网络、IP网络和电信增值业务等产品领域均表现出良好的增长态势，市场份额稳步提升。

在发达地区市场，华为产品与解决方案广泛应用于英国、法国、德国、西班牙和荷兰等欧洲国家，并在日本和美国市场相继取得新的规模突破。

作为全球新兴市场的TOP3设备供应商，华为在新兴市场的份额稳步提升。

作为全球移动网络建设的主要供应商之一，移动产品在公司的产品销售组合中仍然占有首要比重。

（4）人力资源管理能力

华为实行员工持股制度，其股权分配强调持续性贡献，主张向核心层和中间层倾斜。华为的基本做法是将价值评价结果转化为奖金，再将奖金转化为股权，然后利用这种剩余索取权分享公司利润。

在工资方面，通常以任职资格为职能工资制度提供依据。任职资格是指承担职务的资格与能力，内容包括基本素质、专业技能、个人品质等。

（5）组织管理能力

华为强化营销体系对客户需求理解、战略方向把握和业务规划的决策支撑能力。将原来相互隔离的各个系统打通，整合了原来各个不同领域，将原来固网产品线、数通产品线、无线产品线、业务软件产品线、核心网产品线整合在以下4大体系下：销售和服务体系、战略和营销体系、产品和解决方案体系、运作和支撑体系。通过自上而下管理层控制、强大的企业文化渗透、遍布全球的IT系统来保证战略的实施。

华为 IFE 矩阵分析见表 3-7。

表 3-7　华为 IFE 矩阵分析

关键内部因素		权重	评分	加权分数
优势	1. 经营模式:坚持以客户为中心;坚持长期投入,战略长远	0.11	4	0.44
	2. 采用成本领先战略(低成本研发优势,低成本的智力型人力资源)	0.10	4	0.40
	3. 销售收入增速迅猛,领先行业发展(猛涨 40%)	0.13	3	0.39
	4. 重视研发实力,满足客户各类需求	0.14	4	0.56
	5. 员工持股,股权激励制度	0.09	3	0.27
	6. 优良的企业文化:“狼性文化”	0.05	3	0.15
劣势	1. 华为各领域创新研发的投入比重持续加大	0.06	1	0.06
	2. 华为没有充足经验和能力处理好企业市场	0.08	1	0.08
	3. 员工高效率、高压力、“床垫文化”	0.05	2	0.10
	4. 宣传不足,手机市场口碑和份额并不高	0.1	1	0.10
	5. 财力相对比薄弱	0.06	2	0.12
	6. 领导个人色彩浓烈	0.03	2	0.06
总分		1.00	—	2.73

华为 IFE 矩阵的总平均分为 2.73 分,高于平均分 2.5 分,说明华为的内部状况处于强势。

3.6.3　华为 SWOT 分析

华为 SWOT 分析见表 3-8。

表 3-8　华为 SWOT 分析

S 优势	W 劣势	O 机会	T 威胁
① 业务排名 ② 技术实力 ③ 管理模式 ④ 优质服务 ⑤ 成本优势	① 领导个人色彩浓烈 ② 财力相对薄弱 ③ 宣传公关不足 ④ 严酷的企业文化 ⑤ 大企业病	① 互联网创新 ② 国家战略支撑 ③ 全球化趋势	① 行业竞争激烈 ② 新贸易壁垒 ③ 个人崇拜主义 ④ 信息与技术安全

1. 优势

① 业务排名。华为是全球领先的信息与通信解决方案供应商,华为已经超过爱立信成为全球通信产业龙头。2020 年,华为联合移远通信、长虹控股、中国移动通信集团终端有限公司、北京智芯微电子科技技术有限公司推出了 5G 工业模组、5G+8K 媒体模组、5G 电力模组等行业类模组。

② 技术实力。华为长期坚持不低于销售收入 10%的研发投入;在新技术和新应用领域,都已成功推出了解决方案;在全球设立了多个研究所,全球研发人占公司总人数的 45%;连续数年成为中国申请专利最多的企业,居全球首位;华为是“全球少数能提供下一代交换系统的厂家”。

③ 管理模式。形成了“狼性文化”“军事化管理”等一系列新的管理思想;成立了“华为

基本法”；建立了员工持股制度，近99%的股票归员工所有，任正非本人所持有股票只占1%左右。不断学习欧美先进的管理思想和模式，并使之本土化。越来越科学化和民主化的管理变革是华为发展的强大推动力。

④ 优质服务。对于国内，华为立足中国用户，做本土化的服务；对于国际业务，营销及服务网络遍及全球，能够用客户提供快速、优质的服务；华为的服务在业界有良好的口碑，所以客户具有较强的黏性。

⑤ 成本优势。第一，原材料成本：华为通过与上游原材料供应商之间的长期良好合作，以及国内资源价格较之于国际普遍偏低，使华为在原材料上所花费的成本相对较低。在华为每年销售上千万台设备形成的规模经济效应下，华为的物料成本降到了3%，优势明显。第二，人力成本：聘用大量研发人员成为竞争的关键。一个研发人员的工资是欧洲的三分之一到四分之一，而法定工作时间是欧洲工程师的1.5倍，同时中国人勤奋，还经常加班加点。而研发成本的80%以上是人力资源成本，所以，华为投入1块钱研发，相当于欧洲公司投入10块钱，也即是华为的研发成本是欧洲公司的十分之一。此外，华为在国内的交易/交付成本相对较低，质量成本与国外相比很低，效率高低则不是最敏感因素，很多可以通过人际关系因素来弥补。

2. 劣势

① 领导个人色彩浓烈。中国民营企业的通病，华为的管理思想，仍然基于任正非对中国传统文化的解读而来，很杂，很泛。

② 财力相对薄弱。由于不是上市公司，华为不能在资本市场上融资，也不需要社会公示，一定程度上造成了华为的不透明，对华为进军和拓展国际市场形成了一定的障碍。

③ 宣传公关不足。国内很多人都知道华为，主要是由于“这是一家高薪企业”，但是具体是销售什么产品的，大多数人并不清楚。宣传的不足不利于企业形象的树立以及知名度的持久传播。对于企业的负面新闻，以及广大媒体及公众的批评、质疑之声，华为采取了沉默处理的方法，严重影响了华为的企业形象。

④ 严酷的企业文化。“狼性文化”越来越凸显其明显的缺陷，违背现代企业管理中人性化管理的需求。

⑤ 大企业病。机构臃肿，流程缓慢，内部政治。

3. 机会

① 互联网创新。随着互联网＋时代的到来，以宽带、云计算、大数据、物联网为代表的ICT技术正成为各个行业加速转型的引擎；个人消费需求进入SNS＋时代；2021年全国“两会”政府工作报告重点审议了国民经济和社会发展“十四五”规划，明确提出坚持创新驱动发展，加快发展现代产业体系，2025年数字经济核心产业增加值占GDP比重提高到10%。数字化将深入到人们生活中的各个场景，在教育、医疗、旅游等行业，越来越多的远程数字化体验将代替现有模式“ICT基础设施已经由过去的支撑系统向驱动价值创造的生产系统转变，成为继土地、劳动力、资本之后新的生产要素”。

② 国家战略支撑。战略性新兴产业成为政府重点发展的领域给华为的持续发展、业务拓展以及产业升级提供了重大的政策支持。

③ 全球化趋势。全球化趋势加强，华为利用自身资源和能力积极开展跨国并购，进一步提升竞争力和扩大竞争优势。

4. 威胁

① 行业竞争激烈。同跨国公司的竞争越来越激烈，与爱立信、思科等企业相比，华为在人力资源、设计、部署网络等方面处于劣势。

② 新贸易壁垒。由于近几年来欧美市场持续爆发经济危机，为保护本国的经济，多数欧美国家都会以知识产权、贸易保护和“国家安全”为借口，对华为等大型跨国公司进行各类调查和打压。

③ 个人崇拜主义。华为内部个人崇拜主义严重，领导层的变动无疑会影响到华为公司的长期战略计划。

④ 信息与技术安全。自 20 世纪 90 年代起，华为就检测出美国方面有人在监视华为，但华为并不知道这是来自美国政府的监控。华为的信息与技术安全问题正经受着来自美国国家安全局的考验。

基于 SWOT 分析，华为的四大行动策略见表 3-9。

表 3-9　基于 SWOT 分析的华为四大行动策略

	O 机会	T 威胁
S 优势	a. 成为世界级通信制造企业，利用全球电信业的快速发展和国内的成本优势，以成为世界级的通信制造企业为目标。 b. 创新并推出更多拥有自主知识产权的技术和设备。拥有自己的核心优势技术和领先于市场普遍应用的设备是每家通信企业必须的追求。拥有更多的自主知识产权，就意味着在以后的竞争中占据更大的市场份额和利润，这也是企业的根本目的。 c. 实现在全球范围内资源的最佳整合和配置的一家大企业，特别是一家国际化企业，拥有比小企业多得多的人力和财力优势，把这些优势运用起来为壮大发展服务，不造成冗员与铺张浪费，走向全球化。	a. 提高设备技术含量和服务水平。 b. 加强与政府相关部门合作，充分利用政治带动经济。 c. 用技术、专利等知识产权进行跨国合作。
W 劣势	a. 将人员向有潜力的市场调配。 b. 培养客户和市场，努力培养优秀的销售管理人员。 d. 采用有效的方式培养海外销售渠道。 e. 充分利用全球市场的发展势头，利用自己先进的技术走出去。	a. 裁除不合适的员工。 b. 多组织与国外相关机构的沟通交流、会展、政府经贸合作，以提高品牌的知名度。 c. 合作生产、合作经营，通过参股等，参与国外企业经营，双方共同生产产品。 d. 对资本要进入国家的法律、体制等进行研究，审慎分析投资前景以及合作伙伴的情况。

【本章小结】

企业内部环境是相对于外部环境而言的独立概念，企业的资源、能力和竞争优势决定了企业的实力，决定了企业战略的分析、制定、实施和完善。

企业的资源是能够给企业带来竞争优势的任何要素，是企业参与市场竞争的必备条件，包括有形资产、无形资产和人力资源。

企业能力是指企业协调资源并发挥其生产与竞争作用的能力。企业核心能力帮助企业比竞争对手做得更加出色，竞争优势保持得更加长久，拥有长期的战略领先地位。

对企业内部条件分析的方法主要有价值链分析法、IFE 矩阵法等，对企业内部条件分析的内容包括对企业的产品、人力资源和组织效能的分析以及其他资源和条件的分析。

【思考题】

1. 对于企业长远发展来说，企业内部资源和能力与外部环境相比，你认为谁更重要？
2. 企业资源、能力与竞争优势三者关系如何？请作示意图分析。
3. 价值链分析的目的是什么？针对一个熟悉的企业进行价值链分析。
4. 什么是核心竞争力？企业应如何培育和发展其核心竞争力？
5. 分别用 IFE 矩阵和 SWOT 法分析一个企业实例。

【拓展阅读】

◇ 阅读推荐

(美)克里斯·安德森. 长尾理论 2.0[M]. 乔江涛，石晓燕，译. 北京：中信出版社，2009.

◇ 推荐理由

长尾理论是网络时代兴起的一种新理论，在管理畅销书《CEO 必读 12 篇》中，长尾理论被注解为由于成本和效率的因素，当商品储存流通展示的场地和渠道足够宽广，商品生产成本急剧下降以至于个人都可以进行生产，并且商品的销售成本急剧降低时，几乎任何以前看似需求极低的产品，只要有卖，都会有人买。这些需求和销量不高的产品所占据的共同市场份额，可以和主流产品的市场份额相比，甚至更大。长尾理论无疑是当代商务人士最为关注的焦点之一。不论是关于长尾理论的溢美还是论战，都代表了其受关注的程度。

【实践项目】

调查你所在地的一家特定企业，及时收集和准确把握企业的内部环境信息，如企业资源、能力、核心竞争力、价值链等，并撰写调查分析报告。

1. 针对特定企业，从企业资源、能力等方面，进行企业的内部环境分析。
2. 识别特定企业的核心竞争力，看其拥有何种优势和劣势。
3. 应用内部因素评价矩阵，对特定企业的内部优势和劣势两方面的因素进行评价。
4. 应用 SWOT 分析工具，对特定企业的优势、劣势、机会、威胁进行综合评价。
5. 应用价值链分析工具，对特定企业的价值创造活动进行评价，并分析企业价值链间的联系。

第四章 企业文化建设与战略目标

【学习要求与目标】

1. 了解企业使命和愿景的基本内涵。
2. 掌握企业使命和愿景的区别。
3. 重点掌握企业文化建设的主要内容。
4. 理解企业战略目标的概念、特征与作用。
5. 重点掌握企业战略目标的过程、制定程序和制定方法。

党的二十大报告提出:中国式现代化是物质文明和精神文明相协调的现代化;全面建设社会主义现代化国家,必须坚持中国特色社会主义文化发展道路,增强文化自信,增强实现中华民族伟大复兴的精神力量;社会主义核心价值观是凝聚人心、汇聚民力的强大力量。在社会主义核心价值观基本内容中,富强、民主、文明、和谐是国家层面的价值目标,自由、平等、公正、法治是社会层面的价值取向,爱国、敬业、诚信、友善是公民个人层面的价值准则。这是党对于社会主义核心价值观的深刻阐释,是当代中国精神的集中体现。党的二十大报告围绕"广泛践行社会主义核心价值观"作出了重要战略部署。同时,党的二十大报告提出:完善中国特色现代企业制度,弘扬企业家精神,加快建设世界一流企业;引导、支持有意愿有能力的企业、社会组织和个人积极参与公益慈善事业。这是党对于我国企业改革发展的方向指引,明确了加快建设世界一流企业必须有与之相适应的企业制度作为基础和保障,强调我国企业要充分体现企业社会责任和社会贡献。此外,党的二十大报告提出,"到二〇三五年,我国发展的总体目标是:经济实力、科技实力、综合国力大幅跃升,人均国内生产总值迈上新的大台阶,达到中等发达国家水平;实现高水平科技自立自强,进入创新型国家前列;建成现代化经济体系,形成新发展格局,基本实现新型工业化、信息化、城镇化、农业现代化;基本实现国家治理体系和治理能力现代化,全过程人民民主制度更加健全,基本建成法治国家、法治政府、法治社会;建成教育强国、科技强国、人才强国、文化强国、体育强国、健康中国,国家文化软实力显著增强;人民生活更加幸福美好,居民人均可支配收入再上新台阶,中等收入群体比重明显提高,基本公共服务实现均等化,农村基本具备现代生活条件,社会保持长期稳定,人的全面发展、全体人民共同富裕取得更为明显的实质性进展;广泛形成绿色生产生活方式,碳排放达峰后稳中有降,生态环境根本好转,美丽中国目标基本实现;国家安全体系和能力全面加强,基本实现国防和军队现代化。在基本实现现代化的基础上,我们要继续奋斗,到本世纪中叶,把我国建设成为综合国力和国际影响力领先的社会主义现代化强国。”这是党对于国家发展战略目标的制定。

企业战略管理过程中，要先对企业的内外部环境进行分析，明确了企业面临的机会与威胁、优势与劣势后，企业便应该制定企业战略目标。而战略目标又与企业文化、企业愿景与使命紧密联系。

【先导案例】

今天一起“海底捞”了吗？

1. 公司简介

海底捞成立于1994年，发家于四川简阳，目前总部位于北京，是火锅行业的龙头，在整个餐饮行业中位列第二，仅次于百胜。创始人张勇，其带领公司于2018年9月登陆港交所，股票代码:6862.hk。截至2021年，公司拥有直营餐厅1 443家，当年实现营业收入411亿元，净亏损41.6亿元。目前股价17元/股，市值950亿港币。

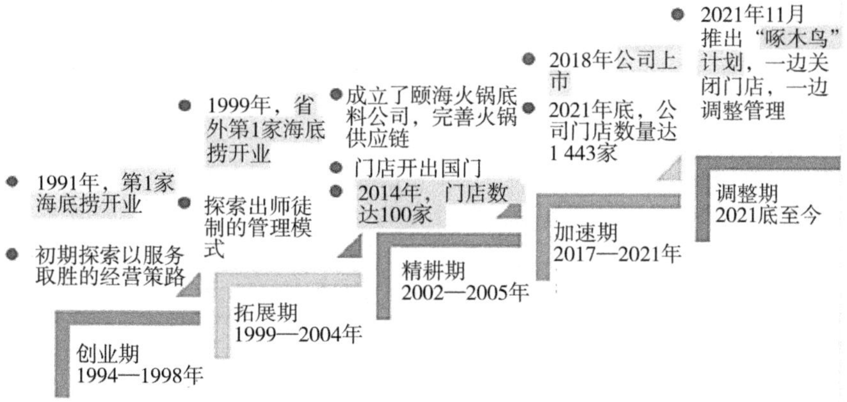

数据来源：公司官网。

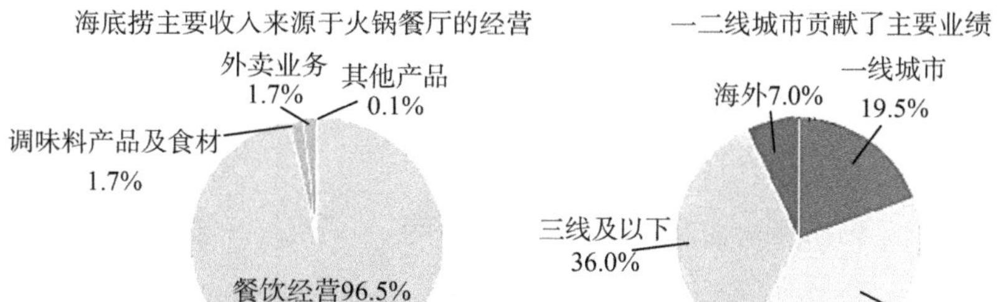

数据来源：公司官网。

2. 行业概况

2021年中国火锅行业市场规模达到4 998亿元，同比增长18.0%。2020年上半年在疫情冲击下，火锅业门店规模大幅萎缩，下半年至2021年虽有波折但整体呈复苏态势。然而，进入2022年，疫情再袭，火锅业再次受创，受创程度甚至超过2020年，2022

年 Q1 门店规模减小超 10%，2022 年 Q2 门店完全无复苏迹象。即便是头部企业的海底捞同样在负重前行。2022 年上半年，海底捞实现营收 167.64 亿元，同比下降 16.57%；净亏损 2.66 亿元，同比由盈转亏。

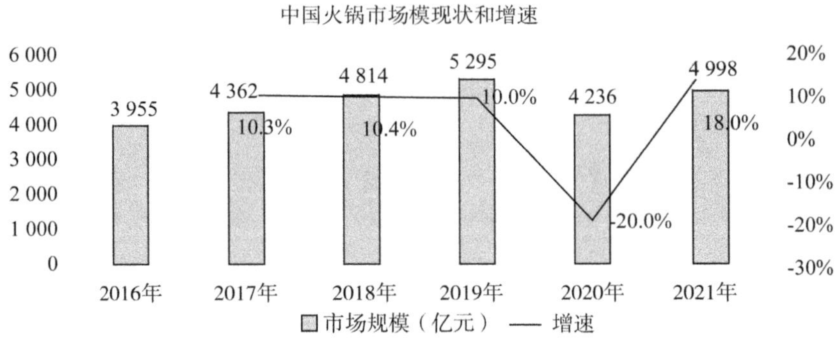

数据来源：中国行业发展现状。

3. 股权架构

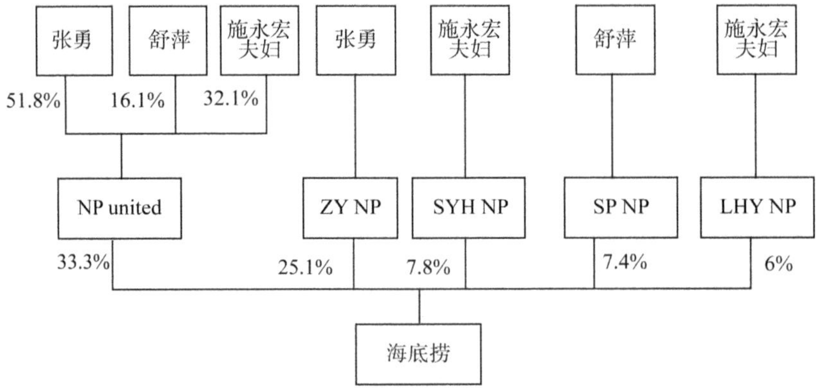

数据来源：公开年报。

4. 财务指标

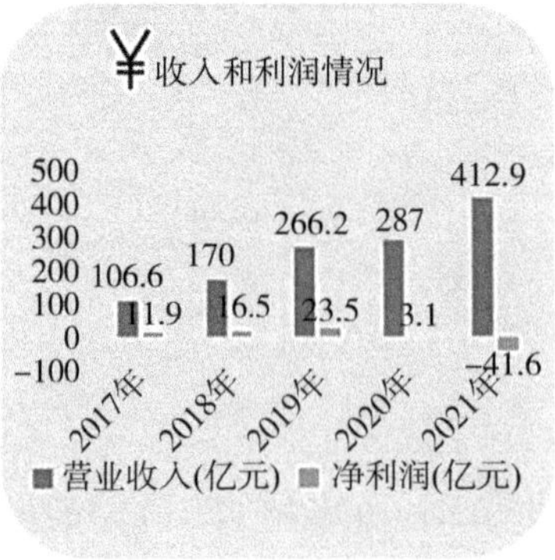

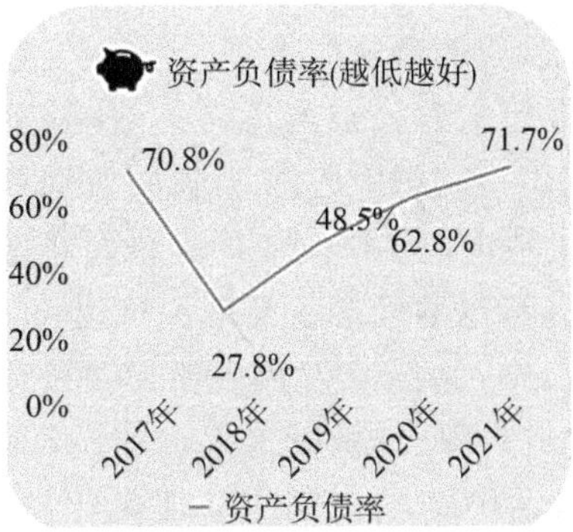

数据来源：公开年报。

2021年，在疫情影响、激进开店等内外部因素影响下，公司亏损金额高达42亿元，把前4年的利润都亏完了。投资者对海底捞前景表示疑虑，股价已从最高点下跌了81%。“女将”杨利娟掌舵海底捞，启动了“啄木鸟”计划，有望将海底捞带出困境。疫情后火锅市场恢复最快，海底捞以“极致的服务”占领用户心智，仍然是普通居民聚餐的首选之一。

4.1 企业文化建设概述

4.1.1 企业文化的概念

企业文化是企业长期生产、经营、建设、发展过程中所形成的管理思想、管理方式、管理理论、群体意识以及与之相适应的思维方式和行为规范的总称。它体现为企业价值观、经营理念和行为规范，渗透于企业的各个领域。其核心内容是企业价值观、企业精神、企业经营理念的培育及企业员工思想道德风貌的重塑与提高。优秀的企业文化能够突出企业的特色，形成企业成员共同的价值观念，而且企业文化具有鲜明的个性，有利于企业制定出与众不同的、克敌制胜的战略。

4.1.2 企业文化建设的作用

企业文化建设的作用主要体现在四个方面：

(1) 为企业营造内部和谐环境，树立外部良好形象；

(2) 强化企业内部凝聚力，化解或缓和内部矛盾；

(3) 内构核心竞争力，外御竞争对手冲击；

(4) 为企业发展战略目标的实现铺路架桥。

4.1.3 企业文化建设的主要内容

企业文化是企业长期生产、经营、建设、发展过程中所形成的战略理念方针、管理思想、群体意识以及与之相适应的思维方式和行为规范的总称。企业文化体现为企业的战略理念方针、价值观、经营理念和行为规范。其核心内容是企业的战略理念方针、价值观、企业精神、企业经营理念的培育，企业员工思想道德风貌的重塑与提高。

企业战略理念方针必须立足国家发展战略理念方针进行思考。战略理念方针是国家领导人在战略判断基础上，实事求是分析世情、国情和国家发展面临的机遇和挑战后，确定的治国理政思想和战略路线。战略理念方针的制定，反映了国家领导人通过实践，不断调整治国理政思想，探索与国情条件相适应的中国特色的社会主义现代化道路。

毛泽东同志在《关于领导方法的若干问题》中，为国家发展的战略方针提供了重要指导，就是明确战略目标，统筹战略全局，有计划、有步骤、分阶段地推进建设，逐个击破。① 邓小平同志在中共十一届五中全会第三次会议讲话中指出，“搞四个现代化最主要的是搞经济建设，发展国民经济，发展社会生产力”。② 1987 年 10 月，党的十三大系统阐述了关于社会主义初级阶段的理论及党在社会主义初级阶段的基本路线，概括为“一个中心，两个基本点”③的战略方针。

1992 年，在巴西里约热内卢召开的联合国环境与发展大会提出可持续发展的战略思想。受到大会精神的影响，1995 年 9 月，中共十四届五中全会闭幕时，江泽民同志在发表题为《正确处理社会主义现代化建设中的若干重大关系》的讲话中，将可持续发展战略确立为国家现代化的核心战略。④ 2003 年 8 月 28 日至 9 月 1 日，胡锦涛同志在江西考察工作时，首次提到了“科学发展观”的概念⑤。党的十六届三中全会明确提出了“科学发展观”概念，并对科学发展观的内涵作了具体而明晰的规定，特别是将科学发展观作为我们党的指导思想和战略理念方针。

中共十八届五中全会强调，破解发展难题，厚植发展优势，必须牢固树立并切实贯彻五大发展理念(创新、协调、绿色、开放、共享发展理念)。习近平总书记对发展做出了深入思考:“发展必须是遵循经济规律的科学发展，必须是遵循自然规律的可持续发展，必须是遵循社会规律的包容性发展。”⑥为适应国家发展战略需要，习近平总书记先后提出了创新驱动发展战略、区域协调发展战略、生态文明建设思想、人类命运共同体理念、推动开放合作的中国方案，明确了新时代国家发展的战略理念方针⑦。

中国特色的社会主义文化建设是对国家物质文明、精神文明的集中体现，中国特色的社会主义现代化发展道路充分体现了文化自信。因此，企业文化体系构建必须与中国特色的社会主义文化建设相融合，如社会主义核心价值观体现了国家、社会和公民三个层面的价值观，企业文化体系构建应构筑在社会主义核心价值观基础上，全面阐述企业文化体系。

企业文化体系构成分为三个层次:物质文化层，制度、行为文化层，精神文化层，见图 4-1。

---

① 中共中央文献编辑委员会. 毛泽东选集:第 3 卷[M]. 北京:人民出版社，1991.

② 中共中央文献编辑委员会. 邓小平文选:第 2 卷[M]. 北京:人民出版社，1994.

③ “一个中心”就是“以经济建设为中心”，“两个基本点”就是“坚持四项基本原则，坚持改革开放”。

④ 中共中央文献编辑委员会. 江泽民文选:第 1 卷[M]. 北京:人民出版社，2010.

⑤ 胡锦涛. 胡锦涛在江西考察工作时的讲话[N]. 人民日报，2003-9-3.

⑥ 中共中央党校(国家行政学院). 习近平新时代中国特色社会主义思想基本问题[M]. 北京:中共中央党校出版社，2020.

⑦ 习近平. 习近平谈治国理政:第三卷[M]. 北京:外文出版社，2020.

图 4-1 中，企业文化建设主要涉及三个方面：

(1) 物质文化建设(亦称“表层文化”建设)。物质文化建设包括生产资料文化、产品文化、环境文化，如：品牌、包装、厂容厂貌等。

(2) 制度、行为文化建设(亦称“中层文化”建设)。制度、行为文化建设主要是对企业的人、财、物、事的各种动的和静的状态都有明确的标准和规定，如：行为、公关、服务等。

(3) 精神文化建设(亦称“深层文化”建设)。精神文化建设包括企业愿景与使命，战略领袖(领导者)特质、素质与能力，变革观念、竞争观念、效益观念、市场观念、服务观念、价值观念、道德观念、战略观念，还有民主意识、思维方式、经营管理思想，具体表现在工作态度、行为取向和生活方式方面。

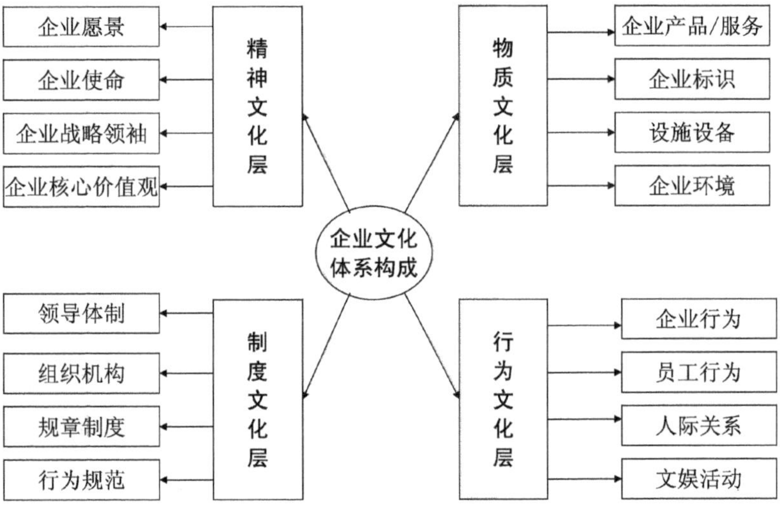

图 4-1　企业文化体系构成

4.1.4　企业文化建设的主要目标

企业文化建设的主要目的是以人为本，打造精神文化；内外并举，打造物质文化；目标激励，打造制度文化；整合塑造，打造行为文化。具体可细分为三个目标：确定 MI(理念识别)、确立 VI(视觉识别)、确立 BI(行为识别)。

1. 确定 MI(理念识别)

(1) 确定全体职工的价值观。企业价值观是企业文化的核心，决定企业的命脉，关系企业的兴衰。企业的最终目标是服务社会，实现社会价值最大化。

(2) 确立企业精神。培育有个性的企业精神是加强企业文化建设的核心。企业精神是指：企业广大职工在长期的生产经营活动中逐步形成的，由企业的传统、经历、文化和企业领导人的管理哲学共同孕育的，并经过有意识的概括、总结、提炼而得到确立的思想成果和精神力量，必须是集中体现一个企业独特的、具有鲜明的经营思想和个性风格，反映企业的信念和追求，并由企业倡导的一种精神。培养企业精神，要遵循时代性、先进性、激励性、效益性等原则，不仅要反映企业本质特征，而且要反映出行业的特点和本单位特色，体现出企业的经营理念。

（3）确立符合集团实际的企业宗旨是企业生存发展的主要目的和根本追求，它是以企业发展的目标和发展方向来反映企业价值观。企业道德是在企业生产经营实践的基础上，基于对社会和对人生的理解做出的评判事物的伦理准则。企业作风是企业全体干部职工在思想上、工作上和生活上表现出来的态度、行为，体现企业整体素质和对外形象。

2. 确立 VI（视觉识别）

统一标识、服装、产品品牌、包装等，实施配套管理。在企业发展中还要以务实的态度不断完善企业视觉识别各要素，做到改进—否定—再改进—再确定。视觉识别要素包含企业标识、旗帜、广告语、服装、信笺、徽章、印刷品统一模式等等。确立 VI，以此规范员工行为礼仪和精神风貌，在社会上建立起企业的高度信任感和良好信誉。

3. 确立 BI（行为识别）

行为识别主要体现在两个方面：一方面是企业内部对职工的宣传、教育、培训；另一方面是对外经营、社会责任等内容。行为识别就是通过组织开展一系列活动，将企业确立的经营理念融入企业的实践中，指导企业和职工行为。

4.2 企业愿景与使命

每一个企业都应该在创立之初确定自己所要承担的使命及未来的发展目标。著名管理学家德鲁克认为，企业只有具备了明确的使命和目的，才可能制定明确和现实的企业目标。学者凯恩指出，企业愿景能集聚资源、指挥行动、激励员工，进而推动企业取得出色的业绩，战略家的职责就是明确和设计清晰的愿景。企业愿景、使命和目标为战略分析、战略制定、战略选择、战略实施和战略控制提供了依据，它们是制定企业战略方案的前提，也是企业战略管理实践的指南。企业愿景和使命是企业经营理念的最高层次，是企业战略管理的制高点。

4.2.1 企业愿景

企业愿景必须立足国家愿景进行思考。习近平总书记 2012 年 11 月 29 日带领中共中央政治局常委到国家博物馆看“复兴之路”展览，并提出实现中华民族伟大复兴的“中国梦”。中国梦作为近代以来我们最伟大的梦想，本质上是国家愿景的重要内容，对实现中华民族伟大复兴起到重要的激励和引导作用。习近平总书记结合中华民族五千多年的文明发展历程，特别是近代以来一百六十多年的历史，强调：“中国梦是历史的、现实的，也是未来的”，“实现中华民族伟大复兴的中国梦，是近代以来中华民族的夙愿”，中国梦“既深深体现了今天中国人的理想，也深深反映了我们先人们不懈追求进步的光荣传统”。这些论述贯通历史、现实和未来，深刻揭示了中国梦的历史传承和文化底蕴。在新的历史时期，中国梦的本质是国家富强、民族振兴、人民幸福。

习近平总书记强调：“中国梦归根到底是人民的梦”，“中国共产党在中国执政，要带领人民把国家建设得更好，让人民生活得更好”，“人民对美好生活的向往，就是我们的奋斗目标”。中国梦昭示着国家富强、民族振兴、人民幸福的美好前景，反映了新一代共产党人的责任担当，为坚持和发展中国特色社会主义注入新的内涵和时代精神，深刻揭示了中国梦

的丰富内涵、内在逻辑和价值追求。“中国梦”的整体表述生动形象地表达了当代全体中国人民的共同理想追求，是一种形象的表达，是一个最大公约数、能够为群众易于接受的表述，具备了典型的、优秀的、愿景的表述特征。

专栏 4.1 国家发展 2035 年远景目标“基本实现社会主义现代化”

国家发展 2035 年远景目标“基本实现社会主义现代化”是中国开启全面建设社会主义现代化国家新征程的宏伟蓝图，是全国各族人民共同的行动纲领。这一目标主要包括九个方面：

1. 我国经济实力、科技实力、综合国力将大幅跃升，经济总量和城乡居民人均收入将再迈上新的大台阶，关键核心技术实现重大突破，进入创新型国家前列。

2. 基本实现新型工业化、信息化、城镇化、农业现代化，建成现代化经济体系。

3. 基本实现国家治理体系和治理能力现代化，人民平等参与、平等发展权利得到充分保障，基本建成法治国家、法治政府、法治社会。

4. 建成文化强国、教育强国、人才强国、体育强国、健康中国，国民素质和社会文明程度达到新高度，国家文化软实力显著增强。

5. 广泛形成绿色生产生活方式，碳排放达峰后稳中有降，生态环境根本好转，美丽中国建设目标基本实现。

6. 形成对外开放新格局，参与国际经济合作和竞争新优势明显增强。

7. 人均国内生产总值达到中等发达国家水平，中等收入群体显著扩大，基本公共服务实现均等化，城乡区域发展差距和居民生活水平差距显著缩小。

8. 平安中国建设达到更高水平，基本实现国防和军队现代化。

9. 人民生活更加美好，人的全面发展、全体人民共同富裕取得更为明显的实质性进展。

1. 企业愿景的概念

愿景(Vision)的概念表述有广义与狭义之分，广义的愿景概念包括使命，狭义的愿景概念不包括使命。愿景主要包含两层内容：一是“愿望”，指有待实现的意愿；二是“景象”，指具体生动的图景。

愿景是企业根据目前所处的状况确立的未来发展目标而描绘的理想蓝图，是描绘企业期望发展成为什么样子的未来图景。在企业中，重要的不是员工的个人愿景，而是组织的共同愿景。它是被企业成员普遍接受和认同的组织的长远景象和目标，是人们共同描绘的一幅美好图画。

企业愿景反映了企业的价值观，是一个企业的管理者用来统一组织成员思想和行动的宣言，亦是管理者回答“我们代表什么？”“我们希望成为什么样的组织？”的承诺。

愿景通常是企业发展的阶段性目标，当企业进入新的发展阶段时，就需要设计新的愿景。

2. 企业愿景的功能、特点和确立

(1) 企业愿景的功能

首先，明确企业发展方向，指导企业战略决策。

其次，协调相关利益者关系，指引企业应对危机。企业与利益相关者之间是一种互动共生的关系。企业制定愿景时，必须考虑利益相关者的类型、利益诉求以及相应的策略。例如，一家化工企业如果只是以盈利为目的而没有将环保责任融入愿景，必将遭到环保组织、当地社区甚至消费者的抵制。

专栏 4.2　著名企业愿景集锦

麦当劳愿景:成为世界上服务最快、最好的餐厅。

万科愿景:成为中国房地产行业领跑者。

迪士尼公司愿景:成为全球的超级娱乐公司。

麦肯锡公司愿景:帮助杰出的公司和政府更为成功。

福特汽车创立时企业愿景:让每一个美国人都能拥有汽车。

索尼公司愿景:为包括我们的股东、顾客、员工,乃至商业伙伴在内的所有人提供创造和实现他们美好梦想的机会。

苹果电脑公司愿景:让每人拥有一台计算机。

通用机器(GE)愿景:使世界更光明。

最后,凝聚人心并给以人们希望,激励人们高效地开展工作。

(2) 企业愿景的特点

有效的愿景都至少具备以下特点:

第一,可想象性。对未来的活动或未来的组织做出描述,传达了关于未来景象的图画。

第二,鼓舞人心。以顾客、股东和员工等企业利益相关者的长期利益为诉求。清楚地说明符合大多数利益相关者诉求的各种机遇。

第三,可行性。是现实可行的、现实可达到的目标。

第四,聚集性。既表达清楚,中心突出,足以激励人们采取行动,同时又很灵活,为人们留有创新的空间,对战略决策制定过程起指导作用。

第五,可沟通性。易于沟通。可在几分钟之内得到很好的解释。

(3) 企业愿景的确立

企业在制定愿景时,一定要做好充分的部署和安排。具体来说可按以下步骤进行:

步骤 1,高调宣传。重点宣传制定企业愿景的重要意义。

步骤 2,召开会议。通过头脑风暴法取得初步的意向。

步骤 3,分类筛选。收集初步意向后,进行分类筛选,形成初步结论。

步骤 4,反复修改。愿景设计经历曲折过程,必须进行反复修改。

步骤 5,最终定稿。愿景设计过程的最后,形成一个上下都认同的企业愿景。

专栏 4.3　有效的愿景宣言

公司	愿　景
微软	(a) 确保全世界的人们和企业实现全部潜能。 (b) 每张桌子上的个人计算机都运行微软的软件。
雅芳公司	成为一家最了解女性需要,为全球女性提供一流的产品和服务,并满足她们自我成就感的公司。
万科公司	成为中国房地产行业的领跑者。
华为公司	丰富人们的沟通和生活,成为世界级的领先的电讯设备提供商。
英特尔公司	成为全球计算机行业最重要的供应商。
联想集团	未来的联想应该是高科技的联想、服务的联想、国际化的联想。

4.2.2 企业使命

专栏 4.4 新时代新征程中国共产党的使命任务

从现在(2022 年)起,中国共产党的中心任务就是团结带领全国各族人民全面建成社会主义现代化强国、实现第二个百年奋斗目标,以中国式现代化全面推进中华民族伟大复兴。

中国式现代化,是中国共产党领导的社会主义现代化,既有各国现代化的共同特征,更有基于自己国情的中国特色。中国式现代化是人口规模巨大的现代化,是全体人民共同富裕的现代化,是物质文明和精神文明相协调的现代化,是人与自然和谐共生的现代化,是走和平发展道路的现代化。

中国式现代化的本质要求是:坚持中国共产党领导,坚持中国特色社会主义,实现高质量发展,发展全过程人民民主,丰富人民精神世界,实现全体人民共同富裕,促进人与自然和谐共生,推动构建人类命运共同体,创造人类文明新形态。

全面建成社会主义现代化强国,总的战略安排是分两步走:从二〇二〇年到二〇三五年基本实现社会主义现代化;从二〇三〇五年到本世纪中叶把我国建成富强民主文明和谐美丽的社会主义现代化强国。未来五年是全面建设社会主义现代化国家开局起步的关键时期。

全面建设社会主义现代化国家,是一项伟大而艰巨的事业,前途光明,任重道远。我们必须增强忧患意识,坚持底线思维,做到居安思危、未雨绸缪,准备经受风高浪急甚至惊涛骇浪的重大考验。前进道路上,必须牢牢把握以下重大原则:坚持和加强党的全面领导,坚持中国特色社会主义道路,坚持以人民为中心的发展思想,坚持深化改革开放,坚持发扬斗争精神。要增强全党全国各族人民的志气、骨气、底气,不信邪、不怕鬼、不怕压,知难而进、迎难而上,统筹发展和安全,全力战胜前进道路上各种困难和挑战,依靠顽强斗争打开事业发展新天地。

企业使命必须立足国家使命进行思考。习近平总书记指出,中国共产党人的初心和使命,就是为中国人民谋幸福,为中华民族谋复兴。为推翻压在中国人民头上的帝国主义、封建主义、官僚资本主义三座大山,实现民族独立、人民解放、国家统一、社会稳定,中国共产党团结带领人民找到了一条农村包围城市、武装夺取政权的正确革命道路,完成了新民主主义革命,建立了中华人民共和国,实现了中国从几千年封建专制政治向人民民主的伟大飞跃。新中国成立后,中国共产党团结带领人民完成社会主义革命,确立社会主义基本制度,推进社会主义建设,完成了中华民族有史以来最为广泛而深刻的社会变革,为当代中国一切发展进步奠定了根本政治前提和制度基础,实现了中华民族由近代不断衰落到根本扭转命运、持续走向繁荣富强的伟大飞跃。改革开放以来,中国共产党团结带领人民进行改革开放新的伟大革命,破除阻碍国家和民族发展的一切思想和体制障碍,开辟了中国特色社会主义道路,使中国大踏步赶上时代。

1. 企业使命的概念

企业使命是指企业生存和发展过程中对国民经济和社会发展所应承担的角色和责任。它明确了企业的基本性质与存在的理由,说明企业的宗旨、经营哲学、信念、原则,根据企业服务的对象——顾客的性质，提出自身的长期发展规划，从而为企业制定战略目标提供依据。

企业愿景是其使命的基础，企业使命比企业愿景更加具体地表明了企业的性质和发展方向。企业使命就是对企业根本性质、存在理由和存在价值的一种规定，它说明了本企业经营的哲学理念、宗旨和信念与一般的企业不同。

2. 企业使命的主要内容

企业使命一般包括企业经营哲学和企业宗旨两方面内容。

(1) 企业经营哲学(核心价值观)

一般来说，企业使命往往体现了企业的经营哲学。企业经营哲学是指一个企业为其经营活动方式所确立的价值观、态度、信念和行为准则，是企业在社会活动及经营过程中起何种作用或如何起这种作用的一个抽象反映。企业经营哲学的主要内容通常由企业经营活动中的指导思想基本观点和行为准则构成。实践表明，一个企业要取得真正的成功，单靠资金、技术、产品还不够，还必须有一套明确的统一的指导思想和价值观念。企业经营哲学的核心是“企业为什么而存在”，即解决企业存在价值的问题。

任何一个组织要想生存，首先必须拥有一条完整的经营哲学，作为一切政策和行动的最高标准。换言之，组织的成功从根源上说是和它的基本经营哲学有关的。经营哲学的重要性远远超过技术、资源、组织结构和环境因素等。

经营哲学一旦形成，就会对企业的各项活动发挥指导作用。正确的经验哲学能够引导企业的经营走向成功，使资金、技术、人员、设备等真正发挥出应有效力；而错误的或模糊不清的经营哲学，会使企业在激烈的市场竞争中无法立足或摇摆不定。

(2) 企业宗旨(核心目的)

企业宗旨是指企业现在和将来应从事什么样的事业活动，以及应成为什么性质的企业或组织类型。

企业宗旨的确定：①谁是顾客？②顾客分布于何处？③顾客购买什么？④顾客为何来购买？⑤顾客的价值观是什么(即顾客购买商品时他或她期望得到什么)？⑥如何去接近顾客？

专栏 4.5　著名企业使命

万科使命：建筑无限生活，创造健康丰盛的人生。

(1) 客户是我们永远的伙伴。

(2) 人才是万科的资本。

(3) “阳光照亮的体制”。

(4) 持续的增长和领跑。

麦肯锡公司使命：

(1) 为高层管理综合研究和解决管理上的问题和机遇。

(2) 对高层主管所面临的各种抉择方案提供全面的建议。

(3) 预测今后发展中可能出现的新问题和各种机会，制定及时且务实的对策。

联想电脑公司使命：为客户利益而努力创新。

(1) 成就客户——致力于客户的满意与成功。

(2) 创业创新——追求速度和效率，专注于对客户和公司有影响的创新。

(3) 精准求实——基于事实的决策与业务管理。

(4) 诚信正直——建立信任与负责任的人际关系。

华为公司使命：聚焦客户关注的挑战和压力，提供有竞争力的通信解决方案和服务，持续为客户创造最大价值。

(1) 创造世界最优秀、最具创新性的产品。

(2) 像对待技术创新一样致力于成本创新。

(3) 让更多的人获得更新、更好的技术。

(4) 最低的总体拥有成本(TCO)，更高的工作效率。

迪士尼公司使命：

(1) 使人们过得快活。

(2) 极为注重一致性和细节刻画。

(3) 通过创造性、梦幻和大胆的想象不断取得进步。

(4) 严格控制、努力保持迪士尼“魔力”的形象。

百度公司使命：

百度，全球最大的中文搜索引擎、最大的中文网站。“让人们最便捷地获取信息，找到所求”。

3．企业使命的作用

企业使命的作用体现在五个方面：

(1) 明确企业核心业务(经营领域)与发展方向

企业要成为什么？企业的经营业务是什么？企业的经营业务应该是什么？

(2) 协调企业各种利益相关者的分歧

企业股东关心投资回报；企业员工关心福利待遇和发展前途；公众关心企业的社会责任；政府关心税收与公平竞争；地方社团关心安全生产与稳定就业。

(3) 帮助企业树立用户导向思想

企业经营的出发点是确认用户的需要。例如，美国电话电报公司的企业使命不是电话而是通信；环球电影制片公司强调的是娱乐而不是电影。

(4) 表明企业的社会责任

社会问题迫使战略制定者不仅要考虑企业对股东的责任，而且要考虑企业对用户、环境、社区等所负有的责任。

(5) 为战略和目标实现打下基础

企业持续发展的关键是有一个全体员工共同高攀的战略旗帜——企业使命。

4．确定企业使命时应考虑的因素

(1) 企业发展历史；

(2) 企业领导者的个人偏好；

(3) 企业资源和管理能力；

(4) 企业外部环境变化；

(5) 其他与企业利益相关者的要求和期望。

5. 确定企业经营领域

专栏 4.6 企业经营领域

企业经营领域是指企业展开经营活动的产业范围和所采用的经营方式的组合。

1. 确定企业经营领域应从三个方面来考虑

(1) 企业从事何种产品(服务)的生产(顾客的需要是什么)。

(2) 面向哪些主要市场(所要服务的顾客群)。

(3) 采用何种技术(用于满足这些需求的技术)。

2. 确定企业经营领域应当注意的问题

(1) 要用市场导向观念来确定企业的经营领域。

(2) 从顾客和市场的需要出发确定经营领域。

第一,明确企业是干什么的:①谁是企业的顾客?②顾客在哪里?③顾客买什么?

第二,明确企业应该是干什么的:①需求变化及科学技术的迅猛发展为企业提供了哪些新的经营领域。②社会、经济等方面的改革为企业提供了哪些新的经营领域。③企业应当淘汰哪些没有前途的经营领域。

(3) 要在产业内的纵向分工中选择经营领域。

(4) 要找最能发挥本企业特点的有利的经营领域。

①企业在确定经营领域时应该从产品导向转向市场导向,见表 4-1。

表 4-1 产品导向和市场导向两种不同的经营领域定义的比较

企业	产品导向经营领域定义	市场导向经营领域定义
化妆品公司	我们生产化妆品	我们帮助您塑造美丽和希望
复印机公司	我们生产复印机	我们帮助改进办公效率
化肥厂	我们出售化肥	我们帮助提高农业生产力
石油公司	我们出售石油	我们提供能源
电影厂	我们生产影片	我们经营娱乐
空调器厂	我们生产空调器	我们为家庭及工作地点提供舒适的气候

②找出最能体现企业特点的经营领域。企业经营者在选择经营领域时可能会出现两种倾向:一是企业经营者习惯于从企业原有产品及原来的经营领域来考察市场及环境,二是企业经营者高估自己的实力。为避免上述两种倾向,企业经营者应从企业的资源条件和能力出发,紧密结合自己的竞争优势及核心能力来选择经营领域。

6. 注重企业所承担的社会责任

企业作为社会的重要而有影响力的成员,有责任与义务来帮助保持和改进社会的各种福利。企业与社会的相互作用,可以表现在政治、经济、社会文化环境、技术等方面,企业必须考虑社会责任问题。从企业盈利的角度来看,承担社会责任短期内对企业盈利没有好处,但从长期来说,其有助于推进和完善社区建设,为企业建立良好的企业形象,提高企业的知名度,从而帮助企业赢得消费者和政府的好感,为企业的长期发展创造一个良好的外部环境。

7. 企业使命优劣判定

根据美国管理学者金尼斯(M. C. Ginnis)的研究,一个好的企业使命应该是:

(1) 明确企业自下而上的目的;

(2) 既宽泛以允许企业创造性的发展,同时,对企业的一些冒险行动有所限制;

(3) 使本企业区别于其他同类企业;

(4) 作为评价企业现在和未来的活力的框架;

(5) 清楚明白、易于为整个企业所理解和为公众所接受。

8. 企业愿景与企业使命的关系

从广义上看,企业愿景和企业使命其内涵是相通的,所以,现实中经常被混用。但从狭义上看,企业愿景侧重于从企业自身的角度出发,描绘的是企业未来希望达到的一种境界,而企业使命则更侧重于从企业所从事的经营活动内容和性质的角度出发,所关注的是企业经营的总方向和总目的,以及如何满足顾客需求的总体原则和经营思想。

专栏 4.7 沃尔玛的愿景使命

沃尔玛(Wal-Mart)的使命是"永远低价"(always low prices)。

所有的企业活动都是围绕这一使命展开。

在确定了这一使命之后,沃尔玛在各个阶段都制定了愿景。

(1) 10 年内成为阿肯色州收益最高的企业之一(1945 年);

(2) 2000 年,将店铺数扩增至两倍,每平方英尺的销售额增长 60%(1990 年);

(3) 4 年内成为 10 亿美元企业(1997 年)。

4.3 企业战略领导者

4.3.1 企业战略领导者的特质

企业战略领导者应具备的特质可归纳为七个方面:

(1) 强烈的追求成功的愿望。成功的战略领导者往往表现出高度的工作积极性,拥有较高的成就渴望。他们进取心强,精力充沛,不断地努力提高自己,对自己所从事的活动坚持不懈,并有高度的主动精神。这一点对战略领导者最为重要,如果没有强烈追求成功的愿望,很难成为成功的战略领导者。

(2) 领导愿望。战略领导者通常具有强烈的权力欲望,喜欢领导别人,而不是被别人所领导。强烈的权力欲望驱使他们试图去影响别人,并在领导过程中获得满足和利益。

(3) 正直与诚实。战略领导者必须言行一致,诚实可信,这样才能与下属之间建立起相互信任的关系。

(4) 坚定自信。战略领导者需要有高度的自信,自信能让他们克服困难,在不确定的情况下惯于做出决策,并能逐渐将自信传给别人。

(5) 智慧。这里的智慧不仅包括战略领导者的智商,还包括他们的情商。智商方面,战略领导者必须有足够的才智来搜集、整理和解释大量的信息,并能确立目标、解决问题和做出正确决策。情商包括他们的人际沟通能力和处理复杂问题的能力。

(6) 情绪的成熟性。战略领导者在对待突发事物时,能够保持情绪的稳定,冷静的思考,做出理智的判断。缺乏情绪成熟性的领导容易做出错误的判断,而难以成为成功的战略领导者。

(7) 专业知识。一个有效的战略领导者应当对其企业、行业、工作相关的知识和技术等问题有清楚的了解,同时要掌握管理技能,广博的知识能使他们做出富有远见的决策,并能理解这种决策的意义。

4.3.2 企业战略领导者的素质与能力

1. 思维意识

(1) 思维的开放性

所谓开放性思维,是指突破传统思维定式和狭隘眼界,多视角、全方位看问题的思维;它与把事物彼此割裂开来、孤立起来、封闭起来,使思维具有保守性、被动性和消极性的形而上学思维是根本对立的。开放性思维本质上具有反教条和实事求是的特征。具备了开放性的思维方式,就能够不断地有所发现、有所发明、有所创造、有所前进。创造性应当是人类思维的本性,是人类思维得以发展和进化的内在活力和内在根据。

对于战略领导者,跨出固式思维,用开放性思维解决问题非常重要。这与一般的日常管理者不同,由于日常管理是一些结构性、程序化的问题,这些问题经常发生,解决方法也基本固定,我们可以理解为相对静态的环境,此时,越有经验的人,处理问题的能力越强,因此一个人的经验、经历和年龄变得非常有价值。

(2) 思维的权变性

思维的权变性,是指能够根据特定环境寻找特定的方法。具有思维权变性的人,能够根据环境、能力、事件、时间、地点、人的不同而采取不同的方法,做到灵活变通。战略性问题不像乘法口诀那样,并没有固定的方法方式可以套用,而是要根据所针对的特定问题、特定场合来选择恰当的办法。众多成功的战略领导者的成功之路并不相同,他们解决问题的方法也各有特色,但他们都具有权变性的思维意识。

(3) 角色定位

战略领导者不仅能够对自己进行很好的角色定位,知道自己处于什么角色、应当做什么事,还要能对企业进行角色定位,知道企业所处的行业地位、企业的优势和劣势在哪里。当然一个人可能处于不同的成长阶段,也可能在组织中处于不同的级别,不论在什么时候我们都需要找对自己的角色,否则自己的努力反而会带来负面效果。正如华为总裁任正非所说的:企业员工如果提出小的、可操作性、切合工作实际的建议,我会给予采纳和表扬;而对于只会抱怨、提出大的改动方针的人,我不会理睬。因为这建议既不具有可行性,也不是一个普通员工应当承担的角色任务。

2. 素质与能力

(1) 前瞻意识与洞察能力

该能力要求战略领导者能够通过直觉、悟性、远见发现机会。具有此种能力的领导者,首先需要有明确的目标,并能根据外部环境的变化,自主地、适宜地利用本企业的条件确定可能完成的任务或提出新的目标。其次要具有强的开拓精神,敢于创新和实践。第三,要具有较强的分析决策能力，准确地判断外部环境中出现的机遇。

（2）风险意识与决断能力

该能力要求战略领导者能够承担中度风险，果断、执着、耐心地把握机会。决断能力离不开果断性和坚定性。果断性是领导很重要的意志素质，在复杂和困难的条件下，经常要求领导者做出及时的和独立的决定并执行这一决定。果断性和坚定性紧密相关，坚定性表现在克服困难实现目标，并且准备承担风险。但战略领导者绝不是风险偏好者，他能够正确的评估风险和控制风险，具有良好的风险意识。

（3）领导意识与驾驭能力

该能力要求战略领导者能够通过自信、人际技能、应变、掌控局面、追求成功等控制和利用机会。领导意识和驾驭能力是战略领导者综合素质的集中体现，不仅要求战略领导者有着较为全面的知识、领导才能和灵活的处理人际关系的能力，而且需要具备坚韧不拔的顽强精神，克服长期困难的意志，沉着冷静的自制力，强的纪律性和自信心。这些能够帮助领导者不畏困难和危险，在高度紧张时善于控制自己的感情，当企业生产经营受到挫折时，沉着冷静，相信个人和集体的力量，准确地利用时间和空间，积极克服一切困难。

（4）道德力量与感召能力

道德力量和感召能力体现一个人的品德、修养和激情。通常越要做大事、做长久之事，道德越重要。现代企业处于法制化、制度化的社会大环境之下运行。每一个企业都是社会经济的一个细胞。全社会经济的良性运行，有赖于每一个企业的守法经营。近年，也确有一些企业管理者为了一点眼前利益，置社会道德、商业道德和法制于不顾。制假、售假，破坏环境，商业诈骗，虚假广告，偷税漏税等行为是与企业领导者应具备的素质不相容的。这样的企业不可能做大、做强，也不可能长久生存。相反，逐渐强大和发展迅猛的企业，一般都相当注重树立良好的企业形象，企业领导者往往也是遵守社会道德、规范的楷模。当然，道德素质不仅体现在社会责任、对社会公众的诚实守信等方面，而且也体现在企业领导者对企业的忠诚和对企业员工的负责和关心上。

4.4 企业战略目标

企业战略目标的制定必须立足国家发展战略目标进行思考。国家发展战略目标充分体现了国家发展的战略性和前瞻性，体现了人民的根本利益和长远利益。党的十八大以来，以习近平同志为核心的党中央坚持以人民为中心的发展思想，擘画了由第一个百年目标向第二个百年目标迈进的宏伟蓝图。国家发展战略目标是以人民为中心制定的战略目标，是为提高人民生活水平做出的庄严承诺。国家发展战略目标不仅包括远景目标，也包括五年规划目标。其中，“十四五”规划提出了经济发展、创新驱动发展、民生福祉、绿色生态和安全保障五大战略目标。“十四五”规划进一步明确了“十四五”时期我国国民经济和社会发展的方向，是对国家经济发展、技术创新、民生建设、环境保护和安全保障战略目标的统筹体现。企业战略目标的制定需要与国家发展战略目标相衔接，充分体现企业利益相关者的利益诉求。

专栏 4.8 “十四五”规划五大目标

1. 经济发展战略目标：着力提升发展质量效益，保持经济持续健康发展

(1) 经济运行保持在合理区间，各年度视情况提出经济增长预期目标。

(2) 全员劳动生产率增长高于国内生产总值增长。

(3) 城镇调查失业率控制在 5.5%以内。

(4) 物价水平保持总体平稳。

(5) 实现更高质量、更有效率、更加公平、更可持续、更为安全的发展。

2. 创新驱动发展战略目标：坚持创新驱动发展，加快发展现代产业体系

(1) 坚持创新在我国现代化建设全局中的核心地位，把科技自立自强作为国家发展的战略支撑。

(2) 完善国家创新体系，加快构建以国家实验室为引领的战略科技力量，打好关键核心技术攻坚战，制定实施基础研究十年行动方案，提升企业技术创新能力，激发人才创新活力，完善科技创新体制机制，全社会研发经费投入年均增长 7%以上、力争投入强度高于“十三五”时期实际。

3. 民生福祉战略目标：持续增进民生福祉，扎实推动共同富裕

(1) 着力提高低收入群体收入，扩大中等收入群体，居民人均可支配收入增长与国内生产总值增长基本同步。

(2) 实施就业优先战略，扩大就业容量。

(3) 建设高质量教育体系，深化教育改革，实施教育提质扩容工程，劳动年龄人口平均受教育年限提高到 11.3 年。

(4) 全面推进健康中国建设，构建强大公共卫生体系，广泛开展全民健身运动，人均预期寿命再提高 1 岁。

(5) 健全多层次社会保障体系，基本养老保险参保率提高到 95%，优化社会救助和慈善制度。

4. 绿色生态战略目标：推动绿色发展，促进人与自然和谐共生

(1) 坚持“绿水青山就是金山银山”理念，加强山水林田湖草系统治理，加快推进重要生态屏障建设，构建以国家公园为主体的自然保护地体系，森林覆盖率达到 24.1%。

(2) 持续改善环境质量，基本消除重污染天气和城市黑臭水体。落实 2030 年应对气候变化国家自主贡献目标。

(3) 加快发展方式绿色转型，协同推进经济高质量发展和生态环境高水平保护，单位国内生产总值能耗和二氧化碳排放分别降低 13.5%、18%。

5. 安全保障战略目标：统筹发展和安全，建设更高水平的平安中国

(1) 坚持总体国家安全观，加强国家安全体系和能力建设。

(2) 强化国家经济安全保障，实施粮食、能源资源、金融安全战略，粮食综合生产能力保持在 1.3 万亿斤(1 斤＝500g)以上，提高能源综合生产能力。

4.4.1 战略目标的概念

企业战略目标(Objectives),是指企业根据内外部条件、愿景和使命,设定的在一定时期内预期要达到的成果。企业战略目标是对企业经营领域的活动预期取得主要成果的期望。

企业战略目标也有广义与狭义之分。广义的战略目标包括愿景、使命和目标,即愿景、使命和目标都属于战略目标范畴,可以统称为企业的目标或战略目标。狭义的战略目标不包括愿景和使命。但狭义的战略目标又可分为经济性目标和非经济性目标,非经济性目标往往也称战略目标。一方面,有关企业生存的各个部门都需要有目标,从不同侧面反映企业的自我定位和发展方向;另一方面,目标还取决于各个企业的不同战略。因此,企业的战略目标是多元化的。

专栏 4.9 耐克公司的战略目标

(1) 保持和提高在美国最佳运动品牌的地位。

(2) 在日益增长的健身市场上建立强有力的格局。

(3) 开发满足妇女需求产品。

(4) 探索为满足美国成年人需求的产品市场。

(5) 指导与管理公司中继续发展的国际经营。

(6) 通过合理的库存和 12 种“金子”的产品,增加毛利。

企业战略目标是企业愿景和企业使命的具体化和明确化,通过将愿景转化为可以计量或测量的具体明确的成果或绩效指标,可以引导、跟踪和衡量企业具体的经营管理活动,最终使战略愿景得以实现。

4.4.2 战略目标的特征与作用

1. 战略目标的特征

战略目标与企业其他目标相比较,有以下特征:

(1) 宏观性。它是对企业全局的一种总体设想,它所规定的是整体发展的根本方向。

(2) 长期性。它是着眼于未来和长远的,是关于未来的一种设想。它所提出的一种长期任务,要经过企业全体员工相当长时间的努力才能够实现。

(3) 相对稳定性。它是总方向、总任务,是相对不变的。但并不排斥根据客观需要和情况的变化而对它做必要的修正。

(4) 全面性。它是一种整体性要求。它是对现实利益与长远利益、局部利益与整体利益的综合反映。

(5) 可分性。它作为一种总目标、总任务和总要求,可以分解成某些具体目标、具体任务和具体要求。在空间上,把总目标分解成多个方面的具体目标和具体任务。在时间上,把长期目标分解成多个阶段的具体目标和具体任务。

(6) 可接受性。企业战略的实施和评价主要是通过企业内部人员和外部公众来实现的,因此战略目标必须被他们理解并符合他们的利益。

（7）可检验性。目标的定量化是使目标具有可检验性的最有效的方法。但时间跨度越长、战略层次越高的目标越具有模糊性。

（8）激励性。企业目标应充分体现企业员工的共同利益，使战略目标和个人目标很好地结合在一起，激发企业员工的工作热情和奉献精神。

2. 战略目标的作用

战略目标是企业在一定的时期内，为实现其使命所要达到的预期结果。战略目标是企业战略的核心，它明确了企业的努力方向，体现了企业的具体期望，表达了企业的行动纲领。具体来说，制定企业战略目标，具有以下重要作用：

（1）战略目标是企业制定战略的基本依据和出发点。战略目标能够实现企业外部环境、内部条件和企业目标三者之间的动态平衡，使企业获得长期、稳定和协调的发展。

（2）战略目标能够使企业使命具体化和数量化。企业使命是比较抽象的东西，如果不落实为具体的定量化的目标，就有可能落空。有了战略目标，可以把企业各个单位、部门、各项生产经营活动有机地结成一个整体，发挥企业的整体功能，提高经营管理的效率。

（3）战略目标是企业战略控制与评价的标准。战略方案是实现战略目标的手段，有了战略目标，就为评价和优选战略方案提供了标准，同时，也为战略方案的实施结果提供了考核的意见，从而大大促进了企业战略的实施。

（4）战略目标能够有效激励企业各级管理者和广大员工。战略目标描绘了企业发展的愿景，对各级管理者和广大员工具有很大的激励作用，有利于更好地发挥全体员工的积极性、主动性和创造性。

专栏 4.10　著名公司的战略目标

波音公司：尽我们所能来获得高利润，保障股东的年平均收益率为 20%。

3M 公司：每股平均收益年增长率 10%或 10%以上，至少有 30%的销售额来自最近 4 年的销售产品。

通用电气公司：使公司进入的每一项业务占有第一或第二的市场份额，成为全球最有竞争力的公司。

4.4.3　战略目标的构成

1. 战略目标的内容

确切地讲，企业战略目标实际上是一个目标体系，由众多的子目标和各种类型的目标组成。战略目标体系的建立是将企业的愿景和使命转化成具体的业绩目标。企业直接以实现这些既定的业绩为目标采取适当的行动。

著名管理学家德鲁克在《管理实践》一书中指出，每个企业都需要制定目标，并提出 8 个关键领域的目标，形成一定的目标体系，其内容包括：

（1）市场地位方面的目标。企业希望达到的市场占有率或在竞争中达到的市场地位。

（2）技术改进和发展方面的目标。对改进和发展新产品，提供新型服务内容的认识和措施。

（3）生产力方面的目标。提高原材料利用率、最大限度地提高产品的数量和质量。

（4）物资和财力资源方面的目标。获得物质和财力资源的渠道及其有效利用。

（5）利润方面的目标。用一个或几个经济目标表明希望达到的利润率。

(6) 人力资源方面的目标。人力资源的获得、培训和发展,管理人员的培养及发挥个人才能。

(7) 员工积极性发挥方面的目标。对员工激励、报酬等方面采取的措施。

(8) 社会责任方面的目标。对公众利益、环境保护等方面采取的措施。

综上所述,可以认为企业的战略目标一般包括以下内容:

(1) 盈利能力:用利润、投资收益率、每股平均收益、销售利润率等来表示。例如,5 年内税后投资收益率增加到 15%。

(2) 市场:用市场占有率、销售额或销售量来表示。例如,4 年内微波炉的销售量增加到 100 万台/年。

(3) 生产率:用投入产出比率或单位产品成本来表示。例如,4 年内每个工人的日产量提高 10%。

(4) 产品:用产品线或产品的销售额和盈利能力、开放新产品的完成期来表示。例如,5 年后淘汰利润率最低的产品。

(5) 资金:用资本构成、新增普通股、现金流量、流动资本、回收期来表示。例如,5 年内流动资金增加到 100 万元。

(6) 生产:用工作面积、固定费用或生产量来表示。例如,5 年内分厂的生产产量提高 300%。

(7) 研究与开发:用花费的货币量或完成的项目来表示。例如,8 年中陆续投资 1 亿元开发一种新型的重型汽车。

(8) 组织:用将实行的变革或将承担的项目来表示。例如,4 年内建立一种分权制的组织机构。

(9) 人力资源:用缺勤率、迟到率、人员流动率、培训人数或将实施的培训计划数来表示。例如,5 年内以每人不超过 8 000 元的费用对 200 个员工实行 40 小时的培训计划。

(10) 社会责任:用活动的类型、服务天数或财政资助来表示。例如,5 年内对希望工程的捐助增加 200 万元。

2. 战略目标构成的原则

企业在制定战略目标的过程中,主要遵循以下原则:

(1) 关键性原则。突出有关企业经营成败的全局性问题和关键性问题。

(2) 平衡性原则。不同利益相关者之间的平衡;长期利益与短期利益之间的平衡;总体战略目标与职能战略目标之间的平衡。

(3) 权变性原则。考虑多种方案以供选择。让企业做好充分准备,增强应变能力。

(4) 定性定量相结合原则。既有定量的指标,也有定性的指标。

3. 战略目标的分类

企业战略目标主要分为两大类:

第一类,用来满足企业生存发展需要的目标项目,这些目标项目又可分为业绩目标和能力目标两部分。业绩目标主要包括收益性、成长性和安全性等三类定量目标。能力目标主要包括界定企业综合能力、研究开发能力、生产制造能力、市场营销能力、人事组织能力和财务管理能力等一些定性指标和定量指标。

第二类,用来满足与企业有利益关系的各个社会群体要求的目标。与企业有利益关系的社会群体主要有顾客、企业职工、股东、所在社区以及其他社会群体。

企业战略目标的分类，见表 4-2。

表 4-2 企业战略目标的分类

分类	目标项目	目标项目构成	作用
业绩目标	收益性	资本利用率、销售利润率、资本周转率	反映企业的经营成果
	成长性	销售成长率、市场占有率、利润额增长率	
	稳定性	自有资本比率、附加价值增长率、盈亏平衡点	
能力目标	综合	战略决策能力、集团组织力、企业文化、品牌商标	该模板项目是以充实和强化企业发展所需资源能力而确定的，指标指明了企业能力强化的方向
	研究开发	新产品比率、技术创新能力、专利数量	
	市场制造	生产能力、质量水平、合同执行率、成本降低率	
	市场营销	营销能力、市场开发能力、服务水平	
	人事组织	职员安定率、职务安排合理性、直接间接人员比率	
社会贡献目标	顾客	提高产品质量、降低产品价格、改善服务水平	为满足企业内、外环境主体利益和要求而确定的目标项目，反映了企业对组织成员和外部社会应尽的社会责任
	股东	分红率、股票价格、股票收益性	
	职工	工资水平、职工福利、能力开发、士气	
	社区	公害防治程度、利益返还率、就业机会、企业形象	

4.4.4 战略目标的制定程序

企业战略目标是选择战略方案的依据，战略方案是实现战略目标的手段。为使战略目标与战略方案有机结合，企业制定战略目标必须遵循以下程序：

1. 调查研究

在制定企业战略目标之前，必须进行调查研究工作。把机会与威胁、自身与竞争对手、企业与环境、现在与未来加以对比，理清楚它们之间的关系，才能为确定战略目标奠定比较可靠的基础。

调查研究一定要全面，但又要突出重点。为确定战略目标而进行的调查研究是不同于其他类型的调查研究的，它的侧重点是企业与外部环境的关系及对未来的研究和预测。除对企业自身的历史与现状进行阐述外，最关键的还是确定对企业未来具有决定意义的外部环境的信息。

2. 拟定目标

有了细致周密的调查研究，便可以着手拟定战略目标。拟定战略目标包括拟定目标方向和拟定目标水平。首先在既定的经营领域内，依据对外部环境、市场需求和内部条件的综合考虑，确定目标方向，通过对企业现有核心能力的全面衡量，对确定的战略方向所要达到的水平也作出相应的规定，这便形成了可供战略决策选择的目标方案。在拟定战略目标的过程中，企业要注意充分发挥参谋、智囊专家的作用。要根据实际需要，尽可能多地提出一些目标方案，以便对比选优。

3. 评价论证

战略目标拟定出来之后，就要组织多方面的专家和有关人员对提出的目标方案进行评价和论证，最终做出选择。拟定目标的评价论证过程，也是目标方案的完善过程。要通过评价论证，找出目标方案的不足，并想方设法使之完善。如果通过评价论证发现拟定的目标完全不正确或根本无法实现，就要重新拟定目标，然后再重新评价论证。

4. 目标决断

在决断选定目标时，要注意从以下三方面权衡各个目标方案：①目标方向的正确程度；②可实现的程度；③期望收益的大小。对这三个方面要综合考虑。目标决断，还必须掌握好决断时间。因为战略决策不同于战术决策。战术目标决策常常时间比较紧迫，回旋余地很小，而战略目标决策的时间压力相对不大。在决策时间问题上，要防止在机会和困难都还没理清楚之前就轻率决策。

从调查研究、拟定目标、评价论证到目标决断，确定战略目标这四个步骤是紧密结合在一起的，后一步的工作要依赖于前一步的工作。在进行后一步的工作时，如果发现前一步工作的不足，或遇到了新情况，就需要回过头去，重新进行前一步或前几步的工作。

结合企业战略管理的层次，企业战略目标的确定过程，见图 4-2。

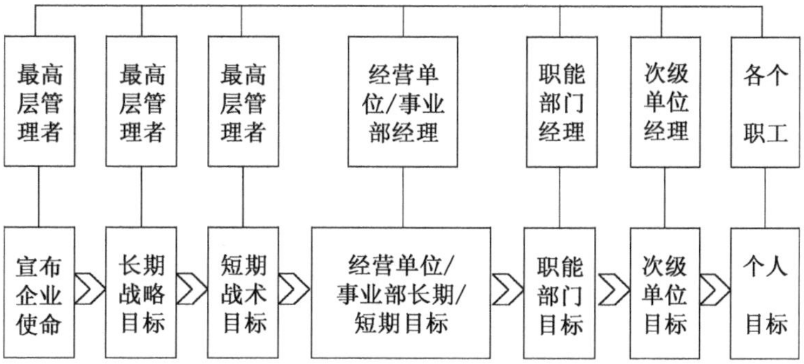

图 4-2 企业战略目标的确定过程

4.4.5 战略目标的制定方法

制定战略目标的定量方法主要包括：盈亏平衡分析法、时间序列分析法、回归分析法、决策矩阵法、决策树法、博弈论法、模型模拟法等。

1. 盈亏平衡分析法

盈亏平衡分析法，是企业制定战略目标常用的一种有效方法，是根据产品的销售量、成本和利润三者之间的关系，分析各种方案对企业盈亏的影响，并从中选择出最佳的战略目标。

2. 时间序列分析法

时间序列分析法，是把过去和未来的某一目标值都看成是一个时间函数，这一序列是由相互配对的两个数列构成的，一个是反映时间顺序变化的数列，另一个是反映各个时间目标值的数列。时间序列分析法的主要目的是在环境较为稳定的情况下，根据过去的经营活动过程，评价当前的经营状况，预测未来的情况，从而制定战略目标。这一方法一般应用于环境较为稳定时对未来的预测。

3. 回归分析法

回归分析法，是研究变量之间存在的确定性的数量关系。这一方法是确定企业战略目标变量和企业内外部环境因素各变量之间的关系常用的一种有效方法，能够分析各种环境因素对企业战略的影响。这一方法根据产品的销售量、成本和利润三者之间的关系，分析销售量对成本、利润的影响，并从中选择出最佳的销售量目标。

4. 决策矩阵法

决策矩阵法，是以矩阵为基础，分别计算出各备选方案在不同条件下可能的结果，然后按客观概率的大小，计算出各备选方案的期望值，进行比较，从中选择优化的战略目标。

5. 决策树法

决策树法是一种图解方式，对分析复杂的问题更为适用。决策树能清楚、形象地表明各备选方案可能发生的事件和带来的结果，使人们易于领会作出决策的推理过程。如果问题极为复杂，还可借助于计算机进行运算。决策树分析不仅能帮助人们进行有条理的思考，而且有助于开展集体讨论，统一认识。

6. 博弈论法

博弈论是运筹学的一个分支，是采用数学方法来研究有利害冲突的双方，在竞争性的环境中如何找出并制定战胜自己对手的最优策略等问题(例如：美国的可口可乐公司想通过改变原来的饮料包装来提高饮料的销售价格，它就必须了解百事可乐等其他竞争对手是否也会采取相应的竞争战略)。

7. 模拟模型法

模拟模型法就是模仿某一客观现象，根据现状变化，建立一个抽象模型，并对模型进行分析、实验，以观察客观现象运动、变化的规律，从而找出错综复杂问题的解决方案，制定合适的战略目标。具体步骤为：

步骤1：根据现状变化，建立模型，描绘事件运行的逻辑步骤；

步骤2：把这些逻辑模型输入计算机，编成计算机模拟程序；

步骤3：输入不同的数据，进行设计和实验，在模拟客观现实问题的各方案中选出较优的战略方案和目标。

专栏4.11　战略任务陈述的九要素

(1) 用户

我们坚信，我们要对其负重要责任的，是医生、护士、患者、母亲和所有其他使用和享受我们的产品与服务的人。(强生公司)

(2) 产品或服务

我们的业务是：寻找和开采石油、天然气、液体天然气，以这些为原料为社会生产高质量的产品，并以合理的价格向消费大众销售这些产品和提供相应的可靠服务。(美孚石油公司)

(3) 市场

我们将竭尽全力实现康宁玻璃制造公司(Corning)的全面成功，使它成为全球市场上的竞争者。(康宁玻璃制造公司)

(4) 技术

我们经营于应用微电子和计算机产业,两个主要业务领域为计算机硬件和计算机升级服务,具体服务范围为计算、信息、教育和金融。(美国控制数据公司,Control Data Corporation)

(5) 对生存、增长和盈利的关切

通过收集、评价、生产和营销有价值的信息而满足全球需求,同时使我们的用户、雇员、作者、投资人及整个社会受益。(麦格劳-希尔出版公司,McGraw-Hill)

(6) 观念

我们坚信,人的发展是最有价值的文明目标,而独立自主则是促进人们能力增长的最首要条件。(太阳公司,Sun Company)

(7) 自我认知

通过释放全体雇员的能量和利用他们的建设和创造能力,在未来的竞争中实现飞跃。(克朗·泽勒巴克公司,Crown Iellerbach)

(8) 对公众形象的关切

为增强社会经济力量做出贡献。在我们从事业务活动的所有国家及在地方、州和全国范围内都作为一个优秀的公司公民而发挥作用。(辉瑞公司,Public Service Electric and Gas Company)

(9) 关心雇员

与本地区其他就业机会所能提供的报酬相比,本公司雇员的工资和奖金要有竞争力,并且要与他们为公司的高效经营所做出的贡献相符合。(电力天然气公共服务公司,Public Service Electric and Gas Company)

4.5 案例分析

4.5.1 华为企业文化建设

"华为基本法"历时两年,八易其稿,终于在1998年3月完成。全文共6章103条,长达16 000多字,包括华为的核心价值观和一般的管理政策,规定了华为的基本组织目标和管理原则,是所有制度的起源。第一章阐述了企业宗旨,其他部分是制度体系设计的一些具体指导原则,如基本经营政策、组织政策、人力资源政策、控制政策等。

1. 物质文化

① 企业标识。华为新的企业标识在保持原有标识蓬勃向上、积极进取的基础上,更加聚焦、创新、稳健、和谐,充分体现了华为将继续保持积极进取的精神,通过持续的创新,支持客户实现网络转型并不断推出有竞争力的业务。华为的企业标识,见图4-3。

HUAWEI

图4-3 华为的企业标识

② 设备设施。华为在中国、德国、瑞典、美国、印度、俄罗斯、日本、加拿大、土耳其等地设立了16个研究所。

③ 企业环境。华为具有严苛的企业控制环境。

④ 企业服务。华为以"服务"作为企业建设的宗旨之一,把客户作为企业生存的唯一理

由，将客户需求层层分解融入员工的客户服务意识和工作中。

2. 制度、行为文化

① 严格的绩效考核制度和强有力的激励制度。其中，第一，直接激励。员工持股计划；“1＋1＋1”的激励机制；国内少有的高工资制度；双通道管理的晋升机制。第二，间接激励。精神激励；员工福利；特殊员工管理流程；健康体检与疾病预防；提供持续的开发培训。

② 行为文化。第一，积极进取精神。第二，敏锐的市场嗅觉。第三，快速的反应。

3. 精神文化

① 愿景。丰富人们的沟通和生活。

② 使命。聚焦客户关注的挑战和压力，提供有竞争力的通信与信息解决方案和服务，持续为客户创造最大价值。

③ 核心理念。第一，聚焦：新标识更加聚焦底部的核心，体现出华为坚持以客户需求为导向，持续为客户创造长期价值的核心理念；第二，创新：新标识灵动活泼，更加具有时代感，表明华为将继续以积极进取的心态，持续围绕客户需求进行创新，为客户提供有竞争力的产品与解决方案，共同面对未来的机遇与挑战；第三，稳健：新标识饱满大方，表达了华为将更稳健地发展，更加国际化、职业化；第四，和谐：新标识在保持整体对称的同时，加入了光影元素，显得更为和谐，表明华为将坚持开放合作，构建和谐商业环境，实现自身的健康成长。

④ 核心价值观。在媒体宣传中，外界总认为华为的企业文化就是总裁任正非的众多管理思想，例如“狼性文化”“军事化管理”等企业管理文化，集中体现在“华为基本法”中。实际上，在全球化运营的发展时期，华为真正的企业文化在于其核心价值观，华为2012年总结出“以客户为中心，以奋斗者为本”的企业文化。而其主流文化的形成，也有许多长期相传的支流文化，有趣、容易记忆、容易相传（见图4-4）。

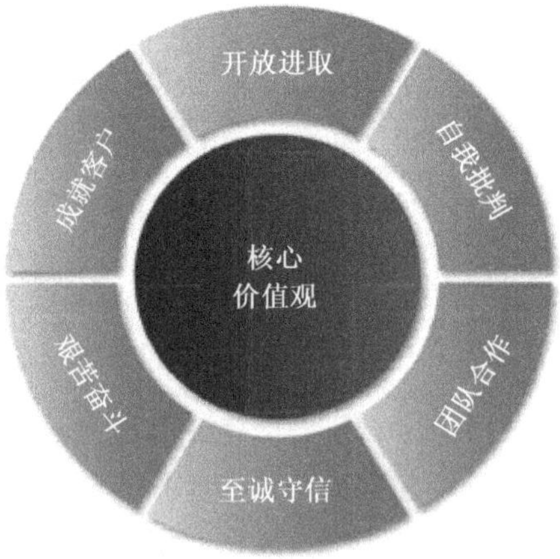

图4-4　华为的核心价值观

第一，成就客户：为客户服务是华为存在的唯一理由，客户需求是华为发展的原动力。第二，艰苦奋斗：华为没有任何稀缺的资源可依赖，唯有艰苦奋斗才能赢得客户的尊重和信赖；坚持奋斗者为本，使奋斗者获得合理的回报。第三，自我批判：只有坚持自我批判，才能倾听、扬弃和持续超越，才能更容易尊重他人和与他人合作，实现客户、公司、团队和个人的共同发展。第四，开放进取：积极进取，勇于开拓，坚持开放与创新。第五，至诚守信：诚信是华为最重要的无形资产，华为坚持以诚信赢得客户。第六，团队合作：胜则举杯相庆，败则拼死相救。

4.5.2 华为战略目标

1. 财务目标

① 注重销售收入与利润的均衡发展。

② 建立与业务基本适应的财经服务与监控体系，实施统一财务管理制度、流程、编码，实施统一监控。

③ 实现公司全球化的财务监控和管理，国际化战略能为华为的发展拓宽视野，提供发展的动力。

2. 非财务目标

① 客户需求方面。第一，客户服务是华为存在的唯一理由。第二，客户需求是华为发展的原动力。第三，组织、流程、制度及企业文化建设、人力资源和干部管理等要基于客户需求为导向。

② 市场方面。第一，质量好、服务好、运作成本低，提升客户效力和盈利能力。第二，提高市场占有率，优先满足客户需求。第三，实施全球化经营的战略，加强全球范围内的本地化经营。

③ 生产技术方面。第一，反对盲目创新，注重市场需求，顺应客户需求。第二，注重标准和专利进行投入，掌握未来技术的制高点。第三，对新技术、新领域进行持续不断地研究和跟踪，注意行业中的“黑天鹅”。第三，质量控制和生产工艺。第四，减少物料移动，缩短生产周期，提高生产效率和生产质量。

④ 管理体系方面。第一，持续管理变革，实现高效的流程化运作，确保端到端的优质交付。第二，持续建设柔性的供应链能力，赢得快速、高质量、低成本供货保障的比较竞争优势。第三，与友商共同发展，共同创造良好的生存空间，共享价值链的利益。

⑤ 人事组织方面。第一，提高职务安排的合理性。第二，注意员工的高强度工作，适当缓解员工压力。第三，培养员工的素质、价值观念。

【本章小结】

每个企业从其创始之初就会明确自己在社会生产和生活中的角色，即明确自己的使命。只有明确企业使命，才能制定明确的企业愿景和企业战略目标。

企业使命是企业存在的目的、性质、任务及其应当承担的社会责任，包括经营哲学和企业宗旨。不同类型的使命表述，可以归纳为客户、产品或服务、市场区域、技术水平、增长与盈利、经营理念、人力资源和社会责任等几个方面。

企业愿景是对企业前景和发展方向一个高度概括的描述，这种描述在情感上能够激起企业员工的热情。愿景是组织的领导用以统一组织成员思想和行动的有力武器。企业愿景由核心理念和对未来的展望两部分组成。

战略目标是企业为完成其使命所要达到的预期结果，是企业经营战略的核心。它反映了企业的经营思想，表达了企业的期望，指明了企业努力的方向。

【思考题】

1. 企业愿景的功能和特点是什么？
2. 企业使命有何作用？确定企业使命应考虑哪些因素？
3. 请选择一家企业，对其企业使命和企业愿景进行分析，并对其与业务经营的关系进行进一步分析。
4. 收集整理10家企业的企业使命和企业愿景的表述，看看发现了什么？
5. 何谓企业战略目标？战略目标制定应遵循哪些原则和方法？

【拓展阅读】

◇ 阅读推荐

(美)弗雷德·卢森斯，(美)乔纳森 P. 多. 国际企业管理：文化、战略与行为[M]. 赵曙明，程德俊，译. 北京：机械工业出版社，2009.

◇ 推荐理由

阅读材料主要围绕国际企业环境、跨文化、国际管理战略以及跨国组织行为和人力资源管理展开，对国际企业管理的各个组织层面进行了深入的分析。详细描述了文化的内涵与维度、跨文化管理、组织文化与多样性和跨文化沟通等内容，对组织行为和人力资源管理进行了综合而深刻的阐述，主要涉及跨文化激励、跨文化领导、驻外人员的甄选和召回、跨文化人力资源开发以及劳资关系。阅读材料紧随国际企业管理实践的发展趋势。

【实践项目】

调查你所在地的一家特定企业，为企业制定愿景和使命，并撰写分析报告。

1. 确定企业的经营宗旨，描述企业的经营目的、经营哲学、经营愿景等。
2. 确定企业愿景、使命与核心价值观。
3. 确定企业文化建设构成体系。
4. 提炼企业发展的战略目标。

第五章 企业总体战略选择

【学习要求与目标】

1. 掌握企业总体战略的类型。
2. 了解稳定发展战略的概念和特征。
3. 重点掌握快速发展战略的类型及实施方式。
4. 了解防御战略的概念、特点及类型。
5. 重点掌握战略组合与战略选择方法。

党的二十大报告提出，“未来五年是全面建设社会主义现代化国家开局起步的关键时期，主要目标任务是：经济高质量发展取得新突破，科技自立自强能力显著提升，构建新发展格局和建设现代化经济体系取得重大进展；改革开放迈出新步伐，国家治理体系和治理能力现代化深入推进，社会主义市场经济体制更加完善，更高水平开放型经济新体制基本形成；全过程人民民主制度化、规范化、程序化水平进一步提高，中国特色社会主义法治体系更加完善；人民精神文化生活更加丰富，中华民族凝聚力和中华文化影响力不断增强；居民收入增长和经济增长基本同步，劳动报酬提高与劳动生产率提高基本同步，基本公共服务均等化水平明显提升，多层次社会保障体系更加健全；城乡人居环境明显改善，美丽中国建设成效显著；国家安全更为巩固，建军一百年奋斗目标如期实现，平安中国建设扎实推进；中国国际地位和影响进一步提高，在全球治理中发挥更大作用。”这是党对于国家未来五年发展的方向明确和战略选择。

企业经营的成败，除了内部资源、外部环境等客观因素的影响外，能否审时度势地做出正确的战略选择并行之有效地执行，显得十分重要。企业总体战略选择主要是决定企业应该选择哪些经营业务，进入哪一行业或领域，解决企业如何发展的问题。

【先导案例】

0 卡新秀“元气森林”

1. 公司简介

元气森林是一家基于互联网思维打造的无糖饮料公司，成立于 2016 年，创始人唐彬森，总部位于北京，旗下包括气泡水、燃茶、轻茶、乳茶等多款饮料产品。

公司提出了“0 糖 0 卡 0 脂”的产品定位，平衡了口感与健康，契合了年轻消费者“健康美味”的全新诉求。公司的消费者主要为一、二线城市的“90 后”和“00 后”的年轻女性。

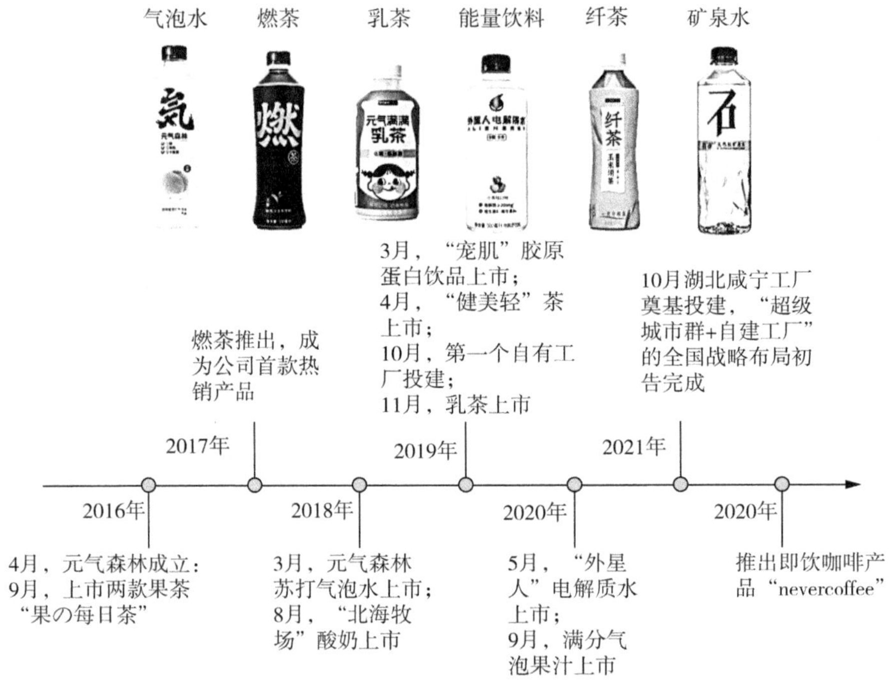

资料来源：公司官网。

公司收入快速增长。2021 年，公司实现销售收入 70 亿元，同比增长 159%。

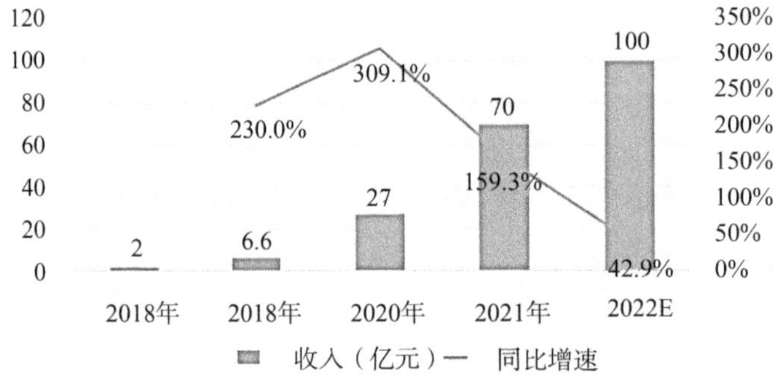

数据来源：媒体报道信息与公司财报。

2021 年 11 月，公司获得淡马锡、红杉中国、华平资本的战略投资，投后估值 150 亿美元。

时间	轮次	投资机构	投资金额	投后估值
2017 年 12 月	天使轮	光控众盈、挑战者创投、皓森洋光	—	—
2018 年 8 月	Pre-A 轮	虎悦创投	—	—
2019 年 3 月	A 轮	峰尚资本、千贤科技	—	—
2019 年 10 月	B 轮	高榕资本、龙湖资本、黑蚁资本	1.5 亿元	40 亿元
2020 年 3 月	战略融资	元生资本、红杉中国	—	20 亿美元
2021 年 3 月	战略融资	红杉中国、华平投资、L Catterton	5 亿美元	60 亿美元
2021 年 11 月	战略融资	淡马锡、红杉中国、华平投资	2 亿美元	150 亿美元

资料来源：企业官网。

2. 行业概况

我国无糖饮料行业发展快速。行业规模从 2014 年的 16.6 亿元增长到 2020 年的 117.8 亿元，7 年增长了 609%。预计到 2027 年，无糖饮料市场规模将达到 276.6 亿元，每年仍保持 13.7%的复合增速。

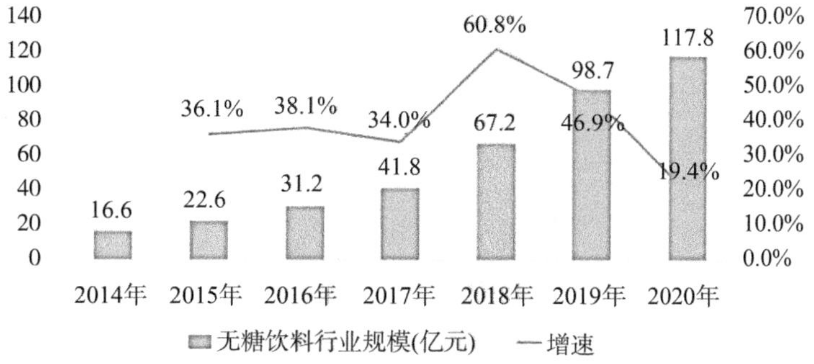

数据来源：中国产业信息。

我国无糖饮料市场主要包括无糖茶饮料、无糖碳酸饮料以及其他无糖饮料。其中无糖碳酸饮料发展速度较快，在整体行业中的占比从 2014 年的 36%增长到 2020 年的 57%。

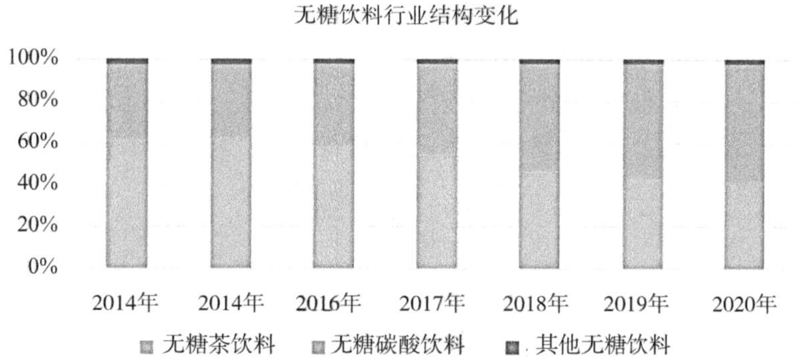

数据来源：中国产业信息。

中国仍处于无糖饮料消费的早期阶段，与欧美和日本等发达国家比，我国无糖碳酸饮料和茶饮料行业仍有很大发展空间。

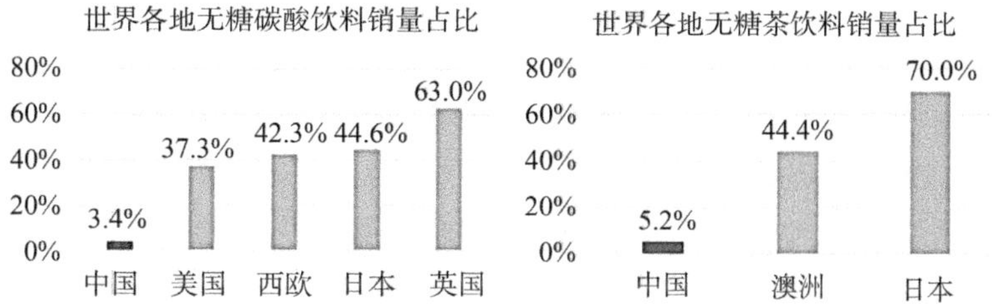

数据来源：华经产业研究院。

我国无糖饮料行业发展的驱动因素包括：(1) 政策支持。2019 年国家卫健委发布《健康中国行动(2019—2030 年)》，鼓励人们减少糖的摄入量。(2) 消费观念改变。随着消费者对健康产品需求的增加，人们对糖的看法正在改变，更多的消费者追求饮食上的无糖或少糖。(3) 品类拓展。除了无糖碳酸饮料和无糖茶饮两个品类外，无糖概念正在向其他细分品类渗透，如功能饮料和植物蛋白饮料等领域也出现了无糖型产品。

从收入结构来看，气泡水占比达到60%。

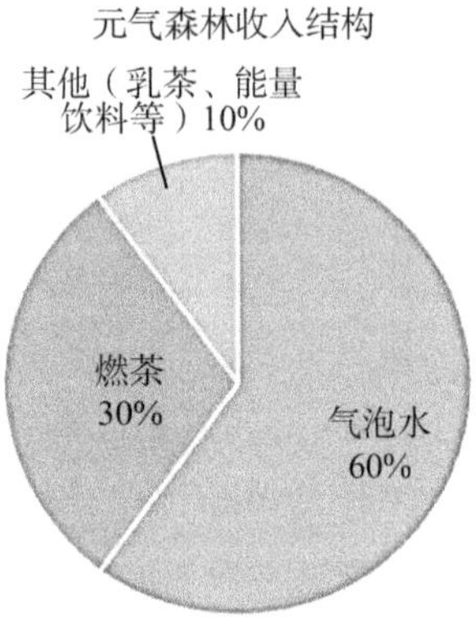

数据来源：互联网资料整理。

3. 渠道结构：抓住便利店渠道红利

公司抓住了便利店渠道崛起的红利，率先布局了便利店渠道，巧妙避开了与传统饮料巨头的正面竞争，快速抢占了新生代消费者。在便利店渠道获取优势地位后，公司再进军电商、传统商超、零售店等，逐步做到全渠道的融合。2020年，元气森林的渠道构成中，便利店渠道占比35%，电商渠道占比25%，其他渠道(餐饮、商超、自动售货机等)加起来占比40%。

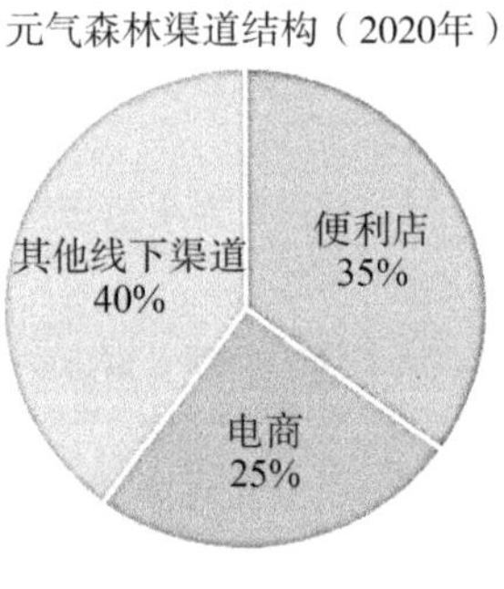

数据来源：互联网资料整理。

4. 经营特色：互联网思维的运用

元气森林基于互联网思维和用户导向，根据各个渠道的销售数据和用户的意见反馈，把传统消费品的研发周期从十个月推出一个新品，缩短到一个月推出三个新品。公司在产品研发上采用的就是互联网公司常用的A/B测试，不断测试消费者对A和B两种不同的方案的反应和具体数据，再根据数据反馈决定上架哪一款新品。新品测试主要分成：口味测试、电商测试、便利店测试、信息投放测试、DTC渠道测试等。

5. 营销特色：三位一体抢占用户心智

(1) 日系风格提高品牌辨识度：公司产品模仿日式的包装，Logo中的“気”非常醒目，日

元气森林的产品研发上的A/B测试

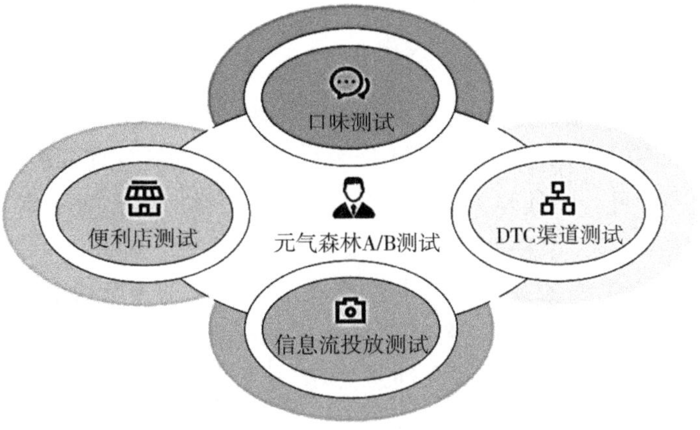

资料来源：百观科技，增长黑盒。

系风格的包装，提高了产品的市场辨识度，降低市场进入成本，容易引发消费者关注。(2) 内容营销长期种草：目前小红书上"元气森林"的笔记达到10万+篇，是其他无糖饮料的3~5倍。(3) 综艺赞助打造曝光效应：元气森林不惜花重金积极赞助年轻人爱看的综艺节目，比如冠名《我们的乐队》《运动吧少年》《出手吧兄弟》等节目，赞助江苏卫视2022跨年晚会、植入电视剧《小丈夫》、举办元气森林音乐节等。

5.1 企业总体战略选择概述

5.1.1 企业总体战略的概念与类型

1. 企业总体战略的概念

企业总体战略，即企业总体的、最高层次的战略。它是企业最高层指导企业在今后一定时期总体发展的战略行动纲领，是制定企业各个经营领域战略和各职能战略的依据。企业总体战略重点解决两个关键问题：一是从全局出发，根据外部环境的变化以及企业内部条件状况，选择企业所经营的业务领域和范围。二是在确定所从事的业务后，要在战略业务单元之间进行资源分配，以实现企业整体的战略意图和战略目标。

2. 企业总体战略的类型

企业总体战略可分为三种类型：

(1) 稳定发展战略，企业目前的经营方向、市场地位和战略目标都大致保持不变，且稳定增长的战略。

(2) 快速发展战略，企业通过内部发展、并购、合资经营或战略联盟等方式扩大产销规模，提高市场地位的战略。

(3) 防御战略，企业的资源总是有限的，它可能在必要时退出某些业务，也有可能因环境的变化迫使企业收缩目前的经营活动或实施企业清算。

5.1.2 企业总体战略选择的原则

1. 择优原则

企业战略决策的基本属性之一就是战略选择性。如果只有一个企业战略方案,就不能进行战略选择,也就不能作出战略决策。因此,应在智囊专家们对多种企业战略方案进行评价的基础上,对多种可行的战略方案作出决策,选择最优的企业战略方案。

2. 民主协商原则

企业战略方案选择的专家会议一般由企业战略决策者主持,应让各战略方案的制定者进行充分的表述,创造宽松的气氛。要特别重视反面意见,使与会者畅所欲言,激起思想的共振。最高决策者切不可急于发表倾向性意见,要从全局利益出发,广泛听取意见,坚持公平立场,作出最终决断。

3. 综合平衡原则

企业战略方案的决策原则之三是代价、效益和风险综合平衡的原则。在企业战略方案选择的过程中,战略决策者主要考虑三个因素,即战略方案要付出的代价、所能取得的效益及实施方案的风险程度。理想的战略方案应当是代价最小、效益最高、风险度最小。当然,在实际中,由于环境条件的错综复杂,不可能三者都能处于理想的状况,更何况这三个因素往往相互制约。因此,对代价、效益、风险三者进行平衡,在多次比较中选取最适宜的战略方案或以其中一个因素为主,兼顾其他两个因素等选择最优方案。

5.2 稳定发展战略

5.2.1 稳定发展战略的概念

稳定发展战略是企业在战略规划期内,受经营环境和内部条件的限制,资源分配和经营状况基本保持在目前状态和水平上的战略。稳定发展战略本质上是在过去经营状况基础上的稳定发展。企业目前的经营方向、业务领域、市场规模、竞争地位以及生产规模都大体不变,继续保持向同类消费者提供同样的产品和服务,保持市场份额。从企业经营风险的角度来说,稳定发展战略的风险相对较小,对于那些曾经成功地在一个行业中经营或在一个变化不大的环境中活动的企业来说,采取这一战略不失为较好的选择。

稳定发展战略的特点主要表现在三个方面:①企业对于过去取得的经营业绩比较满意,决定继续追求与过去相同或相似的战略目标;②企业所期望的今后每年取得的成就,按大体相近的比率增长(稳定增长,而非大规模的、迅速的增长);③企业继续用与过去基本相同的产品或劳务为它的顾客服务(企业的产品创新较少)。

5.2.2 稳定发展战略的特征

1. 稳定发展战略的优缺点

(1) 稳定发展战略的优点

稳定发展战略的着眼点在于企业内部的经营机制,强调保存实力,休养生息,积蓄力量，等待时机。实施稳定发展战略，企业经营风险较小，避免因改变战略而改变资源分配的困难，并保证企业用人有一个较好的休整期，有利于企业平衡发展。

（2）稳定发展战略的缺点

实施稳定发展战略，企业发展缓慢，眼光向内，不利于企业的生存。同时，企业更注重短期效果而忽略长期利益，影响企业长期发展。

2. 稳定发展战略的适用条件

稳定发展战略的实施通常在以下情况下比较适用：

（1）市场要求的产品（或劳务）在品种上比较单一或变化不大，而需求量又相当大；

（2）影响该种市场变化的外部环境变化不大，市场需求稳步上升；

（3）企业本身已具有较强的实力，在较长时期的市场竞争中已取得优势。

专栏 5.1 菲亚特(FIAT)稳定发展战略

菲亚特汽车公司是世界一大汽车公司之一，始建于1899年7月意大利都灵市，创始人是乔瓦尼·阿涅利。它是世界上第一个生产微型车的汽车生产厂家。公司全称是意大利都灵汽车制造厂，菲亚特(FIAT)是该公司缩写的译音，FIAT也是该公司产品的商标。其旗下著名汽车品牌有：菲亚特、法拉利、阿尔法-罗密欧、玛莎拉蒂、蓝旗亚。

菲亚特公司作为阿戈内利的家族企业，能够发展到今天，历届意大利政府的保护功不可没。第一次世界大战使菲亚特公司出现了第一次繁荣。凭借与政界的密切关系，菲亚特公司从政府那里得到了数额惊人的订单，不但为军队提供汽车，还提供枪炮和其他军用物资。政府不仅在订货上照顾菲亚特公司。而且还制定了对进口汽车征收高额关税的贸易保护主义法案，使菲亚特公司得以独步意大利汽车市场。

为报答政客们的关照，菲亚特公司为他们特制了一批豪华轿车，如“法兰亚斯”“阿尔法”等，这些轿车经过发展，成为世界驰名的品牌轿车。

1961年，菲亚特公司第一次遇到了麻烦——欧洲经济共同体要求意大利政府放弃原来的贸易保护主义政策，大幅度降低进口关税。作为职业经理人的瓦雷塔深知，关税下调是贸易发展的必然趋势，必然会导致菲亚特公司原来有限的市场出现萎缩。为确保菲亚特公司能够保持稳定的市场，瓦雷塔在20世纪60年代中期选择了汽车工业相对薄弱的东欧国家为目标市场。除了在东欧国家开拓市场外，菲亚特公司还发挥自己的汽车价格低廉的优势，向以生产高档汽车为主的西方其他汽车公司无法进入的第三世界市场发展，相继在印度、埃及、摩洛哥、阿根廷等地站稳了脚跟。

1980年，在赶超德国大众汽车、多元化发展目标等一系列计划失败和石油危机的严重冲击下，爆发了菲亚特公司自创建以来最大的危机。阿戈内利兄弟宣布退出菲亚特公司的日常管理工作，将公司业务交由塞萨雷·罗米蒂全权负责。他果断地退出北美等一批菲亚特公司处于劣势的国外市场，宁可拱手让出这些苦心经营多年的市场，也绝不再向这些无底洞中投资。罗米蒂针对石油危机后顾客关注汽车油耗的心理，在大型轿车盛行的欧洲市场上投放了“尤诺”牌微型轿车，销售情况奇佳。此外，罗米蒂还将发展重点转向需求量大、订货量稳定的军工生产。罗米蒂的这些措施收到了极好的效果：菲亚特公司的生产效率提高了，利润上升了。到20世纪80年代末，菲亚特公司占有国内60%的汽车市场，创下了欧洲最高纪录。

总结:菲亚特公司在其发展之初一直采用稳定性型战略,稳定型战略属于典型的阻击式防守战略(以守为攻)。这种战略的指导思想是:“最有效的防御是完全防止竞争较量的发生”。其理念是:企业投入相应的资源,以充分显示企业已经拥有的阻击竞争对手进攻的能力。菲亚特公司正是这样做的。多年以来,它通过与历届意大利政府保持良好关系,得到了政府强有力的支持,确保了公司长期以来在意大利国内汽车市场的主导地位。当然,面对开放的市场,当政府再也无力阻止国外企业进入时,菲亚特公司能够及时采取反应式防御战略,稳中有进,发展自动化生产线,并且利用自己的廉价优势,准确地对客户的需求进行定位,发展低能耗型轿车,抢占国外低档汽车市场,弥补原有国内市场份额的损失,从总体上保持了公司的稳定发展。

5.3 快速发展战略

5.3.1 快速发展战略的概念

快速发展战略的核心就是企业快速发展。凡是能实现企业规模扩大、经营领域扩张、产品品种增加、经营利润增长、经营网点增加的战略,都属于快速发展战略。

成功的企业都会在特定的时期实施快速发展战略,实现企业迅速发展,从小变大,由弱变强。快速发展战略的特点主要表现在四个方面:①扩大规模;②创造需求;③改善企业绩效;④采用非价格手段参与竞争。

5.3.2 快速发展战略的类型

快速发展战略主要涉及三种类型:集中生产单一产品或服务的战略、一体化战略、多样化战略。

1. 集中生产单一产品或服务的战略

(1) 集中生产单一产品或服务的战略概念

集中生产单一产品或服务的战略是指企业将所有资源和能力集中从事某一核心产品或服务,通过核心产品或服务的发展,建立起竞争优势和市场地位的战略。由于企业将资源和能力集中于一种产品或服务,因此,有可能在生产技术、产品开发、市场知名度、对用户要求的敏感性和满足程度以及对市场的了解和营销、服务等涉及企业价值活动的诸多方面做得更好,在行业中或市场上建立起较强的竞争力和成本领先或差异化优势。同时,管理人员在对业务、技术、市场、管理诸方面也会有更深的了解和更丰富的经验,这一切都有利于企业形成较强的核心能力和持续的竞争优势,并提高企业的盈利能力,从而将某种产品或服务做精、做大、做强,使企业占据行业的领先地位,成为某一产品市场上的“专业化巨人”。

(2) 集中生产单一产品或服务的战略优势

集中生产单一产品或服务的战略因其具有的“专业化”特点,有利于企业实现规模经济效益,获得较高的经营业绩。集中生产单一产品或服务的战略体现了两大优势:①企业方向明确;②经营资源集中,即经营资源集中于单一业务,能够建立起企业的竞争实力,实现规模经济。

(3) 集中生产单一产品或服务的战略要素

集中生产单一产品或服务的战略包括三个关键要素:①必须具有准确的定位。企业进入的领域规模要足够大,市场前景比较广阔,企业在这个领域的发展有足够的施展空间,且必须具有长远的生存价值和发展途径。②必须对产品、技术等进行持续性创新。企业要有独创性的核心技术,拥有足够强大的研发体系,根据客户的不同需求进行产品实时更新,不断完善产品的服务能力。③必须是行业的专家,决策者必须站在创新的最前沿。企业的自身体系必须具备一套完善的现代化管理体系,自身必须具备与国际化竞争的条件。

(4) 集中生产单一产品或服务的战略风险

集中生产单一产品或服务的战略能使企业获得快速发展,但由于产品市场范围所限,其发展总有尽头,加之企业将全部资源投入到单一行业、集中在单一市场上从事经营,使得竞争范围变窄,犹如"将所有鸡蛋放在一个篮子里"。因此,当市场变得饱和或缺乏吸引力或因技术、新产品出现使购买者偏好发生快速转移导致其产品或服务需求下降、行业发生萎缩时,采取这一战略的企业容易受到较大打击。因此,集中生产单一产品或服务的战略面临五大风险:①该种产品市场衰退,市场需求下降;②顾客偏好不稳定性的增加;③竞争的激烈程度和复杂性在增强;④技术变革,技术在进步;⑤政府的政策在变化。

专栏 5.2 方太:厨房专家的三专路线

方太集团创建于1996年,方太始终专注于高端厨电领域,坚持"专业、高端、负责"的战略性定位,向着成为一家伟大企业的愿景迈进。方太正专注于集成厨房、吸油烟机、燃气灶具、电磁灶具、消毒碗柜、燃气热水器等几个领域,希望通过持续投入和努力成为厨房品牌的全球领先者。方太有员工9 000余人,除了雄厚的本土设计实力,方太还拥有大量来自德国、日本、意大利等地的国际知名设计师,具备德国、意大利原装进口高端厨房生产设备及国际工业制造先进技术,已成为厨房领域最成功的生产厂家之一。2020年1月9日,胡润研究院发布"2019胡润中国500强民营企业",方太集团以市值160亿元位列第443位。方太27年深耕高端厨电领域,持续围绕空气、水、烹饪三大核心科技,推进基础科研纵深发展,首创近吸式吸油烟机、欧式吸油烟机、水槽洗碗机、集成烹饪中心等划时代厨电品类,引领厨电科技化浪潮。

1. 耐得住寂寞:厨房专家的专业精神

方太将自身的SBU(战略事业单元)定位于厨房领域,矢志不渝在"小厨房"中创造"大天地"。方太紧密沿着厨房这个"小天地"谨慎地做着相关性的延伸,甚至苛刻地要求:厨房小家电产品线仅仅局限于"嵌入式",不敢越"外置式"(例如"小家电之豆浆机/咖啡机等"与"大家电之冰箱/洗衣机/微波炉等")之雷池,将自身严格定位为"厨房专家"。

方太把自身对世界厨房生活及厨房文化的深厚理解融入产品的设计研发中,并结合和利用人体功能学、工业美学、各种边缘科学以及集成技术,不断创造出饱含科技、设计领先、极富人性的厨房产品。同时,方太还凭借雄厚的技术实力、强大的营销能力,推动并引领整个厨房产业向"精工细作的现代工业"转化。

2. 抵得住诱惑:厨房专家的专注精神

2002年,方太业已成为享有“中国小家电制造基地”美誉的慈溪的龙头品牌企业。慈溪市政府抛出诱人的“绣球”,即让方太企业以“方太”品牌整合慈溪数百家中小型小家电制造企业,并给予方太资金、政策等一系列大力支持。方太毅然拒绝了诱惑,选择了专注走“厨房专家”的聚焦路线。始终重点关注作为核心竞争力之一的产品力的建设,以专注的理念,建设真正属于方太特色的、不可复制的产品力,这就是方太的“专注”精神。

方太每年将不少于收入的5%投入研发,长期注重知识产权的积累和保护,据国家专利总局统计:在中国厨房领域,方太是厨房行业中申请专利最多的企业,专利申请连年高于100%增长,质量管理方面,方太在1996年就导入了ISO9001质量管理体系,并在2003年在同行业中率先通过(ISO9001、ISO14001、OHSAS18001)三体系整合认证。方太在坚持自主开发的基础上进行开放合作,已经与SABAFU、肖特、微软、用友等世界一流企业广泛开展技术与市场方面的合作。1998年,方太开始系统地引入世界级管理咨询公司,建立与国际接轨的基于IT的管理体系。在集成产品开发(IPD)、全面质量管理(TQM)、人力资源管理、财务管理、物流与分销系统管理(DRP)等诸多方面与国际一流的管理咨询公司展开了深入合作。经过多年管理改进与变革,方太具备了符合客户利益的差异化竞争优势,进一步巩固了在业界的核心竞争力。

3. 抗得住高寒:厨房专家的专心精神

方太坚持走一条“高价格、高价值”不归路。产品开发严格遵循“独特、高档、领先”三大原则,整体产品价格比肩甚至常常超越国际品牌,为此曾经受到不少企业内外人士的质疑,正所谓“高处不胜寒”。

方太秉承“独特、高档、领先”的产品研发方针,充分运用IPD、CAD、CAPP、PDM等先进的设计软件、方法及技术管理手段,不断研制出了厨房领域的先进技术和一流产品,率先推出大圆弧流线型吸油烟机;率先推出人工智能型吸油烟机和飓风型吸油烟机;率先推出二星级消毒碗柜,与建设部合作制定“住宅厨房集成技术”等项目。方太在智能控制技术、核心模块研究,领先的外观设计、厨房集成技术、人体功能学研究等各方面,获得国家专利近500项。方太厨房电器、集成厨房等系列厨房产品在全球高端市场表现优秀。方太,已逐渐发展成为专业的高品质家庭厨房解决方案提供者。

方太的系列核心产品(如吸油烟机/灶具/消毒柜等),在中高端市场里的份额均超过了20%。即便是总市场份额超过方太的竞争对手,在中高端市场上却相形见绌。市场份额的含金量不一样,股东回报自然也不尽相同,方太也因此得以超脱于渠道与价格的双重漩涡,确保了企业年均30%左右的持续稳健发展。

众多的殊荣和卓著的市场表现为方太赢得了极高的声誉,同时也为之带来更大的挑战。展望未来,方太要成为一家满怀激情、令人向往、受人尊敬的世界一流企业,不断地为人类提供更新、更好的厨房生活方式,竭尽全力,让家的感觉更好,让“FOTILE方太”成为中国厨房领域第一品牌及世界厨房领域著名品牌。

2. 一体化战略

1) 一体化战略的概念

一体化战略又称企业整合战略,是指企业充分结合已有的产品、技术、市场的优势,利用社会化生产链中的直接关系来扩大经营范围和经营规模,在供产、产销等方面实行纵向或横向联合的战略。一体化战略是企业在其产品价值链上不断向深度和广度发展，以扩大经营规模、提高收入水平和利润水平，使企业得到发展壮大的一种战略。

2）一体化战略的类型

一体化战略按照发展方向的不同分为：纵向一体化和横向一体化。其中，

纵向一体化也称为垂直一体化，是指生产或经营过程相互衔接、紧密联系的企业之间实现一体化。纵向一体化包括前向一体化和后向一体化。其中，前向一体化主要是指企业与用户企业之间的联合，如纺织印染厂与服装加工厂联合。后向一体化主要是指企业与供应企业之间的联合，如汽车制造厂与橡胶厂联合。

横向一体化也称为水平一体化，是指与处于相同行业、生产同类产品或工艺相近的企业实现联合。

以生产企业为例，纵向一体化、横向一体化的关系，见图 5-1。

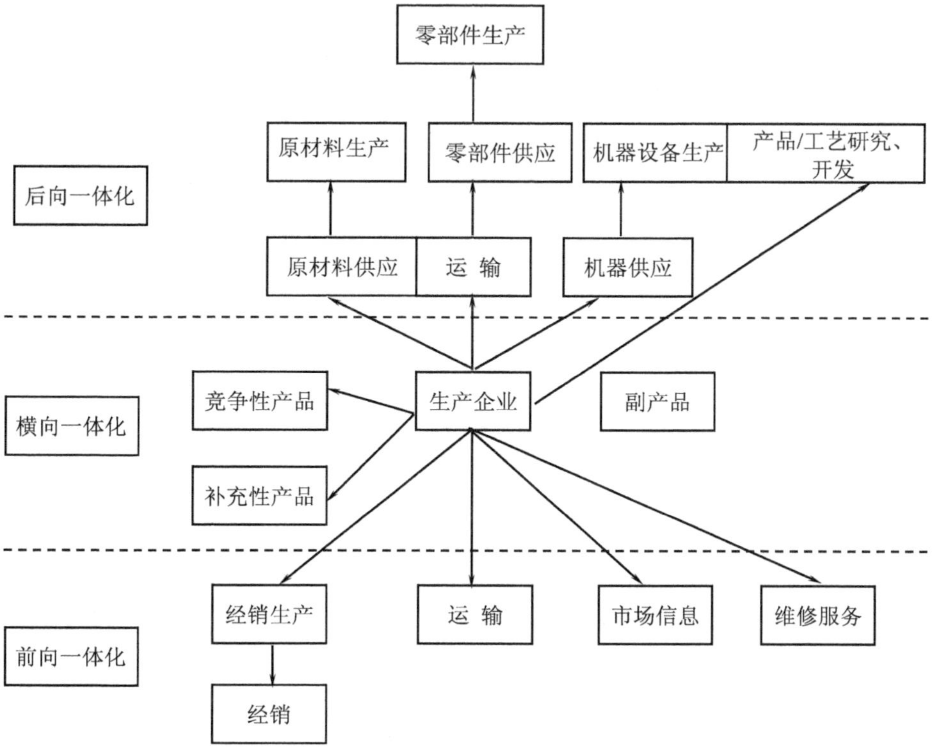

图 5-1 生产企业的纵向一体化（前向一体化和后向一体化）、横向一体化

（1）纵向一体化战略

通常，一体化战略包括纵向一体化（纵向整合）战略、横向一体化（横向整合）战略。其中前向一体化和后向一体化合起来叫作纵向一体化战略。

纵向一体化战略的实施存在三大局限性：①管理复杂性增加，可能会导致管理的效率下降和管理费用的增加；②风险集中，灵活性下降；③退出困难。因此，为保障纵向一体化战略的成功实施，必须做好以下四点：①最大限度地掌握市场变化的规律；②要处理好产品的标准化与多样化的关系；③对巨额投资的一体化项目要特别慎重；④适度开展多样化业

务，分散风险，适度互补。

(2) 横向一体化战略

横向一体化战略的实施可通过契约式联合、合并同行业企业等形式实现。见图 5-2。

3) 实施一体化战略的目的

一体化战略的实施，可实现与企业业务的输入端或输出端的企业联合，与相同业务(或互补业务)的企业联合，从而达到降低交易费用及其他成本、实现经济化的目的。见图 5-3。

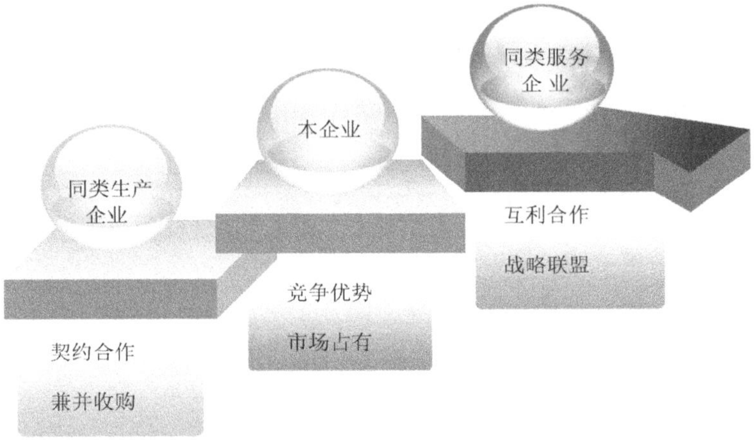

图 5-2 横向一体化战略

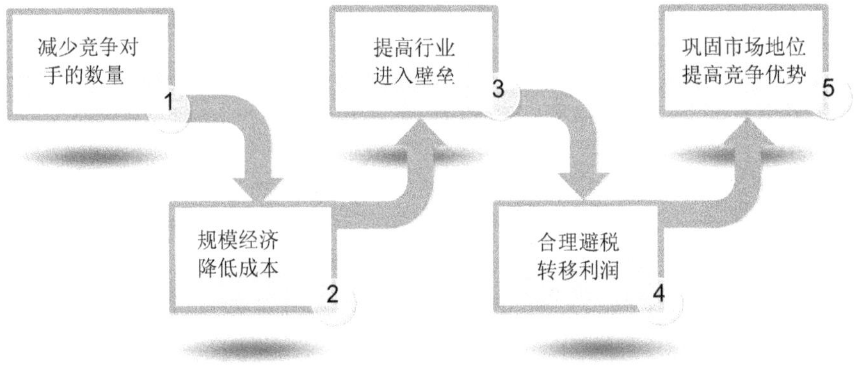

图 5-3 一体化战略实施的目的

3. 多样化战略

多样化战略，又称为多元化或多角化发展战略，是指企业为了更多地占领市场或开拓市场，或者避免经营单一带来的风险，而选择进入新领域的战略。多样化战略通常被认为是保障现代企业投资回报率的有效方法。

1) 多样化战略的特征

多样化战略的特点是企业经营业务已经超出一个行业的范围，在多个行业中谋取企业的发展。多样化战略的优势体现在：

第一，通过整合现有资源，调整业务方向，企业可寻求新的发展空间和利润增长点；

第二，保障企业资源共享；

第三,能使企业生命周期与产品生命周期分开。

专栏 5.3 宝洁公司的资源共享

宝洁公司生产一次性尿布和纸巾——能够吸水而不破碎的纸产品。因为两种产品都需要同样的属性——吸水性,宝洁公司能够在两个业务之间分摊生产吸水纸产品方面的研发成本。同样,两种产品都卖给同样的客户组(超市),它可以使用同一销售队伍来出售两种产品。相反,仅仅生产纸巾或仅仅生产一次性尿布的竞争对手就无法达到同样的节约,不得不在研发和维持销售队伍两方面投入按比例来说较多的资金。最后的结果是,在其他条件相同的情况下,宝洁公司的开支较低,获得的投资回报率高于缺乏共享资源能力的企业。

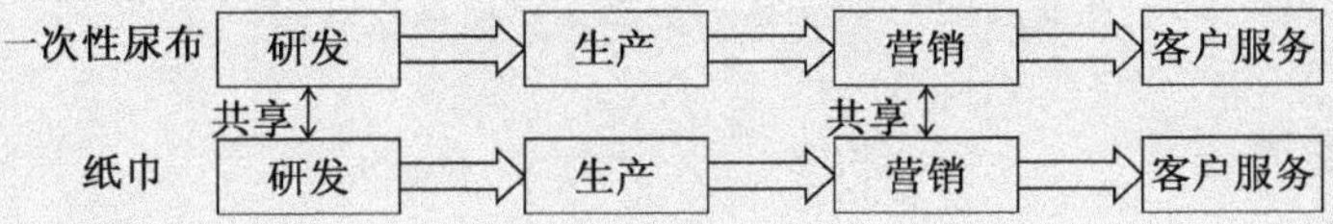

(1) 企业生命周期

多样化战略的实施取决于企业生命周期和产品生命周期。

伊查克·爱迪思提出的企业生命周期模型及其特征变化、存在的问题,见图 5-4。

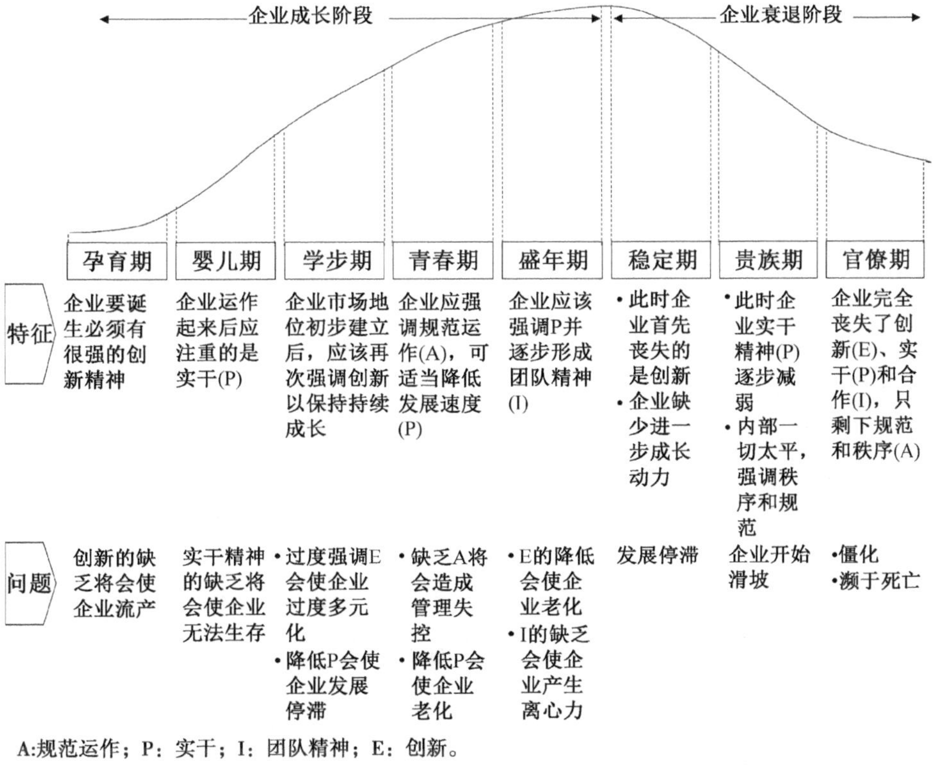

图 5-4 企业生命周期模型

伊查克·爱迪思提出的企业在发展的不同阶段将表现出不同的目标追求,见图 5-5。

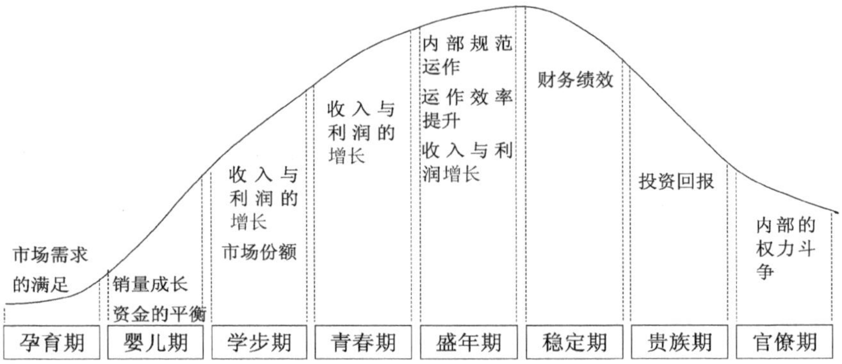

图 5-5 企业发展不同阶段的目标追求

(2) 产品生命周期

产品生命周期(Product Life Cycle,简称 PLC)是指一种产品从研发到推广、应用、普及和衰退的过程。是否投资一个产品项目,首先应分析产品的市场发展前景,分析产品所属的行业是处于上升、稳定,还是衰退时期。虽然每个产业的发展不一样,但是每个产品的生命周期理论上都是相同的,所以从产品生命周期模型能观察、分析行业成长性,从而把握产业的战略特征,选择合适的企业战略。产品生命周期模型,见图 5-6。

第一阶段——导入期。产品开始逐步被市场所认同和接受,行业开始形成并初具规模,这是产品生命周期的幼年时期。在此阶段,行业内企业很少,市场需求低,产品质量不稳定,批量不大,成本高,发展速度慢。对企业来说,在该阶段需要付出极大的代价来培育市场,完善产品,随着企业的发展和行业的发展,企业可能会在行业中树立先入优势。

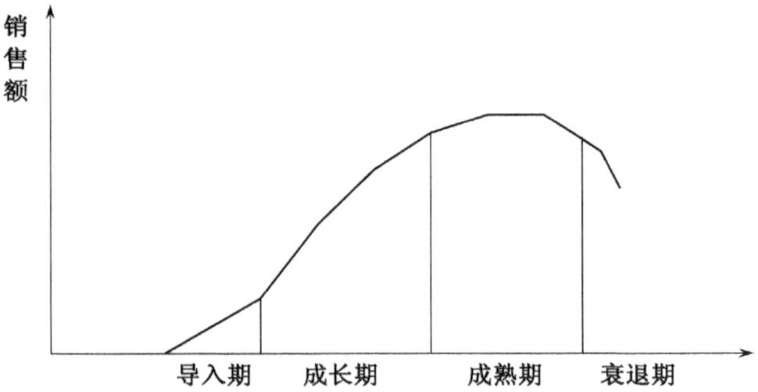

图 5-6 产品生命周期模型

第二阶段——成长期。产品市场需求急剧膨胀,行业内的企业数量迅速增加,行业在经济结构中的地位得到提高,产品质量提高,成本下降。对企业来说,此时是进入该行业的理想时机。

第三阶段——成熟期。产品定型,技术成熟,成本下降,利润水平高。但是随之而来的是由于需求逐渐满足,行业增长速度减慢,行业内企业之间竞争日趋激烈。这个时期,企业进入门槛很高,除非有强大的资金和技术实力,一般难以取得成功。

第四阶段——衰退期。由于技术进步或需求变化,可替代的新产品出现,原有产品的市场迅速萎缩,同时,由于技术的成熟,各企业所提供的产品无差异,质量差别小,行业进入了衰退期。此时,行业内的一些企业开始转移生产领域,并逐步退出该领域。对企业来说,此时不宜进入该行业。

产品生命周期各阶段的特点,见表 5-1。

表 5-1 产品生命周期各阶段的特点

阶段因素	导入期	成长期	成熟期	衰退期
市场容量	小	逐步扩大	逐渐饱和	迅速下降
生产规模	小	逐步提高,生产能力不足	大规模生产,生产能力剩余	生产能力严重过剩,规模缩小,产品定制
生产成本	高	逐步降低	最低	提高
市场价格	高	不断降低	由竞争策略而定	
产品质量	技术不稳定 技术相互竞争 质量低	技术趋于稳定 标准化 质量改进	技术稳定 标准化 质量稳定	便利品
市场竞争	少数企业	企业数量增加	企业众多,竞争激烈	企业逐步退出
消费者认知	认知度低、面向高收入人群	逐步提高 向大众扩散	全面认同 产品替代	逐渐放弃 新产品替代

企业可以向具有更优经济特征的产业转移,以改善企业的整体盈利能力和灵活性。

2）多样化业务组合分析法

企业战略管理实践中,可采用行业吸引力评价法和行业竞争力评价法,评价多样化业务组合。具体步骤为:

第一,选出一套行业吸引力/行业竞争力度量标准。

第二,给每个标准设定一个权数,权数反映了该标准对行业吸引力或前景/行业竞争力的重要程度。每个权数分布在 0～1 之间,但各标准的权数总和为 1。

第三,按每个标准给每行业打分,打分使用 4 分制,1 分表示吸引力/竞争力很低或没有,2 分表示吸引力/竞争力较低,3 分表示吸引力/竞争力较高,4 分表示吸引力/竞争力很高。将每行业在每个标准上的评估值与该标准的权数相乘,得到的是加权的行业吸引力/行业竞争力评估值。

第四,所有标准的加权评估值合计便是该行业长期吸引力/竞争力大小的度量。

专栏 5.4 某行业吸引力/竞争力评估

某行业吸引力评估

行业吸引力度量标准	权数	评估值	加权的行业吸引力评估值
市场规模和增长率	0.15	2	0.30
竞争强度	0.30	4	1.20
显现的行业机会和威胁	0.05	1	0.05
资源需求	0.10	3	0.30
与公司其他业务的战略匹配	0.15	2	0.30
社会、政治、法规和环境因素	0.05	3	0.15
行业获利能力	0.10	2	0.20
风险程度	0.10	3	0.30
合　计	1.00		2.80

某行业竞争力评估

行业竞争力度量标准	权数	评估值	加权的行业竞争力评估值
相对市场份额	0.20	3	0.60
相对竞争对手的成本	0.25	4	1.00
在关键产品属性与对手匹敌或击败对手的能力	0.10	1	0.10
与供应商/购买者的讨价还价能力	0.10	3	0.30
技术和革新能力	0.05	2	0.10
资源与行业关键成功因素的匹敌状况	0.15	4	0.60
品牌信誉/形象	0.05	2	0.10
相对竞争对手的获利能力	0.10	2	0.20
合　计	1.00		3.00

5.3.3 快速发展战略的实施方式

1. 企业内部发展

1）企业内部发展的概念

企业内部发展，是指企业依靠自身的人力、物力和财力实现企业的快速发展。企业通过采用有效的市场营销、研究开发、技术改造、经营多样化等策略，使企业获得生产的发展、销售的发展、利润的发展和资源的发展，从而扩展经营规模，达到经营事业不断发展壮大的目标。

2）企业内部发展的优缺点

（1）企业内部发展的优点

企业内部发展的优点表现在四个方面：①风险相对较小；②资源共享性强；③积累学习能力；④鼓励内部企业家精神。

（2）企业内部发展的缺点

企业内部发展的缺点为：在企业缺乏内部发展所需要的资源时，内部发展是一个很缓慢的过程。在这个过程中，可能会错失市场机会。

2. 企业并购

1）企业并购的概念

并购的内涵非常广泛，一般是兼并和收购的合称。其中，①兼并是指两家或者更多的独立企业或公司合并成一家企业，通常由一家占优势的企业吸收另一家（或者多家）企业。②合并是指两个或两个以上的企业合并成为一个新的企业，合并完成后，多个法人变成一个法人。③收购是指一家企业用现金或者有价证券购买另一家企业的股票或者资产，以获得对该企业的全部资产或者某项资产的所有权或控制权。

2）并购的动因

第一，扩大生产经营规模，降低成本（形成规模效应）。

第二，提高市场份额，提升行业战略地位（生产力提高、销售网络完善）。

第三，取得充足廉价的生产原料和劳动力，增强企业的竞争力（成为原料的主要客户，降低劳动力成本）。

第四，提高企业的知名度，以获取超额利润（提高品牌知名度，提高产品附加值）。

第五，通过并购取得各类资源（人力、管理、技术、销售等资源）。

第六，实施多元化战略，分散投资风险（扩充经营范围）。

3）并购的类型

（1）横向并购。横向并购是指生产相同或类似产品的企业之间的并购，例如一家生产汽车的企业并购另一家生产汽车的企业。横向并购的最大优势是减少竞争，扩大市场份额，获得“1+1>2”的效果，但是会受到反垄断法的限制。

（2）纵向并购。纵向并购是指处在产业链上下游的企业之间的并购，例如一家钢铁企业并购一家生产铁矿石的企业。企业之间是供应商和需求商之间的关系。基本特征是纵向一体化。

（3）混合并购。混合并购是指发生在不同行业企业之间的并购。基本目的是分散风险，寻求范围经济。混合并购是多样化的一个重要方法。

3. 战略联盟

1）战略联盟的概念

战略联盟是指两个或两个以上有共同战略利益和相应经营实力的企业（或特定事业、职能部门），为达到拥有市场、共同使用资源等战略目标，通过各种协议、契约而结成的优势互补、风险共担的一种松散的合作模式。战略联盟可以使来自不同国家的企业共同分担风险、共享资源、获取知识、进入新市场。因此，战略联盟成为新兴国际市场的常用方式。

2）战略联盟的优势

战略联盟的优势主要表现在五个方面：①获得规模经济，降低风险和交易费用；②低成本进入新市场，促进大市场营销；③避免“过度竞争”；④克服“大企业病”，对资源配置机制进行战略性革新，实现资源互补；⑤提升企业竞争力，强化竞争实力。

3）战略联盟的形式

（1）合资企业战略联盟

共同出资、共担风险、共享收益而形成企业，合作各方将各自的优势资源投入到合资企业中。通过合资形成战略联盟，我国企业可利用发达国家企业的先进技术、知名品牌、管理模式等方面的优势，加快发展速度，提高自身的市场竞争力。

（2）研究开发战略联盟

为了某种新产品或新技术，合作各方签订研究开发协议，加快开发速度，各方共担开发费用，降低各方开发费用与风险。

（3）联合生产战略联盟

一方有知名品牌但生产力不足，另一方有剩余生产能力，另一生产方可以为对方定牌生产。例如奇瑞与克莱斯勒就代工生产小型车达成协议，奇瑞负责汽车生产，然后冠之以克莱斯勒品牌，在世界各地销售。

（4）联合销售战略联盟

通过签订协议，共同销售某一种或多种产品，合作双方在销售之外的各个领域保持独立。例如德国雷诺公司与美国汽车公司达成协议，雷诺通过美国汽车公司1700多个经销商网点在全美销售其汽车。

(5) 相互持股战略联盟

合作各方为加强相互联系而持有对方一定数量的股份。

(6) 定点生产(Original Equipment Manufacture, OEM)

首先,对于委托企业来说,这种联盟可以达到以下效果:①在资源有限的情况下,迅速扩大企业的规模;②在较短的时间内,提高品牌的知名度,占领更加广阔的市场;③使企业从以往烦琐的内部管理事物中解脱出来,更加专注于产品的设计与市场的开拓,形成产品的良性快速的繁衍;④控制销售渠道;⑤不必承担设备折旧、自建工厂和生产管理的风险,还可随时根据市场变化灵活地按需下单。由此可促进成品业务形成新的经营优势,培养和壮大企业内在的扩张力,提高经营能力和管理水平,从而走向更高层次的资本运营。

其次,对于受委托方来说,这种联盟可以达到以下效果:①按订单生产加工,产品销路有保障,市场风险小;②企业财务压力小,业绩成长较易;③可借机提高产品设计的制造水平,同时,弥补生产能力的过剩。

OEM 的适用条件:①劳动成本低廉、生产技术熟练性强的企业(受托方);②拥有产品设计开发及市场营销优势的企业(委托方)。同时,这种合作应防止:①受委托方过分依赖的心理,防范"渠道断绝"的风险;②委托方在选择受委托方时要考虑产品质量的保证和树立良好的品牌形象等问题。

4) 战略联盟成功的关键问题

战略联盟的成功取决于五个关键问题:①选好合适的联盟伙伴;②有明确的战略目标;③建立良好的合资企业关系;④联盟各方要保持必要的弹性;⑤坚持竞争中的合作。

专栏 5.5 携手并进的雷诺-日产

雷诺-日产联盟是一个独一无二的集团,它以交叉持股的方式凝聚了两家世界级大公司。雷诺和日产结盟于 1999 年 3 月 27 日。1999 年 5 月 28 日,雷诺按照每股 400 日元的价格,以 54 亿美元收购日产汽车 36.8%的股权,成为该公司的大股东,组建了雷诺-日产联盟。该收购之前,雷诺也是一个中等大小的欧洲区域性公司,而日产汽车在全世界 17 个国家有 21 个制造中心,年产总量约 240 万辆汽车,在全世界 191 个国家和地区销售汽车,是一个不折不扣的行业"大象"。

雷诺-日产有限公司(Renault-Nissan BV)设立于 2002 年 3 月 28 日,在以路易·施韦泽(Louis Schweitzer)为总裁,八位成员组成的管理委员会的领导下,专门负责联盟的战略性管理。雷诺-日产有限公司(Renault-Nissan BV)是制定联盟战略和指导双方合作的真正的决策机构。在每月一次的会议上,管理委员会对双方的中长期计划及共同合作计划做出决定,并监督计划的执行情况。

雷诺-日产联盟的战略目标

它们联盟的目的是:通过和谐的发展策略、共同的目标和原则、业绩驱动的协同效应以及最佳管理实践的分享,来创造最优良的业绩。它们尊重并强化各自的文化和品牌。

❖ 雷诺-日产联盟的原则

联盟建立在相互信任和尊重的基础之上,其组织是透明的。联盟保证:

(1) 决策机制明确,为集团快速反应、责任分配和优秀业绩提供保障。效率最大化,主要通过双方优势互补、共同机构的协同效应、横向小组及平台和配件共享来实现。

(2) 联盟吸引和留住了最优秀的人才,为他们提供了最佳的工作条件和具有挑战性的工作内容。联盟造就工作人员既有企业意识又有面向世界的开放精神。联盟给双方的股东带来了丰厚的收益并建立了公司治理的原则。联盟也为可持续发展添砖加瓦。

※ 雷诺-日产联盟的目标

联盟确立并实施了持续赢利增长的发展战略。联盟要达到三个目标:

(1) 在每一个区域和每一个细分市场上,在产品与服务的质量和价值方面,联盟要成为世界各地顾客心目中最受欢迎的三大品牌之一。

(2) 联盟双方各自要在专项领域占有领先地位,从而使其在关键技术掌控方面跻身世界三大汽车制造集团之列。

(3) 通过高营业利润和持续增长,使联盟主营业务业绩名列全球汽车生产集团前三位。

雷诺-日产联盟的战略整合

第一步:搭建战略领导平台。

雷诺-日产联盟成立了一个全球联盟委员会,作为整个组织的战略领导平台。全球联盟委员会每个月召开一次会议,是雷诺-日产联盟的管理主体,它决定联盟采用的战略,指导各运作小组的工作,委员会由雷诺公司的总裁和日产公司的总裁共同主持。

第二步:将战略分解成具体任务。

雷诺-日产联盟组建了包含150名员工的12个跨公司工作小组,其中产品规划小组由日产和雷诺共同领导,其他工作小组则是小组负责人来自其中一方,而助理来自另外一方。另外,联盟还成立了功能性任务小组,为跨公司工作小组提供日常的协助,尤其是在信息系统,工程标准,质量以及财政、法律事务等方面。这些小组为公司营运活动提出具体的运作设想,上报全球联盟委员会并最终实施运作。

第三步:设立专门部门进行战略协调工作。

雷诺-日产联盟设立了专门的联盟协调部,为跨公司工作小组和功能性任务小组提供工作支持,它在巴黎和东京分别设有办公室。

经过上述步骤,雷诺-日产联盟形成了明晰的战略思路,并且在市场上取得了不俗的业绩,此前岌岌可危的日产汽车也走出了亏损的阴霾。

雷诺-日产联盟取得的成绩

雷诺-日产联盟协议签署五年后,联盟取得了有目共睹的成功:

2003年,雷诺日产集团在全球的销售总量达到5 357 315辆,其中西欧2 296 123辆,北美洲864 015辆,日本827 368辆。在拉丁美洲的销量达到394 635辆(墨西哥232 329辆)。在中东和非洲的销量为827 368辆。联盟占有9.3%的国际市场份额,跻身于全球第五大汽车制造集团。

2004年,雷诺-日产联盟的销量达5 785 231台,比2003年增长8.0%。日产和雷诺的销量分别为3 295 830台和2 489 401台。雷诺-日产联盟的全球市场份额为9.6%(雷诺集团为4.1%,日产为5.5%),在销量上成为全球第四大汽车制造商。联盟继续从双方互补性中受益。

【思考】

1. 为什么雷诺-日产的战略联盟能取得较好的效果?

2. 基于案例,结合实际分析企业形成战略联盟的动因有哪些?

【解析】

雷诺-日产的战略联盟之所以能够获得较好的效果,首先在于二者明确战略联盟的目标,并进行了战略的整合,使这个貌似松散的联盟模式在实际上联系得非常紧密,保证了双方的合作能够站在同一个平台上进行,大大提高了公司运作的效率。

从案例中可以看出,二者在生产、市场、采购、信息服务、物流等各个环节为双方创造了共同的利益。通过共享产品设计和生产平台,降低生产成本;通过共享市场形成市场的优劣势互补,加强全球销售力量;通过联合采购,提升采购质量,降低采购成本,并协调全球供应商关系;通过信息共享,加深交流,促进各方面的积极合作;通过推行共同的零配件供应系统、整车运输系统及物流策略,降低物流成本。

5.4 防御战略

5.4.1 防御战略的概念与特点

1. 防御战略的概念

防御战略是指企业根据市场环境变化,从目前的战略经营领域收缩和撤退,且偏离战略起点较大的一种经营战略。防御战略的根本目的是积蓄力量,等待时机,抓住有利机会,重新组合资源,进入新的经营领域,谋求企业的长远发展。因此,防御战略是一种以退为进的战略。

2. 防御战略的特点

防御战略的特点表现为:①对企业现有的产品/市场领域实行收缩、调整和撤退,削减某些产品的市场规模,放弃某些产品系列,甚至完全退出目前的经营领域。②逐步缩小企业的产销规模,降低市场占有率,同时降低某些经济效益指标。③目标重点是改善企业的现金流量,争取较大收益。在资源的运用上,严格控制和尽量削减各项费用支出,只投入最低限度经营资源。防御战略实施的基本目的是使自己摆脱困境,度过危机,保存实力。

5.4.2 防御战略的类型

1. 企业重组战略

1) 企业重组的含义

企业重组是指对企业现有的资源进行重新组合。企业重组可以分为四种类型:①资产重组;②债务重组;③业务重组;④人员重组。

2) 企业重组的动因

企业重组的动因表现在四个方面:①信息技术的影响;②减少企业经营范围;③确保企业主业活动;④管理战略的变革。

3）企业重组战略的实施步骤

第一，调整或重新划分战略业务，明确战略业务结构；

第二，重新评价现阶段各项战略业务（见图 5-7），检查企业当前的业务组合，重新确立核心业务和核心能力，建立企业新的竞争优势。

第三，根据重新确立的核心业务和核心能力，确定战略业务重组的方向。

实行企业重组战略一般要经过三个阶段：

（1）压缩。压缩企业的经营规模和经营范围。

（2）强化。首先是采取各种措施稳定企业局面，稳定骨干职工队伍，对企业的现状和前景进行全面认真的分析和寻找各种求生的办法。

（3）重建。重新调整组织机构，重新配备人员，重新制定激励措施，重新振作职工队伍，理顺内部关系。

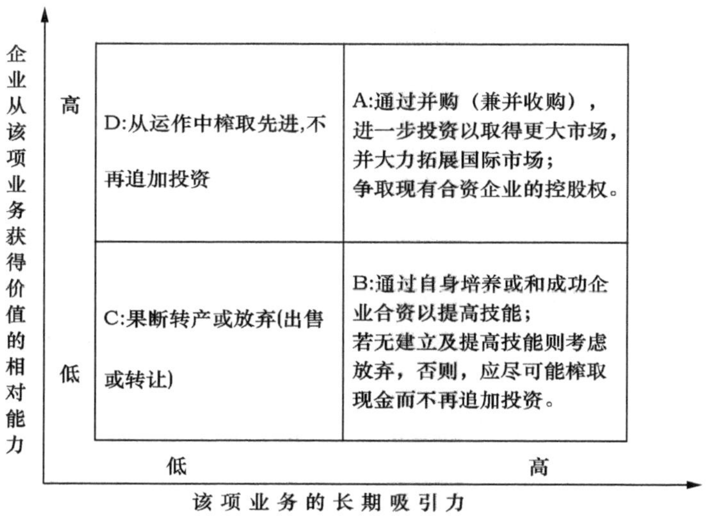

图 5-7 重新评价战略业务

专栏 5.6 惠普退出亚太数码市场

2005 年 7 月 29 日，惠普宣布将终止与苹果达成的销售协议，不再贴牌销售 iPod 播放器，但会继续在惠普的台式机和笔记本产品中捆绑苹果 iTunes 音乐播放工具软件。

惠普表示，转售 iPod 不符合惠普当前的数字媒体战略，因此 9 月底前将全面停止转售。继放弃 iPod 之后，惠普 8 月 2 日又发表声明，宣布退出亚太地区数码相机市场，而将集中投资家庭照片打印领域。

惠普表示，退出亚太地区数码相机市场，是为了更有效地将投资集中到能带来高回报的业务领域。

惠普停止转售 iPod 和退出亚太地区数码相机市场，实际上是以退为进。惠普中国新闻发言人表示，亚太市场数码相机产品竞争激烈，日韩厂商实力较强，惠普判断未来亚太区市场的竞争优势和业务状况并不理想，于是主动选择退出。

惠普将把更多精力集中到打印机、PC、服务器等优势业务上。当时，惠普预计到2008年，以数字形式拍摄的图片增长到每年2 360亿张，而这些图片中有56%是在家打印的。惠普认为，家庭照片打印市场将会有较高的利润回报，并将不断加大投入。惠普打印机业务的利润占其总利润近三分之一，如果惠普能够在这一领域更进一步，其业绩将会有很大的提升。

【思考】

1. 惠普退出亚太数码市场属于哪种战略?
2. 惠普为何会采取此种战略?

【解析】

在此案例中惠普采取的是撤退战略。在商业竞争中，“撤退战略”属于企业总体战略中防御战略的一种，是指企业从发展潜力小或无发展前途的行业退出市场的一种战略。

案例中惠普退出亚太地区数码相机市场，是为了更有效地将投资集中到能带来高回报的业务领域。

战略是一种艺术，这种艺术体现在平衡，而平衡又需要学会舍弃。在很多情况下，人们会认为撤退战略是一种不得已而为之的战略，但实际上在恰当的时候终止发展潜力小或无发展前途的战略经营领域，集中资源投资到更具吸引力的战略经营领域对企业未来发展会更好。

2. 撤退战略

1）抽资转向战略

抽资转向战略是指企业在现有的经营领域不能维持原有的产销规模和市场占有率，而不得不采取缩小产销规模和市场占有率，或者企业有新的更好的发展机遇，对原有的业务领域进行压缩投资、控制成本，以改善现金流为其他业务领域提供资金的战略方案。

抽资转向战略的配合措施为：调整企业组织；降低成本和投资；加速回收企业资产。

抽资转向战略要实现经营重点转移，有时会涉及基本宗旨的变化，导致经营方向的大转变，例如：由制造单一采掘煤矿的设备转为生产煤矿成套设备；有时则是向具有不同技术的新产品转变，例如：从生产传统照相机转向数码照相机。

2）放弃战略

放弃战略是指企业卖掉其下属的某个战略经营单元，或将企业的某个部门转让、出售或停止经营。这个部门可以是一个子公司、一条生产线或者一个事业部。放弃战略通常是企业在采取抽资转向战略无效果后而采取的战略。

3）清算战略

清算战略是指企业受到全面威胁、濒于破产时，通过将企业的资产转让、出卖或者停止全部经营业务来结束企业的生命。清算战略通常只有在其他战略全部失效时才采用。

5.5 战略组合与战略选择方法

战略组合，就是将企业制定的相关战略配合起来使用，使几种战略形成一个有机的整体。包括顺序性战略组合和同时性战略组合。其中，顺序性战略组合是指一个企业根据生存与发展的需要，先后采用不同的战略方案，从而形成自身的混合型战略方案，因而这是一种在时间上的战略组合。同时性战略组合是指不同类型的战略被同时在不同战略业务单位执行而组合在一起的混合型战略。在企业具有多种不同经营业务或多个事业部的情况下，通常采用同时性组合的战略组合方式。

5.5.1　战略制定与选择的方法

1. 战略制定的方法

企业战略制定的方法，见图 5-8。

1）自上而下的方法

(1) 优点：企业的高层管理人员能够牢牢地把握住整个企业的经营方向，并能对下属各部门的各项行动实施有效的控制。

(2) 缺点：这一方法要求企业的高层管理人员制定战略时必须经过深思熟虑，战略方案务必完善，并且还要对下属各部门提供详尽的指导。同时，这一方法亦束缚了各部门的手脚，难以充分发挥中下层管理人员的积极性和创造性。

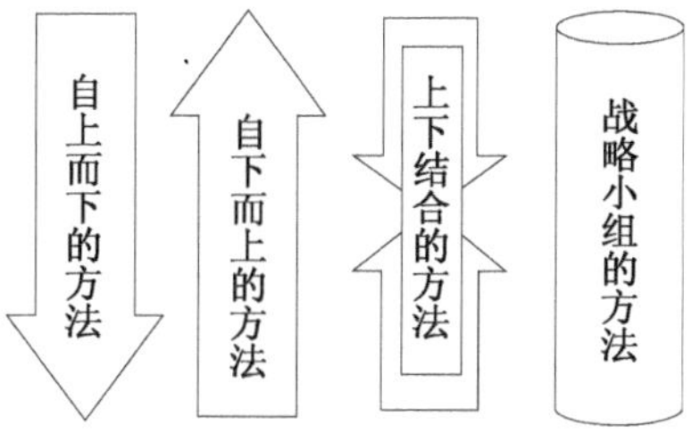

图 5-8　企业战略制定的方法

2）自下而上的方法

(1) 优点：能充分发挥各个部门和各级管理人员的积极性和创造性，集思广益。同时，由于制定出的战略方案有着广泛的群众基础，在战略的实施过程中也容易贯彻和落实。

(2) 不足之处：各部门的战略方案较难协调，影响了企业整个战略计划的系统性和完整性。

3）上下结合的方法

这种方法是在战略的制定过程中，企业最高管理层和下属各部门的管理人员共同参与，通过上下各级管理人员的沟通和磋商，制定出适宜的战略。这种方法可以产生较好的协调效果，制定出的战略更具有操作性。

4）战略小组的方法

这种方法是指企业的负责人与其他的高层管理人员组成一个战略制定小组，共同处理企业所面临的问题，在战略制定小组中，一般是由总经理任组长，而其他的人员构成则有很大的灵活性，由小组的工作内容而定，通常是吸收与所要解决问题关系最密切的人员参加。这种战略制定方法的目的性强，效率高，特别适宜制定如产品开发战略，市场营销战略等特殊战略和处理紧急事件。

2. 战略选择的原则与程序

企业战略的选择是企业的一项重大决策，是企业决策者根据企业战略分析的结论，制定出适合企业长期发展的战略方案，并对制定的几种战略方案进行比较和优选，在可选方案中挑选一个最满意的选择方案。企业战略的制定与选择需要考虑企业未来将面临的多种可能局面。很多情况下，被选择的最满意的方案往往会因受到企业实际情况的限制，或因企业存在种种困难而不得不放弃，次优方案此时可能成为目前的最佳方案予以实施。

1）战略选择的原则

(1) 目标性原则。目标要明确具体，不能含糊不清或抽象空洞。否则，企业的战略就不能起到应有的指导作用。

(2) 获利性原则,选用能以最小投入获得最大产出或以最低成本获得最大收益的方案。

(3) 可行性原则。即能够为内部各部门和外部环境所允许,并能顺利地实施。

(4) 社会责任性原则。企业的存在与发展离不开社会的支持和制约,应该把企业利益与社会利益统一起来。

2) 战略选择的程序

企业战略选择的程序,见图 5-9。

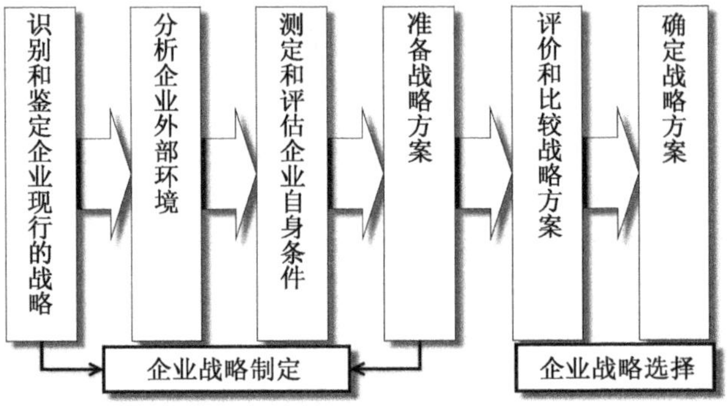

图 5-9 战略选择的程序

企业选择的战略如果要求进行大规模的组织结构调整和大量资源的重新整合与配置,那么它便不是一个理想的选择。

3. 战略选择的评价标准

企业战略选择时包括三大评价标准:适用性、可行性、可接受性。

(1) 适用性。所谓适用性是这样一种评估标准,它用来评估所提出的战略对组织所处的环境的适应程度以及与其自身资源的匹配性,还有它能否保持或加强组织的竞争地位。换句话说,一个适用的战略应该保持组织目标、资源条件与外部环境的一致性,这种一致性是选择战略时首先要考虑的。

(2) 可行性。所谓可行性是指组织有能力成功地实施既定的战略。换句话说,一个可行的战略应该是组织依靠当前拥有的资源和能力就可顺利实施且能达到既定要求的战略。

(3) 可接受性。战略选择的第三个标准是可接受性,这种可接受性与人们的期望密切相关,因此,它带有更多的主观性。一些人认为"可接受"的战略对另外一些可能就是不可接受的,尤其是在两者的期望相矛盾的情况下。因此,在很多情况下企业所选定的某种战略方案,实际上是不同利益集团讨价还价和折中的产物。

4. 战略选择的影响因素

企业战略选择会对企业的未来产生重大的影响,因而这一决策必须非常慎重。在实际工作中,会有一些因素对战略选择决策产生影响,这些因素在不同的企业或不同的环境中所起的作用是不同的。企业战略选择的影响因素主要有以下几方面:

1) 原有战略

对大多数企业来说,过去的战略常常被当成战略选择过程的起点。在开始进行战略选择时，首先要回顾企业过去制定的战略。因为过去战略的效果对现行的战略选择有极大的影响。现在的战略决策往往也是过去战略的缔造者，由于他们对过去战略投入了大量的时间、资源和精力，会自然地倾向于选择与过去战略相似的战略或对其加以改进。这种选择与过去战略相似的战略或沿袭过去战略的倾向已渗透到企业组织之中。研究表明，在计划过程中，低层管理人员认为，战略的选择应与现行战略相一致，因为这种战略更易被人接受，推行起来阻力较小。

2）外部环境

在战略选择时，企业必须要面向供应商、顾客、政府、竞争者及其联盟者等外部环境因素，这些环境因素从外部制约着企业的战略选择。如果企业高度依赖于其中一个或多个因素，其最终选择的战略方案就不能不迁就这些因素。企业对外部环境的依赖程度越大，其战略选择的范围和灵活性就越小。

3）管理者对风险的态度

企业管理者对风险的态度可分为承担风险或回避风险。风险承担者一般采取进攻性的战略，会在被迫对环境的变化作出反应之前就作出主动的反应；风险回避者一般采取防御性战略，只有环境迫使其作出反应的时候才不得不这样做。

4）企业文化

任何企业都存在着或强或弱的文化。企业文化和战略的选择是一个动态并衡、相互影响的过程。企业在选择战略时不可避免地受到企业文化的影响。企业未来战略的选择只有充分考虑到与目前的企业文化和未来预期的企业文化相互包容和相互促进的情况下才能被成功实施。另一方面，企业中总存在者一些非正式的组织。由于种种缘由，某些组织成员会支持某些战略，反对另一些战略，这些成员的看法有时甚至能够影响战略的选择。

5）竞争者的反应

在战略的选择中，还必须预测竞争对手对本企业各种战略方案的反应。在寡头垄断的市场结构中，或者市场上存在着一个极为强大的竞争者时，竞争者的反应对战略选择的影响更为重要。

6）时间因素

时间限制不仅减少了能够考虑的战略方案数量，而且也限制了获取可以用于评价战略方案的信息。研究表明，在时间的压力下，企业倾向于把否定的因素看得比肯定的因素更重要，因而往往作出更加具有防御性的策略。另一方面，战略规划的时间跨度长短，也是战略规划和选择的着眼点。战略规划期长，则外界环境的预测相对复杂，因而在战略选择时不确定性因素更多，这会使得战略方案的决策复杂性大大增加。

5.5.2　战略环境与企业实力评价方法

战略环境与企业实力评价方法（简称 SPACE 矩阵，见图 5-10），主要是通过分析外部环境及企业内部条件，确定企业应该采用的战略组合的方法。战略环境与企业实力评价方法是在 SWOT 分析法的基础上，通过确定两组具体反映企业内外部变化的量化指标，更加准确地进行战略的选择和定位。该方法克服了 SWOT 分析法方向单一的不足，但由于它有多种可能组合，因此增加了分析的复杂程度。

SPACE 矩阵有四个象限，分别表示企业采取的进取、保守、防御和竞争四种战略模式。两个数轴分别代表了企业的两个内部因素——财务实力和竞争实力，两个外部因素——环境状况和产业吸引力。

图 5-10 中，SPACE 矩阵的四个变量的各类因素，见表 5-2。

SPACE 矩阵建立坐标图的具体步骤为：

（1）对财务实力和产业吸引力两个变量中的各种因素进行 1～6 的 6 级评分；对竞争实力和环境状况两个变量中的各种因素进行－1～－6 的 6 级评分。

（2）计算四个变量的平均分数。

（3）在坐标轴上分别标出财务实力、产业吸引力、竞争实力、环境状况四个变量的平均分数。

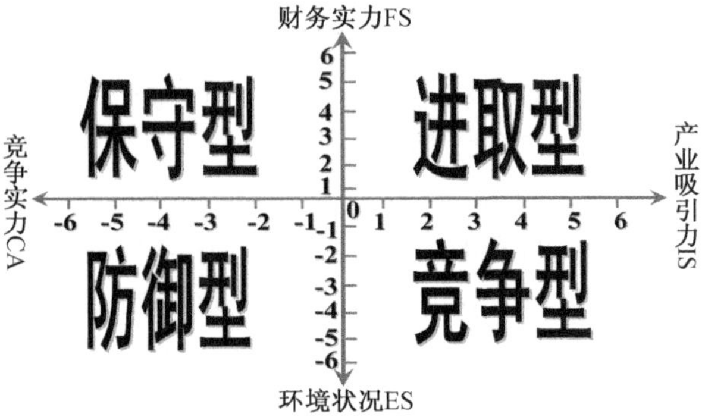

图 5-10　SPACE 矩阵

（4）将 X 轴上的分数相加，并根据结果标出 X 轴上的一点；将 Y 轴上的分数相加，并根据结果在 Y 轴上标出另一点。

（5）在象限中标出 X 和 Y 值的交点（X，Y）。

（6）从坐标原点通过 X 和 Y 值的交点画一条直线。这条直线表明，根据对企业的四个变量的综合评价，企业应在积极、竞争、保守、防御等四种战略中找出对企业最为合适的战略。

表 5-2　SPACE 矩阵的四个变量的各类因素

财务实力(FS)	竞争实力(CA)	环境状况(ES)	产业吸引力(IS)
投资收益 财务杠杆比例 偿债能力 流动资金 现金流动 退出市场的方便性 业务风险	市场份额 产品质量 产品生命周期 用户忠诚度 竞争能力利用率 专利技术知识 对供应商和经销商的控制	技术变化 通货膨胀率 需求变化性 竞争产品的价格范围 市场进入壁垒 竞争压力 价格需求弹性	增长潜力 盈利潜力 财务稳定性 资源利用 资本密集性 进入市场的便利性 生产效率和生产能力利用率

SPACE 矩阵的坐标图，见图 5-11。

图 5-11 中，当企业战略评价的结果位于竞争象限时，该企业内部的财务、竞争力等劣势相当明显，但从事的产业是个朝阳产业，具有蓬勃发展的势头，外部环境的不稳定性也为该企业积极参与竞争提供了条件。

当企业战略评价的结果位于防御象限时，意味着该企业应该集中精力克服内部弱点并回避外部产业萎缩的

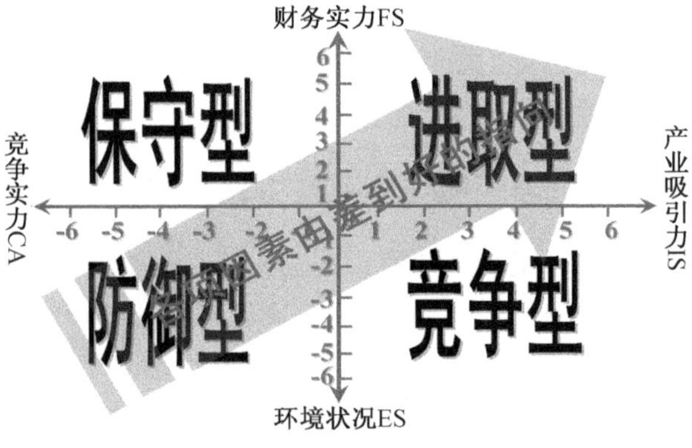

图 5-11　SPACE 矩阵的坐标图

威胁，通常防御战略的体现有紧缩、剥离、跟随、清算和集中化经营等。

企业战略评价的结果位于保守象限时，该企业的外部环境稳定性较好，但产业的发展前景不是太乐观，该企业具有财务优势，目前的市场地位比较牢靠。因此，该企业应该固守基本竞争优势、不要过分冒险，在战略选择上多为市场渗透、市场开发和产品开发等。

SPACE 矩阵中各象限的战略选择，见图 5-12。

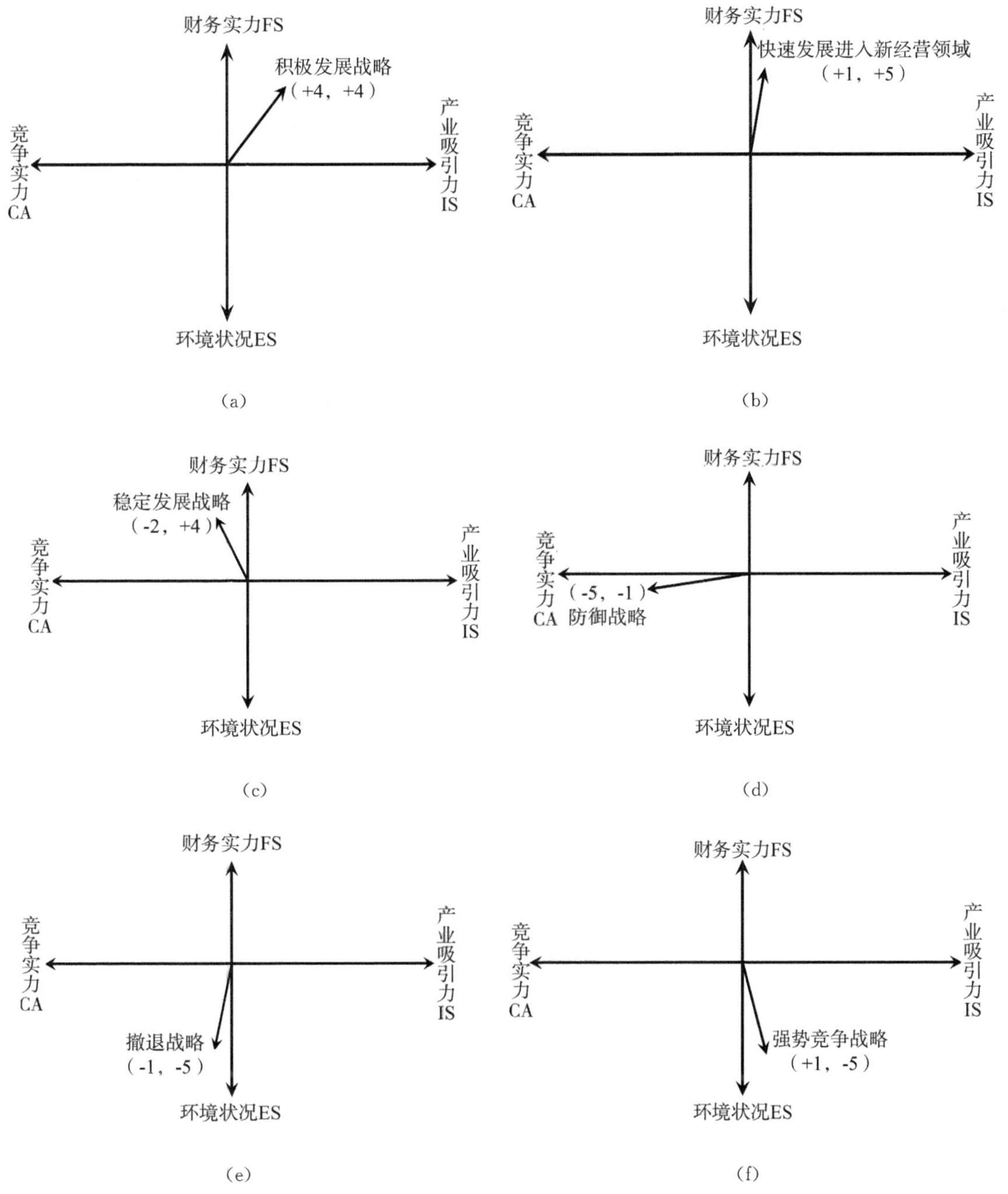

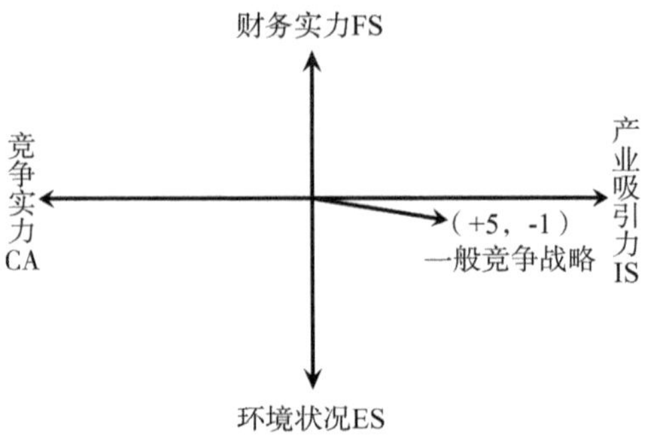

（g）

图 5-12　SPACE 矩阵中各象限的战略选择

5.5.3　大战略矩阵

大战略矩阵(Grand Strategy Matrix)是由市场增长率和企业竞争地位两个坐标所组成的一种模型，它是在市场增长率和企业竞争地位不同组合情况下，指导企业进行战略选择的一种指导性模型，由汤普森(A. A. Thompson. Jr.)与斯特里克兰(A. J. Strickland)根据波士顿矩阵修改而成。

大战略矩阵是一种常用的制定备选战略工具。它的优点是可以将各种企业的战略地位都置于大战略矩阵的四个战略象限中，并加以分析和选择。企业的各分部也可按此方式被定位。大战略矩阵基于两个评价数值：横轴代表竞争地位的强弱，纵轴代表市场增长程度。位于同一象限的企业可以采取很多战略，图 5-13 列举了适用于不同象限的多种战略选择，其中各战略是按其相对吸引力的大小而分列于各象限中的。

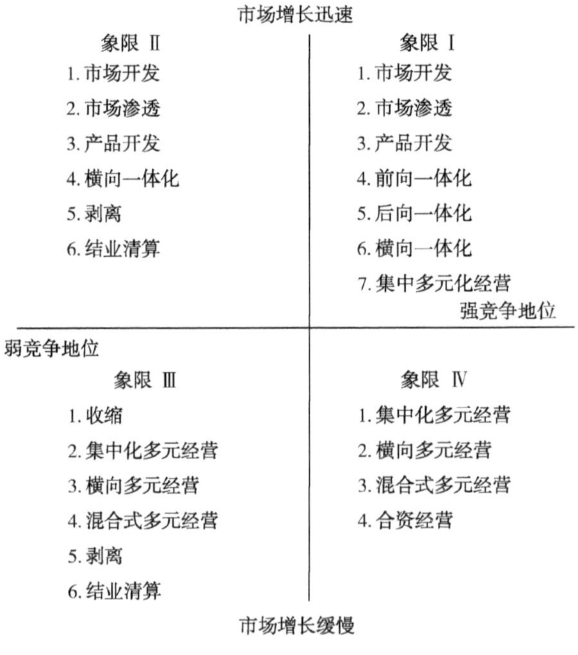

图 5-13　大战略矩阵

运用大战略矩阵对企业的分析：

(1) 企业处于第Ⅰ象限时，行业的市场增长非常迅速，竞争力也很强。此时企业更适合采用加强型的战略，如市场开发、市场渗透和产品开发等战略；如果企业的资源没有被充分利用，则可考虑进行后向、前向和横向一体化；如果企业的产品过于单一，也可以考虑采取集中多元化战略。

(2) 企业处于第Ⅱ象限时，表明目前的市场增长迅速，但企业处于比较劣势的竞争地位，如果企业选择继续加强此业务的经营，则可以采取加强型的战略，如开发市场、市场渗透和产品开发；如果企业选择放弃此项业务，则可采取剥离和结业清算的战略。

(3) 企业处于第Ⅲ象限时，则表明企业在增长缓慢的产业竞争中处于不利的竞争地位，企业必须脱离此项业务以避免损失的进一步恶化，可考虑的战略有收缩战略、集中多元化战略、横向多元化战略、剥离和结业清算战略。

(4) 企业处于第Ⅳ象限时，则表明企业处于强势竞争地位，但主业所处的行业增长缓慢，企业可考虑采取集中多元化战略、横向多元化战略、混合式多元化战略和合资战略等。

【本章小结】

确定企业的经营范围，建立良好的业务组合是企业总体战略的核心内容之一。如果一家企业进入多个业务领域进行经营，则意味着其采取了多样化战略。多样化战略通过拓展业务领域谋求企业发展，同时达到规避风险的作用。企业采取多样化战略经营的原因非常复杂，可以归纳为外部环境驱动和内部条件的达成。多样化对于企业的成长各有利弊，如果企业过度多样化将使经营陷入危机。集中生产单一产品或服务的战略从本质上讲是回归主业，充分发挥企业的核心能力。

一体化战略是企业的一种成长战略，它分为纵向一体化和横向一体化。企业沿产业链上下游布局称为纵向一体化，它又分向产业链上游发展的后向一体化和向产业链下游发展的前向一体化。纵向一体化具有有利于经济性的实现、便于控制协调等优点，但同时也存在增加商业风险、代价昂贵等缺点。横向一体化是指企业在同业中扩大规模。横向一体化具有实现规模经济、减少竞争对手、巩固市场等优点，也存在增加管理成本、质量难以控制和存在法律限制等缺点。

并购是企业成长发展的一种重要方式，它通过获得被收购企业的全部或部分产权来控制、影响被收购企业，为达成本企业的战略目标服务。并购的动因主要表现为扩大规模获得规模效应，扩大市场份额，提高市场地位，获得廉价生产原料和劳动力，获得品牌、技术、管理、网络、人才等资源，实施多样化战略，降低风险等。

企业战略联盟已成为企业重要的战略手段。企业通过合作，分担风险，共享收益来实现共赢的局面。战略联盟的优势表现为降低新市场的进入门槛，分担研发等成本，降低风险，获取互补型资源以增强竞争力，有助于企业建立行业技术标准。实施战略联盟的关键环节包括：合作伙伴的选择、联盟的组织结构以及对战略联盟的有效管理。

【思考题】

1. 请分析业务组合对于企业长远发展的战略意义。
2. 比较多样化战略和集中生产单一产品或服务的战略差异，说明其不同的适用范围。
3. 请简要分析一体化战略与多样化战略的异同，并通过实例加以说明。
4. 请简要分析纵向一体化战略和横向一体化战略的优缺点，并通过实例加以说明。
5. 请简要分析前向一体化战略和后向一体化战略的优缺点，并通过实例加以说明。
6. 请简要说明并购对于企业成长的意义。
7. 企业战略联盟的实质是什么？

【拓展阅读】

◇ 阅读推荐

(美)阿尔·里斯，(美)杰克·特劳特. 22 条商规[M]. 王方华，陈洁，译. 上海：上海人民出版社，2003.

◇ 推荐理由

阅读材料是美国著名作家阿尔·里斯和杰克·特劳特 20 多年经验集成之作。提到的营销定律并不随时代和环境的变迁而改变。战术或许一直在变，但是好的战略从未改变，在 20 世纪 70 年代、80 年代和 90 年代都奏效的战略，在 21 世纪的今天也同样奏效。正如中国古代哲学家老子所言，“独立而不改，周行而不殆”。

【实践项目】

调查你所在地的一家特定企业，分析企业现阶段采用的总体战略，并撰写分析报告。

1. 确定企业战略制定的主要方式。

2. 结合大战略矩阵，对企业总体战略进行分析。确定企业总体战略采用的是稳定发展战略，还是快速发展战略，或者防御战略？

3. 企业如果采用的是稳定发展战略，确定采用该战略的具体战略特征表现。

4. 企业如果采用的是快速发展战略，确定采用该战略的具体战略类型和实施方式。

5. 企业如果采用的是防御战略，确定企业采用该战略的具体原因。

第六章 企业竞争战略选择

【学习要求与目标】

1. 理解竞争战略所要解决的中心问题。
2. 重点掌握基本竞争战略的类型。
3. 掌握基本竞争战略的选择方法。
4. 理解企业在产业不同发展阶段采取的竞争战略。
5. 重点掌握战略评价与选择方法。

党的二十大报告提出:加快构建新发展格局,着力推动高质量发展;实施科教兴国战略,强化现代化建设人才支撑。发展全过程人民民主,保障人民当家作主;坚持全面依法治国,推进法治中国建设;推进文化自信自强,铸就社会主义文化新辉煌;增进民生福祉,提高人民生活品质;推动绿色发展,促进人与自然和谐共生;推进国家安全体系和能力现代化,坚决维护国家安全和社会稳定;实现建军一百年奋斗目标,开创国防和军队现代化新局面;坚持和完善"一国两制",推进祖国统一;促进世界和平与发展,推动构建人类命运共同体;坚定不移全面从严治党,深入推进新时代党的建设新的伟大工程。这是党对于提升国家实力和竞争力的战略选择。

那么,提升企业实力和竞争力的战略选择是什么呢?如何提升企业业务在行业的竞争优势?对企业业务所在行业进行分析的重要作用之一在于明确企业在行业中所处的地位,竞争位置会决定企业的获利能力高低。即使在产业结构不佳、平均获利水平差的产业中,竞争位置较好的企业,仍能获得较高的投资回报。为了使企业的业务在行业中赢得良好的竞争优势,美国著名战略管理学家迈克尔·波特教授提出了可供企业经营业务选择的三种竞争战略:成本领先战略、差异化战略和集中化战略。企业可以通过根据不同的战略定位来选择这三种竞争战略,以提升业务在各行业的竞争优势。

【先导案例】

你是"小米"发烧友吗?

1. 公司简介

小米集团是一家主要从事智能手机、物联网(IoT)和生活消费产品研发和销售业务,提供互联网服务,以及从事投资业务的中国投资控股公司。公司主要通过四个部门开展业务。智能手机部门主要从事智能手机销售业务。IoT和生活销售产品部门主要销售其他自家产品[包括智能电视机、笔记本电脑、人工智能(AI)音箱和智能路由器]、生态链产品(包括IoT和其他智能硬件产品)以及部分生活消费产品。互联网服务部门提供广告服务及互联网增值服务。其他部门提供硬件产品维修服务。公司在国内市场和海外市场销售产品。

公司于 2010 年 1 月在北京市成立，公司的创始人是雷军，2018 年 7 月 9 日公司在港交所主板挂牌上市，股票代码为 01810。2021 年，小米集团总收入达到人民币 3 283 亿元，同比增长 33.5%；净利润达到人民币 220 亿元，同比增长 69.5%。2021 年，公司全球智能手机出货量同比增长 30.0%，达到 190.3 百万台，创历史新高。根据 Canalys 数据，2021 年小米智能手机出货量排名全球第三，市场占有率为 14.1%，年度出货量及市场份额均创历史新高，在全球前五大智能手机厂商中出货量同比增速最快。2021 年 12 月，全球 MIUI 月活跃用户数达到 508.9 百万，同比增长 28.4%。2021 年全年，公司全球净新增 MIUI 月活跃用户数达到 112.5 百万。截至 2021 年 12 月 31 日，公司 AIoT 平台已连接的 IoT 设备(不包括智能手机、平板及笔记本电脑)数达到 434.0 百万，同比增长 33.6%。

2. 业务结构

公司为投资控股公司，主要于中国及其他国家或地区研发及销售智能手机、IoT 及生活消费产品，提供互联网服务及从事投资控股业务。

(1) 智能手机。2021 年，全年智能手机销售收入达到人民币 2 089 亿元，同比增长 37.2%；全年智能手机出货量为 190.3 百万台，同比增长 30.0%。根据 Canalys 数据，2021 年公司智能手机出货量排名全球第三，市占率为 14.1%。

(2) 互联网服务。2021 年全年，互联网服务收入达到人民币 282 亿元，同比增长 18.8%。同时，公司的境外互联网业务增长强劲。2021 年全年收入达到人民币 50 亿元，在整体互联网服务收入中占比达到 17.8%。其中，2021 年第四季度，境外互联网业务收入达到人民币 16 亿元，同比增长 79.5%，在整体互联网服务收入中占比持续提升，达到 21.5%。公司的全球互联网用户规模继续保持增长。2021 年 12 月，全球 MIUI 月活跃用户数达到 508.9 百万，同比增长 28.4%。其中，中国大陆 MIUI 月活跃用户数为 129.8 百万，同比增长 17.0%。2021 年全年公司全球净新增 MIUI 月活跃用户数达到 112.5 百万，中国大陆净新增月活跃用户数达到 18.9 百万。同时，公司的电视互联网用户规模也保持稳健增长，2021 年 12 月，小米智能电视的月活跃用户数同比增长超过 29%；其中，小米电视的付费用户同比增长 14.5% 至 4.9 百万。2021 年，公司的广告业务收入达到人民币 181 亿元，同比增速高达 42.3%，主要得益于公司智能手机出货量增加、用户规模的持续扩大、高端手机用户占比提升以及商业化能力的增强。2021 年，公司的游戏收入达到人民币 40 亿元，同比微降 5.7%，主要由于上半年仍受到 2020 年第三季度商业条款调整对同比的影响，下半年业务恢复同比增长。

3. 公司战略更新

公司持续推进“手机 XAIoT”的核心战略。2021 年，公司全球智能手机出货量同比增长 30.0%，达到 190.3 百万台，创历史新高。根据 Canalys 数据，2021 年小米智能手机出货量排名全球第三，市占率为 14.1%，年度出货量及市场份额均创历史新高，在全球前五大智能手机厂商中出货量同比增速最快。2021 年 12 月，全球 MIUI 月活跃用户数达到 508.9 百万，同比增长 28.4%，2021 年全年公司全球净新增 MIUI 月活跃用户数达

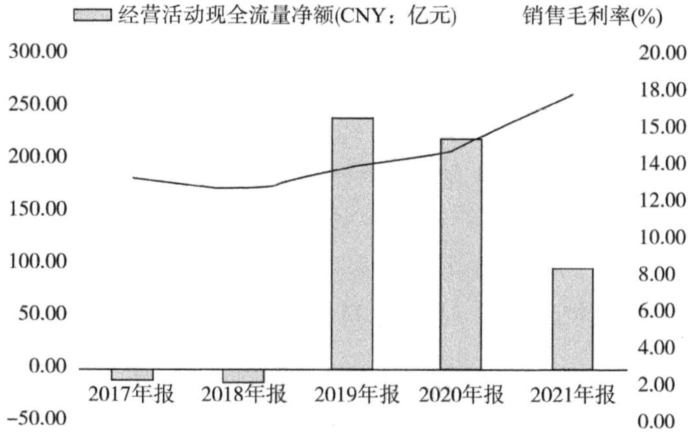

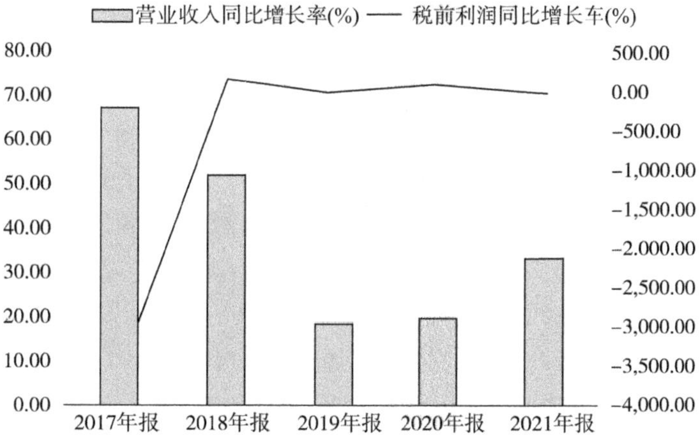

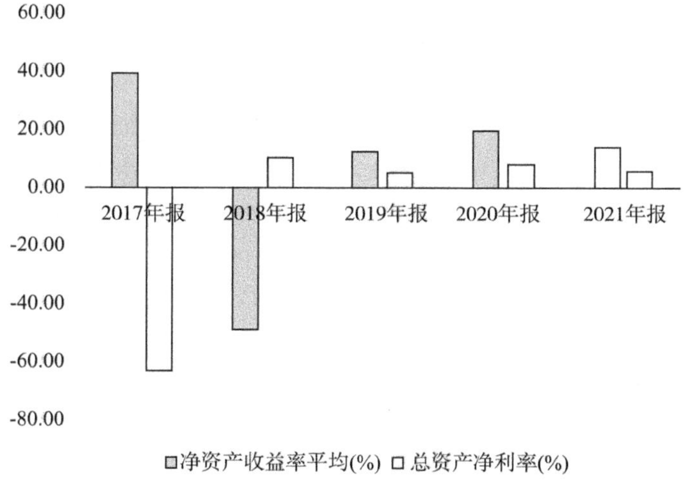

数据来源：同花顺财经网站。

到 112.5 百万。截至 2021 年 12 月 31 日，公司 AIoT 平台已连接的 IoT 设备(不包括智能手机、平板及笔记本电脑)数达到 434.0 百万，同比增长 33.6%。拥有五件及以上连接至公司 AIoT 平台的设备(不包括智能手机、平板及笔记本电脑)的用户数达到 8.8 百万,同比增长 40.4%。2021 年 12 月,人工智能助理"小爱同学"月活跃用户数同比增长 23.3%,达到 107.0 百万;2021 年 12 月,米家 App 的月活跃用户数同比增长 42.0%,达到 63.9 百万。

公司不断提升手机与 AIoT 产品间的协同效应,进一步打造领先的智能生态。在 2021 年 12 月发布 MIUI13 的同时,公司推出了小米妙享中心,通过全新的卡片拖拽的交互方式,即可实现音乐、视频等内容跨设备间的自然流转。此外,公司也发布了 MIUIFamily,针对个人、家庭、企业等不同场景,提供了差异化的功能及服务,进一步增强手机、平板、智能手表、智能电视、有屏音箱等不同智能终端之间的互联互通。

4. 公司核心竞争力

(1) 公司坚持以创新驱动技术革新,持续加大研发投入。2021 年,公司的研发支出达到人民币 132 亿元,同比增长 42.3%。公司将坚持以技术为本,预计未来五年集团研发投入将超过人民币 1 000 亿元。

(2) 公司坚定不移地执行手机高端化战略,更加强调以用户体验为先,不断提升公司在高端手机市场的竞争力。2021 年,公司中国大陆地区定价在人民币 3 000 元或以上,及境外定价在 300 欧元或以上的高端智能手机全球出货量超过 2 400 万台,远超 2020 年全年约 1 000 万台的水平。按出货量计算,公司高端智能手机占比由 2020 年的约 7%增长至 2021 年的约 13%。根据 Canalys 数据,2021 年公司在中国大陆智能手机出货量排名第三,市占率从 2020 年的 12.1%上升至 15.2%,创历史新高。2021 年 12 月中国大陆 MIUI 月活跃用户数为 129.8 百万,同比增长 17.0%,2021 年全年中国大陆净新增用户数达到 18.9 百万。

(3) 公司持续巩固线上渠道优势。根据第三方数据,公司中国大陆智能手机线上渠道出货量市占率由 2020 年的 23.4%提升至 2021 年的 33.6%。同时,公司不断拓宽线下渠道覆盖,截至 2021 年 12 月 31 日,中国大陆线下零售店数量已经超过 10 200 家。

(4) 公司的国际化战略持续稳步推进。2021 年,公司境外收入达到人民币 1 636 亿元,同比增长 33.7%,占公司总收入的 49.8%。根据 Canalys 数据,2021 年全年,公司在全球 14 个国家和地区的智能手机出货量排名第一,在全球 62 个国家和地区出货量排名前五,在欧洲市场出货量排名第二。2021 年全年,公司在全球主要市场包括欧洲、拉美、中东、非洲及亚太地区的市场占有率均取得提升。

6.1 企业竞争战略概述

企业竞争战略,又称企业业务层战略、经营战略或事业部战略,是指在给定的一个业务或行业内,经营单位如何竞争取胜,或者说是企业在特定的市场环境中如何营造、获取竞争优势的途径或方法。

迈克尔·波特在其 1980 年出版的著作《竞争战略》中讨论了关于汽车、自行车、造船、照相机、采油、医疗卫生、金融劳务、婴儿食品等产业的竞争实例,明确地提出了三种通用的基本竞争战略:成本领先战略、差异化战略和集中化战略。波特认为,这三种基本竞争战略是每一企业必须明确的，要想在竞争中胜出，必须选择靠拢这三种战略之其一，以确立竞争优势。因为徘徊其间的战略地位是极其危险的。

竞争战略所要解决的中心问题，是企业经营单位（或事业部）在已定的业务或行业内如何采取竞争战略、超越竞争对手、获取竞争优势的问题。竞争战略的目标是为企业建立一个不仅能防御竞争者，也能对付卖方、买方、新进入者和替代品的优势地位。

6.2　基本竞争战略选择

6.2.1　成本领先战略

1. 成本领先战略的概念

成本领先战略（Cost Leadership Strategy），即企业通过一系列内部和外部成本控制活动最大限度地降低成本，使得企业成本低于竞争对手，甚至在全行业中处于最低水平，从而获取竞争优势，成为行业成本领先者的战略。因此，也称为低成本领先战略。

采用成本领先战略，意味着企业可以通过其低成本地位来获得持久的竞争优势，从而成为行业中高水平的经营单位。实施成本领先战略时，低成本并非放弃质量和服务。一个低成本生产者必须发现和挖掘所有的资源优势。成本领先战略实施的关键，就是在满足顾客最重要的产品特征和服务的前提下，实现相对于竞争对手的可持续性成本优势。

专栏 6.1　智能物流引领的成本领先战略

美国沃尔玛连锁店公司是美国最大的也是世界上最大的连锁零售商。1962 年沃尔玛的创始人山姆·沃尔顿在美国阿肯色州的罗杰成立了第一家沃尔玛门店，1990 年沃尔玛成为全美第一大零售企业。经过五十多年的发展，沃尔玛已经成为世界最大的私人雇主和连锁零售商，多次荣登《财富》杂志世界 500 强榜首及当选最具价值品牌。

沃尔玛致力通过实体零售店、在线电子商店以及移动设备移动端等不同平台不同方式来帮助世界各地的人们随时随地节省开支，并生活得更好。每周，超过 2.6 亿名顾客和会员光顾沃尔玛在 28 个国家拥有的超过 63 个品牌下的约 11 500 家分店以及遍布 11 个国家的电子商务网站。沃尔玛在 2016 财政年度（2015 年 2 月 1 日至 2016 年 1 月 31 日）的营业收入达到近 4 821 亿美元，全球员工总数约 230 万名。一直以来，沃尔玛坚持创新思维和服务领导力，一直在零售业界担任领军者的角色；更重要的是，沃尔玛始终履行“为顾客省钱，从而让他们生活得更好”的这一企业重要使命。“永远低价”是沃尔玛提出的响亮口号，但如何做到“永远低价”呢？

一、智能物流技术和物流管理

(1) 使用计算机管理提高效率

传统的物流公司的货物进入仓库，都是由人工进行登记点数，由于人工记数的原因，还会出现错记、少记等问题。当要出货的时候要花费一定的时间去寻找这些货物的位置以及库存情况，有时候还找不到货物在哪里，而沃尔玛的配送中心对商品都使用条码进行标记，便于电脑进行查找这是哪种货物，当商品储存进入配送中心的时候，计算机都会把它们存储的位置和数据一一记录下来，各门店要货的时候，计算机和激光扫描器就查找出这些货物的具体位置以及库存情况，再打印出印有商品代号的标签，最后贴在商品上，这样就可以节省大量的人工和降低出错率，提高了物流效率。

“计算机管理使许多商品在配送中心停留的时间总计不超过48小时，沃尔玛可保证各分店货架平均每周补货两次，而其他同业商店只能平均每两周补货一次。快速的送货，使沃尔玛各分店即使只维持极少存货也能保持正常销售，从而大大节省了存贮空间和存货费用。据美国经济学家斯通博士计算，沃尔玛物流成本只占销售额的1.3%”。沃尔玛5 300多家门店的POS机，当扫描完一件商品时，他就可以通过计算机把该商品的信息传到该门店的信息管理系统，各供应商和制造商也可以通过通信网络和信息共享系统获得该商品的信息以便他们制定采购计划、生产计划、补货计划，数据也会立即传至位于美国本顿维尔的沃尔玛总部的计算机中心。使用实时链接的信息共享系统，为沃尔玛带来的效益是显而易见的，它的管理费用比竞争对手低7%，物流费用节约了30%，存货期由6周降至6小时，加快了货物的周转速度，获得了更多的流动资金。在零售业客户关系管理上，沃尔玛每周都对顾客的期望和反映进行调查，管理人员根据电脑信息系统进行信息的调查，并通过直接调查收集到的顾客期望及时更新商品的组合及组织采购，改进商品陈列的摆放，营造舒适的购物环境，使顾客在沃尔玛不但买到称心意的产品，而且得到满意的全方位购物享受。

(2) 电话、网络、EDI等信息技术提高供应链管理的效率

“现代信息技术是沃尔玛供应链管理成功的保证，物流系统的整合是沃尔玛供应链管理成功的内部优势”。例如，沃尔玛能通过电话、网络及分销渠道，在第一时间知道客户的真实需求，使供应商做出快速有效的反应，大大缩短了沃尔玛的供应链，提高了供应链管理的效率，加快了沃尔玛的商流、物流、信息流、资金流的进程，使得沃尔玛几乎能把握每一个销售机会，从而也提高了沃尔玛信息技术的投资回报率；在20世纪80年代末的时候，沃尔玛还利用EDI与供应商建立自动订货系统，它通过网络系统向供应商提供商业文件、发出采购指令、获取收据和装运清单等，供应商也可以及时准确地了解到其产品的销售情况，提高供应链管理的效率，而当时其他的零售企业大部分都是通过电话或发邮件进行订货采购，效率慢、成本高，不利于与供应商信息的沟通，很难实现双赢，这样也不利于双方建立长期合作的关系。从中国来看，沃尔玛在中国销售的产品中本地产品达到95%以上，与近2万家供应商建立了合作关系。沃尔玛一贯视供应商为合作伙伴，与供应商共同发展。

2008年，在由上海商情—供应商满意度测评办公室发布的《2008供应商满意度调查报告》中，沃尔玛问鼎多项满意度最高指标，连续第五年被供应商选为“综合满意度最高的连锁卖场”。信息技术在沃尔玛供应链管理中发挥了举足轻重的作用，它让沃尔玛获得了比其他零售的企业更多的机会，使供应商与沃尔玛之间随时保持着信息的沟通，实现双赢，建立更长久的合作关系。

(3) 数据仓库技术聚集资源

数据仓库是来自多个源的数据的存储库，它可通过Internet将不同的数据库连接起来并将数据全部或部分复制到一个数据存储中心。“沃尔玛的物流高效率正是因为他们运用了最先进的数据挖掘技术，利用数据挖掘技术沃尔玛对商品进行市场分组分析，即分析顾客最有希望一起购买哪些商品”。其中就有他们利用数据仓库分析发现了尿布和啤酒的关

联，因为美国太太们都会叮嘱她们的丈夫下班后为孩子买尿布，而他们买尿布的时候又会买自己爱喝的啤酒。

沃尔玛利用数据仓库技术发现商品之间的关联后就把他们摆放在一起，这为他们带来了利润的增长点。数据仓库技术为沃尔玛分析出最好的陈列方式、了解顾客在其门店的购买习惯，还有未被发现的商业价值，进而时刻把握住利润，通过全球、全集团、全方位、全过程、全天候的自动数据采集技术，还可改变传统的依靠假设和推断来确定订货的方式。沃尔玛的缔造者 SAMWALTOM 在他的自传《MADE IN AMERICAN：MY STORY》一书中写道，"我能顷刻之间把信息取出来，而且是所有的数据，我能拿出我想要的任何东西，并确切地讲出我们卖了多少。"采用数据仓库技术，可以充分利用企业内部已有的海量数据资源，从中挖掘出有价值的知识和规则来支持企业决策，将客观翔实的经验数据与决策者自身的宝贵经验有效地结合起来，提高企业的市场竞争力。

(4) 正在推广的 RFID 带来了显著的效益

"在沃尔玛成就'零售帝国'的道路上，先进的信息系统做出了巨大的贡献，而这其中，RFID 的身影显得分外醒目"。Sanford C. Bernstein 公司零售业分析师估计，通过采用 RFID 技术，沃尔玛每年可节省约 83.55 亿美元。沃尔玛商场采用 RFID 技术支持的电子产品编码(EPC)与没有采用这种技术的普通商场相比，脱销率降低了 16%。相同的货物脱销，有 EPC 的货物补充的速度比用条形码的快三倍。同样重要的是，沃尔玛人工订货减少了，加快了资金的流通速度，全球减少了 80%的库存，货物流动周期比以前快了 3 倍，流动库存率提高了 20%，提高了物流和配送效率，减少了雇佣员工，降低了劳动力成本；RFID 也减少了统计差错，即时获得准确的信息流，进一步降低了在供应链各个环节上的安全存货量和运营资本，巩固和扩大了在该领域的竞争优势，例如：供货商的商品在进入配送中心时，由放置在大门上的读写器读取托盘或货箱上的 RFID 标签以获得商品及其流通信息，并进行仓储管理，当托盘或货箱离开配送中心时由另一组读写器读取商品及其流通数据并记录。RFID 也为顾客带来很大的方便，进入沃尔玛买东西的顾客也可以不用排队结账，可以通过带有 RFID 标签

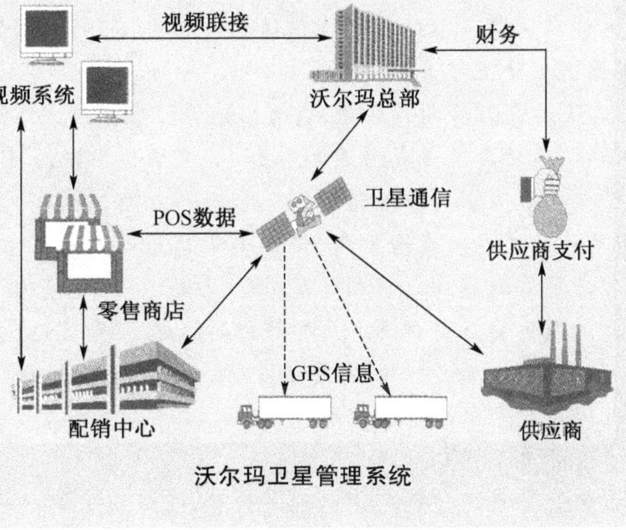

沃尔玛卫星管理系统

的结算卡进行自动扣除，沃尔玛也能够利用RFID技术提供足够的信息，让顾客很快而且准确地找到他们想找的商品。在其他基数不变的情况下，服务的质量和水准提升了，消费者的满意度就会提高，客户群也会随之增大，这样可以让顾客感觉到购买的不仅仅是商品，还有服务、心情、时间和效率。目前沃尔玛在全世界已安装了约5 000个RFID系统，实际年销售额约为9.64亿美元。

二、购货环节采取多种方式来降低购货成本

(1) 直接向工厂购货方式。很多商家采取的是代销的经营方式，以规避经营风险，沃尔玛却实施直接买断购货政策，而且对于货款结算采取固定时间决不拖延的做法。沃尔玛的平均应付期为29天，竞争对手凯玛特则需45天。这种购货方式虽然使沃尔玛需要冒一定的风险，但供应商的利益得到了保护，大大激发了供应商与沃尔玛建立业务的积极性，赢取了供应商的信赖并同供应商建立起友好融洽的合作关系，从而保证了沃尔玛的最优惠进价，大大降低了购货成本。据沃尔玛自己的统计，沃尔玛实行向生产厂家直接购货的策略，使采购成本降低了2%～6%。

(2) 统一购货方式。沃尔玛采取中央采购制，尽量由总部实行统一进货，特别是那些在全球范围内销售的高知名度商品，如可口可乐、柯达胶卷等，沃尔玛一般将一年销售的商品一次性签订采购合同，由于数量巨大，其获得的价格优惠远远高于同行，形成他人无法比拟的低成本优势。

(3) 辅助供应商减少产品成本方式。沃尔玛通过帮助供应商改进工艺、提高质量、降低劳动力成本、分享沃尔玛的信息系统等，辅助供应商实现最低成本，从而提高收益率。

三、存货环节采取建立高效运转的配送中心以保持低成本存货

配送中心的任务就是将供应商大量运达的商品配送至各分店。为提高效率，配送中心内部实行完全自动化，所有货物都在激光传送带上运入和运出，效率非常高，平均每个配送中心可同时为三十辆卡车装货，并可为送货的供应商提供135个车位。配送中心的高效运转使商品在配送中心的时间很短，一般不会超过48小时。这种建立配送中心的方法，大大提高了库存周转率，缩短了商品储存时间，有效避免了公司在正常库存条件下由各店铺设置仓库所付出的较高成本。在沃尔玛各店铺销售的商品中，87%左右的商品由配送中心提供，库存成本比正常情况下降低了50%。

四、在运输环节，沃尔玛自身拥有车队，有效地降低了运输成本

在整个物流链条中，运输环节是最昂贵的部分，如果运输车队省下的成本越多，那么整个物流链条节省的钱就会越多。为降低运输成本和提高效率，沃尔玛采取了自身建立车队的方法，并辅之全球定位的高科技管理手段，保证车队总是处在一种准确、高效、快速、满负荷的状态。沃尔玛各店铺从向总部订货到实现补货，仅需2天，而竞争对手需要4至5天才能实现补货一次。据沃尔玛自己的统计，沃尔玛的商品运往商店的成本，即进货费用占商品总成本的比例只有3%，而竞争对手则需要4.5%～5%。这就保证了沃尔玛能以快速的服务和低廉的价格获得与竞争者同样的利润。

五、日常运营经费管理环节进行严格控制

沃尔玛对于日常运营费用的控制可谓达到了极点，在行业平均水平为5%的情况下，沃尔玛整个公司的管理费用仅占公司销售额的2%。为维持低成本的日常运营管理，沃尔玛

在各个细小的环节上都实施节俭措施。如办公室不置昂贵的办公用品和豪华装饰，店铺装修尽量简洁，商品采用大包装，减少广告开支，鼓励员工为节省开支出谋划策等等。另外，沃尔玛的高层管理人员也一贯保持节俭作风，即使是总裁也不例外，首任总裁山姆与公司的经理们出差，经常几人同住一间房，平时开一辆旧二手车，坐飞机也只坐经济舱。可以说，沃尔玛一直想方设法从各个方面将费用支出与经营收入比率保持在行业最低水平，这就使沃尔玛在日常管理方面获得了竞争对手无法抗衡的低成本管理优势。

【分析题】

沃尔玛的成功给你带来什么启示？如何理解成本领先战略？

【分析思路提示】

沃尔玛能够取得今日的成就，其中一个重要原因就是成功地实施了成本领先战略。

在此案例中，沃尔玛利用发达的高科技信息处理系统、卫星系统作为成本领先战略实施的基本保障，通过对智能物流技术持续投资，提升对货品的采购、存储、销售和运输等物流循环链的综合管理能力，实现了经营效率的提高和经营开支的降低，从而获取了与众不同的竞争优势。

基于该案例可以感受到低成本战略源自先进的管理理念和技术，它需要在商品流通和经营的各个环节，想尽一切办法降低成本，使商品价格保持在最低价格线上，然后利用成本优势打开市场，扩大市场份额，最终取得同等市场条件下的超平均利润，沃尔玛正是如此成为零售行业成本领先战略的经营典范。

案例中沃尔玛属于零售业，零售业的竞争激烈，而所售产品是来自于供应商的标准化和同质化商品，难以实现差异化，消费者转化成本很低，只能通过低价格来吸引顾客，因此，沃尔玛借助信息技术从产品流通各个环节控制成本，以低成本战略来获取竞争优势。

2. 成本领先战略实施的原因

(1) 形成进入障碍，避免潜在进入者的威胁

利用超大的生产规模和低廉的成本优势形成进入障碍，使欲进入该行业者望而却步。例如，广东顺德格兰仕微波炉电器有限公司的大规模生产在降低了产品成本的同时，也提高了微波炉行业的进入障碍。

(2) 有效防御竞争对手的对抗

当消费者购买力下降，竞争对手增多，尤其是发生价格战时，成本领先地位可以起到保护企业的作用。

(3) 增强讨价还价的能力，更灵活地处理供应商的提价行为

由于低成本领先企业对原材料或零配件的需求量大，因而为获得廉价的原材料或零配件提供了可能，即使供应商要提价，企业也因成本领先能更灵活地加以处理。

(4) 降低替代品的威胁

替代品生产厂家在进入市场时，如果强调替代品的低价，占据成本领先地位的企业可以通过进一步降价以抵御替代品对市场的侵入。如果强调优于现有产品的特性和用途，企业仍可吸引一部分对价格更敏感的消费者群体。

(5) 对抗强有力的买家

购买者讨价的前提是行业内仍有其他企业向其提供同类产品或服务，一旦价格下降到

低于最有竞争力对手的水平，购买者也就失去与企业讨价还价的能力。

3．成本领先战略获取利润的途径

成本领先战略可通过两条途径获取利润：

（1）利用成本优势定出比竞争对手更低的销售价格，吸引对价格敏感的顾客群，进而提高获利能力；

（2）不降低商品价格，满足于现有市场份额，利用成本优势提高单位利润率，进而提高总利润和投资回报率。

成本领先战略的理论基石是规模效益（即单位产品成本随生产规模增大而下降）和经验效益（单位产品成本随累积经验增加而下降），它要求企业的产品必须具有较高的市场占有率。如果产品的市场占有率很低，则大量生产毫无意义；而不大量生产也就不能使产品成本降低。

4．成本领先战略实施的关键因素

（1）实现规模经济

规模经济是指在技术水平不变时，N 倍的投入产生了大于 N 倍的产出。只有实现了规模经济，单位产品的成本才会逐渐降低。例如制造类行业往往可以通过简化产品线，对比较少的产品模型生产采用较长的生产计划周期，在不同的产品模型中采用相同的零配件等措施实现规模效益。

规模经济也可能来自企业的销售管理和市场营销方式。销售队伍如果按照地理区域组织，那么，往往可以随着区域销售额的上升实现规模经济。

（2）形成学习及经验曲线效应

开展某项活动的成本往往因为经验和学习的经济性而随时间下降。经验性成本节约来源于：企业的职员学会了如何更有效完成他们的任务和使用更新的技术；找到了改善工厂布置和工作流程的方式；找到了修改产品设计以提高效率的途径；找到了改进零配件以简化装配的工艺方法。

学习还可以降低建造和运作新零售网点、新生产工厂或新分销设施的成本。

（3）具备资源与技能

成本领先战略实施所需要具备的资源与技能主要包括：持续的投资和增加资本，研究开发与制造能力，市场营销的手段，以及内部的管理水平。

企业在设备或研发方面加大了投入，采用了先进技术或工艺，生产效率的提升能够大大减低单位产品的成本。

（4）企业内业务单元的协作与配合实现资源共享

企业内的不同产品线或业务单元通常共同使用一个订单处理系统或客户服务处理系统，使用相同销售力量、仓储、分销设施，依靠相同的客户服务和技术支持队伍，这也是降低成本的重要手段。

（5）组织贯彻落实执行

组织落实的必要条件，主要考虑严格的成本控制，详尽的控制报告，合理的组织结构和责任制，以及完善的激励管理机制。

5. 成本领先战略的类型

成本领先战略主要包括四种类型：产品改进型、材料节约型、人工费用降低型、生产自动化和创新型。

成本领先战略的实施可以保障企业实现经营业务低成本的良性循环，即对经营业务实施低成本战略，获取较高的市场占有率，从而获得高额收益，然后通过更新设备，进一步降低成本（见图 6-1）。

6. 成本领先战略实施的风险

（1）投资大，技术变化带来的风险

采用先进的生产设备进行高效率的生产，企业投资额大。技术上的突破和变化使企业过去投资的设备和通过学习积累的经验失效，成为失效的资源。

（2）竞争对手模仿带来的风险

技术变化带来的产业新加入者通过模仿或者依靠对高技术的投资能力，用较低的成本进行学习，以更低的成本参与竞争，致使企业丧失成本领先地位。

（3）忽视消费者需求带来的风险

如果成本领先企业将注意力过多地集中在成本控制上时，就可能忽视消费者偏好和要求等，消费者不喜欢使得企业可能失去原有的产品和优势。

7. 成本领先战略的保障实施条件

（1）设计一系列便于制造和维修的相关产品，彼此分摊成本。

（2）在现代化设备方面进行大量的领先投资，采取低价位的进攻性的定价策略。

（3）进行再投资以维持低成本。

（4）企业具有先进的生产工艺，降低制造成本。

（5）降低研究与开发、产品服务、人员推销、广告促销等方面的费用支出。

（6）建立严格的以数量目标为基础的成本控制系统。

（7）企业建立起具有结构化的、职责分明的组织机构，便于从上而下地实施最有效的成本控制。

8. 改善成本的策略

根据经营业务的重要性以及相对于竞争的业务成本，可确定改善经营业务成本的策略（见图 6-2）。

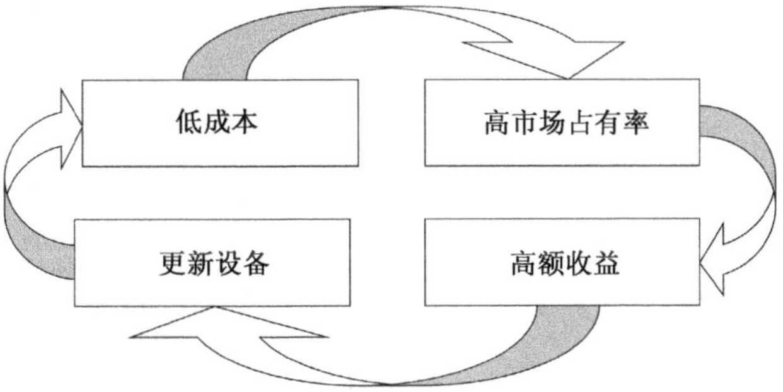

图 6-1　低成本的良性循环

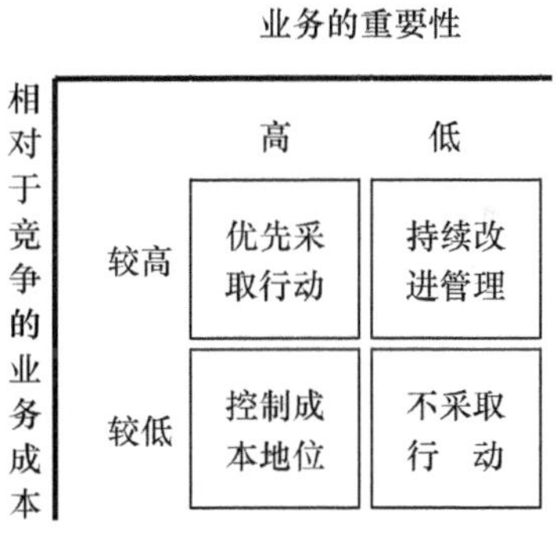

图 6-2　改善成本的策略

专栏6.2 丰田汽车公司无止境挤压成本求生

丰田，从一个靠模仿起家的小企业发展到国际汽车巨头。当初价格便宜、简单模仿的日本汽车与今天的中国产品，在国际市场上有着惊人的相似之处，是什么让丰田逃过了国内成本逐渐上升的困境、国际石油危机导致的全球性萧条，最终打败强大的欧美对手，雄霸国际市场？

2006年，丰田汽车终于登上巅峰，一举成为全球产量第一的汽车企业，而更令同行汗颜的是，早在3年前，丰田的利润就超过了通用、福特、戴克（戴姆勒-克莱斯勒集团）三大巨头的总和，达到102亿美元。更有统计显示，在近年美国汽车市场上，丰田售出一辆车的平均盈利是1 800美元，通用公司的盈利是300美元，而福特每卖出一辆车则要亏损240美元。

直到20世纪50年代前期，丰田才进入小型汽车产业。当时，欧洲生产的小型廉价汽车独霸天下，新生的企业几乎找不到突破口。和大多数中国企业一样，丰田采用了一种最简单的起步方式——模仿。

和今天的中国商品一样，起初的丰田，很快就在美国形成了一个价廉物美的形象，因为他们善于模仿，并将有限的财力放在改造上，将汽车改造得更适合市场需求。借助国内劳动力和一系列成本优势，丰田在美国市场上与同类型的美国车相比，每辆要便宜100到400美元，再加上配件也很便宜，迅速打开了国际和国内市场。

但之后，丰田遇到了两个重要历史考验——20世纪70年代初期的石油危机和日元升值。1971年，石油危机导致经济萧条，迫于国内就业压力，美国总统尼克松宣布，对进口商品征收100%的附加税，同年日元升值17%，使丰田车在美国的售价在五个月内上升了10%，这大大抵消了日本车的价格优势。1974年丰田公司汽车销售数量与前一年相比同比下降14%、营业收益下降83%。

而到了1985年，情况更加严重。美、英、法、日、德等五国签署“广场协议”后三年时间里，日元兑美元上升了100%（从1∶240上升到1∶120），而当时，丰田每年的3 000亿日元营业利润有一半多来自出口——日元每升值1元，就意味着公司要有70亿日元收入化为乌有。

很多日本企业陷入困境，靠模仿起家的丰田也必须解决一个问题——在成本升高的情况下，如何塑造新的优势，并保证更好的质量？把成本节约做到极致，并将产品质量进行精细管理！这是丰田顺利度过困境的两个撒手锏。

奇思妙想无限挤压成本

幸运的是，早在危机到来之前的20世纪60年代，丰田就意识到，大批量生产一旦遇到经济萧条，危险是巨大的，于是开始摸索既利用现代化生产线，又防止浪费的方法，这就是著名的丰田生产方式。

首先，受到大卖场里补货原理的启发，丰田颠覆了传统的生产计划概念，采用倒推制，即，当后一道工序只剩3件多余零件的时候，才向前一道工序提出供货要求，依次倒推，这样，就避免了各个环节生产多余零件，产生浪费，并保证每道工序需要的零件都及时到位。1962年开始，丰田在每个车间都悬挂上“传票卡”，把下一道工序所需零件的数量、交货时间等都写在上面，一目了然，责任明确。

其次，丰田并不迷信现代化流水线，在自动化的生产线上安装了手动停机的按钮，一旦上一道工序产生连续次品，下一道工序操作者会立即按下按钮，让生产线停下来，避免生产出成堆的不合格零件，从而更精细地保证了质量。这种成本节约的惯性，在丰田遭遇石油危机和日元升值等成本危机后，发挥了至关重要的作用。

当危机到来的时候，丰田最驾轻就熟的应对之招就是——再降成本！为了降低设备投资成本，一种神奇的“柔性生产”方式被丰田运用到了极致——将生产单一车型的设备改造为可生产更多车型的通用型设备。从此两种完全不同的车型也可以在同一条生产线上生产。

柔性生产线为丰田节约了不可想象的成本，并让丰田的产品比竞争对手更容易实现多样化。最后甚至发展到，同一条生产线可以进行8种车型的生产，机器的安装成本比原来减少了50%，结果半年内就将每辆车成本降低1万日元。

这种节约成本的革命一直延续下来，并成为丰田的立身之本。成本的降低让丰田得以一直在国际国内市场上保持更低的价格，即便在经济萧条时期，也能够满足人们物美价廉的购买需求，公司收益很快恢复，1977年达到3 000亿日元，其金融收益达到450亿日元。

巧用石油困境化危机为契机

石油危机导致的美国市场萎缩，真正原因在哪里？是汽车价格太高，还是汽油价格太高？丰田最先找到了答案。

节油型汽车，正适应了在石油危机后人们的需求。丰田的新车型突出强调了三点：低油耗、安全和少污染。丰田和其他日本汽车商一起成功地开发出可节油25%～30%的新车型，同时，丰田还具备卓有成效的防事故性能，甚至还考虑事故后的安全性问题。

丰田“花冠”牌轿车上市时，就给竞争对手大众公司的甲壳虫车以沉重的打击——发动机功率和性能都提高了一倍，再加上易于操纵、省油，很快受到美国市场的青睐。除了外部造型优美，车内装修满足了所有美国人的渴望，如舒适的座椅，柔色的玻璃，就连扶手的长度和腿部活动空间的大小都是按美国人的身材而设计的。在石油危机的冲击下，克莱斯勒和美国汽车公司开始临时解雇员工，并关闭了六家工厂中的四家。而日本车的销售却极为顺利。1976年开始，人们开始倾向于购买小型轿车。这一年日本出口的汽车比上一年度增加103万辆，第二年，日本汽车在美国的市场占有率就超过了14.5%。

正是石油危机导致的成本上升和经济萧条，让丰田为首的日本汽车找到了打败欧美强大对手的最好时机。

海外巧妙投资绕过日元成本上升

日元升值，虽然意味着出口成本增加，但换一种思路，结果却截然相反——如果将生产工厂搬到出口目的地，则可以完全逃避这个成本；再伺机进口大量零件，反而可以节约成本！

第一步，利用日元升值“双刃剑”，丰田决定扩大零部件进口，并一直延续了这个传统。到1986年，丰田公司从海外进口零部件、原材料及设备已达740亿日元规模。1988年，丰田车及公司与泰国公司合作在泰国生产汽车模具，以实现零件和组装都本地化，专供日本国内生产；同年，日本电装公司也在中国台湾建立合资公司，生产供应日本市场的电装产品，这些海外采购和投资大大减少了成本。

第二步，到美国去设厂！和今天中国企业所担心的一样，对于一个亚洲企业来说，虽然去美国设厂可以逃过贸易壁垒，但风险也是巨大的——欧美国家的劳工力量强大，弄不好就会导致工厂停工。而丰田选择了一条巧妙的迂回之路。首先，丰田利用美国同行对丰田生产方式的好奇，主动提出把自己的生产经验与对方分享。1984年，与通用公司合资成立新联合公司(NUMMI)，同时生产丰田和通用两家公司各一款汽车，结果，这个合资公司的经营取得了很大的成功。丰田则换来了与本地供应商以及美国工人相处的经验。

在这一步投石问路成功之后，丰田公司于1986年在美国建立了第一个独资工厂TMM，并带动大量的本国的零配件生产厂家也搬到周边。之后，又在加拿大、法国、荷兰等地设立全资子公司，将工厂顺利地搬到了以往的出口目的地。

经过多年的艰苦努力，丰田成功地度过了历次的成本和政策危机，取得了丰硕的成果。或许正是各种成本和环境的考验，历练了丰田的这些生存技巧，使之成为能在任何萧条中获得利润的优秀企业。

【思考】

基于案例阐述成本领先战略的成功实施需要注重哪些问题?

【解析】

成本领先战略的实施对企业的资源、能力和管理水平都是有要求的，企业实施成本领先战略也需具备一定的条件，如所处企业行业、企业拥有的生产资源等等。此案例中，丰田汽车公司面临外部环境的剧烈变化，为在生存和发展中突破困境，不断转变思想，利用自己企业现有资源抓住外部的机会，通过各种方式挤压成本，在国际竞争中雄霸市场。

6.2.2 差异化战略

1. 差异化战略的概念

差异化战略(Differentiation Strategy)，即企业向消费者提供与众不同的产品和服务来满足消费者的特殊要求，在行业范围内树立起别具一格的经营特色，以独特性来取得竞争优势。

差异化战略并不是说可以忽略成本，只是强调该战略的重点不是成本问题而是产品的差异化问题。

专栏 6.3　涪陵榨菜的差异化

重庆涪陵榨菜公司的榨菜全国有名，吃起来又香又脆，日本人曾经想日本能不能制造出涪陵榨菜，曾把涪陵榨菜的土拿回日本进行了化验，但最后他们得出结论：日本做不出涪陵榨菜，因为重庆涪陵榨菜公司做榨菜时有一道关键工艺，即当把榨菜头收获以后，要把榨菜切成大片，用麻绳串起来，晾在涪陵长江边上，用涪陵长江边上一种带潮湿的风，吹这些榨菜片，吹过2～3天以后，把榨菜片吹蔫了，将其洗净切碎，放到坛子里放上辣椒等调料即成涪陵榨菜。日本人说我们国家没有你们涪陵长江边上带潮湿的风，因此做不出涪陵榨菜。

重庆涪陵榨菜公司的领导说，浙江省榨菜厂很多，但绝大多数榨菜厂并不是开在浙江，而是建在涪陵，就是因为涪陵长江边上有那种带潮湿的风，才能把榨菜做得好。这是其他地方不能模仿的。

涪陵榨菜的差异化来自资源的独特性，这种资源是涪陵这个地方享有的独特的风，其他地方无法模仿。

除了资源独特性形成的产品差异外，差异化还可以体现在以下几个方面：

（1）思维差异。企业不随流俗，进行逆向思维，找准市场的“空白点”，并及时去填补，赢得消费者的青睐。

（2）功能差异。功能效用是满足消费者潜在需求或显在需求的载体。企业应以产品的功能差异去满足消费者的需求差异，在两者的结合中形成、发展自己的目标顾客群。

（3）质量差异。质量是产品的生命，“零缺陷”的产品质量无疑是消费者所追求的。产品质量又是具体而实在的。许多情况下，需要以质量的差异来满足顾客群的需求差异。

（4）品牌差异。品牌的基本功能是辨识卖者的产品或劳务，以便同竞争者及其产品相区别。

2. 差异化战略实施的原因

（1）形成强有力的进入障碍，避免潜在进入者的威胁

差异化提高了顾客对企业的忠诚度，如果行业新加入者要参与竞争，就必须获得这些差异性，或者扭转顾客对原有产品或服务的信赖以及克服原有产品独特性的影响，这就增加了新加入者进入该行业的难度。

（2）降低顾客的价格敏感程度

产品差异化构成了消费者对品牌的忠诚度，将会降低消费者对价格的敏感程度。

（3）增强应对供应商讨价还价的能力

产品差异化为企业带来较高的边际收益，降低企业总成本，增加企业应对供应商讨价还价的能力。

（4）降低产品的可替代程度，防止替代品的威胁

产品差异化在与替代产品的较量中处于更有利的地位。

专栏 6.4　贝因美的差异化战略

贝因美公司创立于1992年，在一无资金，二无网络，三无人员的情况下，运用了产品填补战略在强敌环视的婴幼儿食品市场上获得生存之本、立足之地，并运用差异化竞争战略不断地做强做大。

公司专心专意专注于婴幼儿食品，从婴儿营养米粉、磨牙饼干、奶伴葡萄糖到婴儿奶粉，在零起步阶段，公司不可能直接挑战营养米粉行业中亨氏、雀巢两大跨国品牌，寻找两大品牌尚未占据的市场并推出相应有竞争力的产品，依靠强大的产品力满足为竞争对手所忽略的细分市场，几乎是初创时期的贝因美面临的唯一战略选择。

经严谨的调查研究，贝因美发现了两个尚未被竞争对手所重视的细分市场：

1. 迷恋于米糊、荷花糕等中国传统辅食的母亲，她们仍然根据传统习惯喂养宝宝；

2. 很早给宝宝断奶，从1个月开始就想用营养米粉喂养的母亲。

根据这两个细分市场的特性，结合贝因美的研发能力，贝因美很快推出了奶糕、荷花糕、糕干粉等经改良的传统型营养米粉和一周岁内宝宝专用的婴儿营养米粉。因为满足了细分市场的特殊需要，并抢先进入了无人竞争的细分市场，虽然没有一分钱的推广费用，贝因美营养米粉销量增长喜人。短短三年，贝因美营养米粉成为华东地区的三大品牌之一。

同样，在饼干行业，虽然达能、奇宝等各大品牌咄咄逼人，贝因美避实就虚，专注于1～3岁的婴幼儿长牙时咀嚼磨牙的需要，率先开发出磨牙饼干系列产品，年销量数千万元，在磨牙

饼干细分市场里几乎处于垄断地位。虽然磨牙饼干的销量不到饼干市场总规模的百分之一，但对刚起步的小企业来说，这也是难得的一桶金。

葡萄糖行业中，贝因美在专注婴儿葡萄糖产品的同时，根据一项“60%的母亲习惯于将葡萄糖和奶粉一起冲调，以避免宝宝上火”的调查结果，专门开发出奶伴葡萄糖，进入了一个无竞争对手而母亲喂养宝宝又特别需要的细分市场。此项产品上市后，同样在没有广告支持的前提下，仅凭包装上的“奶伴”两个字和产品的自然铺市，奶伴葡萄糖销量节节攀升，单一品项创造了贝因美产品开发史上的奇迹。

从营养米粉到磨牙饼干到奶伴葡萄糖，作为中小企业，贝因美始终坚持以满足目标顾客的未被满足的需求为导向，坚持产品填补市场进入战略，经过数年的努力，积累了一定的资本，顺利渡过了为生存而奋斗的创业期。

但仅仅专注于别人所忽视的细分市场，仅仅“拾人牙慧”，不可能有进一步的发展，反而因为产品补缺的进入战略无竞争壁垒(产品很容易被模仿)，自己的根基也很难站得稳。商场如战场，逆水行舟，不进则退，贝因美为了进一步做强做大，综合运用差异化竞争战略进军竞争激烈的婴幼儿奶粉市场，具体而言，贝因美奶粉在目标顾客、产品定位、包装、配方、渠道和推广方面全面实施了如下差异化竞争战略：

1. 目标顾客的差异化

贝因美奶粉顾客群体具有两低一高(学历和社会地位较低，收入相对中高)特征，而外企高端奶粉的顾客具有三高特征(高学历，社会地位高，收入高)，两者的目标顾客特征有显著的不同，避免了顾客针锋相对的争夺战和资源消耗战。

2. 产品及品牌定位差异化

产品定位——国产高档精品奶粉。高档婴儿奶粉一直是外资品牌的天下，国产婴儿奶粉一直给人的感觉是大众化，档次不高，市场上几乎没有高端定位的国产婴儿奶粉，这是一个巨大的市场空缺。婴儿奶粉品牌定位——贝因美婴幼儿专用奶粉，中国宝宝第二餐——这是贝因美的广告口号，也是贝因美奶粉的品牌诉求点。

顾客既相信专家，也相信专业。惠氏、美赞臣是药厂，固然安全，但不是婴儿食品的专家；伊利固然知名度高，但更多的是液体奶和成人奶粉的知名度，不能代表在婴儿食品行业的专业性。

贝因美只生产婴儿奶粉系列，推出“贝因美——婴儿专用奶粉”的品牌定位，抓住目标顾客相信专家、崇尚专业的消费心理，巧妙占据消费认知的制高点，将“贝因美与婴儿专用奶粉”紧密地联系起来！这种因品牌认知的不同所打造的差异化，是企业的核心竞争力之一。

3. 产品成分及包装的差异化

贝因美率先在国产婴儿奶粉中添加“DHA+AA”营养成分，与普通配方奶粉相比，构成明显的品质差异化。“DHA+AA”的合理配比，能更加促进宝宝智力和视力的发育，此营养配比是目标顾客购买奶粉的重要动机。同时，贝因美在奶粉包装形态上寻求新的突破，将有封口拉链的立袋作为袋装奶粉的包装，因为封口拉链包装，卫生、安全，还能更防潮；并且立袋正面面积大，有利于终端陈列面的抢占，陈列醒目，有利于顾客眼球的吸引；更重要的是市场上，精品奶粉尚无一采用立袋包装，能突显产品包装的与众不同。

4. 重点销售区域的差异化

贝因美将重点销售区域锁定在二、三线城市和乡镇，一方面这些区域地方偏远，为外资品牌所忽视，另一方面这正是贝因美大量“两低一高”目标顾客的所在地。

5. 市场推广的差异化

在终端促销方面，贝因美公司系统运用了在保健品业已经盛行的导购策略。在品牌形象塑造方面，开展育婴讲座和爱婴工程，大量赞助全国多胞胎家庭和儿童福利院，争取新闻媒体的大量报道，潜移默化树立品牌形象。

总之，在差异化竞争战略的引领下，基于目标顾客差异化，国产高档奶粉定位差异化，婴儿专用奶粉定位差异化，产品成分和包装差异化，销售区域选择差异化、终端导购和品牌推广的差异化，贝因美婴儿奶粉上市后，销量一路攀升。如今，贝因美已经是浙江省国产婴儿奶粉的第一品牌，在许多地区销量已经和多美滋、惠氏等外资品牌并驾齐驱。

【思考】

1. 贝因美从哪些方面具体实施了差异化战略?
2. 分析差异化战略能为企业带来哪些优势?

【解析】

一般而言，企业的差异化战略包括以下一个或几个方面的差异化：产品实体差异化(也即产品填补进入战略)、渠道差异化、服务差异化、人员差异化、市场/品牌定位差异化。

其中，市场定位的差异化又包括产品/品牌特色定位、品牌情感和自我实现利益定位、品牌类别定位、特定使用者定位、对抗竞争者定位等差异化，无论是哪一个定位，最终是希望成就一个内涵丰富、有明确核心价值的强势品牌。

贝因美正是采用这种差异化思想，首先对品牌和目标客户进行定位，然后充分运用了产品实体差异化、渠道差异化、市场定位差异化，以“婴幼儿专用奶粉，中国宝宝第二餐”的形象，培养顾客对其品牌的认可和忠诚度，铸起一道比较厚实的品牌壁垒。

3. 差异化战略实施的途径

差异化战略可以分为多种形式和途径，针对企业内不同的战略经营单位和不同的产品，可以同时采用两种或两种以上的差异化战略。

企业在市场细分的基础上，可以从不同角度寻求差异化。企业在实践中突出与对手的差异性，有5种基本途径。见图6-3。

(1) 产品的差异化

企业通过选择和突出有效的产品差异，能够在顾客心目中确立起良好的企业产品形象。产品差异化的主要切入点包括：特色、性能、一致性、耐用性、可靠性、可维修性、风格和设计等。

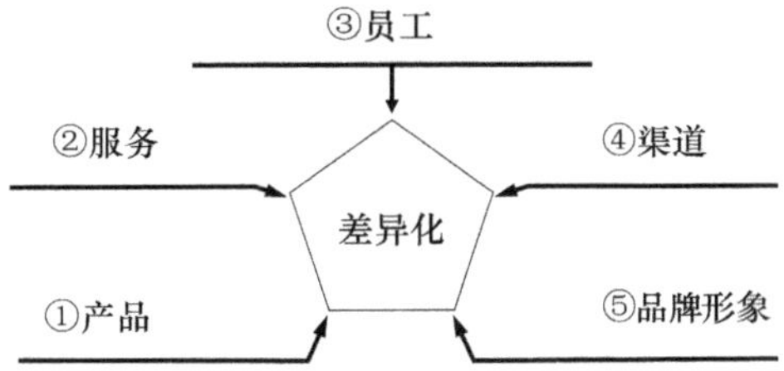

图6-3　差异化战略实施的途径

(2) 服务的差异化

随着企业越来越重视产品的差异化工作，实体产品的差异化难度增加。这时，竞争成功的关键就取决于服务的差异，涉及服务的数量和质量。区分服务水平的主要因素包括订货、送货、安装、顾客培训、咨询服务、维修及其他。

(3) 员工的差异化

员工差异涉及素质差异、能力差异。训练有素的员工应能体现出下面的六个特征：胜任、礼貌、可信、可靠、反应敏捷、善于交流。

(4) 渠道的差异化

企业的分销渠道也可以实现差异化，在不同的渠道或区域，构建局部的、结构化的竞争优势。渠道的差异化主要体现在覆盖面、专业化和绩效方面。渠道差异化的最高境界是价值差异化。

(5) 品牌形象的差异

企业可以通过树立品牌形象来实现差异化，供消费者识别。塑造品牌形象的工具有：名称、颜色、标识、标语、环境、活动等。通过体验产品的品牌化，维系客户，锁定高端客户，提高经营的盈利能力。即使其他竞争因素都相同，但由于企业或品牌的形象不同，消费者也会做出不同的反应。

4. 差异化战略实施的风险

(1) 生产成本可能很高

产品差异化增加了设计和研发经费。

(2) 购买者会越来越敏感

当购买者变精明、自我感知能力增强，对产品的特征和差别体会不明显时，就可能发生忽略差异的情况。

(3) 差异化程度会随着市场的成熟而递减

当产品发展到成熟期，拥有技术实力时，厂家很容易通过逼真的模仿，减少产品之间的差异。

(4) 过度差异化

差异化过度时容易使企业产品的价格相对竞争对手的产品来说太高，或者差异化属性超出了消费者的需求。

5. 差异化战略的保障实施条件

(1) 需要特殊类型的管理技能和结构。

(2) 需要具有很强的研究开发与市场营销能力的管理人员。

(3) 需要有良好的组织结构以协调各个职能领域。

(4) 需要有能够确保激励员工创造性的激励体制和管理体制。

(5) 需要有良好的企业文化及创新机制。

6.2.3 集中化战略

1. 集中化战略的概念

集中化战略(Focus Strategy)，又称为目标集聚战略或聚焦型战略，是将目标集中在特定的顾客或某一特定的地理区域上，即在行业内很小的竞争范围内建立独特的竞争优势。

与成本领先战略和差异化战略不同的是，集中化战略不在于达到行业范围内的目标，而是围绕一个特定的目标市场开展经营和服务。即企业或能够更好地满足目标顾客的特定的目标需要而取得产品差异，或能在为目标顾客的服务过程中降低成本，或两者兼而有之。

从总体市场上看，也许集中化战略并未取得成本领先地位或差异化优势，但它确实在较窄的市场范围内取得了上述一种或两种地位。因此，集中化战略又可细分为集中差异化战略和集中成本领先战略。见图 6-4。

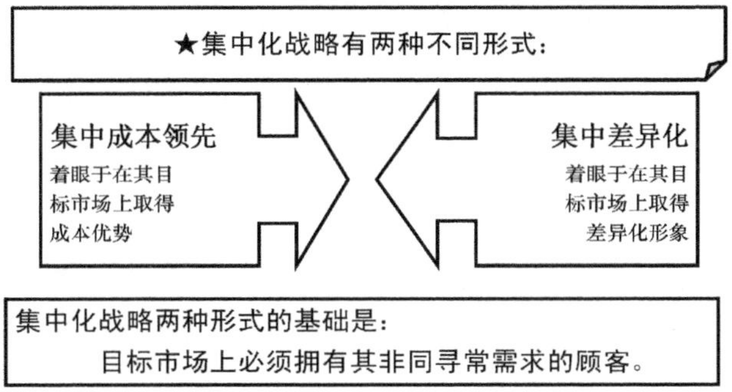

图 6-4　集中化战略的两种形式

2. 集中化战略的实施条件

第一，购买者群体之间在需求上存在着差异。

第二，在企业的目标市场上，没有其他竞争对手试图采取集中化战略。

第三，企业的目标市场在市场容量、成长速度、获利能力、竞争强度等方面具有相对的吸引力。

第四，本企业资源实力有限，不能追求更大目标市场。

6.2.4　基本竞争战略的选择方法

1. 竞争战略特征比较

根据三种竞争战略的实施条件来看，基本竞争战略的特征表现出较大的差异。基本竞争战略的特征比较，见表 6-1。

表 6-1　基本竞争战略的特征比较

战略特征	成本领先战略	差异化战略	集中化战略
产品多样化	较低	较高	围绕特定目标
市场分割	面向大众和普通顾客	市场细分	一个或少数几个市场分割
基本能力要求	持续的资本投资和良好的融资能力；工艺加工技能高；生产管理严格；产品易于制造和大批量生产；低成本的分销系统	强大的营销、产品加工能力；创新能力；销售渠道高度配合；强调品牌、设计、服务和质量	针对具体目标，确定相应的各项能力组合
特殊能力需求	制造、物料管理能力	研发能力	集中战略下的各种能力
基本组织要求	组织职责明确、严格的定量目标激励；严格成本控制	研发、销售部门密切配合；重视主管评价和激励；宽松的工作氛围	针对具体战略目标，确定相应的组织要求

基于波特五力模型的基本竞争战略比较，见表 6-2。

表 6-2　基于波特五力模型的基本竞争战略比较

五种力量	成本领先战略	差异化战略	集中化战略
进入障碍	具备讨价还价能力以阻止潜在对手的进入	培育顾客忠诚度以挫伤潜在进入者的信心	通过集中战略建立核心能力，以阻止潜在对手的进入
买方议价能力	具备向大买家出更低价格的能力	因为选择范围小而削弱了大买家的谈判能力	因为没有选择范围，使大买家丧失谈判能力
供应商议价能力	更好地抑制大卖家的议价能力	更好地将供方的涨价部分转嫁给顾客方	进货量低，供方的砍价能力就高，但集中差异化的企业能更好地将供方的涨价部分转嫁出去
替代品的威胁	能够利用低价抑制替代	顾客习惯于一种独特的产品或服务，因而降低了替代品的威胁	特殊的产品和核心能力能够防止替代品的威胁
现有对手的竞争	能更好地进行价格竞争	品牌忠诚度能使顾客忽略竞争对手	竞争对手无法满足集中差异化顾客的需求

2. 竞争战略选择方法

“战略钟”是分析企业竞争战略选择的一种工具，这种模型为企业的管理人员和咨询顾问提供了思考竞争战略和取得竞争优势的方法。

战略钟模型假设不同企业的产品或服务的适用性基本类似，那么，顾客购买时选择其中一家而不是其他企业可能有两个原因：①这家企业的产品和服务的价格比其他企业低；②顾客认为这家企业的产品和服务具有更高的附加值。

战略钟模型将产品/服务价格和产品/服务附加值综合在一起考虑，企业实际上沿着以下 8 种途径中的一种来完成企业经营行为。其中一些路线可能是成功的路线，而另外一些则可能导致企业的失败。见图 6-5。

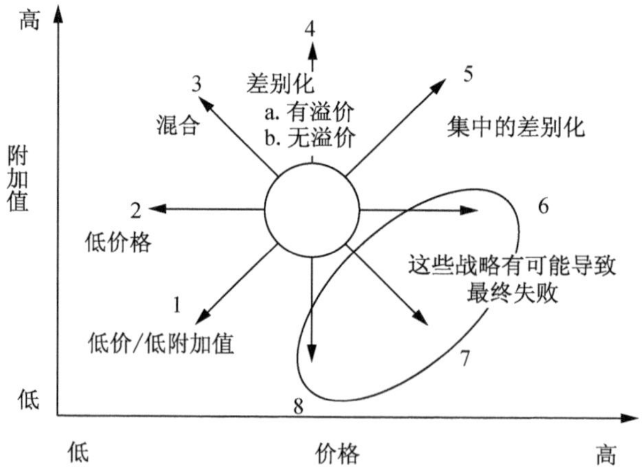

图 6-5　战略钟模型

（1）低价低值战略

采用途径1的企业关注的是对价格非常敏感的细分市场的情况。企业采用这种战略是在降低产品或服务的附加值的同时降低产品或服务的价格。

（2）低价战略

采用途径2的企业是建立企业竞争优势的典型途径，即在降低产品或服务的价格的同时，包装产品或服务的质量。但是这种竞争战略容易被竞争对手模仿，也降低价格。在这种情况下，如果一个企业不能将价格降低到竞争对手的价格以下，或者顾客由于低价格难以对产品或服务的质量水平做出准确的判断，那么采用低价战略可能得不偿失。要想通过这一途径获得成功，企业必须取得成本领先地位。因此，这个途径实质上是成本领先战略。

（3）混合战略

采用途径3的企业为顾客提供可感知的附加值同时保持低价格。而这种高品质低价格的策略能否成功，既取决于企业理解和满足客户需求的能力，又取决于是否有保持低价格策略的成本基础，并且难以被模仿。

（4）差别化战略

采用途径4的企业以相同和略高于竞争对手的价格向顾客提供可感受的附加值，其目的是通过提供更好的产品或服务来获得更多的市场份额，或者通过稍高的价格提高收入。企业可以通过采取有形差异化战略，如提高产品在外观、质量、功能等方面的独特性；也可以采取无形差异化战略，如通过服务质量、品牌文化等来获得竞争优势。

（5）集中差别化战略

采用途径5的企业可以采用高品质高价格策略在行业中竞争，即以特别高的价格为用户提供更高的产品和服务的附加值。但是采用这样的竞争策略意味着企业只能在特定的细分市场中参与经营和竞争。

（6）高价撇脂战略

采用途径6、7、8的企业一般都是处在垄断经营地位，完全不考虑产品的成本和产品或服务的附加值。企业采用这种经营战略的前提是市场中没有竞争对手提供类似的产品和服务。否则，竞争对手很容易夺得市场份额，并很快削弱采用这一战略的企业的地位。

6.3 产业结构与竞争战略

6.3.1 分散型产业中的企业竞争战略

分散型产业是一种常见且重要的行业结构环境，在这样的产业环境中，有许多企业参与竞争，但不存在能够左右整个产业活动的市场领袖，没有任何一家占有显著的市场份额，也没有任何一个企业能对整个产业的发展产生重大影响。分散型产业存在于经济活动的许多领域中，如在服务业、餐饮业、零售业、农产品等领域中非常普遍。

1. 产业分散的原因

造成产业分散的原因很多，既有历史的原因，也有经济的原因，主要有以下几点：①进入壁垒低或障碍较少（许多小企业很容易进入）。②不存在规模经济或经验曲线（如批发、分销等领域，缺乏规模经济或经验曲线的特点）。③多样化的市场需求导致高度产品差异化（每个顾客希望产品有不同的样式）。④高运输成本限制着企业高效率扩大规模和增加生产地点。⑤高库存成本或不稳定的销售波动（因库存成本较大或销售波动而无法获得生产过程的经济性）。⑥当服务成为经营的关键因素时，小企业就会变得更加有效率。一般而言，当企业规模达到一定程度时，提供服务的质量就要下降，美容、餐饮等服务行业显得特别突出，因而造成企业的分散。

以上原因主要是从产业本身的经济特性角度归纳的。如果再考虑其他的因素，如政府政策和地方法规对某些产业集中的限制，以及一个新产业中还没有企业掌握足够的技能和能力以占据重要的市场份额等因素，也是导致产业分散的原因。

2. 竞争战略选择

处于分散行业中的企业，面对众多的竞争对手，首先要在成本领先战略、差异化战略和集中化战略这三种基本竞争战略中选定适合企业具体情况的战略。此外，零散产业的特点就是零散，企业无规模经济优势。如果企业能够克服零散，那么它的战略回报将会很高。因此，还可以选择以下的战略：

(1) 连锁经营。主要是为了获得成本领先的战略优势。连锁经营改变了以往零售店的分散布局状态，建立联系网络，形成规模经济。

(2) 特许经营。主要是为了获得差异化的竞争优势。例如，快餐业中的肯德基、必胜客就是这种经营方式。

(3) 产品专业化——目标集聚。主要包括：①产品类型或产品细分的专门化。如果行业的分散是由于特色品种多造成的，则集中力量专门生产其中少数有特色的产品，是一种可取的、比较有效的竞争战略，如肯德基、必胜客。②顾客类型专门化。如果用户极为分散，也可采取为某类特定用户提供专业化产品/服务策略，如孕妇装。③地理区域专门化。在特定的地域范围内为用户提供专业化产品，通过集中设备、选择更有效的广告、使用唯一的分销商获得经济性。④增加产品的附加价值——提高产品差异化程度。某些分散行业提供的往往是一般性的、特色不够鲜明的商品，这时可采用增加附加值的办法。在产品销售给顾客前，针对顾客的需求对产品进行装配，以此增加产品的针对性及实用性，产生更高的附加价值，如宜家家居。

6.3.2 规模经济型产业中的企业竞争战略

规模经济显著的产业中，一般会形成企业规模很大、企业数目较少的寡头型企业规模结构。在一定的市场容量下，规模经济越显著，所能容纳的企业数就越少。

企业竞争地位可以根据市场占有率划分为三类：领导型企业、追随型企业、平庸型企业。平庸型企业的特点是市场占有率较低、地位低下。

1. 领导型企业的竞争战略

领导型企业通常采取的竞争战略为：

(1) 扩大市场需求总量；

(2) 保持现有市场份额；

(3) 提高市场占有率。

2. 追随型企业的竞争战略

追随型企业通常采取的竞争战略为：

(1) 休战战略(在新形成的市场中争取第 1 名,同时,要和平庸型企业结成联盟共同应对市场的变化)；

(2) 跟随战略(紧密追随、保持一定距离的追随、有选择的追随)。其中,紧密追随:在尽可能多的细分市场中模仿市场领先者。保持一定距离的追随:在主要市场、价格和分销上追随领先者。有选择的追随:在某些产品上紧跟领先者,在另外一些方面有自己的特点和创新。

3. 平庸型企业的竞争战略

平庸型企业通常采取的竞争战略为：

(1) 联合战略(创造行业中弱者企业集结的条件,避免与领导型企业或高位次企业进行正面交锋,和追随型企业结成战略联盟)。

(2) 补缺战略(因市场占有率较低,可选择某一顾客群、某种特殊性能的产品或选择在某个区域开展经营)。

6.3.3 新兴产业中的企业竞争战略

新兴产业是指新出现的行业,其形成的原因往往是技术创新和新的消费需求的出现,或者是内外部环境变化使一类新产品或新服务获得了商业机会。例如,电信、手机、软件、计算机服务、生物工程和生物制药等行业是技术创新的产物;健身美容、送餐快递、婚庆礼仪等服务业则是新需求的产物。典当行是新中国成立前的老产业,随着改革开放后的发展它又成为我国的一个新兴产业。

1. 新兴产业的特点

(1) 技术与战略环境的不确定性

① 技术的不确定性:在新兴行业中,企业的生产技术还不成熟,有待继续创新与完善。同时,企业的生产经营也还没有形成一套完整的方法,哪种产品结构最佳,哪种生产技术最有效率等都还没有明确的结论。

② 战略的不确定性:企业技术的不确定性,导致了战略的不确定性。在新兴行业中,各企业在技术和战略上都处于一种探索阶段。

③ 环境的不确定性:在相当长的一段时间内,新兴行业的参与者只能在不确定的环境因素中探索适当的战略与成功机会。企业缺乏制定战略所必需的信息,不了解竞争对手的数量、竞争对手的分布状况、其优势和劣势状态、购买者的需求规模和偏好,以及市场成长的速度和将要实现的规模等。

(2) 运营成本高但趋于下降

随着生产规模的扩大和经验的积累,生产组织趋于合理及规模经济的形成,成本才会下降。

(3) 产业发展的风险性

① 顾客对产品的认知:在新兴行业中,许多顾客都是第一次购买者。必须通过市场营销诱导初始的购买行为,避免顾客在产品技术和功能等方面与竞争对手发生混淆。

② 顾客对产品的观望:许多顾客对新兴行业持观望等待的态度。他们等待产品的成熟与技术和设计方面的标准。

2. 竞争战略选择

该行业还没有公认的竞争对策原则，尚未形成稳定的竞争结构，竞争对手难以确定等，企业是在行业初期的多变环境中做出战略选择。

(1) 进入新兴产业时间的选择

进入早，承担的风险较高，但进入障碍相对较低。当企业形象和声誉好、行业经验不易被竞争对手模仿、消费者忠诚度较高时，企业可以较早进入。先进入的企业开创和培育市场的费用高，技术的发展可能使后进入者拥有最新的技术和工艺。

(2) 促进产业结构的形成

企业可以试图在产品生产、市场营销方法和价格策略等方面建立行业规则。在产业范围内，企业应以某种方式寻求确定产业发展、促进产业结构趋于稳定而且成型，以使自身在今后获得最有利的行业地位。

(3) 正确对待产业发展的外在因素

在相当长的一段时间内，新兴行业的参与者只能在不确定的外部环境因素中探索适当的战略与成功机会。在对产业倡导和追求自身狭窄利益的努力之间做出平衡。

(4) 适应转变的流动性障碍

在产业发展变化中占据主动地位。

6.3.4 成熟产业中的企业竞争战略

产业发展有其自身的生命周期，一个产业必然要从高速发展的成长期进入减慢发展的成熟期。这一时期，市场增长率降低，需求增长率也不高，技术上已经成熟，行业特征明显，行业竞争非常激烈，行业盈利能力下降，新产品和产品的新用途开发更为困难，行业进入壁垒很高。

1. 成熟产业中的企业特点

成熟产业中的企业特点：①低速增长导致竞争加剧；②注重成本和服务上的竞争；③裁减过剩的生产能力；④研究开发、生产、经营发生变化；⑤产业竞争趋向国际化；⑥企业间的兼并和收购增多。

2. 竞争战略选择

(1) 缩减产品系列

成熟时期主要以价格竞争为主要手段，以市场份额为目标。企业要以产品结构分析为基础，进行产品系列结构的调整，缩减或淘汰利润低的产品，将企业的生产能力和经营资源集中到那些利润较高或有竞争优势的产品上，努力使产品结构合理化。

(2) 创新

随着产业发展成熟，企业要注重以生产为中心的技术开发与创新，通过创新形成低成本的产品设计、更为经济的生产方法和营销方式，在购买者价格意识日益增强的市场中具有独特的竞争能力。

(3) 降低成本

价格竞争激烈是成熟行业的基本特征。通过采用更低廉的零部件、更优惠的供应价格、更经济的产品设计、提高生产和销售效率、缩减管理费用等方法，使企业获得低成本的优势，在竞争中发挥价格优势。

(4) 提高现有顾客的购买量

在成熟行业中，企业很难通过争取竞争对手的顾客以扩大自己产品的销售量，比较容易的做法是使现有用户扩大使用量，这比寻求新用户更为有效。

企业应采取更为适宜的促销手段，通过提高产品等级、扩充产品系列、提供高质量的服务等方法提高自己现有顾客的购买数量；同时，在保住一些重点用户的基础上，开拓新的细分市场，扩大顾客的购买规模。

(5) 发展多元化经营

企业在发展的成熟阶段，可以按自身所涉及业务之间的关系采取多元化战略，即生产或经营两种以上的经济作用基本不同的产品以分散投资风险，取得范围经济效益。

(6) 发展国际化经营

当国内市场已经趋于饱和时，企业可以采用开拓国际市场的战略，进入到那些该行业仍处于不成熟阶段的国家或地区，充分利用他国的经营资源使自己的生产经营活动更为经济，回避国内市场上的激烈竞争，获得比较优势，降低进入费用，获取较高的利润。

此外，如果企业的资源和能力充裕，可以考虑跨国并购战略，以谋求企业更大的发展。

6.3.5 衰退产业中的企业竞争战略

衰退产业是指在持续的一段时间里产品的销售量绝对下降的行业。随着环境的变迁，一般产业都会进入衰退期。尤其在一些技术发展迅速、产品更新换代快的行业，衰退的周期在逐步缩短。

1. 衰退产业中的企业特点

衰退产业中的企业特点：①行业发展缓慢、停滞甚至萎缩；②产品趋于同质且销售量降低；③企业研发及广告费用减少；④竞争激烈而利润极低。

2. 竞争战略选择

(1) 领先战略

从某类衰退产业中获利，企业的目标是成为产业中仅存的一个或少数几个企业之一。一旦达到这个地位，企业就转而执行保持地位或有控制的收割战略，这取决于产业后来的销售形势。

(2) 坚壁战略

企业为了避免在市场上与强大的竞争对手发生正面冲突而受其攻击，选取被大企业忽略的、需求尚未得到满足、有获利基础的小市场作为其目标市场。

(3) 抽资转向战略

企业力图优化业务的现金流，取消或大幅度削减投资，在后续的销售中从业务拥有的任何残留优势上谋取利益，以提高价格或从过去的商誉中获利，甚至广告和研究也被削减。具体措施包括：①减少产品型号；②缩减销售渠道；③放弃小客户；④减少售后服务，最终使该业务被出售或清算。

(4) 快速放弃战略

企业尽早将其业务卖掉，使其净投资回收率最大。

当企业仅有很少的优势，而且当衰退产业中的竞争可能会很激烈时，这个战略是最恰当的。根据产业结构和企业竞争实力，企业竞争战略的选择，见图 6-6。

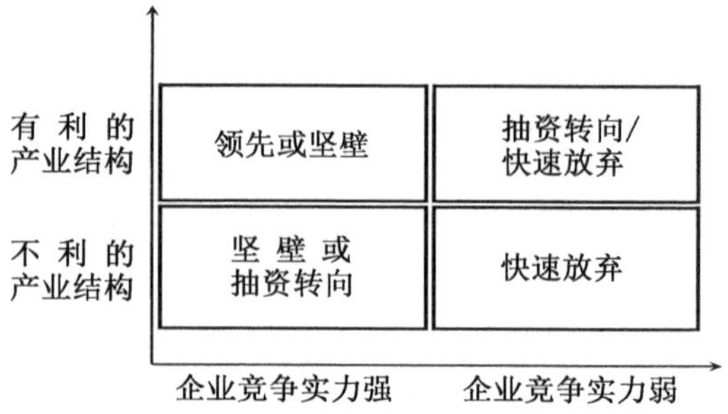

图 6-6　企业竞争战略的选择

6.4　战略评价与选择方法

6.4.1　波士顿矩阵法

波士顿矩阵是美国波士顿咨询公司(Boston Consulting Group，BCG)在 20 世纪 60 年代为一家纸业公司提供咨询服务时提出的一种投资组合分析方法。波士顿矩阵法，也称为市场增长率——市场占有率矩阵法，这种方法是把企业生产经营的全部产品或业务的组合作为一个整体进行分析，常常用来分析企业相关经营业务之间现金流量的平衡问题。通过这种方法，企业可以找到企业资源的产生单位和这些资源的最佳使用单位，见图 6-7。

图 6-7 中，横坐标表示该业务相对于最大竞争对手的市场份额，用于衡量企业在相关市场上的实力。纵坐标表示该业务的销售量或销售额的年增长率。

以上四类业务由于所处的市场地位和发展潜力不同，因而在发展决策上应该区别对待。

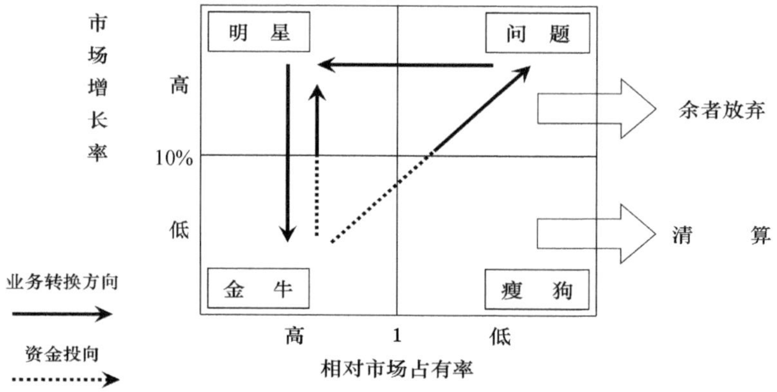

图 6-7　波士顿矩阵法

(1)“明星”业务的市场增长率和相对市场占有率都高，这表明该项业务的利润增长较快，因此对该业务应采取扩张战略，进行必要的投资，保持其有利的市场地位。

(2)“金牛”业务的相对市场占有率高，但由于市场增长率较低，不宜大力发展，可采取维持巩固的稳定战略，也可少量投资。“金牛”业务产生的大量利润，可用来满足“明星”业务和“问题”业务的发展的需要。

(3)“问题”业务的市场增长率高，当相对市场占有率低时，是企业战略选择的难题。企业可以根据业务发展的可能性进行必要的投资。

(4)“瘦狗”业务的市场增长率和相对市场占有率都低，这类业务没有发展前途，可采取紧缩战略,如抽资、放弃、清算等。

根据波士顿矩阵法的评价结果,处于不同区域的经营单位战略选择,见表 6-3。

表 6-3 基于波士顿矩阵法评价的经营单位战略选择

区域类型	经营单位所需投资	经营单位盈利性	经营单位战略选择	现金流量
明星业务区	多	高	优先保证和发展	几乎为零或略负值
金牛业务区	少	高	维护/收获	极大剩余
问题业务区	非常多	低/没有/负值	扩大市场战略或放弃/成长战略	负值
瘦狗业务区	一般不投资	低/负值	放弃/清算	剩余/负值

6.4.2 通用矩阵法

通用矩阵法(The General Matrix Method),又称为行业吸引力矩阵、九象限评价法,是美国通用电气公司设计的一种投资组合分析方法。相对于 BCG 法,通用矩阵法有较大的改进,在两个坐标轴上增加了中间等级,增加了分析考虑因素。它运用加权评分方法分别对企业各种产品的行业吸引力(包括市场增长率、市场容量、市场价格、利润率、竞争强度等因素)和企业实力(包括生产能力、技术能力、管理能力、产品差别化、竞争能力等因素)进行评价,按加权平均的总分划分为大(强)、中、小(弱),从而形成 9 种组合方格以及 3 个区域,如图 6-8 所示。

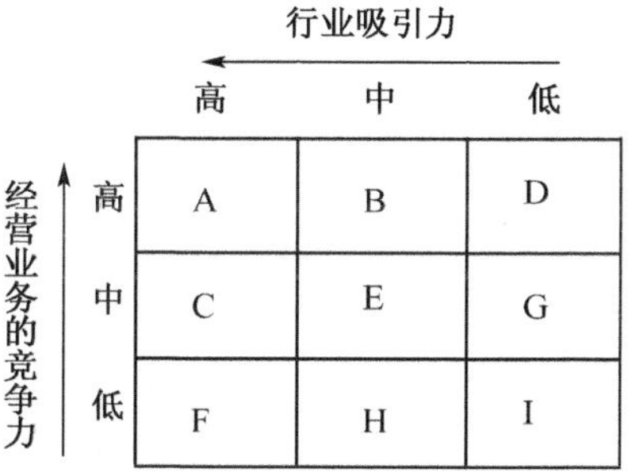

图 6-8 通用矩阵法

根据通用矩阵法的评价结果,处于不同象限的经营单位战略选择,见表 6-4。

表 6-4 基于通用矩阵法评价的经营单位战略选择

象限	产业吸引力	经营业务的竞争力	战略选择
A	高	高	增长 谋求居于主导地位 尽量扩大投资
B	中	高	找出适宜增长的细分市场 大力投资 在其他方面保持地位
D	低	高	维持总体地位 谋求流动资产 按维持水准投资
C	高	中	通过市场细分估测达到主导地位的潜力 找出弱点 巩固强项
E	中	中	找出适应增长的细分市场 专门化 有选择地进行投资

续表

象限	产业吸引力	经营业务的竞争力	战略选择
G	低	中	削减产品系列 尽量减少投资 准备放弃
F	高	低	专门化 谋求占据合适的市场小板块 考虑收购
H	中	低	专门化 谋求占据合适的市场小板块 考虑退出
I	低	低	信任领导者具有政治家才能 集中研究竞争对手中能产生现金的业务 及时退出和放弃投资

6.4.3 产品/市场演化矩阵法

产品/市场演化矩阵法由查尔斯·霍福尔提出，该矩阵在许多方面与利特尔的生命周期法相似。产品/市场演化矩阵有 15 个区域(见图 6-9)。

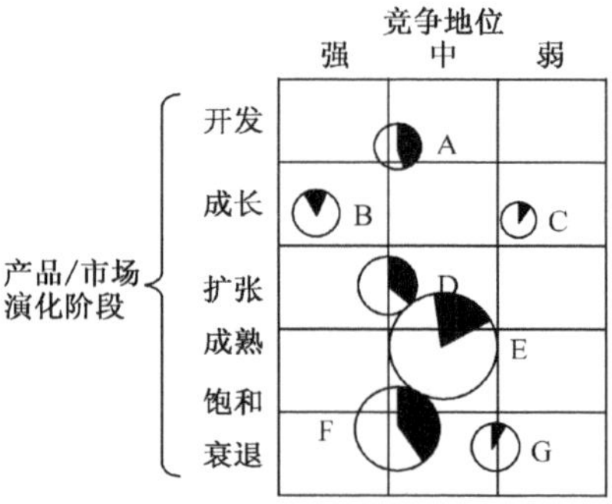

图 6-9 产品/市场演化矩阵

每一经营单位按产品/市场演化阶段(此为纵坐标)和竞争地位(此为横坐标)确定出它在矩阵中的位置。其中，圆圈大小代表行业的相对规模，圆圈中阴影部分表示经营单位在行业中的市场占有率。竞争地位分为强、中、弱三等；产品/市场的演化过程划分成开发阶段、成长阶段、扩张阶段、成熟饱和阶段和衰退阶段。

根据产品/市场演化矩阵法的评价结果，处于不同区域的经营单位战略选择，见表 6-5。

表 6-5 基于产品/市场演化矩阵评价的经营单位战略选择

业务单位 A	看起来是一颗潜在的明星，它的相对较大的市场份额，加上它处于产品/市场发展的开发阶段以及它所具有的获得一个较强的竞争地位的潜力，使它成为企业大力投资的理想对象
业务单位 B	在某种程度上看有点像 A，然而对 B 单位投资的多少将取决于为什么 B 部门相对于其强大的竞争地位竟然具有如此低的市场份额这一个问题的答案。为此，单位 B 应当实施能够改变它的这一较低的市场份额的战略，以便为争取更多的投资提供依据
业务单位 C	在一个增长相对较小的行业中，占有一个较小的市场份额并拥有一个较弱的竞争地位，必须实行一种能够克服其低市场份额和弱竞争地位的战略，以争取未来投资。单位 C 很可能是一个放弃的合适对象，以便将其资源运用于单位 A 或单位 B
业务单位 D	处于一个扩张的阶段，占有一个相对大的市场份额，并处于一个相对强的竞争地位。对单位 D 应当进行必要的投资以保持其相对强的竞争地位。从长期看，D 应当成为一头"现金牛"
业务单位 E 和 F	是"现金牛"，应当用来创造现金
业务单位 G	看起来像波士顿矩阵中的一条"瘦狗"，在短期内，它应当被监控着用于创造现金——如果可能的话；然而，长期而言，它更有可能被施以脱身战略或者清算战略

6.4.4 定量战略计划矩阵法

定量战略计划矩阵法(Quantitative Strategic Planning Matrix,简称 QSPM),是对战略备选方案进行评价与选择的重要分析工具。该分析工具能够客观地指出哪一种战略是最佳的。QSPM 法利用第一阶段(即战略分析阶段)的因素评价结果和第二阶段(即战略制定阶段)的战略备选方案来进行评价与选择。

第一阶段:战略分析阶段,也是信息输入阶段。主要任务是提供战略制定所需要的内外部环境条件信息。主要方法包括:外部因素评价矩阵即 EFE 矩阵、内部因素评价矩阵即 IFE 矩阵、竞争态势评价矩阵即 CPM 矩阵。

第二阶段:战略制定阶段。主要方法包括:SWOT 矩阵、波士顿(BCG)矩阵、内部要素匹配(IE)矩阵、通用(GE)矩阵、大战略矩阵。

QSPM 法的分析原理是:将第二阶段制定的各种战略备选方案分别评分,评分是根据各战略备选方案是否能使企业更充分利用外部机会和内部优势,尽量避免外部威胁和减少内部弱点四个方面,通过专家小组讨论的形式得出。得分的高低反映战略的最优程度。也就是说,QSPM 法的输入信息正是第一阶段的因素评价结果(由 EFE 矩阵、IFE 矩阵、CPM 矩阵分析得出)和第二阶段的战略备选方案(由 SWOT 矩阵、SPACE 分析、BCG 矩阵、IE 矩阵、GE 矩阵和大战略矩阵分析得出),QSPM 法的评价结果反映了战略备选方案的最优程度。

1. QSPM 法的建立步骤

QSPM 矩阵的格式如表 6-6 所示。QSPM 顶部一行包括了从 SWOT 矩阵、SPACE 矩阵、BCG 矩阵、IE 矩阵和大战略矩阵中得出的战略备选方案。这些匹配工具通常会产生类似的可行战略备选方案。需注意的是,并不是说匹配技术所建议的每种战略备选方案都要在 QSPM 中予以评价,企业决策者必须运用良好的直觉、行业的丰富经验,剔除一些明显不可行的战略备选方案,只将最具吸引力的战略备选方案列入 QSPM 矩阵。

QSPM 的左边一列为关键的外部和内部因素(来自第一阶段),顶部一行为可行的战略备选方案(来自第二阶段)。具体地说,QSPM 的左栏包括了从 EFE 矩阵和 IFE 矩阵直接得到的信息。在紧靠关键因素的一列中,将标出各因素在 EFE 矩阵和 IFE 矩阵中所得到的权数。在 QSPM 矩阵中一个重要的概念是战略备选方案的最优程度。它是根据各战略备选方案对外部和内部因素的利用和改进程度而确定的。QSPM 中包括的战略备选方案的数量和战略备选方案组合的数量均不限,分析的结果并不是非此即彼的战略方案取舍,而是一张按重要性和最优程度排序的战略备选方案清单。

表 6-6 QSPM 矩阵

关键因素	备选战略				
	权重	战略 A	战略 B	战略 C	战略 D
外部因素					
因素 1					

续表

关键因素	备选战略				
	权重	战略 A	战略 B	战略 C	战略 D
因素 2					
因素 3					
……					
内部因素					
因素 1					
因素 2					
……					
总计					

表 6-6 中，建立 QSPM 的六个步骤为：

步骤 1，在 QSPM 的左栏列出企业的关键外部机会与威胁、内部优势与弱点。这些信息直接从 EFE 和 IFE 矩阵中得到。QSPM 中应至少包括 10 个外部和 10 个内部关键因素。

步骤 2，给每个外部及内部关键因素赋予权重。这些权重应与 EFE 和 IFE 矩阵中的相同，权重之和等于 1。权重在第二栏中列出。

步骤 3，制定企业可考虑实施的战略备选方案。这些战略备选方法置于 QSPM 顶行。若可能，将各战略备选方案分为互不相容的若干组，如战略 A、战略 B、战略 C、战略 D。

步骤 4，确定吸引力分数(AS)：Attractiveness Scores(AS)用数值表示各组中各个战略备选方案的相对吸引力。AS 确定法：依次考察各外部或内部关键因素，提出"这一因素是否影响战略备选方案的评价与选择？"回答"是"，针对这一因素，对各战略备选方案进行比较、评分。评分标准为：1＝没有吸引力；2＝有一些吸引力；3＝有相当吸引力；4＝很有吸引力。回答"否"，不给该组战略备选方案以吸引力分数。

步骤 5，计算吸引力总分(TAS)：Total Attractiveness Scores(TAS)等于各个因素的权重乘以各战略备选方案中相对应因素的吸引力分数。吸引力总分越高，战略备选方案的吸引力就越大。

步骤 6，计算吸引力总分和(STAS)。针对各战略备选方案，对各个因素的吸引力总分进行加总，计算得到吸引力总分和。在各组可供选择的战略备选方案中，吸引力总分和表明了哪个战略备选方案最具吸引力。通过计算战略备选方案组中各战略备选方案的吸引力总分和之差，可确定各战略备选方案相对于其他战略备选方案的可取性。

2. QSPM 的优点与局限性

(1) 定量战略计划矩阵法(QSPM 法)的优点

首先，QSPM 法可以相继地或同时地考察一组战略备选方案。例如，可以首先评价企业总体的战略备选方案，之后是评价企业经营业务的战略备选方案，再后是评价企业职能部门的战略备选方案。在 QSPM 法中可以同时评价的战略备选方案或战略备选方案组数量不受限制。

其次，QSPM法要求企业战略家或企业决策者在决策过程中将有关的外部和内部因素结合起来考虑。通过建立QSPM，可避免关键因素不适当地被忽视或偏重。QSPM法使企业决策者注意到影响战略决策的各种重要关系。虽然在建立QSPM过程中需要进行一些主观性决策，但这些次要的决策可能使最终战略决策质量更佳。QSPM法经过适当修改便可用于大型和小型的、营利和非营利性的组织，它实际上可以被应用于任何类型的组织。QSPM法尤其可以提高跨国企业的战略决策水平，因为它可以同时考察很多关键性因素和战略。它也已经被成功地应用于一些小型企业的战略决策中。

(2) 定量战略计划矩阵法(QSPM法)的局限性

QSPM法并非没有局限性，QSPM法的局限性主要表现在：

首先，QSPM法总是要求直觉性判断和经验性假设。权重和最优程度分数的确定都要依靠主观判断。尽管这些判断所依据的是客观信息，但不同的战略分析专家也可能应用相同的方法得出不同的结论。这种差别是由于他们的经验和微妙的直觉的不同所造成的。

其次，QSPM法的另一个局限性是其结果的科学性取决于它所基于的信息和匹配分析的质量。而这里的质量常常受人为因素的作用。

然后，战略评价与选择一般来说属于一种复杂的非程序性决策，掺杂着大量的非理性因素，如企业对外界的依赖程度、管理者的态度、企业过去的战略、企业文化与内部权力关系、竞争者的反应等。而在QSPM法中偏重的是定量分析，考虑这些因素或问题不够。

6.5　案例分析

华为竞争战略体现为差异化战略与全球化市场竞争战略。

6.5.1　华为差异化战略

华为必须以差异化特色明显的产品(包括与运营商合作的定制产品)、通过提供优质服务和差别化的售后服务，使自己的产品取得竞争优势、具备很强的竞争力。

(1) 产品差异化

产品差异化战略是从产品质量、产品款式等方面实现差异化。寻求产品独特的特性是产品差异化战略经常使用的手段。在产品质量方面，华为以“做一个世界级的、领先的电信设备提供商”为发展目标，特别强调加大科研投入，使得华为的通信系统经受住了来自欧美一些国家的移动运营商苛刻的检验，这为华为手机优良的产品性能提供了有力的保障。在产品款式方面，华为手机注重以流线型的设计为主，辅以超大的显示屏，这是华为手机受到消费者青睐的主要原因。

(2) 渠道差异化

在早期，直接与跨国公司正面交锋，华为深感力不从心。于是，采取“农村包括城市”的战略抢占一席之地。华为采取了避实就虚的渠道差异化战略——攻占农村市场以及东北、西北、西南的落后省市。

（3）服务差异化

服务差异化战略是向目标市场提供与竞争者不同的优质服务。企业的竞争力越能体现在顾客服务水平上，市场的差别化就越容易实现。在市场营销和客户服务方面，华为力争离客户近一点，服务更细一点。华为公司反复强调：企业要活下去，永远只有一条途径，那就是“关注客户需求”。华为不断推出包括白金服务、金牌服务、银牌服务在内的一系列服务，供用户选择，同时根据用户的需要进行服务包定制，为客户提供个性化的服务解决方案。

（4）员工差异化

员工差异化战略是通过聘用和培训比竞争对手内部更为优秀的人员以获得差别优势。市场的竞争归根结底是人才的竞争。在华为的员工队伍中，技术研究及开发人员占46%，市场营销和服务人员占33%，管理及其他人员占9%，生产人员占12%。这说明研发和市场营销在华为的发展中占据着极为重要的地位。

（5）形象差异化

形象差异化战略是在产品的核心部分与竞争对手类同的情况下，塑造不同的产品形象以获取差别优势。华为经过多年和移动运营商在通信系统领域内的合作，华为手机顺利进入移动运营商手机订制的范围，从而可以通过运营商的网络将产品推向消费者。运营商的良好的信誉和形象，有力地提升了华为手机的品牌形象。

6.5.2 华为全球化市场竞争战略

1. 战略特征和表现

华为1996年进入中国香港市场；1997年进入俄罗斯；1998年进入印度；2000年进入中东和非洲；2001年迅速扩大到东南亚和欧洲等40多个国家和地区；2002年进入美国。截至2016年底，华为在全球168个国家有分公司或代表处。同时，依据不同国家或地区的能力优势，在欧洲及美国、日本、印度、新加坡等地区构建了16个研究所、28个创新中心、45个产品服务中心。华为有7万多人的全球最大规模的研发团队，每年销售额的10%投入研发，累计获得专利授权36 511件。过去10年，华为累计研发投入250亿美元。

（1）华为全球化扩张的三个核心特征

第一，全面西化。从1996年开始，华为先后聘请IBM等美国、英国的十多家咨询公司对华为进行研发、供应链、人力资源、财务以及市场体系的管理变革，17年来用于管理变革的成本总计达到50多亿美元，其结果是，构造了华为与西方公司接近乃至于完全相同的一整套制度和流程，这是华为能够在全球市场立足并获得成功的根本要素。

第二，法律遵从。遵守联合国法律和美国法律，华为将美国法律视为国际法，因为在事实上，美国在全世界可以利用自己的法律打击和制裁任何企业。另外，还严格遵守所在国家的法律。华为在巴西市场的开拓将近20年，累计亏损13亿美元，亏损的主要原因是对巴西法律环境缺乏认知——许多外国公司在巴西都有长期亏损的历史。2013年华为在巴西首次盈利200万美元，如果以今后每年6 000万美元的盈利目标计算，还需要23年的时间才能实现静态的扭亏为盈。

第三，文化遵从。华为有一个道德遵从委员会，其主要职能就是引导和规范华为员工从语言、习俗、宗教乃至生活习惯等方面主动适应和融入所在国家或地区。

在这样一个全球性的市场网络与研发平台上，产品的研发需求来自华为，架构由欧美顶尖专家设计，硬件由华为中国团队完成，软件主要由印度科技人才承担，制造主要由富士康公司完成，最后再在华为的全球市场网络进行销售。

(2) 华为手机的欧洲市场占有率与市场销售量

第一，市场占有率。2013年以来，欧洲国家的手机市场迎来了智能手机发展的热潮，其中欧洲主要5国(英国、法国、德国、意大利、西班牙)的智能手机市场在以年均130%的速度迅速扩大。据市场研究公司Kantar Worldpanel Com Tech(简称KWC)的市场研究调查数据显示，2015年华为手机在西欧发达国家高端手机市场份额连续取得突破。2015年第四季度数据显示，华为手机在欧洲主要5国(英国、法国、德国、意大利、西班牙)的市场份额已超越三星手机，并由2014年西欧市场占有率的第六名飞跃至第二名，华为增长的速度令外界惊喜。目前，针对欧洲主要5国(英国、法国、德国、意大利、西班牙)的高端手机市场(主要指售价在400欧元以上的手机)，苹果手机市场占有率约为32%，华为手机市场占有率约为26.7%，三星手机市场占有率约为25.2%。

第二，市场销售量。近年来，华为手机在西欧市场取得了骄人成绩。2014年，华为手机在世界范围内销售量排名前四的国家分别是西班牙、德国、意大利和英国，而这四个国家均来自西欧市场。华为在西欧市场进行大量广告宣传，让用户逐步认识了解并接受了这个来自中国的品牌。2014年，华为手机在西欧手机市场销售量猛增132%。而2015年华为取得了更大的突破，根据华为公布的2015年年报的销售数据显示，华为在西欧手机市场的出货量同比增长了98%，几乎实现翻番，并在多个西欧国家如西班牙、意大利、瑞士、葡萄牙的手机市场份额中成功位列前三。除此之外，相比西欧国家整体市场份额的提升，华为在西欧高端手机市场取得的成就更引人注目。根据国际市场调查与研究机构GFK数据调查显示，2015年四季度，在西班牙，华为手机的总体市场份额为12.6%，而在400～500欧元的高端智能手机份额则达到了45.7%；在意大利，华为智能手机市场份额为10.9%，400～500欧元的高端智能手机份额也达到了27.9%。这些都是华为在西欧高端手机市场上取得成功的标志。

2. 市场细分和定位

(1) 市场细分

市场细分是20世纪50年代中期由美国著名市场学家温德尔·史密斯提出的，是以消费者需求的差异为出发点，根据消费者购买行为的差异性把市场划分为具有不同消费特征的群体。一方面，有利于选择目标市场和制定市场营销策略，使得企业能更有针对性地配置生产和营销力量，针对目标市场，制定合适的营销策略；另一方面，可以对用户需求发生的变化做出迅速的反应，适应变换的市场需求；此外，有利于发掘市场机会和提高经济效益。通过对细分市场的对比分析，可找出有利于企业的市场机会，并且市场细分后，企业可针对自己的目标市场生产出对应的产品，从而提升企业的经济效益。

华为公司国际市场细分是根据消费者的需求差异，按照消费者年龄、产品价格和手机功能把整个市场细分为若干各需要不同产品和营销组合的子市场，从而在这些子市场中选择国际市场目标的过程。华为手机欧洲市场按以下三个不同标准划分不同的细分市场。

第一，按消费者年龄层次划分。按消费者年龄层次划分，可分为青年市场、中年市场、老年市场。其中青年市场主要面向30岁以下的人群；中年市场面向30～50岁这一人群；老年市场主要面向50岁以上人群。

第二，按产品价格和品质划分。按产品价格和品质划分，可分为低端市场、中端市场、中高端市场和高端市场。其中低端市场主要指目标受众人群消费能力在200欧元以下的手机市场；中端市场主要指目标受众人群消费能力在200～300欧元的手机市场；中高端市场主要指目标受众人群消费能力在300～400欧元的手机市场；高端智能机市场主要指目标受众人群消费能力在400欧元以上的手机市场。

第三，按功能类型划分。按功能类型划分，可分为商务型、娱乐型、时尚型、大众型。其中商务型的目标受众人群主要指将手机作为商业谈判工具和一种身份象征的高级企业白领；娱乐型的目标受众人群主要指追求手机软件多样性和运行的流畅性的手机发烧友；时尚型目标受众人群主要指追求潮流和个性，讲究手机外观的人群；大众性则指对手机无特殊要求但追求手机性价比的一类人群。

（2）目标市场选择

根据华为手机的市场细分，在综合考虑了企业的资源条件、市场潜在发展空间及华为手机产品特点的基础上，华为手机将西欧的发达国家作为主要目标市场，其主要包括英国、法国、德国、西班牙、意大利等。这些国家经济发展程度较高且人均消费水平较高，容易接受新事物且不易受外在因素的影响，注重品质和性价比，消费心理属于成熟型，讲究质量和品牌。这为以品质和设计著称的华为手机创造了良好的营销环境，且西欧和中欧作为老牌资本主义的代表，追求优雅和悠闲的生活，同时也更加注重体验和自我感受，而华为手机不仅在质量和外观上不断地突破创新，并且通过努力和尝试使产品更加适合西欧人的消费习惯和信仰。

（3）市场定位

市场定位是指根据竞争者现有产品在市场上所处的位置，针对消费者或用户对该种产品的某种特征、属性和核心利益的重视程度，强有力地塑造出本企业产品与众不同的、给人印象深刻、鲜明的个性或形象，并通过一套特定的市场营销组合把这种形象迅速、准确而又生动地传递给顾客，影响顾客对该产品的总体感觉。

与国内市场智能手机行业一片主打价格战、追求高性价比的红海竞争局面不同，欧洲市场作为比较成熟的消费类电子产品市场，对于概念和产品之间的关系认知得更为清楚，消费者更愿意比较单纯地为高品质的产品买单。近年来，西欧迎来了智能手机的热潮，其中西欧主要5国（英国、法国、德国、西班牙、意大利）的智能手机市场以年均38%的速度迅速扩张。中高端用户是欧洲智能手机市场的主力军。欧洲主要5国智能手机市场的主要受众人群是能够接受“合理价位”与“适当功能”的中高端用户。其中，中端用户消费水平大致在200～300欧元这个区间，消费人数占总消费人群的37%左右，中高端用户的消费水平大致在300～400欧元这个消费区间，消费人数占总消费人群的22%，高端用户消费水平一般在400欧元以上，占总消费人群的16%。消费能力在200欧元以上的中端以上消费人群约占总消费人群的3/4，且这部分人群以商务型男士为主。

此外，20～45岁的中青年消费者已经成为欧洲智能手机市场的主角。据2015年4月

Com Score 公司的调查显示，西欧主要 5 国智能手机用户中，18～45 岁的中青年占总消费人群的 69%，并且这部分人中 57%的人士更多的看中手机的商务用途。

综合以上背景，华为手机在西欧手机市场的定位为中高端商务型智能手机市场。

3. 竞争战略

（1）产品定价战略

产品是华为开拓市场、占领市场、取得最终胜利的根本，不管是在产品导向型、技术导向型，还是当今市场导向型阶段，华为的产品策略始终围绕着一个原则：以顾客需求为导向，推行产品差异化策略。华为要面对世界各国或地区不同的市场环境。为满足不同国家或地区市场的特殊需求，华为在国际标准化的基础上，向不同国家或地区的市场提供不同制式的产品。

在华为打入西欧初期，华为手机凭借价格利器成功撬开西欧市场的大门，这一期间华为在西欧市场主推的机型是价格低廉但产品性能十分优秀、性价比超高的荣耀系列。之后，华为凭借着荣耀系列在西欧创造的良好口碑，逐步开始进入西欧的中高端手机市场。

面对西欧发达国家市场的中高端型客户的需求，华为主推三款手机系列产品：荣耀系列、Ascend 系列和 MATE 系列。这三款手机系列产品拥有超高的性价比，手机外部用料与内部做工也颇受消费者青睐。华为在西欧市场形成了一套面向低、中、高端不同用户群的完整的产品体系。

第一，华为荣耀系列。华为荣耀系列主要面向中低端市场，是华为终端公司下属的一个独立运作的事业部，从设计、采购、生产到销售的各个环节都独立于华为终端公司。产品以高性价比著称，广受广大中低端消费者的青睐。荣耀系列主打高性能中端机，价格区间定在 1 500～2 500 元。

第二，华为 Ascend 系列。华为 Ascend 系列主要面向中高端市场。其中又分为四个子层次系列，分别是：D 系列（钻石）、P 系列（铂金）、G 系列（黄金）、Y 系列（年轻），并分别对应于高端、旗舰、中端、入门四个层次。华为 Ascend P 系列是华为智能手机的旗舰系列，主打高端时尚手机。作为华为最高端的手机，华为 Ascend P 系列在各个方面都做到了当年的顶尖水准，双核与四核版之间能够覆盖更大的价格区间，价格区间定在 2 900～4 899 元。

第三，华为 MATE 系列。华为 MATE 系列主要面向高端市场。以智能高清大屏和超高性能著称，并且凭借时尚经典的外观工业设计，智能指纹识别系统和智能压感技术在西欧高端市场赢得了良好的口碑。此外，华为手机每年会将上一年度净利润的 40%投资新的产品研发，从而设计和开发出更多、更好地符合目标客户需求的产品和专利技术。与此同时，这些研发出的新的产品专利技术更增添了华为手机在西欧市场上的竞争力。华为 MATE 系列价格区间在 3 399～4 899 元。

华为通过中低端的荣耀系列和 Ascend G 系列迅速打开欧洲市场后，开始主推中高端 Ascend P 和 MATE 系列，并逐步受到认可。

（2）品牌推广战略

根据 Ipsos（索普）在西欧主要 5 国（英国、法国、德国、意大利、西班牙）的消费者研究调查结果显示，华为手机在西欧主要 5 国的品牌知名度从 2014 年的 58%提升至 2015 年的 72%，这意味着华为手机已经被将近 3/4 的西欧民众所熟知。短短一年间华为手机能取得这样的成绩与其大力的广告宣传和因地制宜的品牌推广方式密不可分。华为在进入西欧市场的初始阶段较少以广告宣传的方式进行产品推广和促销，而主要以展会推广的方式向分销商和消费者推销品牌。之后，随着华为品牌知名度的增加，华为开始积极投放各类产品广告，通过在报纸、杂志等书刊上和在公共汽车、地铁等公共交通上以及各大电视频道、门户网站上的不间断地投放广告，以及积极地和各大媒体合作，从而迅速地提高了华为手机在西欧市场的知名度并且迅速地打开了华为手机在西欧的市场。在西欧各个国家的街头巷尾以及公交车、地铁、出租车上的广告屏幕上都能看见华为手机的身影。

同时，华为在进入西欧市场的初期阶段，以展会推广的方式向分销商和消费者推销品牌。这种品牌推广方式通过直接与客户互动，并凭借客户对产品的实际体验增强客户对华为手机产品的真实感知力度。而通信企业参展期间频繁播放的企业形象宣传视频和产品介绍视频，也是展会中企业提升品牌知名度和推销自身产品的一种十分重要的方式。近年来，每年在世界各地举办的各类国际电信行业展览会是手机制造企业的盛会。华为手机就是凭借在展会上的大力推广，逐渐打开了西欧手机市场。电信行业展览会可以给手机企业带来很多好处，它不仅是各大手机企业展示自身实力的一个很好的平台，而且通过每年的电信行业展会，手机企业可以快速地了解国际市场格局的变化和手机市场的发展趋势。参加电信行业展览会也是让手机制造企业更加方便地了解自身竞争对手情况的重要途径。

此外，华为选择风靡全欧洲的足球联赛作为品牌推广平台。2011 年起，华为通过赞助欧洲顶级球队的方式在欧洲五大联赛上吸引了一大批球迷的目光，并成功提升了华为手机在西欧的知名度。从此，华为开始了与多家欧洲顶级俱乐部的长期合作。德国的多特蒙德队、英国的阿森纳球队、意大利的 AC 米兰队、西班牙的马德里竞技队、法国的巴黎圣日耳曼队等为人们所熟知的老牌俱乐部都纷纷成为华为的合作伙伴。这一新颖的品牌推广方式收效显著，成为华为手机提高西欧手机市场品牌知名度的利器。

【本章小结】

在既定的行业中，企业必须通过采用恰当的竞争战略才能够在行业中获得较佳的竞争优势，达到高于行业平均的利润水平。为此波特提出了成本领先战略、差异化战略和集中化战略三种一般竞争战略。所有复杂的竞争战略都是以这三种战略为基础的。

行业生命周期不同，企业竞争的特点也各不相同，对企业竞争战略的选择提出了不同的要求，一般竞争战略主要针对处于成长期的行业。

随着经济全球化和科技革命的不断深入，企业的竞争环境变得更加动态，企业需要建立动态竞争的思维，在制定企业竞争战略时更多地考虑行业其他参与者的反应。

【思考题】

1. 请简要介绍三种一般竞争战略的内涵及其优劣势。
2. 本章所涉及的各种竞争战略的适用条件是怎样的？存在什么样的风险？
3. 成本领先战略和差异化战略的实现途径有哪些？

4. 请运用 BCG 矩阵法、GE 矩阵法对某一企业经营业务进行分析。

【拓展阅读】

◇ 阅读推荐

(美)阿尔·里斯,(美)杰克·特劳特. 定位:有史以来对美国营销影响最大的观念[M]. 王恩冕,等译. 北京:中国财经出版社,2002.

◇ 推荐理由

2001 年,美国营销学会评选有史以来对美国营销影响最大的观念,结果不是劳斯·瑞夫斯的 USP、大卫·奥格威的品牌理论,也不是科特勒所架构的营销管理及消费者"让渡"价值理论,不是迈克尔·波特的竞争价值链理论,而是阿尔·里斯与杰克·特劳特提出的"定位"理论。这本管理战略的圣经、有史以来最富影响力的营销学著作,改变了市场游戏规则,广告和营销的旧时代一去不复返了!

【实践项目】

调查你所在地的一家特定企业,分析企业现阶段采用的竞争战略,并撰写分析报告。

1. 确定企业所处的产业发展阶段。
2. 结合产业结构,对企业竞争战略进行分析,确定企业竞争战略选择。
3. 企业如果采用的是成本领先战略,识别企业成本领先战略的特点、优势和风险。
4. 企业如果采用的是差异化战略,识别企业差异化战略的特点、优势和风险。
5. 企业如果采用的是集中化战略,识别企业集中化战略的特点、优势和风险。

第七章 企业战略的实施与执行

【学习要求与目标】

1. 了解企业战略实施的概念。
2. 理解企业战略实施的原则与任务。
3. 明确企业战略实施与战略计划的关系。
4. 重点掌握企业战略实施与组织结构的关系。
5. 重点掌握企业战略实施与资源配置的关系。

党的二十大报告提出：我们要坚持以推动高质量发展为主题，把实施扩大内需战略同深化供给侧结构性改革有机结合起来，增强国内大循环内生动力和可靠性，提升国际循环质量和水平，加快建设现代化经济体系，着力提高全要素生产率，着力提升产业链供应链韧性和安全水平，着力推进城乡融合和区域协调发展，推动经济实现质的有效提升和量的合理增长；我们要坚持教育优先发展、科技自立自强、人才引领驱动，加快建设教育强国、科技强国、人才强国，坚持为党育人、为国育才；我们要健全人民当家作主制度体系，发挥人民群众积极性、主动性、创造性，巩固和发展生动活泼、安定团结的政治局面；我们要坚持走中国特色社会主义法治道路，建设中国特色社会主义法治体系、建设社会主义法治国家，全面推进科学立法、严格执法、公正司法、全民守法，全面推进国家各方面工作法治化；我们要坚持马克思主义在意识形态领域指导地位的根本制度，以社会主义核心价值观为引领，发展社会主义先进文化，弘扬革命文化，传承中华优秀传统文化，满足人民日益增长的精神文化需求，不断提升国家文化软实力和中华文化影响力；我们要实现好、维护好、发展好最广大人民根本利益，着力解决好人民群众急难愁盼问题，健全基本公共服务体系，提高公共服务水平，增强均衡性和可及性，扎实推进共同富裕；我们要推进美丽中国建设，坚持山水林田湖草沙一体化保护和系统治理，统筹产业结构调整、污染治理、生态保护、应对气候变化，协同推进降碳、减污、扩绿、增长，推进生态优先、节约集约、绿色低碳发展。这是党对于国家发展战略实施与执行的具体举措。

战略实施和执行是整个战略管理过程中极为重要的一环，是把企业战略付诸企业经营活动，使其朝着既定的战略目标与方向不断前进的过程，包括优化资源配置、调整组织结构、实现企业文化与战略的匹配等。再好的战略方案，如果执行不力，也不会实现任何好的战略目标。总之，如果战略实施和执行不力，企业的发展也只是昙花一现。

【先导案例】

云村造乐人"网易云音乐"

1. 公司简介

网易云音乐是国内非常受年轻人喜爱的领先在线音乐平台之一。通过专注发现与分享音乐，依托独立音乐人、UGC 内容，"云村"社区等，为用户打造具有社区属性的全新音乐生活。公司的用户中"90 后"占比约为 89%，一二线城市用户占比约 60%。公司 2021 年在线音乐行业市场份额排名第二，市场占有率 22%。公司成立于 2013 年，总部位于杭州市；2021 年 12 月登陆港交所，股票代码：9899. hk；2021 年，公司营业收入 69. 97 亿元，净利润 20 亿元，最新市值 148 亿港币。

公司历年收入结构

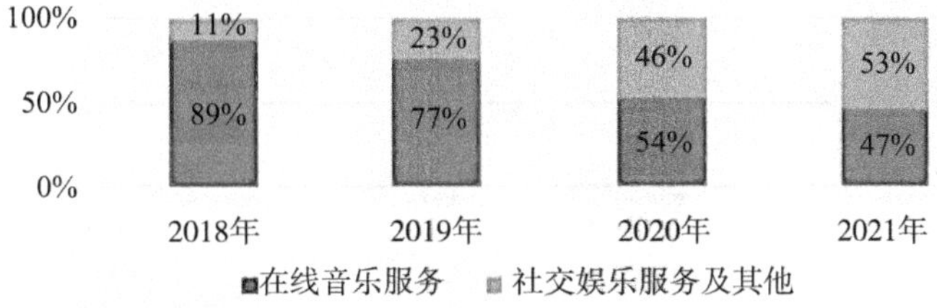

注：在线音乐服务收入包含会员订阅费、广告服务收入、数字音乐专辑销售和版权转售，社交娱乐服务主要为直播服务、虚拟物品销售等。

数据来源：公司官网与公开财报。

2. 行业概况

2016—2020 年，中国在线音乐市场规模从 28 亿元扩大至 128 亿元，年均复合增长率达 46. 3%，2022 年行业规模达到 242 亿元。

在线音乐市场规模(亿元)

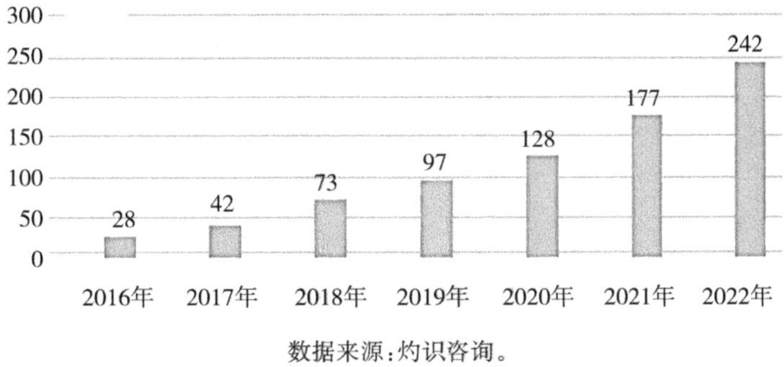

数据来源：灼识咨询。

在线音乐产业链主要分为内容方、服务方和用户三大部分。

从用户的年龄层看，"90 后"和"00 后"用户占全部用户的近 50%。

从行业结构来看，在线音乐市场集中度高，2021 年 CR2(CR：concentration rate，集中度；2：代表排名前 2 的企业，即腾讯音乐和网易云音乐)高达 97%。

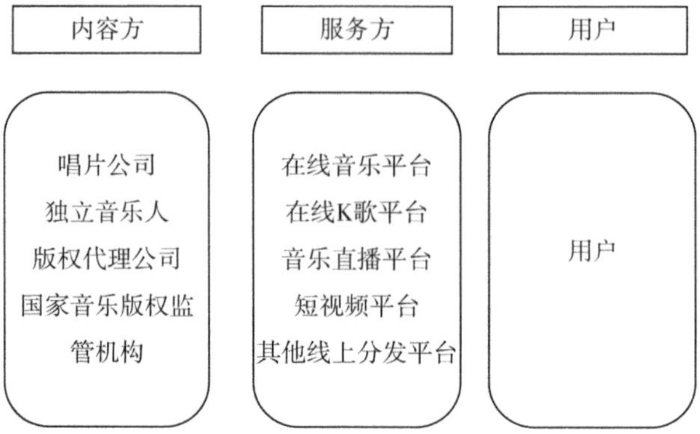

资料来源：灼识咨询。

在线音乐用户比例情况

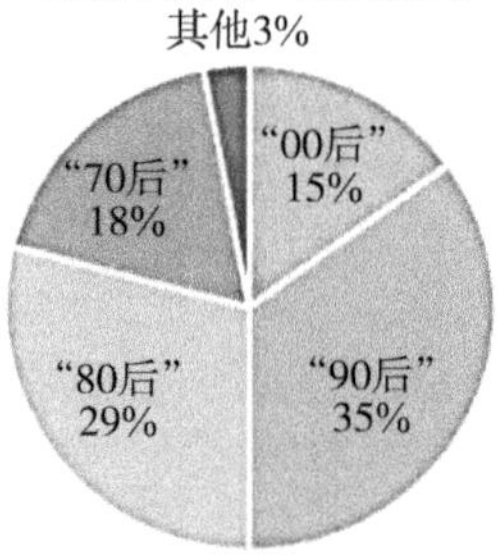

数据来源：灼识咨询。

在线音乐市场格局

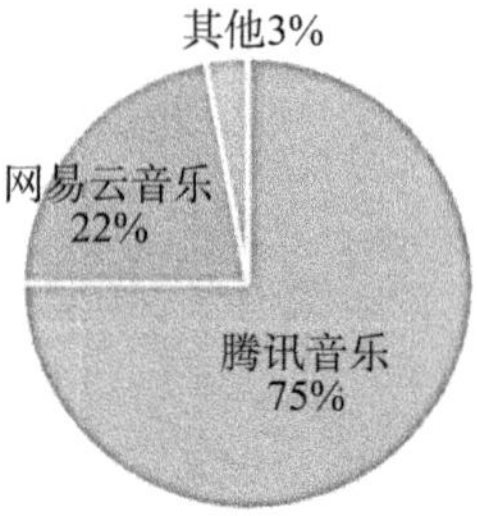

两大平台月活

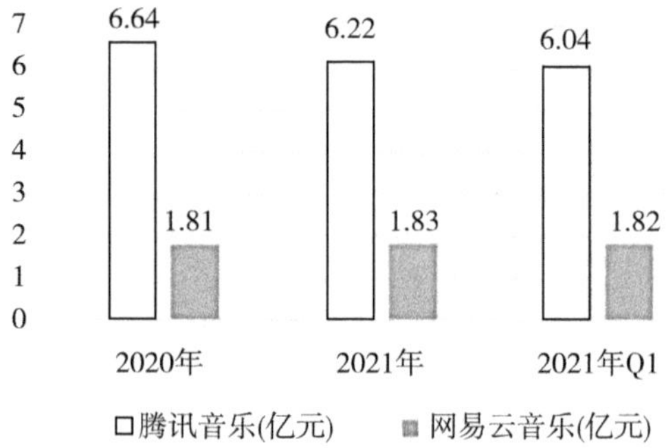

数据来源：各公司财报。

3. 股权架构

数据来源：公司官网与公开财报。

4. 平台特点

(1) 独立音乐人资源丰富，平台内容 UGC 特色突出

在 2021 年之前，受“独家音乐版权”影响，公司缺乏头部音乐人的歌曲版权。因此，公司大力扶持独立音乐人为主的 UGC 内容，打造差异化的内容特色。

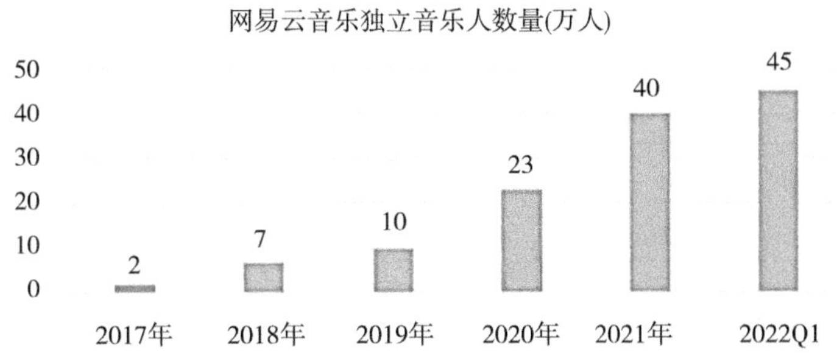

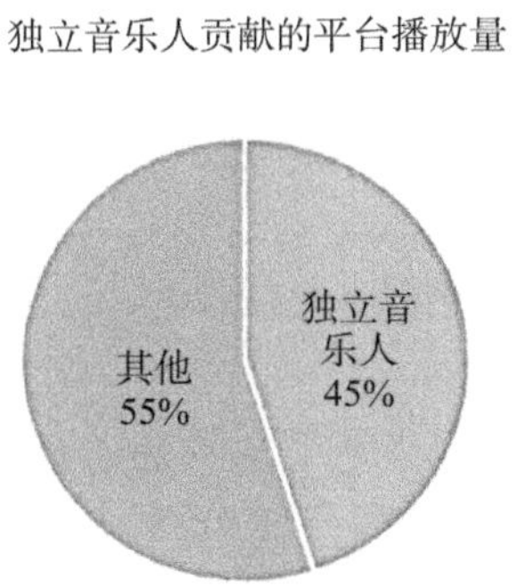

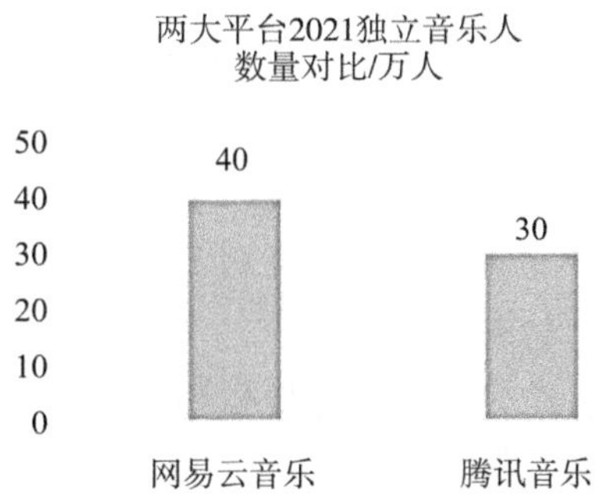

数据来源：公司官网公告。

(2) 强社交互动的社区氛围

用户可以通过歌房、直播等功能分享感受，进行互动、分享，建立联系。据公司公告，近一半的用户在听歌的同时会浏览评论区，有 27% 的用户在平台上创造内容。因为社区氛围浓厚，所以网易云音乐用户的使用时长显著高于腾讯音乐用户。

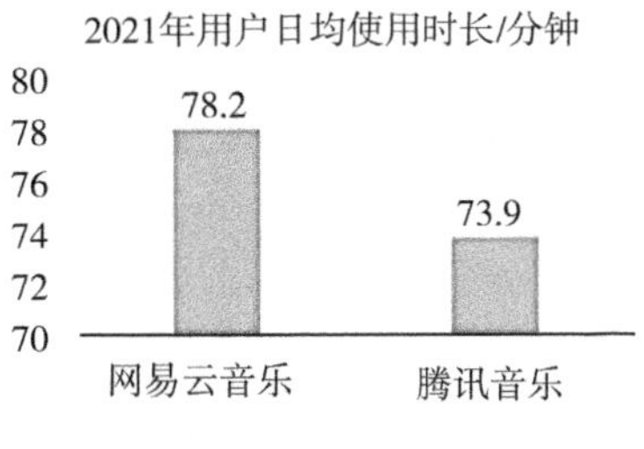

数据来源：各公司公开信息。

7.1 企业战略实施的概念

企业战略实施是将企业制定的战略目标与计划方案付诸行动的过程。企业战略的实施是战略管理过程的行动阶段，直接关系战略的成败。好的企业战略需要强有力的执行才能达到预期效果，实现管理者的战略意图和战略目标。

企业战略实施的过程是一个自上而下的动态管理过程。所谓“自上而下”主要是指，企业高层在制定了战略目标后，将目标进行层层分解，在这个分解执行过程中，各部门、各单位乃至各个人分工和执行各自的工作任务。“动态”主要是指在战略实施的过程中，常常需

要对经营战略、目标、手段进行适时调整、修改和补充，在"分析—决策—执行—反馈—再分析—再决策—再执行"的不断循环中达成战略目标。

每一种战略失败都可以较明确地认为是一种战略模式的失败。真正的问题在于思考与行动的不协调，即战略制定与战略实施的脱节。成功的战略制定并不保证成功的战略实施。二者虽然相互依赖、不可分离，但却有着不同的特性。战略制定与战略实施的区别，见表 7-1。

表 7-1　战略制定与战略实施的区别

战略制定	战略实施
在行动之前部署力量	在行动中管理和运用力量
注重效能	注重效率
主要是一种思维过程	主要是一种行动过程
需要良好的直觉与分析技能	需要特殊的激励与领导技能
只需要对少数人进行协调	需要对众多人进行协调

根据表 7-1 可知，战略制定与战略实施的差异决定了战略制定与战略实施对企业存在不同的组织要求，主要表现为：

(1) 涉及的范围不同。战略制定阶段的参与人员数量较少；战略实施是一个全员性的概念，是一个完整的系统。

(2) 对人的要求不同。在战略制定阶段，需要的是分析能力与良好的直觉，注重的是一种概念技能。而战略的实施则需要脚踏实地，需要一种迅速、快捷、有效行动的能力。

(3) 所需的文化氛围不同。在战略制定过程中，创造力是至关重要的，这就需要一种灵活、创新的团队氛围，需要"高瞻远瞩"。而战略实施则更偏重于对效率的追求，强调执行力，此时更多的是注重"埋头拉车"。

企业的战略制定并选择出来之后，企业必须将战略的构想、计划转变成行动，在转化的过程中，企业需要注意三个相互联系的重要阶段：战略可操作性、战略制度化、战略控制与评估。为保障战略决策方案贯彻落实与执行，需要做好八个方面的工作：

(1) 建立一个高效率的与战略相适应的组织结构；

(2) 合理配置资源，保证企业价值活动各个环节有充足的资源投入；

(3) 制定适应战略实施的各种政策；

(4) 不断提高价值链各个环节的运营水平；

(5) 建立企业有效的信息交流、处理系统，使各级管理人员能恰当地承担战略实施中的角色；

(6) 建立符合战略目标和促进战略实施的绩效管理制度和薪酬体系；

(7) 创造一种有利于战略推进的企业文化氛围；

(8) 发挥领导作用，努力提高战略实施水平。

7.2 企业战略实施的原则与任务

企业战略实施主要有两种实施体系：一是传统的战略实施体系，主要通过对文化、人才、组织、制度、利益相关者、现金流等方面的管理来实施战略，管理手段主要是目标管理、计划管理、控制管理等；二是平衡计分卡的战略管理体系。

7.2.1 战略实施的原则

战略的实施过程是一个需要执行人员根据当时、当地情况进行合理革新、积极创造的过程。战略实施过程中，企业外部环境及内部条件的变化较大。因此，只要在主要的战略目标上基本达到了预定的目标，就认为战略的制定与实施是成功的。

1. 合理性原则

由于人们的认知能力和各种资源的限制，结合企业制定的多种战略决策方案，企业最终所采取的战略决策方案往往不是最优的，而是满意即可。

2. 权变性原则

企业战略的制定都是基于一定的宏观和微观环境条件的假设，因此，战略实施过程中，环境的变化与假定的情况不一致较为常见。对于可控环境的变化，战略的调整要及时。对于不可控的内外环境变化，甚至需要重新考虑战略的方案。在可控范围时，企业战略的实施方案应随着环境的变化进行相应调整。

权变观念应当贯穿于战略实施的全过程。权变理念要求识别出战略实施中的关键变量，并对它做出灵敏度分析，根据关键变量的变化范围调整战略，并准备相应的替代方案。

3. 统一领导原则

企业高层领导深刻了解企业状况，掌握信息全面，对战略资源的关系了解更多，因此，战略的实施应当由高层领导统一领导、统一指挥。这样，组织结构的调整和资源的分配以及信息的沟通控制等各方面才能相互协调，企业的战略目标才可以有成效地实行。

战略实施过程中，企业每个部门只接受一个直线上司的命令。在战略执行中遇到问题，若能在小范围、低层次解决，不要放到更大范围、更高层次解决。这样做所付出的代价最小，因为越高的层次涉及的需要调整的方面越多，关系也越复杂。

7.2.2 战略实施的模式

战略实施模式一般有以下 5 种类型可供选择：

1. 指挥型模式(理性行动者——强制执行)

企业总经理注重考虑如何制定一个最佳战略，高层管理人员注重强制下层管理人员执行的问题。

计划人员向总经理提交企业经营战略报告，总经理做出结论，向高层管理人员提交企业战略，然后强制下层管理人员执行。

指挥型模式的缺点：战略制定者与执行者分开，即高层管理者制定战略，强制下层管理者执行战略。因此，下层管理者会由于缺少执行战略的动力和创造精神，以致拒绝执行战略。

2. 变革型模式(设计者——通过变革推动战略的实施)

企业总经理着重考虑如何通过变革来实施企业战略。企业战略领导者往往采用以下三种方法:

(1) 建立新的组织机构向全体员工传递新战略的战略重点是什么,把企业的注意力集中于战略重点领域中。

(2) 建立战略规划系统、效益评价系统,采取各种激励政策支持战略的实施。

(3) 充分调动企业内部人员的积极性,尽力争取对战略的支持。

变革型模式的缺点:新的组织机构及控制系统失去了灵活性,在外界环境变化时使战略的变化更为困难。

3. 合作型模式(协调者——发挥集体智慧)

企业总经理考虑如何让其他高层管理人员从战略实施一开始就承担有关的战略责任。

为发挥集体的智慧,企业总经理要和企业其他高层管理人员一起对企业战略问题进行充分论证,形成一致的意见,制定出战略;再进一步落实和贯彻战略,使每个高层管理者都能够在战略制定及实施的过程中做出各自的贡献。

战略的制定是建立在集体的基础上的,从而提高了战略实施成功的可能性。

合作型模式的缺点:战略是不同观点参与者相互协商折中的产物,可能会使战略的经济合理性有所降低。同时,存在着谋略者与执行者的区别,未能充分调动全体管理人员的智慧和积极性。

4. 文化型模式(指导者——运用文化手段建立共同的价值观和行为准则)

企业总经理考虑如何动员全体员工都参与战略实施活动。

企业总经理运用文化的手段,不断向企业全体员工灌输战略思想,建立共同的价值观和行为准则,使所有成员在共同的文化基础上参与战略的实施活动。

企业战略实施迅速、风险小、实施效果好。

文化型模式的局限性:必须建立在企业员工具有较高素质的基础之上。极为强烈的企业文化,可能会掩饰企业中存在的某些问题,为此付出代价。同时,耗费较多的人力和时间,可能因为企业的高层不愿意放弃控制权,使员工参与战略制定及实施流于形式。

5. 增长型模式(评价者——激发全体员工执行战略的积极性和主动性)

企业总经理考虑如何激励下层管理人员制定、实施战略的积极性及主动性,为企业效益的增长而奋斗。

总经理要认真对待下层管理人员提出的一切有利企业发展的方案,只要方案基本可行,符合企业战略发展方向,在与管理人员探讨了解决方案中的具体问题的措施以后,应及时批准这些方案,以鼓励员工的首创精神。

企业战略不是自上而下地推行,而是自下而上地产生。

7.2.3 战略实施的阶段

企业战略的实施通常包含四个相互联系的阶段。

1. 战略发动阶段

为调动起大多数员工实现新战略的积极性和主动性，要对企业管理人员和员工进行培训，灌输新的思想、新的观念，使大多数人逐步接受一种新的战略。

2. 战略计划阶段

将经营战略分解为几个战略实施阶段，每个战略实施阶段都有阶段目标，相应的有每个阶段的政策措施、部门策略以及相应的方针等。要对各分阶段目标进行统筹规划、全面安排。

3. 战略运作阶段

企业战略的实施运作就是执行达到战略目标的战略计划，主要与企业文化、各级领导人员的素质和价值观念、企业的组织机构、资源结构与分配、信息沟通、控制及激励制度六个因素有关。

4. 战略的控制与评估阶段

战略是在变化的环境中实践的，企业只有加强对战略执行过程的控制与评价，才能适应环境的变化，完成战略任务。这一阶段主要是建立控制系统、监控绩效和评估偏差、控制及纠正偏差三个方面。

7.2.4　战略实施的任务

对于战略实施来说，最重要的管理问题包括制定年度目标，制定政策，配置资源，调整现行组织结构，企业改组和流程充足，调整奖励和激励计划，减少变革阻力，使管理者适应新的战略，培育支持新战略的企业文化，调整生产作业过程，发展有效的人力资源功能及减少企业规模。当所实施的战略使企业向新的方向发展时，企业管理则必将发生更大的变化。

战略实施必须解决三个重点问题：第一，由谁来实施战略规划（或者说战略实施计划是什么）？第二，哪些是必须做的工作（或者说战略实施的任务是什么）？第三，如何实施（或者说战略实施的途径与方法是什么）？

战略实施过程中的六大任务可概括为：

(1) 制定战略计划和工作规程。

(2) 建立完成战略计划的组织，包括：①建立支持战略的组织结构；②确定战略实施的关键活动；③为关键战略岗位配置优秀人才。

(3) 围绕战略目标有重点地配置资源，包括：①搞好战略项目规划及预算；②将主要资源集中到战略目标的实现上。

(4) 创造良好的战略实施环节，包括：①激发企业各部门、个人完成计划指标；②培育"战略支持型"企业文化；③倡导结果导向与追求卓越的精神；④保证薪酬制度与战略业绩紧密结合。

(5) 构建战略管理支持系统，包括：①制定有助于战略实施的政策和程序；②建立战略信息报告系统；③建立内部控制机制，以保证战略方向不偏离预定目标。

(6) 发挥战略实施的领导作用，包括：①营造支持战略实施的组织氛围；②扮演战略管理者、危机处理者、变革创新者、资源配置者、任务分配者，处理好组织内部的关系；③贯彻落实企业战略，适时进行战略调整，并取得预期效果。

7.3 战略实施与战略计划

1. 战略计划的概念

计划是企业在分析、评价和选择各种机会的过程中，系统地制订可以实现预期经营目标的各种项目和措施。战略计划是指将企业视为一个整体，规定在5年以内、5～15年、15年以上所要达到的经营目标的一项具体计划。

战略计划的有效性包括两个方面：一方面是战略正确与否，正确的战略应当做到组织资源和环境的良好匹配；另一方面是战略是否适合于该组织的管理过程，也就是和组织活动匹配与否。

长期计划亦称远景计划，是15年以上的纲要性计划。主要内容是规划企业为实现长期目标所应采取的一些主要行动步骤、分期目标和重大措施及企业各部门在较长时期内应达到的目标和要求。战略计划编制得详细具体，长期计划则相对粗略(远粗近细)。

战略计划是战略管理的“脊梁”，支持着整个战略管理。战略计划是指导战略管理的重要过程。战略计划是所有管理人员的职能。

2. 战略计划分解

战略计划的分解必须立足国家战略目标实现的战略步骤进行思考。国家战略步骤是国家领导人实现国家发展战略目标的一个途径。确定一个什么样的战略步骤及实现途径是建设中国特色社会主义现代化道路的一个重要问题。毛泽东同志的“四个现代化”的“两步走”战略，邓小平同志的国家现代化“三步走”战略，江泽民同志和胡锦涛同志的21世纪国家现代化“三步走”战略，习近平总书记的新时代中国式现代化“三步走”战略，从战略全局高度准确地把握住了国家发展战略的实现途径，见表7-2。

表7-2 国家发展战略目标的实施步骤

战略目标	战略步骤	具体内容
“四个现代化”的“两步走”战略	第一步	建立一个独立的、比较完整的工业体系和国民经济体系
	第二步	全面实现农业、工业、国防和科学技术的现代化，使我国经济走在世界的前列①
国家现代化“三步走”战略	第一步	实现国民生产总值比1980年翻一番，解决人民的温饱问题
	第二步	到本世纪(编者注：20世纪)末，使国民生产总值再增长一倍，人民生活达到小康水平②
	第三步	到21世纪中叶，人均国民生产总值达到中等发达国家水平，人民生活比较富裕，基本实现现代化③

① 中共中央文献编辑委员会. 周恩来选集：上卷[M]. 北京：人民出版社，1980.

② 中共中央文献研究室. 十三大以来重要文献选编(上卷)[M]. 北京：人民出版社，1991.

③ 中共中央文献研究室. 十三大以来重要文献选编(上卷)[M]. 北京：人民出版社，1991.

续表

战略目标	战略步骤	具体内容
21世纪国家现代化"三步走"战略	第一步	到2010年,使经济总量、综合国力和人民生活再上一个大台阶,为后十年的更大发展打好基础
	第二步	到2020年,GDP力争比2000年翻两番,综合国力和国际竞争力明显增强,全面建设惠及十几亿人口的更高水平的小康社会
	第三步	到21世纪中叶基本实现现代化,把我国建成富强、民主、文明的社会主义国家①
新时代中国式现代化"三步走"战略	第一步	到2020年,全面建成小康社会
	第二步	到2035年,基本实现社会主义现代化
	第三步	到21世纪中叶,把我国建成富强、民主、文明、和谐、美丽的社会主义现代化强国

党的十八大以来,习近平总书记特别强调"两个一百年"奋斗目标和实现"中国梦",既注重从战略上思考和把握治国理政,又注重运用辩证思维来处理和化解治国理政中的各种复杂的矛盾关系。这种战略辩证法在治国理政中的根本体现,就是新时代"三步走"战略。

国家发展战略的远景目标的实施强调"分步走、上台阶"的实施步骤,如新时代"三步走"战略强调以"十五年"为一个大台阶,同时以"五年"为一个小台阶。并将五年战略规划目标细化为具体的指标(如"十四五"时期战略规划目标细化为20个具体指标),保障战略目标能够有效完成。企业总体战略目标的实施需要充分借鉴国家发展战略目标的实施步骤,将企业总体战略目标作时间上的分解,确定阶段性战略目标,从企业管理职能出发,明确不同职能部门的目标实施进度,确定完成战略目标的主要措施。

战略计划分解,就是按照一定的要求和细分标准将企业战略逐层细化,并最终演绎成企业经营单位或职能部门年度目标的活动过程。

战略计划分解主要包括纵向展开和横向展开两个战略分解体系,二者共同构成企业战略目标网络。纵向展开的战略计划分解基本上是按企业的组织系统展开,即把企业总战略逐层细化、落实到各个层次、各个部门及各类人员。横向展开的企业战略计划分解是按目标管理的步骤,分别对各类战略目标展开。如图7-1和图7-2所示。

图7-1中,纵向展开的战略计划分为三个步骤:

(1)战略计划的第一步骤

① 建立企业总体目标。在战略计划的最初阶段,企业总部的经理与事业部的经理之间要进行初步对话,共同探讨企业总体目标。在探讨过程中,各事业部对目标深入的范围与程度可以有不同的看法。在对话的基础上,企业总部为事业部经理制定本事业部的战略计划规定了一定的方向。然后,在制定战略计划的过程中,企业的总体战略主要取决于该企业的多种经营程度。一般来讲,企业多种经营程度越高,总部为各事业部提出一个明确的具有凝聚力的战略的可行性越小,只有在各事业部形成自己的战略方案以后,才能阐明企业的总体战略。

① 中共中央文献研究室.十六大以来重要文献选编(上)[M].北京:中央文献出版社,2005.

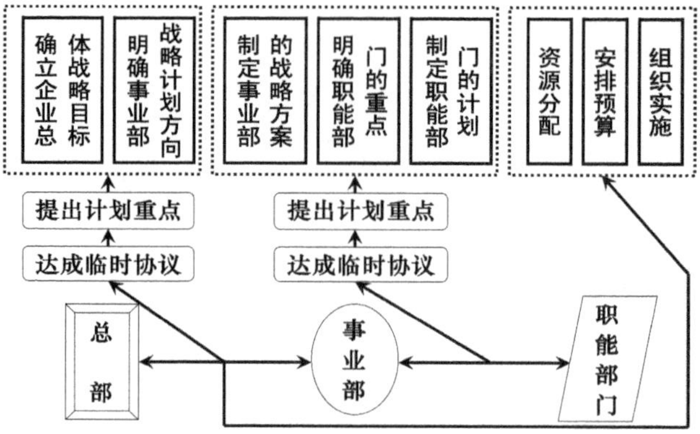

图 7-1　纵向展开的战略计划分解

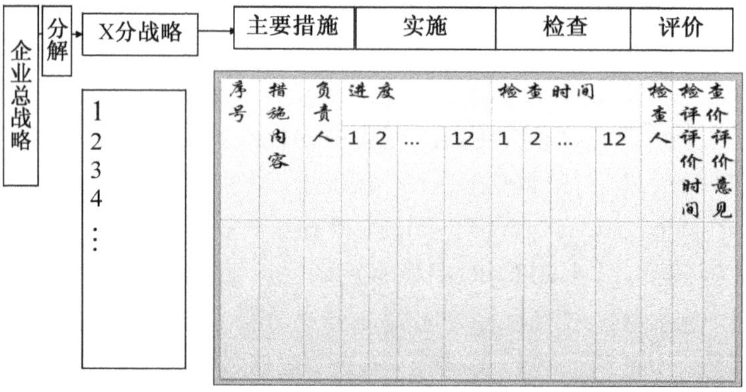

图 7-2　横向展开的战略计划分解

② 在企业总体目标确定以后，总部高层管理人员应要求各事业部的经理制定出本事业部的战略方案，详细说明该事业部所确定的经营活动范围和目标，提出经营战略与下一年度的临时目标。在计划过程中，这一步骤相当重要。战略方案制定以后，事业部的经理要向企业总部高层管理人员提交自己的经营目标与战略，以及贯彻实施的计划，最后由企业总部来平衡。总部的决策因企业的情况自行决定，例如，有的企业根据自己的资源分配做出最后的决策，有的则是将总部所同意的事业部的战略反馈给各事业部，由事业部执行。

（2）战略计划的第二步骤

此时，事业部负责人一般只与职能部门经理达成一个临时协议，不可能明确地指出销售目标或利润目标。一方面是因为过细的计划会约束部门经理的作为，使他们失去了创造性地实现事业部目标的机会；另一方面是因为只有在企业总部同意了事业部的计划并给予相应的资源以后，事业部的目标才能最后确定下来。

由于临时协议的约束，职能部门经理的计划过程只能是一个简单的过程。不过，它的计划要详尽，需要更多的人加以实施，在这里，职能部门要把事业部的经营战略转化成指挥与协调活动，保证总体战略的具体实施。当然，职能部门计划项目的范围、数量和时间都取决于目标的性质。

(3) 战略计划的第三步骤

在这一步骤中,事业部工作重点是要与总部再次协商,最后决定资源的分配,安排详细的资金预算。

3. 战略计划的目标分解

(1) 时间分解。将企业战略做时间上的分解,明确进度和分阶段战略目标。即把战略方案的长期目标,从时间上分解为一个个短期年度目标,使企业的长期行为转化为短期安排。

企业普遍制定的年度目标包括盈利、增长和按业务、区域、用户群体及产品分类的市场份额等。年度目标的功能与作用可以概括为:①年度目标可以作为指引企业成员的行动、方向和努力的准则;②它通过向利益相关者论证企业活动的合理性而为企业的经营提供依据;③它还为企业的运作提供了标准;④是激励企业雇员并使他们加强自我认知的重要动力;⑤它促使管理者和雇员努力工作,并为企业组织设计提供了参考和依据。

年度目标对于战略实施有着非常重要的意义:①它是配置资源的基础;②它是评价管理者的主要尺度;③它是监测运作过程,使其向实现长期目标方向前进的工具;④它突出了公司、分部和各职能部门的工作重点。

需要注意的是,时间分解时应注意时间的同步性,各项目在时间序列上要符合需要。

(2) 空间分解。将企业战略做空间上的分解,根据企业(集团)总战略分别制定各经营业务部门和职能部门相应的分战略,在分战略和分任务明确之后,进一步制定相应的措施和策略。即将"集团战略"分解、细化为"经营单位(如子公司)或部门战略",如图 7-3 所示。

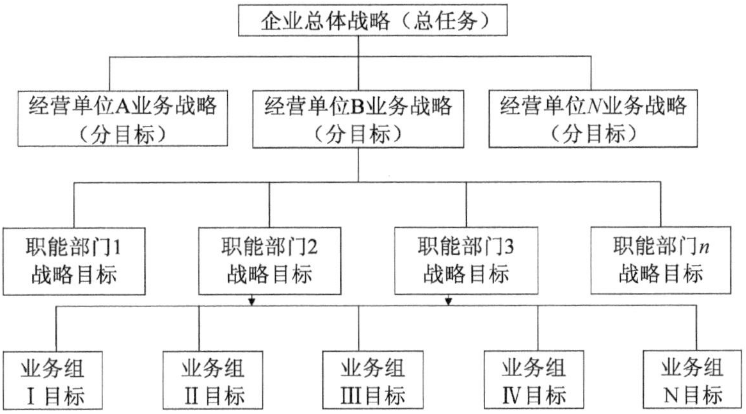

图 7-3 纵向展开的战略计划的目标分解(空间分解)

7.4 战略实施与组织结构

7.4.1 战略与组织结构的基本关系

美国学者钱德勒在 1962 年发表的《战略与结构:美国工业企业历史的篇章》一书中指出:战略与结构关系的基本原则是组织的结构要服从于组织的战略。战略的实施离不开有效的组织结构。战略的变化将导致组织结构的变化。组织结构的重新设计应能够促进企业战略的实施。离开了战略，组织结构将没有意义。

战略的变化要求组织结构发生相应的变化：①组织结构在很大程度上决定了目标和政策是如何建立的；②制定目标与政策的组织结构方式会对所有战略实施活动产生相当大的影响；③企业的组织结构决定了资源的配置；④改变组织结构的侧重点通常为战略实施活动的一部分。钱德勒的战略——组织结构关系图，见图 7-4。

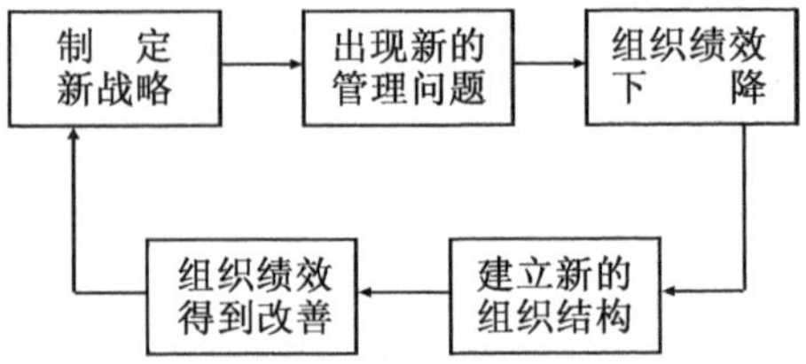

图 7-4 钱德勒的战略——组织结构关系图

对特定战略或特定类型的企业来说，不存在一种最理想的组织结构设计。对某一企业适用的组织结构不一定适用于另一家类似的企业，尽管特定产业中成功的企业趋向于采用相类似的组织结构。战略的适应性决定了组织结构的动态性，因此在企业运用已有的资源和可能占有的资源，去适应企业外部环境和内部条件发生变化的复杂的调整过程中，要求企业不断推出合理有效的组织结构以适应战略的转变。

7.4.2 组织七要素

20 世纪六七十年代，美国人饱受了经济不景气、失业的苦恼，同时听够了有关日本企业成功经营的艺术等各种说法，也在努力寻找着适合于本国企业发展振兴的法宝。托马斯·J. 彼得师（Thomas J. Peters）和罗伯特·H. 沃特曼（Robert H. Waterman），这两位斯坦福大学的管理硕士长期服务于美国著名的麦肯锡管理顾问公司的学者，访问了美国历史悠久、最优秀的 62 家大公司，又以获利能力和成长的速度为准则，挑出了 43 家杰出的模范公司，其中包括 IBM、德州仪器、惠普、麦当劳、柯达、杜邦等各行业中的翘楚。

托马斯·J. 彼得师和罗伯特·H. 沃特曼对这些企业进行了深入调查，并与商学院的教授进行讨论，以麦肯锡顾问公司研究中心设计的企业组织七要素（简称“7-S 模型”）为研究的框架，总结了这些成功企业的一些共同特点，写出了《追求卓越——美国企业成功的秘诀》一书，使众多的美国企业重新找回了失落的信心。7-S 模型指出了企业在发展过程中必须全面地考虑各方面的情况，包括结构、制度、风格、员工、技能、战略、共同的价值观（见图 7-5）。也就是说，企业仅具有明确的战略和深思熟虑的行动计划是远远不够的，因为企业还可能会在战略执行过程中失误。因此，战略只是其中的一个要素。

在麦肯锡 7-S 模型中，战略、结构和制度被认为是企业成功的“硬件”，风格、人员、技能和共同的价值观被认为是企业成功经营的“软件”。麦肯锡的 7-S 模型提醒世界各国的经理们，软件和硬件同样重要，两位学者指出，各公司长期以来忽略的人性，如非理性、固执、直觉、喜欢非正式的组织等，其实都可以加以管理，这与各公司的成败息息相关，绝不能忽略。

7.4.3 组织结构类型

企业组织结构类型主要分为直线制组织结构、职能制组织结构、直线职能制组织结构、矩阵制组织结构、事业部制组织结构、多维制组织结构、新型组织结构七大类，见图 7-6。

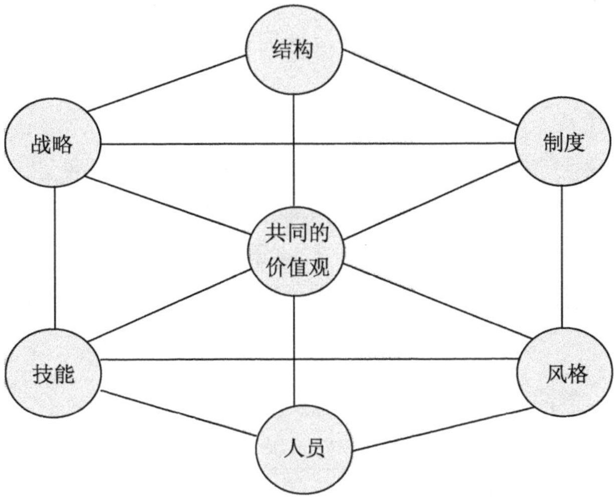

图 7-5 组织七要素(麦肯锡 7-S 模型)

图 7-6 组织结构类型

1. 直线制组织结构

直线制组织结构是最早出现也是最简单的一种组织结构形式。它是企业组织中所有职位实行从上到下的垂直领导,下级部门只接受一个上级的指令,各级负责人对其下属部门的一切问题负责。组织不设专门的职能部门,所有的管理职能基本上都由各部门主管自己执行。如图 7-7 所示。

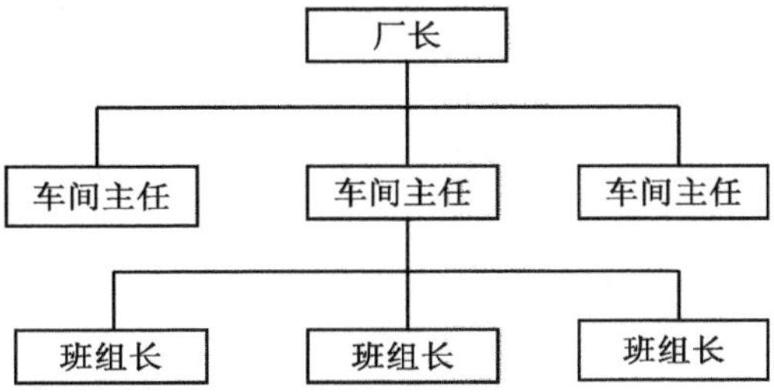

图 7-7 直线制组织结构

特点:从最高管理层到最底层,上下垂直领导(下级只接受一个上级的命令),没有职能机构,各级主管行使所属部门的一切管理职能。

优点:结构简化,权力集中,命令统一,决策迅速,责任明确。

缺点:在企业规模较大时,由于个人能力、精力、知识是有限的,可能会发生管理者难于应付而导致决策失误。

2. 职能制组织结构

职能制组织结构是在各级主管的下面根据业务需要设立职能部门(科室)的一种组织形式。在这种结构下,各级主管把相应的管理职责和权力交给相关的职能部门,各职能部门拥有相应的职责和权限,可以按各自的任务向下级发号施令。因此,下级部门除了接受上级直线主管指挥外,还同时接受上级各职能机构的领导。如图 7-8 所示。

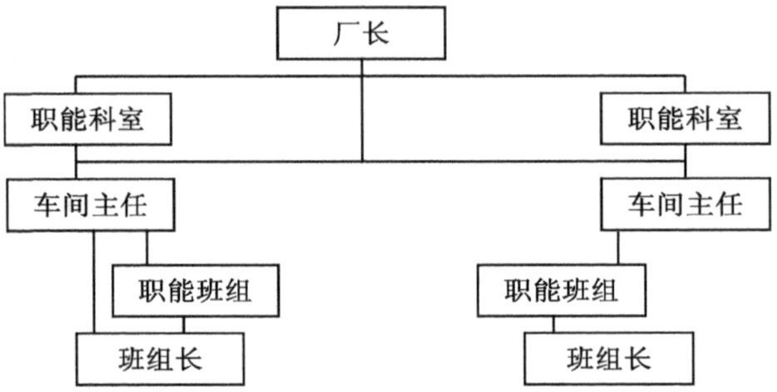

图 7-8 职能制组织结构

特点:采用专业分工的管理者代替全能管理者,职能部门与直线一样有命令权力。

优点:可采用专家管理,可通过发挥职能机构的作用,弥补直线人员管理能力的不足。一方面,有利于提高业务水平;另一方面,有利于提高工作效率和管理水平。

缺点:多头领导,破坏了统一领导的原则。一个下级往往要接受几个上级的命令,有时这些命令还相互矛盾,弄得下级无所适从;同时,出了问题,上级领导和职能部门还容易相互推卸责任(有功大家抢,有过大家推),不利于统一指挥。

3. 直线职能制组织结构

直线职能制组织结构是综合直线制和职能制两种类型特点、取长补短而建立的一种组织形式。直线职能制以直线结构为基础,在各级主管之下设置相应的职能部门,分别从事专业管理,作为该级主管的参谋部门。该参谋部门参谋人员只对上级主管负责,提供建议,而不能直接向下级发布指令(但在有上级领导者的授权时,在授权范围内可直接指挥,行使职能职权),只起业务指导作用。如图 7-9 所示。

特点:把企业管理机构和人员分为两类,一类是直线领导机构和人员,行使指挥权;一类是职能机构和人员,进行业务指导。

优点:一方面保留了直线制统一指挥的优点,另一方面又克服了职能制多重领导的弊端。

缺点:职能部门之间的协作和配合较差,加重了上层领导的负担。增加了组织内部的协调难度,管理层次多,管理费用增加。信息传递路线长,对外界变化的反应不灵活。

4. 矩阵制组织结构

矩阵制组织结构,是由按职能划分的垂直领导系统和按产品或项目划分的横向领导系

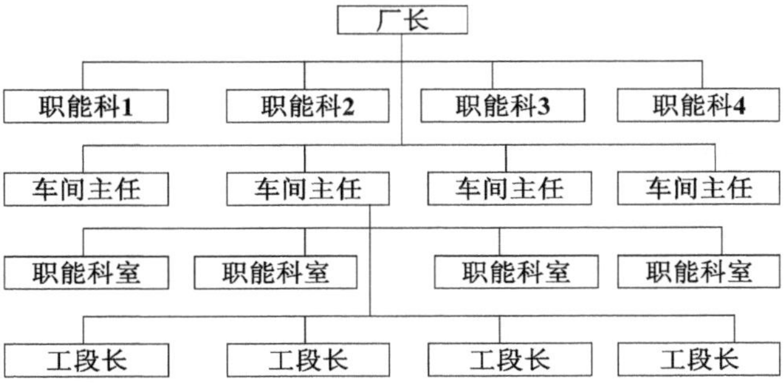

图 7-9　直线职能制组织结构

统两套管理系统组成的矩形形态的组织结构。矩阵制组织是为了改进直线职能制横向联系差、缺乏弹性的缺点而设计的。它的一个显著特点是围绕某一项专门任务而建立跨职能的专门机构。见图 7-10。

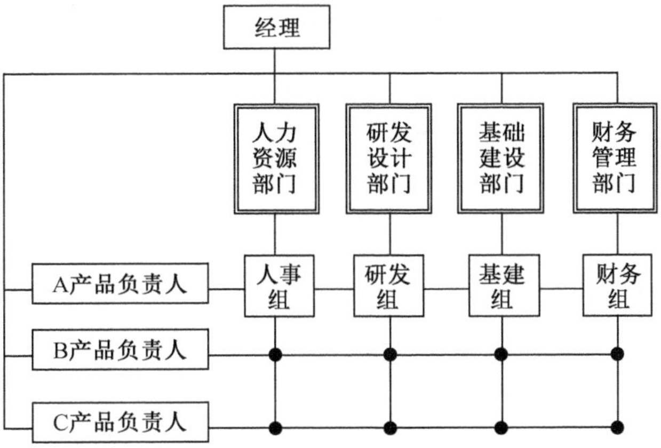

图 7-10　矩阵制组织结构

特点：①项目小组是暂时性组织，小组成员均来自各职能部门，任务一旦完成，仍回原单位；因为业务性质，项目小组形式可能会存在较长时间。

②双重指挥链：矩阵中的员工有两个上司，即所属职能部门的经理（对组织成员行使晋升、绩效评定等权力）和所工作的产品或项目小组的经理（向小组成员行使有关项目目标达成的权力），两位经理共同享有职权。

优点：有利于加强各职能部门间的沟通、协作；可根据特定需要和环境的变化随时变动；在发挥人的才干方面具有灵活性。

缺点：资源管理复杂、稳定性差、权责不清。

5. 事业部制组织结构

事业部制又称"M 型"组织结构，最早是由美国通用汽车公司总裁斯隆（Alfred P. Sloan）于 1924 年提出的，故有"斯隆模型"之称，是一种高度集权下的分权管理体制。事业部制组织结构的主要特点是"集中决策、分散经营"。事业部制组织结构包括产品事业部制组织结构和区域事业部制组织结构两种形式。见图 7-11 和图 7-12。

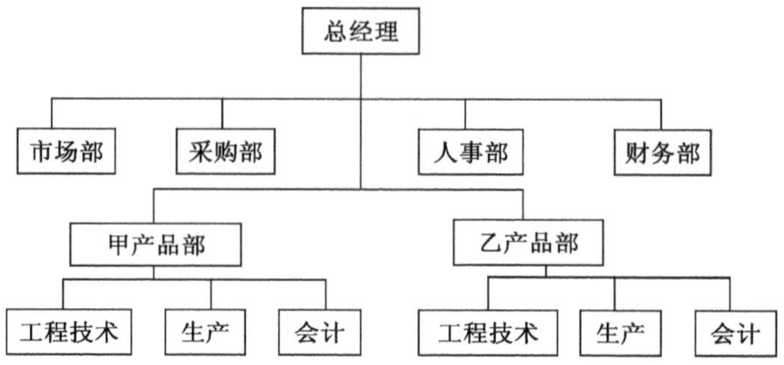

图 7-11　产品事业部制组织结构

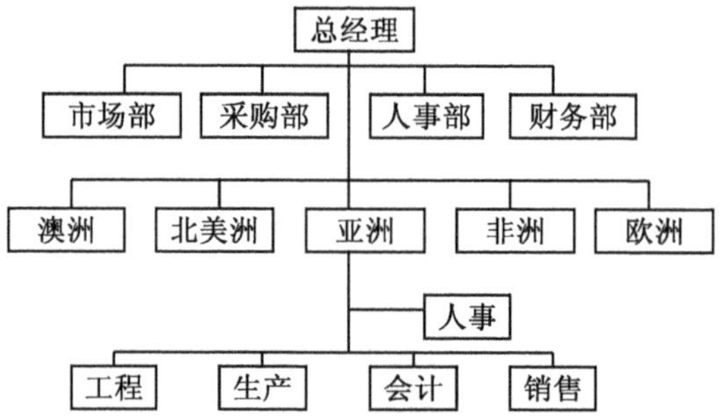

图 7-12　区域事业部制组织结构

特点：这是一种分权制企业组织形式，又叫“斯隆模式”或“联邦分权化”。总公司按产品或地区划分事业部，各事业部是独立核算、自负盈亏的利润中心。总公司保留预算、重要人事任免和方针战略等重大问题的决策权，是决策中心。事业部下的生产企业是成本中心。

优点：有利于调动经营管理人员的积极性；能保证总公司获得稳定的利润；有利于培养全面的高级管理人才。

缺点：需较多的专业人员运作、监督事业部的生产经营活动；管理机构可能重复、管理人员多；要求较多全才的事业部经理；可能失控；可能内耗。

事业部制的适用条件：①可划分性（事业部间有独立性），可承担利润责任；②事业部之间应相互依存；③应保持、控制事业部间的适度竞争；④总公司要有管理各事业部的经济机制。

6. 多维制组织结构

多维制组织结构包含多个方面的管理机构，使企业能够更好地协调发挥效率。如三维结构：

按产品划分的事业部，产品利润中心；
按职能划分的专业参谋机构，专业成本中心；
按地区划分的管理机构，地区利润中心。

多维立体组织结构，见图 7-13。

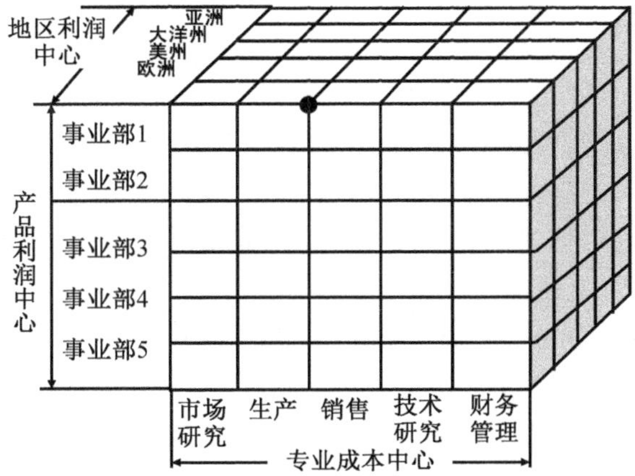

图 7-13　多维立体组织结构

7. 新型组织结构

新型组织结构包括网络结构(图 7-14)、控股型结构(图 7-15)等。

(1) 网络结构

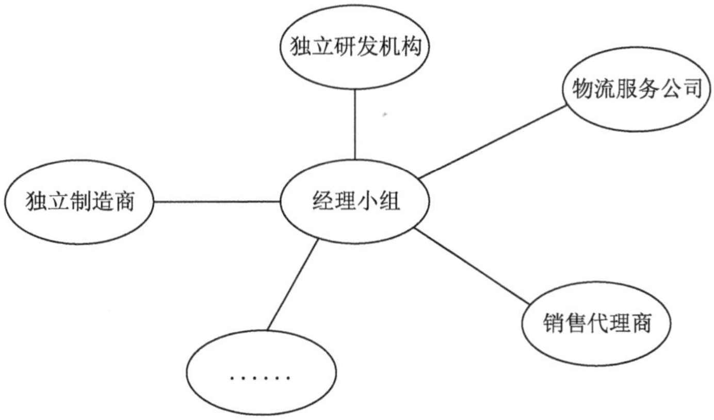

图 7-14　网络结构

特点:一种只有很小的中心的组织,依靠其他组织以合同为基础进行制造、分销、营销或其他关键业务的经营活动的组织结构。

优点:适用于要求以较大的灵活性以对市场的变化做出迅速反应的企业,或者具有不同核心竞争能力的企业的联合。

缺点:缺乏紧密控制、缺乏质量的一致性、创新易被模仿。

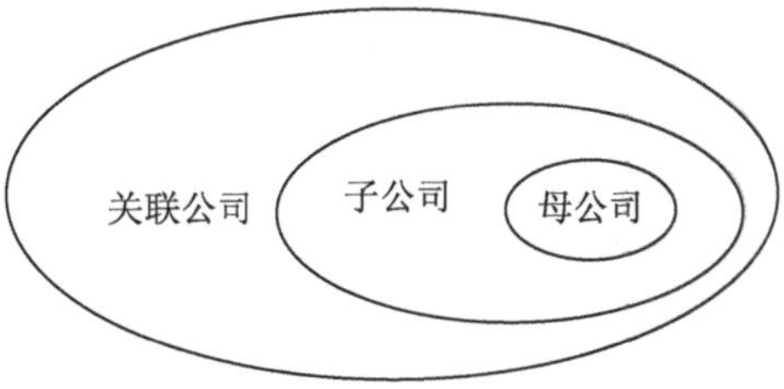

图 7-15　控股型结构

(2) 控股型结构

控股型结构是指大公司不对业务经营单位进行直接的管理和控制,而代之以持股控制。

7.4.4 战略与组织结构的匹配性

1. 战略与组织结构匹配的指导原则

尽管人们一致认为，组织结构应当适应和服从于企业战略，但是对于最优的组织结构设计却缺乏一致的意见。吉尔布莱斯和卡赞佳的研究对战略与组织结构的匹配提出了具体的指导原则：①单一业务和主导业务的企业（企业主要在一个行业领域中经营），应当按照职能式的结构来组织。②进行相关产品或服务多样化的企业，应当组织成事业部的结构。③进行非相关产品或服务多样化的企业，应当组织成复合式（或控股公司）的结构。

2. 战略与组织结构的匹配关系

为了清楚地阐述战略与组织结构的关系，钱德勒描绘了美国工业企业在不同的历史发展阶段所产生的战略，以及伴随这些战略而形成的组织结构。针对数量扩大战略阶段、地区扩散战略阶段、纵向一体化战略阶段、多样化战略阶段四个阶段，提出了各阶段战略与组织结构的匹配关系。

（1）数量扩大战略阶段

在行业处于发展阶段，外部环境竞争不激烈的条件下，企业要增大生产的数量，只需采用简单的结构或形式。

（2）地区扩散战略阶段

随着行业进一步发展，在一个地区的生产或销售已不能满足企业的发展速度和需要时，则要求企业将产品或服务扩展到其他地区去。为了协调这些产品和服务，形成标准化和专业化，企业组织要求有职能部门结构。

（3）纵向一体化战略阶段

在行业增长阶段的后期，竞争更加激烈，为了减少竞争的压力，企业需要拥有一部分原材料的生产能力，或拥有销售产品的渠道。在这种情况下，组织应运用事业部制结构。

（4）多样化战略阶段

在行业发展进入成熟期后，企业为了避免投资或经营风险，往往开发与企业原有产品不相关的新产品系列，或到其他行业里经营自己原有的产品。这时企业应根据规模和市场的具体情况，分别采用矩阵结构或经营单位结构。

3. 战略的前导性和组织结构的滞后性

对于企业外部环境变化而言，战略与组织结构做出反应的时间是不同的。从钱德勒对企业的研究中可以看出，最先做出反应的是战略，然后组织结构才在战略的推动下对环境变化做出反应。

（1）战略的前导性

战略的变化要先于组织结构的变化。当环境变化为企业提供了发展机会时，企业首先会在战略上做出反应，以谋求新的经济增长。新的战略需要新的组织结构与之相配合，根据战略调整的情况，对原有组织结构或局部调整或全新变革，才能保证新战略的顺利实施，保证企业获得更大的经济利益。

（2）组织结构的滞后性

组织结构的变化常常要慢于战略的改变。其原因有两个：一是新旧结构的交替有一定的时间过程。新的战略制定出来后，企业才能根据新战略的要求来改组企业的组织结构。二是旧的组织结构都有一定的惯性，主要来自管理人员的抵制。当新的战略制定后，他们常常沿用旧有的职权和沟通渠道去管理新的经营活动，总认为原来有效的组织结构不需要改变。同时，当管理人员感到组织结构的变化会威胁到他们个人的地位、权力和心理的安全感时，往往会以各种方式抵制必要的改革。

7.5　战略实施与资源配置

7.5.1　资源配置原则

1. 集中资源

(1) 集用

资源和能力的集中使用。假定企业准备开发一个新产品，从销售部、科研部、生产部、工程部各调一个人出来，组成攻关小组，创造出新产品。

(2) 专用

资源和能力的专门使用。企业财务经理的工作重点就是专心做财务，总经理的工作重点就是专心开发业务。

2. 积累资源

(1) 善用

资源的妥善利用。假如企业买了一台机器，一定要规划好每天使用多少小时，每天要维修多少小时，如果要滚动式利用，不给它休息的时间，机器很快就会瘫痪。

(2) 学用

通过参观考察，学习别人利用资源的经验。例如，出国到美国、欧洲的企业进行考察，看比尔如何管理工厂。

3. 互补资源

(1) 混用

把不同形式的资源加以混合利用，使每个资源的价值增加。例如，1＋1＞2。

(2) 均用

组织在每个方面的资源和能力都不会被平庸的资源给浪费掉。如果一个企业的老板、总裁、副总裁是平庸的人，那么下面员工的资源就都被浪费掉了，企业要确保最高位置的人是最优秀的。

4. 节省资源

(1) 复用

资源重复使用在不同的领域。如果企业进行制度化管理，那么这个企业每开一个新工厂或分公司，就可以把整个管理系统复制过去，从而减少学习成本，大幅度提高效率。

(2) 谋用

通过影响力互相利用别人的资源。例如中国与俄罗斯合作，中国可以从俄罗斯得到能源，俄罗斯可以从中国得到资金和物资。

（3）惜用

珍惜地使用资源。例如，珍惜使用水电资源，让员工适度休息、休养等。

5. 速用资源

缩短资源的耗用和收益回报的“时间”。

7.5.2 资源配置的一般方法

企业资源配置主要是在企业的不同组成部分之间进行资源分配，这些组成部分可能是业务分部或地区性分部，也可能是企业的职能，如营销、财务等。

战略实施过程中，资源的稀缺程度、结构会发生各种变化。因此，企业在战略实施过程中，应当有必要的资源保证。

在此，结合以下三种情况，说明企业资源配置的一般方法：

1. 资源总数或资源调度中不发生变化

如果企业中的管理人员认为战略发展不需要在资源总数或资源调度上做任何变化，那么，他们就会按着这种理解方式来管理资源的分配。

这种情况由两个极端的方式所代表：公式化分配（集中指导的程度很高）、自由讨价还价（分配是分散化的）。

许多企业都使用一个公式作为分配的依据。例如，广告预算可能是销售额的5%。这样就会给“讨价还价”留有余地，企业可以重新确定公式或计量资源的方法。

但在公式的适用性或公正性问题上常常会出现一些分歧，常见的处理措施是修正公式，如通过加权或者引入新的要素等。但这极少能解决分歧，而且还会使问题更糟，因为这种类型的企业总是具有一定程度的任意性。

2. 资源总数在增长

如果企业中的管理人员认为战略发展要求资源做很大变动，就需要各种不同的资源配置方法。例如，在资源增长的过程中常常以相对的形式进行资源的再分配，但却不减少公司中任何一部分的资源，即公司总部仅仅是简单地将新资源有选择地在组织内部进行分配。

3. 资源总数在下降或者在资源稳定的情况下进行资源重新分配

处于资源增长环境的企业所面临的许多问题，在资源处于静止或下降的企业中也同样存在，但却有许多重要差别。特别地，如果企业中的管理人员认为战略发展要求绝对地减少某些领域的资源，以维持其他领域的资源供给或支持新的发展。

资源再分配的方法：

（1）由上级（或总部，或中心）来指导，例如，可能会关闭某些工程，或将相关的领域或活动合并，这样可以减少资源的使用量。

（2）以公开竞争的方式实现，例如，可能让企业内的员工自由更换。当岗位空缺时，他们将公开竞争并会分配给最需要的单位。

（3）对资源实行有约束的竞价，将企业用于再分配的总资源的一部分分配给新的业务。例如，设立新单位，从其他领域得到资源，并将新单位合并到主体结构中。

7.5.3 不同战略实施的资源配置

战略资源的整合配置基本上构筑了企业的竞争实力。战略资源配置的优劣将直接影响战略目标的实现。不同竞争战略实施的资源配置，见表 7-3。

表 7-3　不同竞争战略实施的资源配置

	低成本战略	差异化战略
主要技能	"过程"设计 劳动力管理 易于生产的产品 低价分销	"产品"设计 营销 研究能力 公司形象
要求	严格的成本控制 详细汇报 结构化高 量化目标	松散的控制 简单汇报 很强的协调、协作 基于市场的激励

低成本战略要求将资源配置的重点放在注重成本和效益的工厂和工艺上，使其有能力进行再投资以保持优势。也可能将重点放在实现操作过程简单化和低成本的分销系统上。

差异化战略可能会要求不同的资源、技术和能力，特别可能需要很强的营销、研究和创新能力，强调产品开发和工程化。要求资源配置的重点是放在各价值活动的合作上，以保证在产品或服务的生产和传输的过程中能真正地增加价值。

不同竞争战略实施的资源配置重点是确认那些对某类战略的成功十分重要的价值活动。

企业战略实施的过程是一个自上而下的动态管理过程。所谓"自上而下"主要是指，企业高层在制定了战略目标后，将目标进行层层分解，在这个分解执行过程中，各部门、各单位乃至各个人分工和执行各自的工作任务。"动态"主要是指战略实施的过程中，常常需要对经营战略、目标、手段进行适时调整、修改和补充，在"分析一决策一执行一反馈一再分析一再决策一再执行"的不断循环中达成战略目标。

企业战略实施主要有两种实施体系：一是传统的战略实施体系，主要通过对文化、人才、组织、制度、利益相关者、现金流等方面的管理来实施战略，管理手段主要是目标管理、计划管理、控制管理等；二是平衡计分卡的战略管理体系。

战略的实施离不开有效的组织结构。战略的变化将导致组织结构的变化。组织结构的重新设计应能够促进企业战略的实施。离开了战略，组织结构将没有意义。

任何一个企业，能够利用的资源都是有限的。如何对有限的资源进行优化配置，是战略实施中一个不容忽视的问题。评价资源配置是否有效，需要从战略角度来入手，看资源配置是否能够体现战略重点和价值链各项活动之间的关系，从而支持战略的实施。

【本章小结】

企业一旦选择了合适的战略，企业战略管理活动的重点就从战略选择转移到了战略实施阶段。但企业战略实施并不是轻而易举的过程，他涉及战略计划的制定、组织结构的调整、内外部资源的配置等一系列问题。

战略计划的制定是战略实施的基本保障，而组织设计是战略实施中必然要面对的基本问题，战略的成功实施需要得到组织上的保证。同时，只有当企业的各种因素相互适应和相互匹配、企业资源得到合理配置时，战略实施才更有可能取得成功。

【思考题】

1. 企业战略实施包括哪些主要任务？
2. 企业战略与组织结构之间有什么关系？
3. 组织结构有哪几种类型？分别与哪些战略类型相适应？
4. 不同战略实施的资源配置的重点是什么？

【拓展阅读】

◇ 阅读推荐

(美)阿比斯・阿克哈法吉. 战略管理：制定、执行及动态环境控制[M]. 张春萍，解淑青，译. 北京：经济管理出版社，2005.

◇ 推荐理由

阅读材料具有以下明显特色：①管理实践。尽可能把内容整合，并运用一种简单的写作风格以便使学生形成对主题领域的清晰认识。阅读材料的基调简单。真实世界的事例有助于学生了解理论如何与实践联系，并增加相关分析。②当代焦点。流行概念包括全面质量管理、道德规范、社会责任、公司治理、重构、全球化、国际战略等。③内容组织。每一章都会呈现主题领域的整体框架，例如评估环境、国际战略、实施、企业文化与总经理。随后的部分分析在这一范围内战略管理的影响，提出政策含意，并且考虑到管理手段与机制。

【实践项目】

调查你所在地的一家特定企业，分析企业现阶段的战略实施发展方案，并撰写分析报告。

1. 确定企业战略实施的采购、生产、财务、市场营销等战略计划。
2. 确定企业战略实施的组织结构设计。
3. 确定企业战略实施的资源配置情况。

第八章　企业战略的控制与评价

【学习要求与目标】

1. 了解企业战略控制的概念。
2. 理解企业战略控制的作用与性质。
3. 掌握企业战略控制的类型。
4. 重点掌握企业战略控制的过程和基本方法。
5. 重点掌握企业战略绩效评价方法。

党的二十大报告提出：中国式现代化是人口规模巨大的现代化，我们始终从国情出发想问题、作决策、办事情，既不好高骛远，也不因循守旧，保持历史耐心，坚持稳中求进、循序渐进、持续推进；中国式现代化是全体人民共同富裕的现代化，我们坚持把实现人民对美好生活的向往作为现代化建设的出发点和落脚点，着力维护和促进社会公平正义，着力促进全体人民共同富裕，坚决防止两极分化；中国式现代化是物质文明和精神文明相协调的现代化，我们不断厚植现代化的物质基础，不断夯实人民幸福生活的物质条件，同时大力发展社会主义先进文化，加强理想信念教育，传承中华文明，促进物的全面丰富和人的全面发展；中国式现代化是人与自然和谐共生的现代化，我们坚持可持续发展，坚持节约优先、保护优先、自然恢复为主的方针，像保护眼睛一样保护自然和生态环境，坚定不移走生产发展、生活富裕、生态良好的文明发展道路，实现中华民族永续发展；中国式现代化是走和平发展道路的现代化，我们坚定站在历史正确的一边、站在人类文明进步的一边，高举和平、发展、合作、共赢旗帜，在坚定维护世界和平与发展中谋求自身发展，又以自身发展更好维护世界和平与发展。这是党对于国家发展战略实施与执行的高度把控和评价准则。

当企业外部和内部环境发生变化时，制定和实施得再好的战略也会过时，因此对战略的实施进行系统化的检查、控制和评价就成为企业战略管理的一项重要工作。企业战略控制与企业战略评价既有联系又有区别，要进行企业战略控制就必须进行企业战略绩效评价，只有通过评价才能实现控制，评价本身是手段而不是目的，发现问题实现控制才是目的。战略控制着重于战略实施与执行过程，而战略绩效评价着重于对战略实施与执行结果的评价。

【先导案例】

身边的大师咖啡“瑞幸咖啡”

1. 公司简介

瑞幸咖啡成立于 2017 年 10 月，同时间第一家门店开在银河 soho。瑞幸咖啡

(Luckin Coffee)总部位于厦门，是中国门店数量最大的咖啡连锁品牌之一。截止到2022年6月，全国门店数量已经突破7 000家。

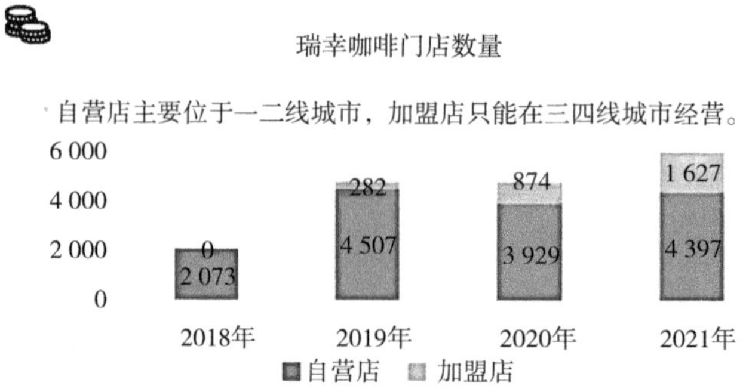

数据来源：公司官网。

2019年5月在美国纳斯达克上市，一年后被强制退市。

	时间	融资金额(美元)	估值(美元)	投资机构
IPO	2019.05.17	5.61亿	42亿	美国纳斯达克上市
C轮	2019.04.18	1.5亿	29亿	贝莱德基金
B轮	2018.12.12	2亿	22亿	
A轮	2018.7.11	2亿	10亿	

数据来源：公司官网。

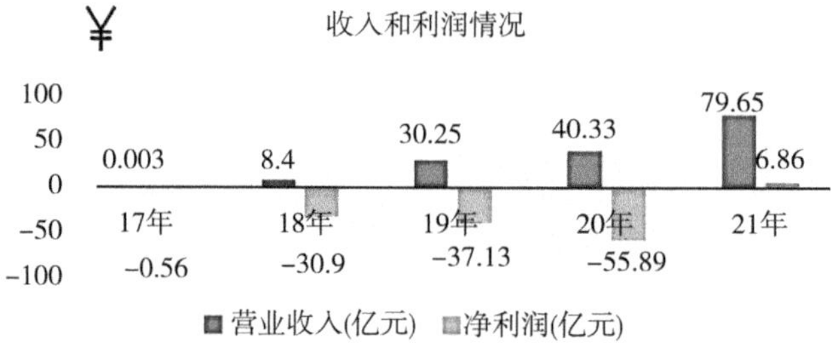

数据来源：公开财报。

2. 财报造假事件

2020年1月31日，知名做空机构浑水声称，收到了一份长达89页的匿名做空报告，直指瑞幸数据造假。2月3日，瑞幸否认浑水所有指控。4月2日，瑞幸承认虚假交易22亿人民币，股价暴跌80%，盘中数次暂停交易。4月4日凌晨，造假事件持续发酵，周五收盘，瑞幸股价再次大跌15.94%，报5.38美元。中国证监会此前称，对该公司财务造假行为表示强烈的谴责。4月7日，瑞幸咖啡宣布停牌。5月12日，CEO钱治亚和COO刘剑被暂停职务。瑞幸咖啡宣布郭谨一为代理CEO。6月27日，瑞幸咖啡发布声明称，公司将于6月29日在纳斯达克停牌，并进行退市备案。2021年4月，美股投资者在中国上海起诉瑞幸，法院正式立案，这是中概股首例在中国境内被起诉。

8.1 战略控制的概念

企业战略管理中的一个基本矛盾，就是既定战略与变化着的环境之间的矛盾。所谓控制，即管理的五项职能(计划、组织、领导、协调、控制)之一，通过监视企业的各项活动，保证企业的实际运行状况与企业的战略计划动态相适应的过程。

战略控制是指在企业战略实施过程中，检查企业为达到战略目标所进行的各项活动的进展情况，评价战略实施后的企业绩效，把它与预定的战略目标和绩效标准相比较，发现战略差距，分析产生偏差的原因，通过纠正偏差，使企业战略的实施更好地与企业当前所处的内外环境、战略目标协调一致，使企业战略目标得以实现。

8.2 战略控制的作用与性质

1. 战略控制的作用

企业战略管理中，战略控制的作用可从两个方面来理解：

(1) 检验作用。通过战略控制，检验各项工作是否按预定的战略计划进行，能否为主管人员提供有用的信息，并据此检验战略计划的正确性和合理性。

(2) 调节作用。控制与其他四项管理职能紧密地结合在一起，使企业战略管理过程形成一个相对封闭的系统。

2. 战略控制的性质

战略控制的性质体现在战略控制、组织控制和内部控制三个方面：

(1) 战略控制，即对发生或即将发生战略问题的部门，以及重要战略项目和活动所进行的控制。

(2) 组织控制，即在大型企业里，通过组织系统层次加以控制。

(3) 内部控制，即具体的职能领域里和生产作业层次上的控制。包括财务控制、生产控制、营销控制、质量控制和成本控制等。

从控制层次来看，按照控制类型的相对重要性，分为公司层的战略控制、经营单位或事业部级的战术控制、职能级的作用控制。

3. 战略控制的原则

(1) 例外原则。战略管理者只应对超出原定容忍范围的活动进行调整修正。

(2) 焦点原则。应减少过分的控制，把注意力集中在对战略目标有重大影响的因素与事务上。

(3) 克服困难原则。克服衡量上的各种困难，如研究活动的衡量。

(4) 时效原则。战略控制必须及时。

(5) 长短并重原则。强调短期与长期相结合。

(6) 正面原则。注重对超出标准的奖励，而非对低于标准的处罚。

4. 有效控制的基本条件

任何形式的控制都有一定的条件。这些前提条件是否充分，对控制过程是否顺利展开有很大的影响。

有效控制必须具备以下四个前提条件：

（1）要有一个科学、完整的经营战略计划。

（2）要有健全的组织机构和合理的资源配置。

（3）要有科学的控制方法和手段。

（4）要有明确的信息反馈渠道。

8.3 战略控制的类型

8.3.1 按时序分类的控制类型

1. 前馈控制

前馈控制，即事前控制，在战略实施之前，就认真分析研究、进行预测并采取防范措施，使可能出现的偏差在事先就有可以筹划和解决的控制方法。

前馈控制系统要设计好正确有效的战略计划，这种控制多用于重大问题的控制，如开辟重要市场、签订重大合同等。

2. 现场控制

现场控制，即事中控制，在实际工作过程中发现问题，采取措施进行控制，弥补预测所带来的不足，引导企业沿着战略的方向进行经营，这种控制方式主要是对关键性战略措施进行随时控制。

3. 反馈控制

反馈控制，即事后控制，在企业的经营活动之后，把战略活动的结果与控制标准相比较。在战略计划部分实施之后，将实施结果与原计划标准相比较，由企业职能部门及事业部定期向高层领导汇报战略实施结果，由领导者决定是否有必要采取纠正措施。

8.3.2 按手段分类的控制类型

1. 直接控制

直接控制，对计划执行者采用一定的控制方法和手段，使其能有效地执行计划，保证计划顺利完成的控制形式。直接控制强调对人的控制，着眼于培养更为优秀的人才。

2. 间接控制

间接控制，根据战略目标计划的执行情况，发现计划执行中的偏差，分析产生偏差的原因，找出责任人，改进下一步工作。

针对偏差的控制，如果造成偏差的原因是战略执行者缺乏知识、技能或经验，那么，运用间接控制的方法可以帮助他们总结经验教训，学习知识和技能，改进未来工作。

如果偏差是由一些不确定因素造成的，例如未来的国际经济形势变化、技术进步等，间接控制就不能发挥作用了。

8.3.3 按对象分类的控制类型

1. 人员控制

人员控制，即控制对战略实施影响较大的员工、为战略做出最大贡献的员工。人员控制的具体措施：

（1）实施员工训练计划、改善工作分配、提高关键岗位上员工的能力。

（2）改进上下级的沟通。

（3）成立具有内在凝聚力的、目标共享的工作小组，促成员工间的互相控制。

2. 具体活动控制

具体活动控制，是保证企业员工能够按照企业的战略目标计划进行活动的一种手段。

（1）行为限制，即用物质性的装置来限制，或者是行政管理上的限制，使员工按照各自的职责工作。

（2）工作责任制，确定一定的行为界限和规章制度，然后检查员工的实际行为，再根据所订标准进行奖励或惩罚。不仅检查与考核员工的行为，更主要的是激励员工发挥积极性。

（3）事前审查，例如直接监督、计划的审查、审批费用预算等。

3. 成果控制

成果控制，包括确定期望成果的范围，根据成果范围衡量效益，根据效益对那些实现成果的行为给予奖励，反之则惩罚。

按对象分类的控制类型，见图 8-1。

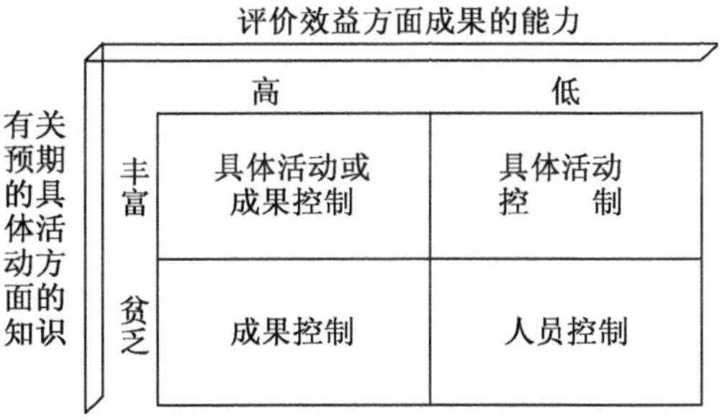

图 8-1 按对象分类的控制类型

（1）第一象限“具体活动或成果控制”。管理人员在预期的具体活动方面的知识丰富，而且有较高的评价效益方面成果的能力。这时，管理人员不能只依赖于一个固定领域的人员去采取行动，也不可能过早地提出一种或多种回避的手段。因此，管理人员应考虑具体活动控制、成果控制，或者两者并用。

（2）第二象限“具体活动控制”。管理人员对预期活动有较多的知识，但成果难以评价。这时，企业可采取具体活动控制手段。

（3）第三象限“成果控制”。管理人员在有关预期具体活动方面的知识比较贫乏，但有较好的评价成果控制能力。这时，工作成果便可以取得较好的控制。这种控制适用于较高层的管理人员，使他们明确企业预期的成果以及各自的责任，从而达到控制的效果。

（4）第四象限“人员控制”。企业对预期的具体活动不了解，对重要的成果领域也不能做出很好的评价。这是最难以控制的情况，企业一般只能采取人员控制的手段。

8.3.4 按层次分类的控制类型

1. 战略层次控制

战略层次的控制以企业高层为执行主体，重点关注内外部战略环境和企业绩效，审视战略的前提和假设。战略层次的控制具有较高的开放性，偏重于定性目标，关注影响重大的现象和活动，主要解决企业效能问题。

2. 业务层次控制

业务层次的控制主要关注下属单位（战略业务单位、子公司、分公司、职能部门）在实现构成企业战略的各部分策略及中期计划中的工作绩效，竞争战略、职能战略执行情况是否达到企业战略的要求，是否对整个公司的战略形成支撑。业务层次控制目标比较具体、偏于定量化，主要解决企业效能和效率问题。

3. 作业层次控制

作业层次控制是对日常作业活动的控制，比如销售活动、融资活动、班组生产、质量检测等等，重点控制内容是这些活动的进行状况、绩效完成情况、执行者是否履行规定的职责。作业控制虽然集中在运营和操作层面，但作业活动往往获取的是第一手、最真实、最鲜活的信息。作业层次控制非常具体，目标主要是量化的、明确的，而且具有一定刚性，相对比较封闭，作业控制重点针对企业效率的提高。

8.4 战略控制的过程

战略控制作为一个调节过程可分为五个步骤：确定目标、确定效益标准、衡量实际效益、比较实际效益与效益标准、纠正措施和权变计划，见图 8-2。

1. 确定目标

企业管理部门在战略方案执行以前就要明确而具体地支持企业的战略总目标和阶段目标，并将此目标分解给下属部门，使各部门既有一个明确的奋斗方向，又有一个阶段性分目标。

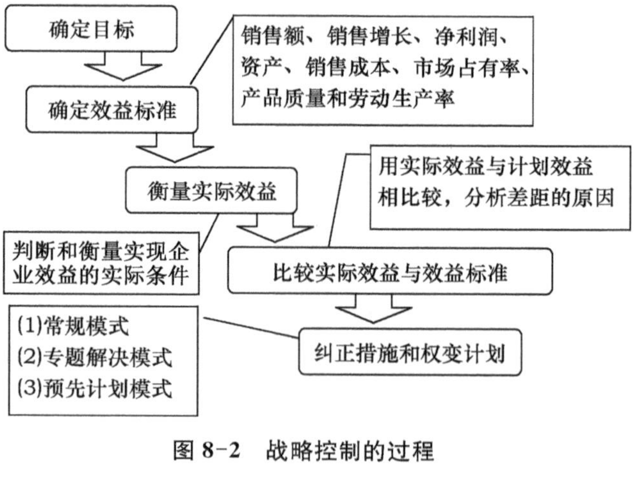

图 8-2 战略控制的过程

2. 确定效益标准

企业可以根据预期的战略目标或计划测算出期望实现的企业效益。效益标准是企业工作成绩的规范，用来确定战略计划或措施是否达到战略目标。

3. 衡量实际效益

战略控制主要是判断和衡量企业实际效益。管理人员需要收集和处理数据，进行具体的职能控制，并且监测环境变化时所产生的信号。为了更好地衡量实际效益，企业必须制定出具体的衡量方法以及衡量的范围,保证衡量的有效性。衡量实际效益的主要问题是要决断在何时、何地以及间隔多长时间进行一次衡量。为了提供充分而及时的信息,应该经常地评价和衡量工作效益,但要确定合理的衡量频度。

4. 比较实际效益与效益标准

用实际效益与标准效益相比较,确定两者之间的差距,并尽量分析出形成差距的原因。

5. 纠正措施和权变计划

考虑采取纠正措施或实施权变计划。在生产经营活动中,一旦企业找出实际效益与标准效益的差距,或者判断出外部环境的机会或威胁可能造成的结果,则必须采取相应的纠正或补救措施来纠正偏差。

结合战略控制的类型和过程,可采用五种战略控制方式,保障战略实施过程的有序高效和战略目标的顺利完成,见图 8-3。

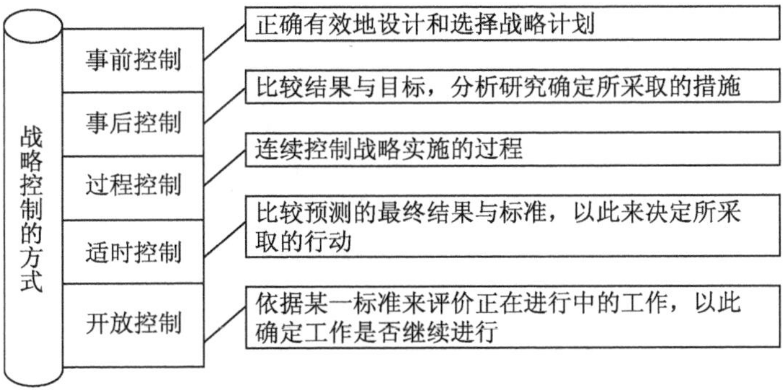

图 8-3 战略控制的方式

8.5 战略绩效评价的原则与方法

8.5.1 战略绩效评价的原则

(1) 战略绩效评价活动应当连续进行,而不只是在特定时期的期末或在发生问题时才进行。

(2) 战略绩效评价活动必须做到经济,应当有意义,即与企业经营目标直接相关,并能向管理者提供可控制影响的任务有用的信息。例如,①企业收购另一企业开展多元经营时,需频繁获取信息。②对研发部门,要求每日、周提供新的评价信息则不合适。

(3) 战略绩效评价应能客观、真实反映企业的经营现实。

(4) 战略绩效评价要简单而不过于复杂。

8.5.2 战略绩效评价方法

平衡计分卡法是企业战略绩效评价的重要工具。平衡计分卡的构成、平衡计分卡的平衡思想、平衡计分卡建立的关键要素、平衡计分卡建立的步骤可概括为:

1. 平衡计分卡的构成

平衡计分卡(The Balanced Score Card,BSC)是20世90年代由美国哈佛商学院的罗伯特·卡普兰(Robert S. Kaplan)和诺朗诺顿研究所(Nolan Norton Institute)所长、美国复兴全球战略集团创始人兼总裁戴维·诺顿(David P. Norton)提出的一种新方法。平衡计分卡的出现主要产生了几个方面的影响:一是使得传统的绩效管理从人员考核和评估的工具转变成为战略实施的工具;二是使得领导者拥有了全面的统筹战略、人员、流程和执行四个关键因素的管理工具;三是使得领导者拥有了平衡长期和短期、内部和外部,确保持续发展的管理工具。平衡计分卡的基本结构图,见图8-4。

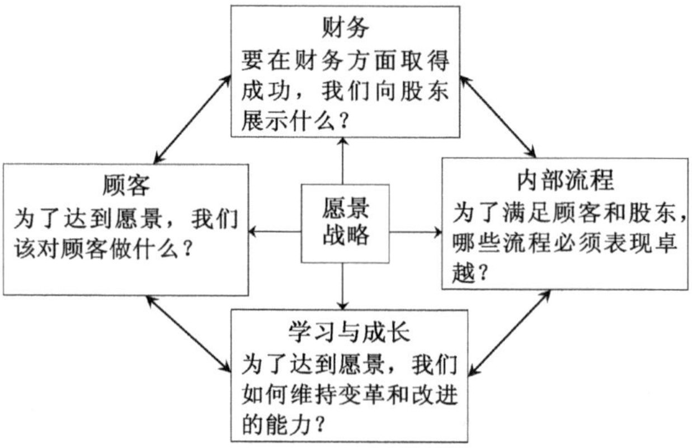

图8-4 平衡计分卡的基本结构图

平衡计分卡从四个主要角度来分析,即财务绩效、客户服务、内在业务流程、组织的学习与成长能力。在这四个方面中,管理者要确定核心的绩效指标,这些指标都是需要组织高度重视的绩效内容。

(1) 财务绩效指标:反映了组织活动对于改进组织的短期财务绩效和长期财务绩效的贡献:它包括销售额、利润额、投资回报率等指标。

(2) 客户服务指标:体现了企业对外界变化的反应,包括顾客满意度、顾客留住率、产品退货率、送货准时率等指标。

(3) 内部业务流程指标:反映了企业内部效率,关注导致企业整体绩效更好的过程、决策和行动,如生产率、成本、合格品率、新产品开发周期、出勤率等指标。内部流程是企业改善其经营业绩的重点。

(4) 组织的学习与成长能力指标:侧重于如何为企业的未来而管理好组织的资源与人力资本。有关指标涉及人员、信息系统和市场创新等。

2. 平衡计分卡的平衡思想

平衡计分卡包含了对各项活动的综合评价,其平衡的战略思想体现在以下几个方面:①财务指标和非财务指标的平衡;②企业的长期目标和短期目标的平衡;③企业组织内部与外部的平衡;④结果性指标与原因性指标之间的平衡;⑤先行指标与滞后指标之间的平衡。

3. 平衡计分卡建立的关键要素

通过把组织的战略转化成可衡量的指标，组织可以设定目标值，规定完成的期限，指定责任人，并为完成目标设计相应的行动方案。通过这种安排，使战略真正成为组织的经营行为，战略得到了很好的实施和贯彻。见表 8-1。

表 8-1　平衡计分卡建立的关键要素

维度	战略目标	衡量指标	指标值	行动方案	日期	责任人
财务绩效						
客户服务						
内部业务流程						
组织学习与成长能力						

(1) 维度：维度是观察组织和分析战略的视点，每个维度都应从战略目标、衡量指标、目标值和行动方案等方面加以考察。平衡计分卡的维度具体包括财务、客户、内部业务流程、学习和成长能力四个维度。

(2) 战略目标：每个维度都包括一个或多个战略目标。

(3) 衡量指标：指标是考量企业战略目标实现结果的定量或定性的尺度。

(4) 指标值：是对期望达到的衡量指标的具体定量要求。

(5) 行动方案：和项目类似，它由一系列相关的任务或行动组成，目的是达到每个指标的期望指标值。

(6) 日期：规定战略目标完成的期限。

(7) 责任人：明确各行动方案落实以及目标考核具体由谁负责。

4. 平衡计分卡建立的步骤

(1) 制定企业的愿景与战略。

(2) 成立平衡计分卡法实施委员会，努力在企业各管理阶层对企业的愿景及战略达成共识。

(3) 对以上四个方面的具体目标设定最具现实意义的业绩衡量指标。

(4) 加强企业内部沟通与协调。

(5) 确定每期(月、季、年)的业绩衡量指标的具体数据，并与企业的计划和预算相结合。

(6) 将每期的报酬奖励制度与平衡计分卡挂钩。

(7) 正确采用员工建议修正平衡计分卡衡量指标，以及改进完善企业战略。

【本章小结】

战略管理的基本假设是所选定的战略将能实现企业的战略目标，但在战略实施过程中，由于种种原因可能会造成战略方案的局部或整体已不符合企业的内外部条件。因此，一个完整的企业战略管理过程就必须具有战略控制。

战略控制是指在企业战略实施过程中，检查企业为达到战略目标所进行的各项活动的进展情况，评价战略实施后的企业绩效，把它与预定的战略目标和绩效标准相比较，发现战略差距，分析产生偏差的原因，通过纠正偏差，使企业战略的实施更好地与企业当前所处的内外环境、战略目标协调一致，使企业战略目标得以实现。

【思考题】

1. 企业战略控制与评价对战略管理有哪些作用？
2. 企业战略控制与评价有哪些基本原则？
3. 平衡计分卡在战略控制与评价中有什么作用？

【拓展阅读】

◇ 阅读推荐

(英)马修·雷齐. 内部控制设计——提升企业价值的战略过程[M]. 谢盛纹，译. 大连：大连出版社，2011.

◇ 推荐理由

目前关于内部控制的设计，更多的是集中对内部控制框架的分解。阅读材料具备一套完整的设计思路，揭示了内部控制提升企业价值的机制；提供了一系列通过创新和设计以改进内部控制与风险管理效率的方法，致力于建立一种“智能内部控制与风险管理”。这些方法包括内部控制设计和控制系统的一些替代方法。阅读材料提供的内部控制设计思路将有效地降低内部控制实施过程中的成本，并有助于提升企业价值！

【实践项目】

调查你所在地的一家特定企业，分析企业现阶段对战略实施的控制与评价，并撰写分析报告。

1. 确定企业实施时战略目标的实现情况。
2. 确定企业实施平衡计分卡的各种情况，尤其是对企业有实施不利的情况，找出具体原因。

第九章 企业职能战略

【学习要求与目标】

1. 了解企业职能战略的概念。
2. 理解企业职能战略的类型。
3. 重点掌握企业投资的多方案战略选择。
4. 重点掌握企业人力资源战略选择。
5. 重点掌握企业技术创新战略选择。
6. 重点掌握企业设备更新战略选择。
7. 重点掌握企业市场营销战略选择。

党的二十大报告提出:构建高水平社会主义市场经济体制,健全宏观经济治理体系,发挥国家发展规划的战略导向作用,加强财政政策和货币政策协调配合,着力扩大内需,增强消费对经济发展的基础性作用和投资对优化供给结构的关键作用;加快发展方式绿色转型,完善支持绿色发展的财税、金融、投资、价格政策和标准体系;教育、科技、人才是全面建设社会主义现代化国家的基础性、战略性支撑,必须坚持科技是第一生产力、人才是第一资源、创新是第一动力,深入实施科教兴国战略、人才强国战略、创新驱动发展战略,开辟发展新领域新赛道,不断塑造发展新动能新优势,我们要坚持教育优先发展、科技自立自强、人才引领驱动,加快建设教育强国、科技强国、人才强国。

企业职能战略又称企业职能支持战略,是为贯彻、实施和支持企业总体发展战略和竞争战略而在特定的职能管理领域制定的战略,是按照企业总体发展战略或竞争战略对企业内各方面职能活动进行的谋划。企业职能战略明确了企业在实施企业总体发展战略和竞争战略过程中,企业各部门或各种职能应该发挥什么作用,如何发挥这些作用。企业职能战略决定于企业总体发展战略和竞争战略,每个竞争战略都要转变为职能层次上的战略才能具体实施。

【先导案例】

"喜茶"美学

1. 公司简介

喜茶是新式茶饮的开创者,首创原叶茶基底搭配芝士奶盖的茶饮,受到消费者的好评。喜茶品牌定位高端,以直营模式进行全国市场扩展。据窄门餐眼数据显示,截至2022年7月,喜茶拥有856家直营门店,遍布海内外69个城市。公司除拥有高端茶饮品牌“喜茶”外，旗下还有烘焙品牌“喜茶热麦”，主打下沉市场、定价 8～16 元的新式茶饮子品牌“喜小茶”，主打零售渠道的瓶装饮料品牌“喜小瓶”。喜茶创立于 2012 年，创始人为聂云宸，总部位于深圳。公司最新一轮融资后，估值达 600 亿人民币。

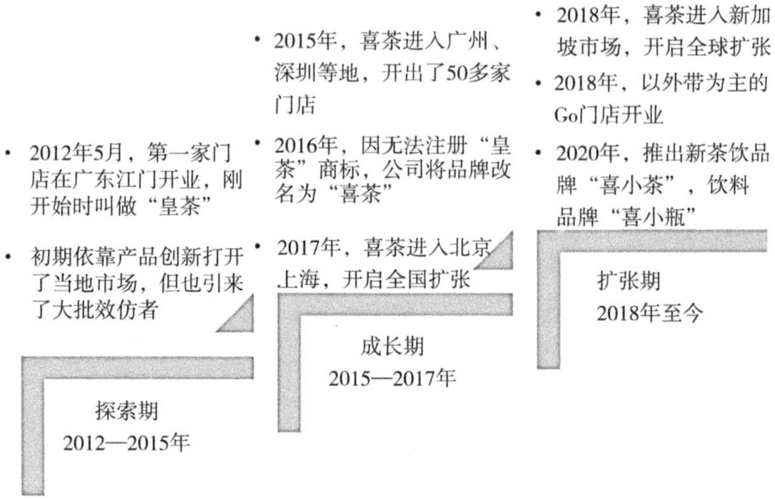

资料来源：公司官网。

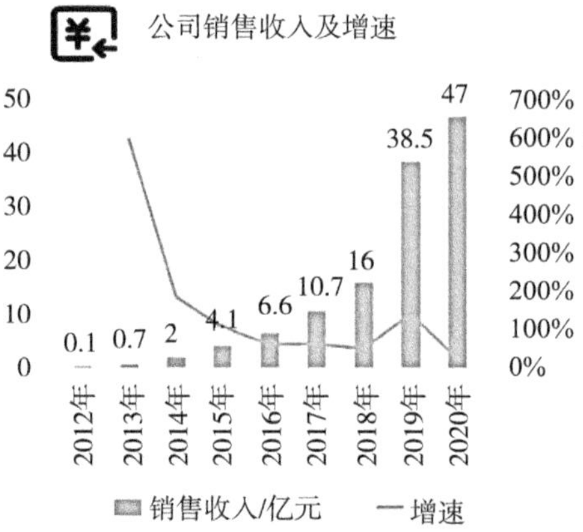

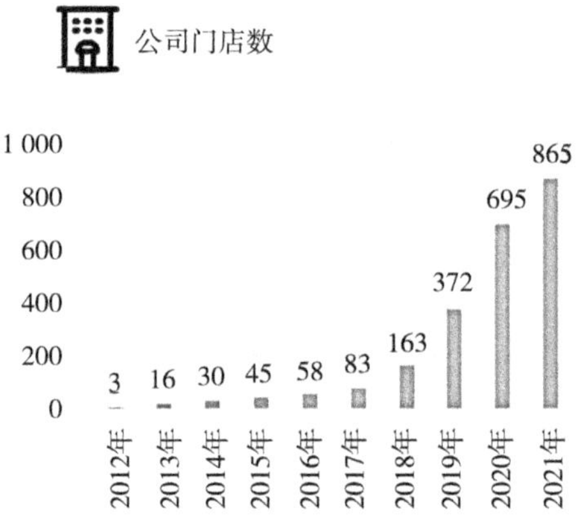

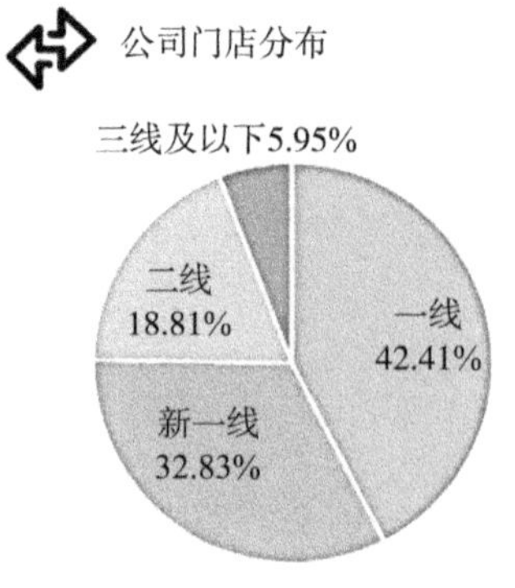

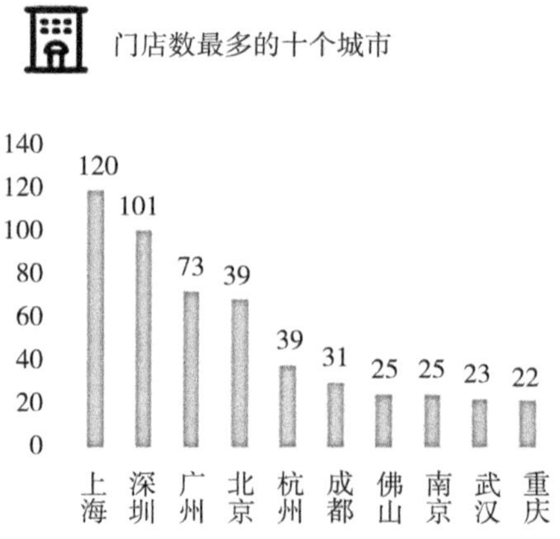

数据来源：公司官网及公开年报。

2. 行业概况

(1) 新式茶饮行业竞争结构。按照茶饮产品的平均售价，可将茶饮门店分为高端(售价高于20元)、中高端(售价在10～20元)、平民(售价不高于10元)三类。

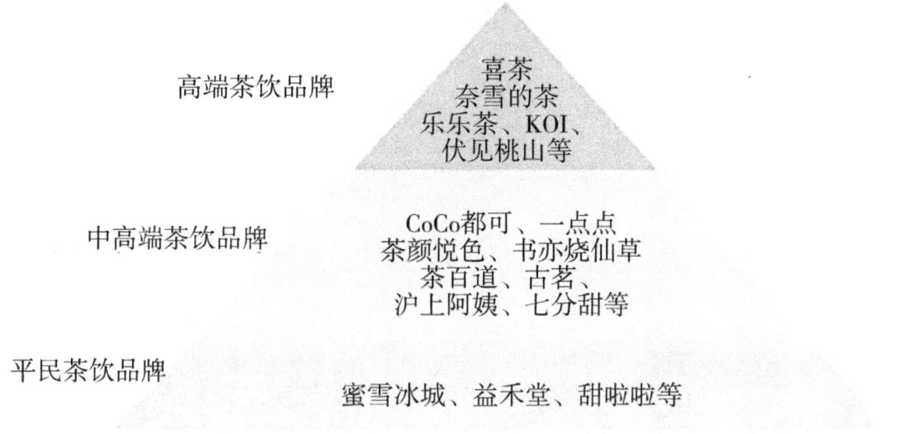

资料来源：《2020年中国新茶饮行业发展白皮书》，灼识咨询。

(2) 中高端茶饮占据新式茶饮行业更多市场份额。

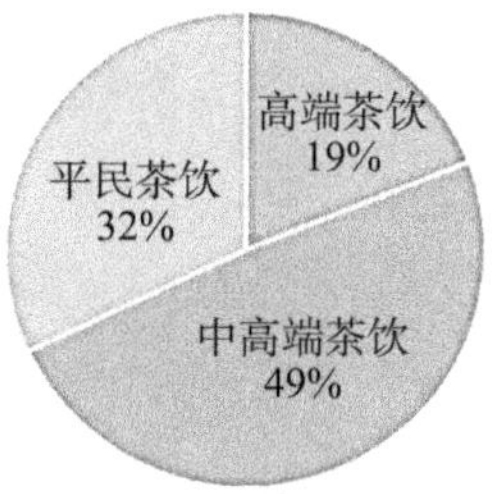

资料来源：《2020年中国新茶饮行业发展白皮书》，灼识咨询。

(3) 新茶饮行业发展的推动因素。人们收入提升，消费升级的宏观背景；消费者在饮料消费中日益追求健康化、多元化、个性化、品牌化的消费趋势；冷链物流基础建设的发展，使得新茶饮原料更加新鲜，提升了产品品质；茶饮公司产品不断推陈出新，吸引消费者购买；外卖行业的发展；向三四线及以下市场的下沉，以及海外市场的开拓；VC、PE等资本力量的助推。

3. 公司特色

(1) 产品特色。创新快——喜茶平均一两周即能推出一款新品。颜值高——做工精致、包装精美，用料讲究，走网红路线。定价高——人均20～35元，定价高端。有时限——根据每个季节独有的物产，推出当季水果限定系列，过季即下架。周边多——共推出过近百种周边产品，如口红、服装、雨伞、手机壳、音响、鞋帽等。

(2) 渠道特色。线下渠道：公司门店主要选择一二线城市核心繁华商务区，门店设计简约美观，将“禅意”“美”融入环境中，实现场景营销。

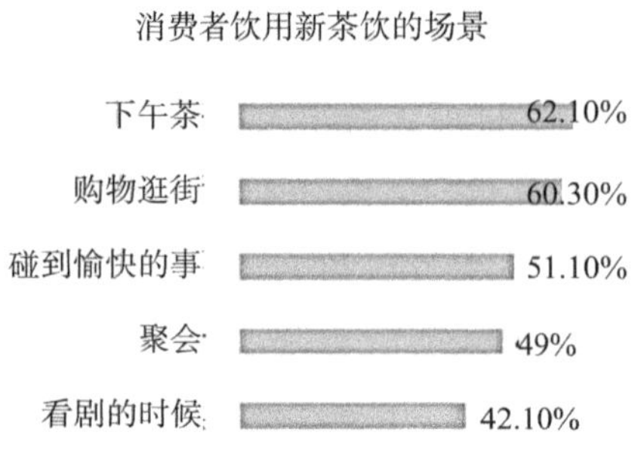

资料来源:《**2020** 年中国新茶饮行业发展白皮书》,灼识咨询。

线上渠道:私域通过小程序“喜茶 Go”进行销售;公域通过美团、饿了么等外卖平台销售。

(3) 营销特色。喜茶极其善于玩跨界联名,自 2017 年以来,喜茶已经联合 70 多个不同的品牌进行联合营销,以食品饮料品牌为主,其次是国潮服饰、文创、生活用品、化

妆品等，被称作茶饮界的“交际花”。

喜茶联名品牌领域	联名品牌数/个	代表联名合作品牌
食品	22	m&m's　7up
服饰潮牌	13	Aape　adidas
文创	7	荣寶齋 RONG BAU ZHAI　BRITISH MUSEUM
生活用品	6	Dove　durex
美妆护肤	5	Kiehl's　FANBEAUTY
互联网平台	4	iQIYI
公益类	2	—

资料来源：公司官网。

9.1　企业职能战略概述

9.1.1　企业职能战略的概念

9.1.1.1　企业职能战略与企业总体发展战略的区别

企业职能战略与企业总体发展战略的主要区别包括三点：

① 期限。企业职能战略用于确定和协调短期的经营活动，一是职能部门管理人员可以根据企业总体发展战略的要求，把注意力集中于当前需要进行的工作上；二是职能部门管理人员可以更好地认识到职能部门当前的经营条件，及时地适应已经变化的内外部环境和条件，做出相应的调整。职能战略的期限较短，一般在一年左右。

② 具体性。企业总体发展战略为企业的生存和发展确定了战略目标，指明了战略方向。企业职能战略要比企业总体发展战略更加具体、更加明确。企业总体发展战略为企业指出了一般性的战略方向，而企业职能战略则为负责完成年度目标的管理人员提供了具体的战略指导，使他们知道应该如何实现年度目标。另外，具体的职能策略还可以增强职能部门管理人员实施职能战略的能力。

③ 职权与参与。企业高层管理人员负责制定企业长期战略目标和总体发展战略，企业职能部门的管理人员在总部的授权下负责制定年度经营目标和部门策略。这些策略最后要得到总部的核准。企业职能部门的管理人员参与制定职能战略，可以更加自觉地完成实现职能部门的年度经营目标和职能策略所需要进行的工作，从而增强职能部门实施职能战略的责任心。

总体来看，实施企业职能战略的时间跨度比企业总体发展战略短。企业职能战略比企业总体发展战略更具体和专门化，且具有行动导向性。企业总体发展战略明确了企业发展的一般方向；而企业职能战略必须指明职能部门的具体方向。企业职能战略的制定需要职能部门管理人员的积极参与并充分采纳他们的意见，这对成功地实施企业职能战略非常重要。

9.1.1.2 企业职能战略的作用

企业职能战略描述了在执行企业总体发展战略和竞争战略的过程中，企业中的每一职能部门所采用的方法和手段。企业职能战略不同于企业总体发展战略和竞争战略。企业职能战略是为企业总体发展战略和竞争战略服务的，所以必须与企业总体发展战略和竞争战略相配合。比如，企业总体发展战略确立了企业的发展方向是要培养创新的核心能力，企业的人力资源战略就必须体现对创新的鼓励，要重视培训、鼓励学习，把创新贡献纳入考核指标体系，在薪酬方面加强对各种创新的奖励。

企业职能战略的重点是提高企业资源的利用率，使企业资源的利用最大化。企业职能战略与企业总体发展战略、竞争战略必须相辅相成。企业职能战略的作用具体包括：① 企业职能战略阐明、明确和检验企业总体发展战略与竞争战略，而不仅仅是受其制约。② 精心制定企业职能战略，可使企业总体发展战略与竞争战略明朗化，以指导各项具体经营活动。③ 制定企业职能战略可使企业总体发展战略与竞争战略具体化，以将战略目标和任务落到实处。④ 制定企业职能战略可使企业总体发展战略与竞争战略面向行动，以检验其是否正确、可行。

从上述意义上讲，只有提炼出切合实际的企业职能战略，企业总体发展战略和竞争战略才有实际的操作价值。否则，企业总体发展战略和竞争战略就难以奏效。企业职能战略是企业总体发展战略、竞争战略与实际达成预期战略目标之间的一座桥梁。

9.1.2 企业职能战略的类型

企业职能战略一般可分为资源保障型职能战略和生产运营型职能战略。

9.1.2.1 资源保障型职能战略

资源保障型职能战略是为企业总体发展战略或竞争战略提供资源保障和支持的职能战略，包括财务战略、人力资源战略、信息化战略、知识管理战略等。

(1) 财务战略

财务战略是指为谋求企业资金均衡有效地流动和实现企业整体战略，为增强企业财务竞争优势，在分析企业内外环境因素对资金流动影响的基础上，对企业资金流动进行的全局性、长期性与创造性地谋划，并确保其执行。财务战略包括投资战略、融资战略和财务管理。其中，① 投资战略是指根据企业总体经营战略要求，为维持和扩大生产经营规模，对有关投资活动所做的全局性谋划。它是根据企业战略目标评价、比较、选择投资方案或项目，将有限的企业投资资金获取最佳的投资效果所做的选择。企业投资战略是企业总体发展战略中较高层次的综合性子战略，是经营战略的实用化和货币表现，并影响其他分战略。② 融资战略是指企业为了有效地支持投资所采取的融资组合，融资战略不仅直接影响企业的获利能力，而且还影响企业的偿债能力和财务风险。③ 财务管理是在一定的整体目标下，关于资产的购置（投资）、资本的融通（筹资）和经营中现金流量（营运资金）以及利润分配的管理。财务管理是企业管理的一个组成部分，它是根据财务法规制度，按照财务管理的原则，组织企业财务活动，处理财务关系的一项经济管理工作。简单地说，财务管理是组织企业财务活动、处理财务关系的一项经济管理工作。

财务战略的目标是必须根据企业总体发展战略、竞争战略和其他职能战略的要求，对企业资金进行筹集和运用，以取得最大经济效益。其中，企业资金筹集是关于企业从什么渠道、以什么方式获取企业所需资金，如何以较低代价、较低风险筹集较多资金，支持企业经营的战略。企业资金运用是企业投入财力以期在未来的时期内获得收益的行为，是决定企业资金投放方向、投放规模，以提高资金运用效果的战略。财务战略的基本目的，就是最有效地利用企业各种资金，在企业内部、外部各种条件制约下，确保实现企业战略规划制定的战略目标。

财务战略的任务：① 以企业战略目标为基础，利用最佳方式筹集企业所需资金，实现资金筹集的合理化。② 根据企业战略规划的要求，有效分配和调度资金，确定合理的资金结构，确保资金调度的合理化和财务结构的健全化。③ 在企业战略经营过程中，采取各种必要措施，利用适当的财务计划和控制方法，配合各个职能部门，充分有效地利用各种资金，加速资金周转，讲求资金运用的效率化，促进企业的成长。④ 制定和实施财务战略计划，确定长期和短期财务目标，在合理筹集、分配和运用资金的同时，力求实现资金收益的最大化。

（2）人力资源战略

人力资源战略是指根据企业总体发展战略的要求，为适应企业生存和发展的需要，对企业人力资源进行开发，提高职工队伍的整体素质，从中发现和培养出一大批优秀人才，所进行的长远性的谋划和方略。必须以企业总体发展战略的要求来确定人力资源战略的目标。为实现企业人力资源战略的目标，企业人力资源战略包括人力资源战略的层次、人力资源战略的环境分析、人力资源战略选择、人力资源战略的实施与控制。

人力资源战略的层次是以马斯洛需求层次理论为指导形成的层次需求，主要涉及战略层次、战术层次和操作层次。人力资源战略的环境分析主要涉及人力资源的内外部环境分析、经营价值链分析。人力资源战略选择主要涉及人力资源战略目标、人力资源发展战略、人力资源经营战略三方面。人力资源战略的实施与控制涉及人力资源战略的制定、人力资源战略的实施、人力资源战略的控制与评估。

9.1.2.2　生产运营型职能战略

生产运营型职能战略是企业或业务单元的基础性职能战略，从企业或业务经营的基本职能上为企业总体发展战略或竞争战略提供支持，包括研发战略、生产运营战略、市场营销战略等。

（1）研发战略

一般来说，研究是指用科学方法探求未知事物的本质和规律，而开发则是指充分利用现有科学技术成果，把生产、技术或经营方面的某种可能性变为现实的一系列活动。研究与开发是企业技术进步的原动力，强化研究开发工作，对促进企业技术进步、加快产品更新换代、增强市场竞争能力、提高经济效益都有重要的推动作用：第一，有利于企业加快产品更新换代。第二，有利于企业保持持续的竞争优势。第三，有利于企业降低成本、提高经济效益。

研究与开发包括科学技术基础研究和应用研究，以及新产品、新工艺的设计和开发。对于企业来讲，研究与开发涉及市场、技术、产品、生产、组织等各方面，其中主要是技术、产品和生产方面的研究与开发。研发战略的选择常常受企业总体发展战略和竞争战略的影响，处于不同的外部环境和内部条件下，企业采取的研发战略不尽相同，主要包括三种研发战略：第一种是在进攻与防守之间进行选择的基本型研发战略。第二种是以新技术作为进入新市场主要手段的渗透型研发战略。第三种是竞争对手和技术自身产生技术威胁时的反应型研发战略。

① 基本型研发战略。企业基本型研发战略有三种形式：一是为市场扩张和多元化经营而采用的进攻型研发战略。二是为保持和支撑企业现有技术在其主要市场优势地位的防御型研发战略。三是互换型研发战略。

② 渗透型研发战略。当新技术已经开发出来或者技术成为企业实施向新市场渗透战略的关键时，企业可以制定渗透型研发战略，以满足各种战略上的需要。渗透战略主要有三种表现形式：高档战略、空隙战略、升级战略。

③ 反应型研发战略。在新技术革命时代，各行各业经常会出现新技术、新工艺，对企业造成新的威胁。根据新技术威胁的性质和紧迫程度，企业可以选择消极和积极进取的反应战略。

（2）生产运营战略

生产运营战略是指企业在生产的成本、质量管理流程等方面，建立和发展相对竞争优势的基本途径。它规定了企业在生产制造和采购部门的工作方向，为实现企业总体发展战略服务。企业生产运营战略不能仅根据企业内部生产条件来确定，还应考虑市场需求和企业总体发展战略的要求。

① 生产运营战略在企业战略管理中的地位。生产是将各种投入要素（原材料、零部件、人、机器设备等）结合起来，转化为一定产出的经济活动过程。从生产与企业整体发展方面看，生产运营战略是企业取得战略成功的关键因素。从生产与其他职能部门的关系看，生产运营战略必须协调与其他职能战略之间的关系。

② 生产运营战略的制定过程。在制定生产运营战略时，必须依据企业总体发展战略，并结合市场营销战略，采取以下步骤：第一，分析市场竞争地位，了解竞争者生产产品的特性、技术及采用的战略。第二，评估企业自身的资源、设备、人力、技术及产品战略。第三，确定企业市场营销战略目标及销售计划。第四，决定企业应发挥的生产功能，如生产能力、产品数量和质量、投资收益等。第五，考虑产业的经济限制和技术限制。其中，经济限制包括成本结构、产品组合、产业结构、产业政策及其未来发展趋势等；技术限制包括技术水平，技术开发、技术进步、机械化与自动化程度等，使企业了解自身的生产地位和技术突破的可能性。第六，制定生产运营战略及相关的计划与制度，如品种策略、采购策略、存货策略、生产计划、设备计划、技术计划、生产控制制度等。第七，执行生产运营战略，控制生产过程，衡量生产业绩和成效，并进行信息反馈，修改或调整生产运营战略内容。

（3）市场营销战略

市场营销战略是涉及市场营销活动过程整体（市场调研、预测，分析市场需求，确定目标市场，制定营销战略，实施和控制具体营销战略）的方案或谋划。它决定市场营销的主要活动和主要方向。有效的市场营销战略是企业成功的基础。市场营销战略是一个完整的体系，其基本内容包括：市场细分战略、市场选择战略、市场进入战略、市场营销竞争战略和市场营销组合战略。

9.2 企业投资战略

党的二十大报告提出：十年（2012—2022年）来，我们加快推进科技自立自强，全社会研发经费支出从一万亿元增加到二万八千亿元，居世界第二位，研发人员总量居世界首位；加快实施创新驱动发展战略，坚持面向世界科技前沿、面向经济主战场、面向国家重大需求、面向人民生命健康，加快实现高水平科技自立自强；提升科技投入效能，深化财政科技经费分配使用机制改革，激发创新活力；加强企业主导的产学研深度融合，强化目标导向，提高科技成果转化和产业化水平；强化企业科技创新主体地位，发挥科技型骨干企业引领支撑作用，营造有利于科技型中小微企业成长的良好环境，推动创新链产业链资金链人才链深度融合。

9.2.1 企业投资管理概述

9.2.1.1 投资管理的概念

企业投资管理是指企业在调查、分析、论证的基础上，对投资建设项目做出战略决策的过程。企业投资管理是对企业投资建设项目方案进行计算、比较与论证，从而优选投资建设项目方案的重要手段与科学方法。企业投资管理涉及对投资建设项目的建设时间、地点、规模，技术的可行性、经济的合理性等问题的分析论证和管理抉择，是企业投资的首要环节和关键因素。企业投资管理实质上是对企业投资建设项目的多个待选的可行方案进行成本费用和效益价值的比较，最终评选出最佳或较满意的可行方案。

针对企业投资项目，采用何种投资方案以获得最佳的经济效果，成为企业投资管理的关键。企业投资管理是用市场价格量化企业投资建设项目的投入和产出，并使企业投资建设项目的投入产出在不同的投资方案之间具有时间上的可比性。企业投资建设项目方案是否可行，需要对该投资方案进行经济评价。企业投资管理的核心内容是指企业投资的经济评价方法，企业投资管理的经济评价方法是判定企业投资方案对企业盈利水平、社会贡献或资源优化配置程度的重要手段。其目的在于保证投资建设项目决策的正确性和科学性，明确企业投资方案的盈利水平，最大限度地提高企业投资方案的经济效益。企业投资管理的经济评价方法的关键是确定经济效果评价指标，经济效果评价指标按照是否考虑资金的时间价值可分为两大类：一类为静态评价指标，另一类为动态评价指标。采用静态评价指标是指企业投资方案的经济评价不考虑资金时间价值。采用动态评价指标则是考察了企业投资建设项目在整个寿命期内收支的时间价值变化。

企业投资管理体现了四大特点：① 针对性。企业投资管理要有明确的投资目标。② 现实性。企业投资管理是投资行动的基础，是现代化投资管理的核心。③ 择优性。企业投资管理是对实现投资目标的若干个可行方案进行评判优选。④ 风险性。企业投资管理是依据历史资料，通过概率统计的方法进行投资建设项目的风险估计，从而控制并降低风险。

企业投资管理的程序可概括为：① 确定投资目标。确定投资目标是企业投资管理决策的前提。② 选择投资方向。在明确投资目标后，企业进一步拟定具体的投资方向。③ 制订投资方案。在决定投资方向之后，企业着手制订具体的投资建设项目方案，并对投资建设项目方案进行可行性论证。④ 评价投资方案。在投资建设项目方案可行性论证基础上，企业对拟建项目方案的风险与回报进行估计和分析，并将投资风险控制在可承受范围之内。⑤ 选择投资方案。企业对投资建设项目方案进行优选，并落实项目责任人。⑥ 反馈调整投资建设项目方案和投资后的评价。确定投资建设项目方案之后，企业根据内外部环境变化，对原先的投资决策进行适时地调整，使投资决策更科学合理。

9.2.1.2 投资的资金时间价值

(1) 基本概念

① 含义。资金时间价值就是指资金随着时间的推移在价值上产生的变化，这个变化量就体现了资金的时间价值。资金时间价值主要有两种表现形式：利润和利息。将企业资金用作某项投资，通过资金的运动就会获得额外的收益，即企业资金的增值。因此，利润是企业资金在这段时期所产生的增值，就是资金的时间价值。另外，利息也来自利润，因为银行等金融机构的资金需要投入企业生产经营领域，通过企业劳动者的劳动才能使这部分资金增值。因此，利息和利润的本源一样。

资金时间价值的大小取决于多方面因素，从企业投资角度看主要有三大因素：第一，投资利润率——企业单位投资所能取得的利润。第二，风险因素——企业对因存在风险可能带来的损失所应做的补偿。企业不投资的货币面临贬值的风险，而企业投资面临的风险可能更大。因此，越是高风险的企业投资活动，企业要求的投资报酬率就越高。第三，通货膨胀率——企业对因货币贬值造成的损失所应做的补偿。通货膨胀率会造成货币的贬值。也就是说，当前的 1 000 万元，因货币贬值的影响，若 1 年后的价值量为 1 500 万元。这时的 1 000 万元如果不考虑企业投资活动，资金的时间价值就相当于 1 年后的 1 500 万元。

资金时间价值的积极作用体现在三个方面：第一，可以聚集社会上的闲散资金。第二，可以促使企业管好、用好资金。第三，作为宏观的调节手段，起到调整企业投资方向等作用。

② 利息。利息是资金时间价值的一种具体体现形态，它发生在借贷关系中，即在企业投资战略决策中，资金的需求方(企业)为了取得一定资金的使用权，而向供给方(银行等金融机构)支付的超过借款本金的部分。利息是衡量资金时间价值的绝对尺度。如果企业在投资管理决策过程中，从借贷方(银行等金融机构)借了一笔资金，这笔资金就称为本金。经过一段时期后，借贷方可从企业获得超过本金的收益。这一过程可用公式表示为：

$$F_n = P + I_n \tag{9-1}$$

式中：F_n 为本利和，即企业还给借贷方的总金额；P 为本金，即企业从借贷方获得的资金；I_n 为利息，即借贷方从企业获得的扣除本金部分的额外收益；下标 n 表示计息周期，计息周期是指计算利息的时间单位，如“年”“月”等。

③ 利率。利率是利息率的简称，它是指企业在投资管理过程中，在一段时期的期末应

支付的利息与在这段时期的期初获得的本金的比率，一般以百分数表示。用 i 表示利率，其表达式为：

$$i=\frac{I_1}{P}\times 100\% \tag{9-2}$$

式(9-2)中：I_1 为一个计息周期的利息。

式(9-2)表明，利率是单位本金经过一个计息周期后的增值额。

利率是衡量资金时间价值的相对尺度。i 越大，表明资金增值越快。从理论上讲，利率的概念是从利息的概念中衍生出来的，但实际计算中，利息要根据利率进行计算。

④ 最低报酬率。最低报酬率，也称为最低必须报酬率，在我国也称为基准投资收益率。最低报酬率是指企业投资希望获得的报酬率。最低希望报酬率没有上限，但有一个下限，就是要高于企业能从安全性投资行为(例如存入银行)中所能得到的报酬率(简称“安全投资报酬率”)。因企业资金限制，所以，企业计划投资方案的预期报酬率(简称“目标收益率”)还要更大些。因此，安全投资报酬率、最低希望报酬率、目标收益率之间的关系可表述为：目标收益率高于最低希望报酬率；最低希望报酬率高于安全投资报酬率。

⑤ 资金等值。在资金时间价值的计算中，资金等值是一个十分重要的概念。资金等值是指在考虑时间因素的情况下，不同时点发生的数额不等的资金，在一定的利率条件下，具有相等的价值。根据资金等值的概念，如果企业上一年年末将 2 000 万元存入银行，利率是 10%，则下一年年末将从银行获得 2 200 万元；若利率是 12%，企业上一年年末的 2 000 万元相当于下一年年末的 2 240 万元。因此，两个时间节点的资金是否等值，应考虑三个影响因素：①资金金额的大小；②资金发生的时间；③计算时采用的利率。根据资金等值这一概念，可将一笔资金换算到任意年份去，从而给企业投资战略决策带来了便利性。

⑥ 单利和复利。利息的计算方法主要分为两种：单利计息和复利计息。

a. 单利

单利计息就是在整个计息周期内只对本金计息，而针对以往的计息周期中，因未偿付而积累起来的利息，本期不再产生利息。即“利不生利”。用这种方法每期计算的利息额相等。n 个计息周期后的利息可用公式表示为：

$$I_n=P\cdot n\cdot i \tag{9-3}$$

n 个计息周期后的本利和可用公式表示为

$$F_n=P(1+i\cdot n) \tag{9-4}$$

然而，利息本身也是资金，企业将利息投入生产经营领域也可以再带来收益。因此，它也有时间价值，单利法的实质是假定利息不再投入生产，没有时间价值，显然不符合客观实际。

b. 复利

复利计算是将上期的利息也作为本期的投入资金，和本金一起计算本期的收益，也就是不仅本金“生利”，而且利息也“生利”，即“利滚利”。

设 P 为本金，n 为计息周期的期数；i 为利率；I 为利息；F_n 为本利和。则有：

$$
\begin{aligned}
F_1 &= P(1+i) \\
F_2 &= F_1 + I_2 = P(1+i) + P(1+i)i = P(1+i)^2 \\
F_3 &= F_2 + I_3 = P(1+i)^2 + P(1+i)^2 i = P(1+i)^3 \\
&\cdots\cdots \\
F_n &= F_{n-1} + I_n = P(1+i)^{n-1} + P(1+i)^{n-1} i = P(1+i)^n
\end{aligned} \tag{9-5}
$$

式(9-5)中：F_n 为 n 个计息周期后的本利和。

根据公式(9-5)，复利计算的出发点是将资金投入生产后当年产生的扣除本金的收益作为生产资金重新投入生产领域，按投资收益率为社会提供更多的积累，如此循环，不断扩大再生产，它是以等比级数不断增加资金来扩大再生产的资金循环。而单利计算则是以等差级数增加社会财富的简单再生产循环。因此，复利法克服了单利法的缺点。

复利计息有间断复利和连续复利之分。如果计息周期为一定的时间区间（如年、季、月），并按复利计息，称为间断复利；如果计息周期无限缩短，则称为连续复利。

在企业投资管理过程中，主要应用间断复利，计息一般以年为单位，连续复利法和单利法都很少应用。因此，一般提到的复利计算均是指间断复利计算。

(2) 现金流量及现金流量图

① 现金流量

a. 定义

企业在所考虑的计息周期内实际支出的资金（现金流出）和收入的资金（现金流入）均称为现金流量，它们反映了企业实际发生的资金运动。其中，现金流入为正现金流量，现金流出为负现金流量。

一个计息周期内，“正”“负”现金流量的代数和，称为净现金流量；正的净现金流量表示在考虑的计息周期内是净收入，负的净现金流量表示在考虑的计息周期内是净支出。利息周期通常为年，否则要说明。

b. 现金流量的表示方法

现金流量表是以表格形式来反映企业投资的现金流入与流出情况。该表是企业投资决策经济评价不可缺少的工具，在企业投资战略决策的经济评价指标计算过程中，都离不开现金流量表。

现金流量图是以图形方式来反映企业投资的现金流入与流出情况，它是将现金流入与流出表示在一个时间坐标轴上，在这个图上，要表明现金流量的性质（流入或流出）、发生的时间和金额大小。

② 现金流量图

现金流量图如图 9-1 所示。

首先，画出时间横轴，时间横轴向右延伸表示时间的延续，横轴按时间（一般按年）等分成若干等份，每一间隔表示一段时间，每一点表示时点，时点上标明的数字表示该年年末，同时也是下年年初。0 时点为第一年开始时点，也为项目的开始时间，1 时点则表示第一年年末、第二年年初，依此类推。

其次，标注现金流量，具体规则可表述为：

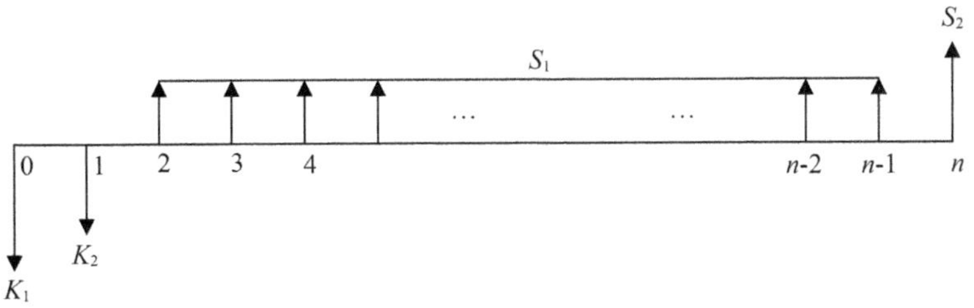

图 9-1　现金流量图示例

第一，所有现金流入（收入、借入的资金等）用从时间轴出发的箭线表示，画在轴上方现金流入发生的时点。所有的现金流出（支出、带出的资金等）用从时间轴出发的箭线表示，画在轴下方现金流入发生的时点。

第二，箭线的大小与现金流量的大小成比例画出。

第三，为便于计算，现金流入与现金流出均假定发生在年末或年初，一般假定企业的投资发生在年初，企业的经营成本、销售收入、残值等均发生在年末。

第四，现金流量的观点是从资金使用者的角度来看的。所谓现金流量的观点是指从什么角度来看待现金流量，同一现金流量，若站在企业借款角度去看，则是现金流入，而站在银行贷款角度看，则是现金流出。例如，企业在第 1 年年初借款 1 000 万元，第 5 年年末还款 1 338.2 万元，分别从借款的角度和贷款的角度画出现金流量图（见图 9-2）。

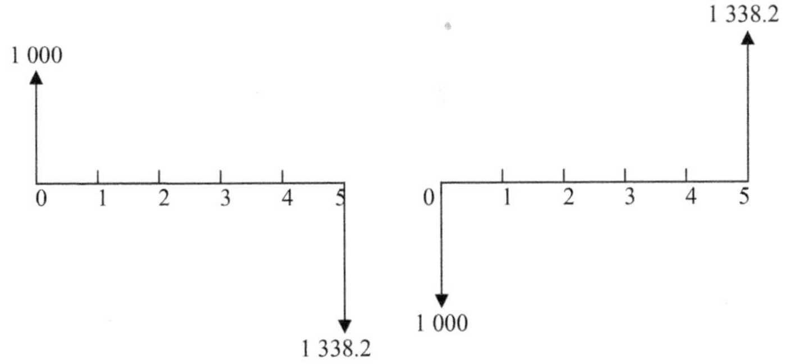

图 9-2　借款人（左）和贷款人（右）的现金流量图

图 9-2 中，这两个图所表示的是同时发生的同一笔现金流量。图 9-2（左）是从借款角度的观点来看，第 1 年年初借入 1 000 万元，属于现金流入，第 5 年年末偿还本利 1 338.2 万元为现金流出。图 9-2（右）是从贷款角度的观点来看，第 1 年年初贷出 1 000 万元，属于现金流出，第 5 年年末收到借款人偿还的本利和 1 338.2 万元为现金流入。

（3）资金时间价值的计算

① 常用符号及其含义

根据资金等值的概念，可以把在一个时点发生的资金金额换算成另一时点的等值金额，这一过程叫资金等值计算。把将来某一时点的资金金额换算成现在时点的等值金额称为“折现”或“贴现”。

a. 现值

现值(Present Value)是指资金“现在”的价值,即所考虑的问题在起点时的现实价值,通常它是发生在期初的现金流量。现值通常用 P 来表示。

现值可以是一次性支付(收入)性质的现金流,也可以是其他时点的现金换算到现在时点的值。

现值是一个相对的概念。一般地说,将 $t+k$ 个时点上发生的资金折现到第 t 个时点,所得的等值金额就是第 $t+k$ 个时点上资金金额的现值。

b. 终值

终值(Future Value),也称为“未来值”,是指发生在未来时点的现金流,通常它是发生在期末的现金流。未来值通常用 F(或 S)来表示。

终值可以是一次性支付(收入)性质的现金流,也可以是其他时点的现金换算到未来时点的值。

c. 年值

年值(Annual Value)是指每年发生的现金流,通常是等值的,一般假定发生在年末。年值通常用 A(或 R)来表示。在年值中,还有一种特殊的情形,即递增(减)年值,它也是分期发生的现金流,其特点是各年现金流逐年递增(递减),它包括两个部分:一是等额年值,二是差额 G。

现值、终值、年值等几种典型现金流是资金时间价值换算的基础,其他各种现金流基本上是由这些典型现金流转化或组合而成。

d. 折现率

折现率是指进行资金等值计算中使用的反映资金时间价值的参数。折现率通常用 i 来表示。折现率可以为银行利率、企业平均利润率。

e. 利息周期

利息周期的期数通常用 n 来表示。在企业投资管理过程中,利率的利息周期若为年,可以省略,否则一定要说明。另外,除非有特别的说明之外,它适用于 n 个利息周期之中。

在企业投资管理过程中,为了考察投资项目的经济效果,必须对项目寿命期内不同时间发生的全部费用和全部收益进行计算和分析。在考虑资金时间价值的情况下,不同时点发生的收入或支出,其数值不能直接相加或相减,只能通过资金等值计算将它们换算到同一时间点上进行分析。

② 一次支付型复利公式

一次支付类型是指所分析企业投资建设项目的现金流量,无论是现金流入还是现金流出,均发生在一个时点上,其典型现金流量图如图 9-3 所示。

对于所考虑的企业投资建设项目来说,如果在考虑资金时间价值的情况下,现金流入恰恰能补偿现金流出,则 F 与 P 是等值的。

a. 复利终值公式

已知现值 P,年利率 i,在考虑时间价值情况下,求 n 年后的本利和,即求 F。

根据复利计算公式,复利终值公式可表示为

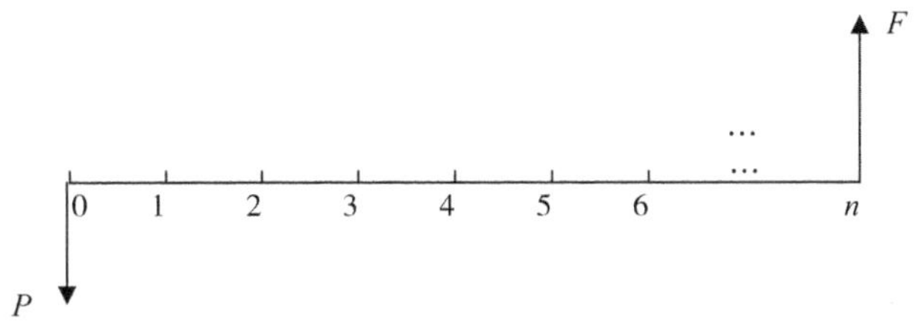

图 9-3　一次支付现金流量图

$$F=P(1+i)^n \tag{9-6}$$

式(9-6)中:P 为现值;F 为终值;i 为折现率;n 为计息周期。该公式表示在折现率为 i、计息周期为 n 的条件下,终值 F 和现值 P 之间的资金等值关系。

复利终值因数 $(1+i)^n$,可用符号表示为 $(F/P,i,n)$。符号 $(F/P,i,n)$ 中,斜线右边字母表示已知的数据和参数,左边表示所求的等值现金流量。复利终值因数可以在复利系数表中查到。因此,该公式也可以写为:$F=P(F/P,i,n)$。该公式是其他基本复利公式的基础公式,其他公式都是由它派生出来的。

b. 复利现值公式

已知终值 F,利率 i,求相当于 n 年前的现值为多少,即求 P。

这是复利终值公式的逆运算。由式(9-6)可直接导出:

$$P=F\left[\frac{1}{(1+i)^n}\right] \tag{9-7}$$

式(9-7)中,$1/(1+i)^n$ 称为复利现值因数,可用符号表示为 $(P/F,i,n)$,因此该公式也可以写成 $P=F(P/F,i,n)$。

③ 等额支付型复利公式

等额支付是多次支付形式中的一种。多次支付是指现金流入和现金流出在多个时点上发生,而不是集中在某个时点上。现金流量的大小可以是不等的,也可以是相等的。当现金流序列是连续的,且数额相等,则称之为等额支付现金流。等额支付现金流的四个等值计算公式分别称为年金终值公式、偿债基金公式、资金回收公式、年金现值公式。

a. 年金终值公式

假定从第 1 年末至第 n 年末有一等额的现金流序列,每年的金额均为 A,称为等额年值。如果在考虑资金时间价值的条件下,n 年内企业投资建设项目的总现金流出等于总现金流入,则第 n 年末的现金流入 F 应与等额现金流出序列等值。如图 9-4 所示。

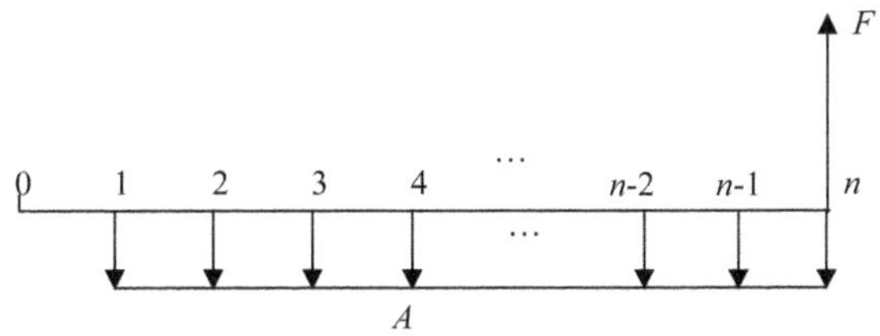

图 9-4　等额序列现金流之一

已知等额年值 A，利率 i，在考虑资金时间价值的情况下，求 n 年末的本利和是多少。即求 F。依据图 9-4，可把等额序列视为 n 个一次支付的组合。因此，可以利用复利终值公式推导出年金终值公式，即

$$\begin{aligned} F &= A(1+i)^{n-1} + A(1+i)^{n-2} + \cdots + A(1+i)^2 + A(1+i) + A \\ &= A[(1+i)^{n-1} + (1+i)^{n-2} + \cdots + (1+i)^2 + (1+i) + 1] \end{aligned} \tag{9-8}$$

利用等比级数求和公式，得

$$F = A\left[\frac{(1+i)^n - 1}{i}\right] \tag{9-9}$$

式(9-9)为年金终值公式。$\frac{(1+i)^n - 1}{i}$ 称为年金终值因数，亦可记为 $(F/A, i, n)$。

b. 偿债基金公式

已知未来值 F，利率 i，求每期应等额支付的年值 A。由式(9-9)可直接导出：

$$A = F\left[\frac{i}{(1+i)^n - 1}\right] \tag{9-10}$$

式(9-10)为偿债基金公式，是年金终值公式的逆运算。$\frac{i}{(1+i)^n - 1}$ 称为偿债基金因数，也可以用符号 $(A/F, i, n)$ 来表示。

利用公式(9-9)和(9-10)进行等值计算时必须注意：这两个公式仅适用于图 9-4 所示的现金流量图。如果现金流量图有所变化，则不能直接套用公式(9-9)和(9-10)，必须进行变换处理。

c. 资金回收公式

假定在考虑资金时间价值的条件下，n 年内企业投资建设项目的现金流入等于总现金流出，则第 1 年初的现金流出 P 应与从第 1 年末到第 n 年末的等额现金流入序列等值，P 就相当于等额年值序列的现值。如图 9-5 所示。

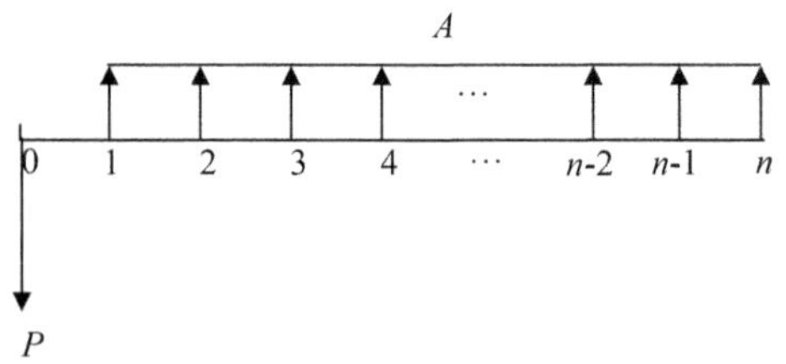

图 9-5　等额序列现金流之二

已知现值 P，利率 i，在考虑时间价值情况下，求与之等价的等额年值 A。可用公式表示为：

$$A = P\left[\frac{i(1+i)^n}{(1+i)^n - 1}\right] \tag{9-11}$$

式(9-11)为资金回收公式。$\frac{i(1+i)^n}{(1+i)^n - 1}$ 称为资金回收因数，也可记为 $(A/P, i, n)$。

企业投资建设项目进行决策时，式(9-11)表示在考虑资金时间价值的条件下，对应于项目的单位投资，在项目寿命期内每年应该收回的金额。如果对应于单位投资的实际回收金额小于这个值，在项目寿命期内就不可能将全部投资收回。

d. 年金现值公式

已知每期年值 A，利率 i，在考虑时间价值情况下，求各年年值折算为现值时，其总值为多少。即求 P。

年金现值公式由式(9-11)可得到：

$$P=A\left[\frac{(1+i)^n-1}{i(1+i)^n}\right] \tag{9-12}$$

式(9-12)为年金现值公式。$\frac{(1+i)^n-1}{i(1+i)^n}$ 称为年金现值因数，也可记为 $(P/A,i,n)$。

e. 六个典型基本公式之间的关系

资金等值计算的六个典型基本公式在资金时间价值换算中应用极其广泛。由它们还可推出其他各种公式，它们将现值、年值和终值这些不同时点上的资金联系起来。

为了便于理解记忆，将以上六个典型基本公式汇总于表 9-1 中。

表 9-1 六个常用资金等值公式

支付	已知	求	因数名称	公式	符号简化型
一次支付	P,i,n	F	复利终值	$F=P(1+i)^n$	$F=P(F/P,i,n)$
	F,i,n	P	复利现值	$P=F\frac{1}{(1+i)^n}$	$P=F(P/F,i,n)$
等额多次支付	A,i,n	F	年金终值	$F=A\frac{(1+i)^n-1}{i}$	$F=A(F/A,i,n)$
	F,i,n	A	偿债基金	$A=F\frac{i}{(1+i)^n-1}$	$A=F(A/F,i,n)$
	P,i,n	A	资金回收	$A=P\frac{i(1+i)^n}{(1+i)^n-1}$	$A=P(A/P,i,n)$
	A,i,n	P	年金现值	$P=A\frac{(1+i)^n-1}{i(1+i)^n}$	$P=A(P/A,i,n)$

此外，这六个典型基本公式中的因数也有其内在联系——倒数关系和乘数关系。

第一，倒数关系。

$$(F/P,i,n)=1/(P/F,i,n)$$
$$(F/A,i,n)=1/(A/F,i,n)$$
$$(P/A,i,n)=1/(A/P,i,n)$$

第二，乘数关系。

$$(P/A,i,n)=(F/A,i,n)(P/F,i,n)$$

第三，资金回收因数与偿债基金因数。

$$(A/P,i,n)=(F/A,i,n)+i$$

④ 利息表的插值法

若所用利率 i 及周期数 n 都不在利息表内，可用插值的方法求得。

应用插值法，首先要建立起已知与未知的数值关系，具体公式可表示为：

i（或 n）　　因数值

$$
b\left[\begin{array}{l} a\left[\begin{array}{ll} \text{表列 } i_1 & \text{数值 } I \\ \text{所求 } i & \text{未知} \end{array}\right] c \\ \text{表列 } i_2 \end{array}\right] d
$$

a =所求 i − 表列 i_1

b =表列 i_2 − 表列 i_1

c =| 所求因数值 − 表列因数值 Ⅰ |

d =| 表列因数值 Ⅱ − 表列因数值 Ⅰ |

$$
a : b = c : d, c = \frac{a}{b}d \tag{9-13}
$$

式(9-13)中，根据因数是增加或是减少，从数值Ⅰ减去或加上 c 值即为所求。

应用插值法时注意，目前所用的插补是线性插值法（否则就无比例式可列），但因数值与 i 或 n 不是线性关系，因此，用插值法时必须在两个最接近的因数之间，否则误差会很大。

⑤ 固定差额数列复利公式

在企业投资管理过程中，常常看到有些收入或支出每年都有不同金额的增加或减少。例如，一台机械设备的维修费用，每年都倾向于增加，如果每年的增加额都一样，就构成了一个等差数列（或称固定差额数列）。由于每年的金额都不一样，前面所讲的等额多次支付的各复利因数都不适用。因此，有必要推导出新的公式。

a. 等差数列终值公式

这种现金流实际上由两部分组成（如图 9-6 所示），一部分为等额支付型现金流，其年值为 A，另一部分为差额系列，每年增值为 G，分解后可得到两个现金流。求等差分付现金流终值，就是求图 9-6(a)和图 9-6(b)两个现金流终值的和。图 9-6(a)中现金流的终值，可以用年金终值公式求解。问题的关键是求图 9-6(b)中现金流的终值。

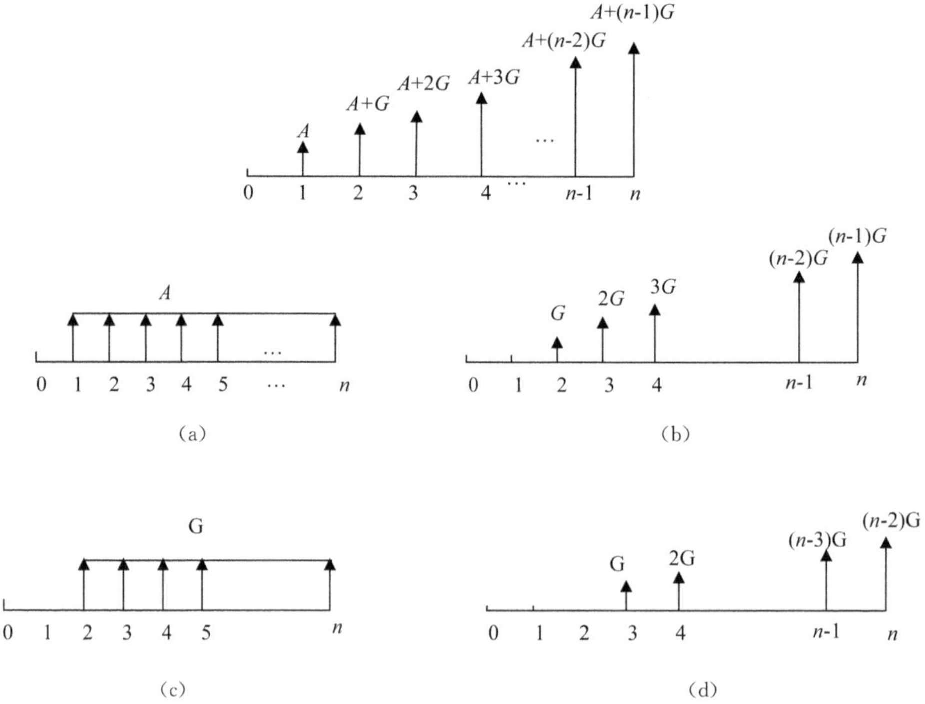

图 9-6　等差分付现金流

图 9-6(b)和最初的等差分付现金流类似，因此仍然可以采取现金流分解的方法，将图 9-6(b)再分解成两部分，见图 9-6(c)、(d)。

图 9-6(c)仍为等额支付型系列，年值为 G，值得注意的是年限从第二年开始，其终值计算仍可采用等额支付终值公式——$G(F/A,i,n-1)$。

对图 9-6(d)的现金流可依此类推分解下去，最终可分解为 $n-1$ 个等额序列现金流。因此，F 可以看成是 $n-1$ 个等额序列现金流的终值之和，这些等额序列现金流的年值均为 G，年数分别为 $1,2,\cdots,n-1$。即

$$\begin{aligned} F &= \sum_{j=1}^{n-1} G \cdot \frac{(1+i)^j-1}{i} \\ &= G\left[\frac{(1+i)-1}{i}+\frac{(1+i)^2-1}{i}+\cdots+\frac{(1+i)^{n-1}-1}{i}\right] \\ &= \frac{G}{i}\left[(1+i)+(1+i)^2+\cdots+(1+i)^{n-1}-(n-1)\right] \\ &= \frac{G}{i}\left[1+(1+i)+(1+i)^2+\cdots+(1+i)^{n-1}\right]-\frac{n\cdot G}{i} \end{aligned} \tag{9-14}$$

故

$$F=\frac{G}{i}\left[\frac{(1+i)^n-1}{i}\right]-\frac{n\cdot G}{i} \tag{9-15}$$

式(9-15)为等差数列终值公式。$\frac{1}{i}\left[\frac{(1+i)^n-1}{i}-n\right]$ 称为等差数列终值因数，可用符号$(F/G,i,n)$表示。

需要注意的是：在推导等差数列终值公式时，假设第一年末的付款并不包含在等差数列之内并称之为基础金额，即等差是从第二年开始的(这种等差数列称为传统的等差数列)，并用 G 表示固定差额(G 可正可负)。

b. 等差数列现值公式

将式(9-15)两端乘以系数 $\frac{1}{(1+i)^n}$，则可得：

$$F\left[\frac{1}{(1+i)^n}\right]=\frac{G}{i}\left[\frac{(1+i)^n-1}{i}-n\right]\cdot\frac{1}{(1+i)^n} \tag{9-16}$$

即

$$P=\frac{G}{i}\left[\frac{(1+i)^n-1}{i}-n\right]\cdot\frac{1}{(1+i)^n} \tag{9-17}$$

式(9-17)为等差数列现值公式。$\frac{1}{i}\left[\frac{(1+i)^n-1}{i}-n\right]\frac{1}{(1+i)^n}$ 称为等差数列现值因数，可用符号$(P/G,i,n)$表示。

c. 等差数列年值公式

假定将等差数列现金流总和平均分摊到各年，每年应分摊多少？这时可以用等差数列等额年值公式计算。计算时可将等差数列现金流的现值先求出来，然后再将此现值折算成等额年值。

由式(9-17)得：

$$
\begin{aligned}
A &= G(P/G,i,n)(A/P,i,n) \\
&= \frac{G}{i}\left[\frac{(1+i)^n-1}{i}-n\right]\cdot\frac{1}{(1+i)^n}\cdot\frac{i(1+i)^n}{(1+i)^n-1} \\
&= G\left[\frac{1}{i}-\frac{n}{(1+i)^n-1}\right]
\end{aligned}
\tag{9-18}
$$

式(9-18)为等差数列年值公式。$\left[\frac{1}{i}-\frac{n}{(1+i)^n-1}\right]$称为等差数列年值因数，可用符号$(A/G,i,n)$表示。

(4) 名义利率和实际利率

企业投资建设项目从银行贷款，会关注银行的利率是多少，若现在的利率是1.1%，按年计息，就是指年利率为1.1%，当企业在年初借款1 000万元时，年末就应该还款1 011万元。但若一年计息两次，每半年计息一次，如果按单利法计算，没有差别。如果按复利法计算，在年末就应当还款超过1 011万元。也就是说，实际上年利率大于1.1%。这样就出现了不同计息周期利率换算的问题。

假如按月计算利息，且其月利率为1%，通常称为“年利率12%，每月计息一次”。这个年利率12%称为“名义利率”。也就是说，名义利率等于每一计息周期的利率与每年的计息周期数的乘积。若按单利计息，名义利率和实际利率是一致的。但是，若按复利计算，上述“年利率12%，每月计息一次”的实际利率则不等于名义利率，而是比12%略大的一个数。

设名义利率是r，一年计息m次，本金为p，则一个计息周期的利率应为r/m，一年后的本利和为：

$$F = P(1+r/m)^m \tag{9-19}$$

利息为：

$$I = F - P = P(1+r/m)^m - P \tag{9-20}$$

按利率定义的实际利率为：

$$i = \frac{I}{P} = \frac{P(1+r/m)^m - P}{P} = (1+r/m)^m - 1 \tag{9-21}$$

所以，实际利率与名义利率的换算公式为：

$$i = (1+r/m)^m - 1 \tag{9-22}$$

根据式(9-22)，不同计息周期情况下实际利率的计算比较见表9-2。

表 9-2 不同计息周期情况下实际利率的计算比较

计息周期	一年内计息周期数 t	年名义利率 $(r)/\%$	各期实际利率 $(r/t)/\%$	年实际利率 $(i)/\%$
年	1	12	12.000	12.000
半年	2		6.000	12.360
季	4		3.000	12.551
月	12		1.000	12.683
周	52		0.230 8	12.736
日	365		0.032 88	12.748
连续	∞		—	12.750

① 计息周期小于付款周期的计算

a. 一次支付因数（F/P 和 P/F）

【课堂案例】

若某企业现在向银行存入 1 000 万元，计划 4 年后存入 3 000 万元，6 年后存入 1 500 万元，年利率 6%，半年复利一次，试问 10 年后，企业的存款余额为多少？

解：算法一：修改利率。由于半年复利计息一次，所以年利率 6%只是名义利率，要换算成实际利率才可利用复利表。

$$i=(1+r/t)^t-1=(1+0.06/2)^t-1=6.09\%$$

$$F=1\,000(F/P,6.09\%,10)+3\,000(F/P,6.09\%,6)+1\,500(F/P,6.09\%,4)$$
$$=7\,984.60(\text{万元})$$

算法二：修改支付周期。即将以年为单位的时间坐标改为以半年为单位。

此时利率为 3%，为实际利率，可直接使用复利表。

$$F=1\,000(F/P,3\%,20)+3\,000(F/P,3\%,12)+1\,500(F/P,3\%,8)$$
$$=7\,983.70(\text{万元})$$

两种方法都是可用的，但通常第二种方法较容易，因为它不需要用插值法计算。

b. 等额序列因数（F/A，A/F，P/A，A/P）

【课堂案例】

若某企业从现在算起每 6 个月存入 500 万元，期限 7 年，年利率 8%，每季复利计息一次，试问在最后一次存款时，企业的账户中总共有多少钱？

解：算法一：修改利率。

每季复利计息一次，每 6 个月（半年）存入 500 万元，需求出半年实际利率。

每季利率为：8%÷4=2%。

故半年实际利率为：$(1+0.02)^2-1=4.04\%$。

因此，$F=500(F/A,4.04\%,14)=9\ 172.00$（万元）。

算法二：修改支付周期。

将半年支付一次变成每季支付一次，现金流量图为：

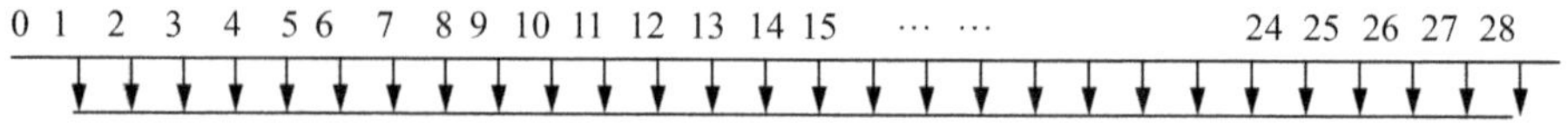

$$F=500(A/F,2\%,2)\times(F/A,2\%,28)$$
$$=500\times0.495\ 07\times37.05=9171.17\text{（万元）}$$

② 利息周期大于付款周期的计算

【课堂案例】

若某企业每3个月存入100万元，期限8年，年利率8%，每半年复利计息一次，间断周期利息以复利计算，试问其现值是多少？

解：本题的关键是求每季的利率，设每季的实际利率为 i。

半年的实际利率为：$8\%\div2=4\%$。

$$(1+i)^t-1=4\%$$

$t=2$，所以

$$i=\sqrt[t]{1+0.04}-1\text{，即 } i=\sqrt[2]{1+0.04}-1=1.98\%$$
$$P=A(P/A,1.98\%,32)=100\times23.539\ 8=2\ 354\text{（万元）}$$

【课堂案例】

某企业的设备除每年发生5万元运行费外，每隔3年需大修一次，每次费用为3万元，若设备的寿命为15年，资金利率为10%，求其在整个寿命期内设备费用现值为多少？

解：现金流量图为：

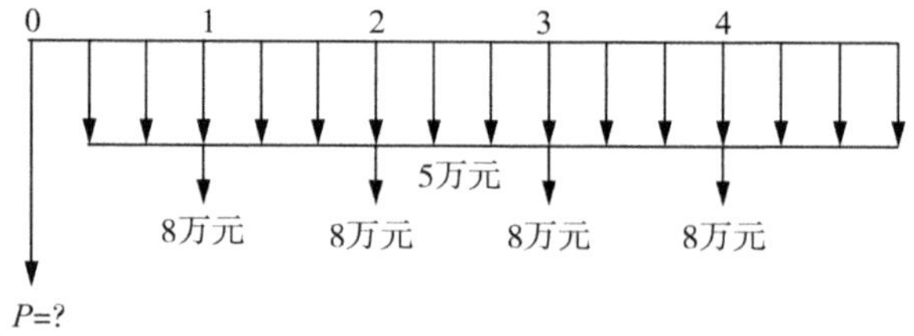

(1) $P=5(P/A,10\%,15)+3(P/F,10\%,3)+3(P/F,10\%,6)+3(P/F,10\%,9)+3(P/F,10\%,12)$

(2) $P=5(P/A,10\%,15)+3(P/A,i_{实际},4)$

$$i_{实际}=(1+10\%)^3-1=33.1\%$$

(5) 连续复利

根据实际利率与名义利率的换算公式(9-22)，当 $m=1$、$i=r$ 时，实际利率与名义利率相等；当 $m>1$、$i>r$ 时，实际利率大于名义利率。

在名义利率固定的情况下，一年内复利计息的次数越频繁，则实际利率与名义利率之间的差额就越大。因此在比较企业投资决策方案时，也要考虑两个对比投资方案是否具有相同的实际利率。

当在一年内无限次计息，也就是 m 趋于无限大，即按连续复利计算时，根据公式(9-22)，当 $m\to\infty$ 时，

$$i=\lim_{m\to\infty}[(1+r/m)^{m}-1]=\lim_{m\to\infty}[(1+r/m)^{m/r}]^{r}-1=e^{r}-1 \tag{9-23}$$

由此可见，在连续计息的情况下，实际利率并不是无限地增加，它收敛于 $e^{r}-1$。

则本利和的公式可表示为：

$$F=P(1+i)^{n}=P(1+e^{r}-1)^{n}=Pe^{rn} \tag{9-24}$$

式(9-24)中，e^{rn} 称为连续复利一次支付的本利和因数。同理可得：

连续复利一次支付现值因数　$e-m$

连续复利年金终值因数　$\dfrac{e^{rn}-1}{e^{r}-1}$

连续复利偿债基金因数　$\dfrac{e^{r}-1}{e^{rn}-1}$

连续复利资金回收因数　$\dfrac{e^{r}-1}{1-e^{-rn}}$

连续复利年金现值因数　$\dfrac{1\cdot e^{-rn}}{e^{r}-1}$

9.2.2 企业投资战略评价方法

企业投资战略评价方法是企业通过比较各个投资项目在整个寿命周期内的价值来选择最优方案，主要包括动态投资回收期、净现值和净现值率、净年值、费用现值与费用年值、内部收益率等方法。

9.2.2.1 动态投资回收期

动态投资回收期是在考虑资金时间价值的情况下，以企业项目的净收益抵偿全部投资(包括固定资产投资和流动资金)所需要的时间。

(1) 计算公式

动态投资回收期的一般表达式为：

$$\sum_{t=0}^{T_p^*}(CI-CO)_t(1+i_0)^{-t}=0 \tag{9-25}$$

式(9-25)中：T_p^* 为动态投资回收期；CI_t 为第 t 年的收入；CO_t 为第 t 年的费用(不包括投资)；i_0 为基准折现率。

（2）评价标准

设基准动态投资回收期为 T_b^*，动态投资回收期的评价标准为：

若 $T_p^* \leqslant T_b^*$，投资方案可以被接受，否则应予拒绝。

9.2.2.2 净现值法

（1）NPV 法

① 概念

净现值法是反映项目在计算期内盈利能力的动态评价方法。净现值是指按一定的折现率将考察项目寿命期内各年现金流量折现到同一时点（通常是期初）的现值累加值。

② 计算公式

净现值的表达式为：

$$NPV=\sum_{t=0}^{n}(CI-CO)_t(1+i_0)^{-t}=\sum_{t=o}^{n}(CI-K-CO')_t(1+i_0)^{-t} \tag{9-26}$$

式中：NPV 为净现值；CI_t 为第 t 年现金流入量；CO_t 为第 t 年现金流出量；K_t 为第 t 年的投资支出；CO'_t 为第 t 年除投资支出以外的现金流出，$CO'_t=CO_t-K_t$；i_0 为基准折现率；n 为项目寿命期；t 为年限。

③ 判别准则

针对单一投资方案，判别准则为：

a. 若 $NPV \geqslant 0$，则项目应予接受；这时，投资方案的收益率水平超过或正好等于预先确定的折现率。

b. 若 $NPV<0$，则项目应予拒绝；这时，投资方案的收益率水平达不到预先确定的折现率。

针对多个投资方案的比选，判别准则为：

净现值越大的投资方案相对越优——净现值最大原则。

（2）净现值率法

净现值用于多个投资方案比较时，由于不考虑各个投资方案投资额的大小，因而不直接反映资金的利用效率。为了考察资金的利用效率，我们常将净现值率作为净现值判别的辅助指标。净现值率是项目净现值与项目投资总额现值之比，其含义是单位投资现值所能带来的净现值。

① 计算公式

净现值率的表达式为：

$$NPVI=\frac{NPV}{K_p}=\frac{\sum_{t=0}^{n}(CI-CO)_t(1+i_0)^{-t}}{\sum_{t=o}^{n}K_t(1+i_0)^{-t}} \tag{9-27}$$

式中：K_p 为项目总投资现值；其余符号意义同前。

② 判别准则

单一投资方案净现值率的判别准则为：

a. 若 $NPV \geqslant 0$，则 $NPVI \geqslant 0$（因为 $K_p>0$），认为投资方案可以接受。

b. 若 $NPV<0$，则 $NPVI<0$，认为投资方案不可以接受。

故用净现值率对单一投资方案进行经济分析时，判别准则与净现值相同。

若为多个投资方案的经济分析，$NPVI$ 大者，则为优先接受方案。在多方案优选中，净现值率是一个重要的补充评价指标。

(3) 净现值函数

① 概念

净现值函数就是净现值 NPV 与折现率 i 之间的函数关系。从净现值的计算公式(9-26)可看出，在收益及各项费用指标不变的情况下，净现值将随 i 的变化而变化。

表 9-3 列出了某项目的净现金流量及其净现值随 i 变化而变化的对应关系。

表 9-3 某项目的净现金流量及其净现值函数

年份	净现金流量(万元)	i/%	$NPV(i)=-2\,000+800(P/A,i,4)$/万元
0	−2 000	0	1 200
1	800	10	536
2	800	20	71
3	800	22	0
		30	−267
		40	−521
4	800	50	−716
		∞	−2 000

② 净现值函数曲线

若以纵坐标表示净现值，横坐标表示折现率 i，表 9-5 的函数关系如图 9-7 所示。

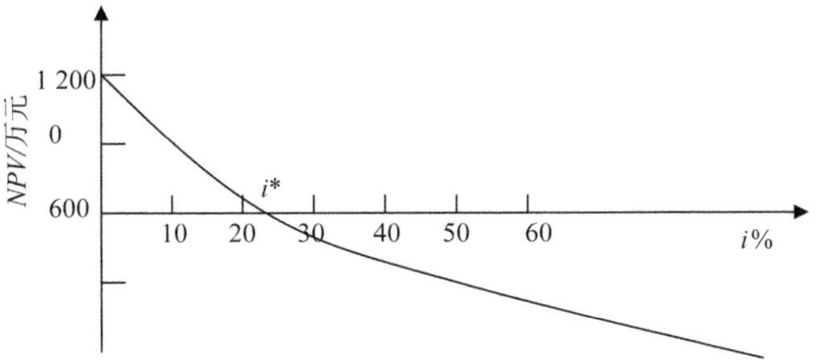

图 9-7 净现值函数曲线

③ 净现值函数的特点

从图 9-7 中可以得出净现值函数的特点为：

a. 同一现金流量的净现值为折现率 i 的减函数，即净现值随折现率 i 的增大而减小。其经济含义是基准折现率或所预期的收益率越高，则按净现值法衡量能被选中的方案越少。反之，基准折现率或所预期的收益率越低，则衡量的标准越低，就会有更多的方案被选中。

b. 在某一个 i^* 值上(图 9-7 中，$i^*=22\%$)，曲线与横坐标相交，交点的净现值为零，且当 $i<i^*$ 时，$NPV(i)>0$；当 $i>i^*$ 时，$NPV(i)<0$。我们称 i^* 为投资方案的内部收益率。

④ NPV 对 i 变化的敏感性问题

采用净现值法进行企业投资决策时，对企业投资不等的众多备选投资方案进行比选，应该根据净现值最大准则。表 9-4 列出了两个互相排斥方案 A 与 B 的净现金流量及其在折现率分别为 10%和 20%时的净现值。

表 9-4 投资方案 A、B 在基准折现率变动时的净现值 单位:万元

方案	年份						NPV (10%)	NPV (20%)
	0	1	2	3	4	5		
A	−230	100	100	100	50	50	83.91	24.81
B	−100	30	30	60	60	60	75.40	33.58

由表 9-6 可知,在 i_0 为 10%和 20%时,两方案的净现值均大于 0,根据净现值最大原则:

a. 当 $i_0=10\%$时,$NPV_A>NPV_B$,故方案 A 优于方案 B。

b. 当 $i_0=20\%$时,$NPV_B>NPV_A$,则方案 B 优于方案 A。

由此可知,各个投资方案的净现值对折现率 i_0 的敏感性不同。净现值对折现率 i 的敏感性问题是指,当 i_0 从某一值变为另一个值时,若按净现值最大原则优选项目方案,可能出现前后结论相悖的情况。这样的现象对投资决策具有重要意义。

9.2.2.3 净年值法

净年值是通过资金等值换算将项目净现值分摊到寿命期内各年(从第 1 年到第 n 年)的等额年值。

(1) 计算公式

净年值的表达式为:

$$NAV=NPV(A/P,i_0,n)=\sum_{t=o}^{n}(CI-CO)_t(1+i)^{-t}(A/P,i_0,n) \tag{9-28}$$

式中:NAV 为净年值;$(A/P,i_0,n)$为资本回收系数;其他符号意义同前。

(2) 判别准则

净年值的判别准则为:

a. 若 $NAV\geqslant 0$,则项目可行。

b. 若 $NAV<0$,则项目不可行。

针对多个投资方案的比选,判别准则为:

净年值越大的投资方案相对越优——净年值最大原则。

将净年值的判别准则和净现值的做一比较可知,由于$(A/P,i_0,n)>0$,故净年值与净现值在项目投资方案的经济分析结论上总是一致的。因此,就项目投资方案的经济分析结论而言,净年值与净现值是等效的。净现值给出的信息是项目在整个寿命期内获得的超出最低期望盈利的超额收益的现值。与净现值不同的是,净年值给出的信息是寿命期内每年的等额超额收益。由于信息的含义不同,而且由于在某些决策结构形式下,采用净年值比采用净现值更为简便和易于计算,故净年值在企业投资管理决策方法中占有重要的位置。

9.2.2.4 费用现值法与费用年值法

在对多个投资方案比较优选时,如果诸投资方案产出价值相同,或者诸投资方案能够

满足同样需要，但其产出效益难以用价值形态（货币）计量（如环保、教育、保健、国防）时，则只要比较各方案的费用的大小。通过对各投资方案费用现值或费用年值的比较进行选择，费用现值或费用年值最小者是最优方案。

（1）计算公式

① 费用现值的计算公式

费用现值的表达式为：

$$PC = \sum_{t=0}^{n} CO_t(P/F, i_o, t) \tag{9-29}$$

② 费用年值的计算公式

费用年值的表达式为：

$$AC = PC(A/P, i_0, n) = \sum_{t=0}^{n} CO_t(P/F, i_0, t)(A/P, i_0, n) \tag{9-30}$$

式(9-29)和(9-30)中：PC 为费用现值；AC 为费用年值；其他符号意义同前。

（2）判别准则

费用现值法和费用年值法只能用于多个投资方案比选，其判别准则是：

费用现值或费用年值最小的投资方案最优。

将费用现值的判别准则和费用年值的做一比较，在一定的基准折现率 i_0 和寿命期下，则

$$AC/PC = (A/P, i_0, n) = \text{常数}$$

因此，费用现值与费用年值的关系，等同于净现值和净年值的关系。所以就项目投资方案的经济分析结论而言，费用现值最小的方案即为费用年值最小的方案，两者是等效的。两者除了指标含义不同外，使用各有所长。比如费用现值适用于多个投资方案寿命相同的情况比选，当各个投资方案寿命不等时，则可采用费用年值指标。

（3）资金成本法

如果存入一笔资金 P，在利率 i 的条件下，每年可得等额资金 A，求 P。

资金成本法是费用现值法的一个特例，即使用年限 n 趋于无穷大时，由于无法求 NPV，故而采用资金成本法。资金成本法的计算公式可表示为：

$$P = \frac{A}{i} = \frac{EUAC}{i} \tag{9-31}$$

采用净现值法和净年值法对投资方案进行经济分析时，其优点是计算简单，经济含义明确。缺点是：

a. 需要预先给出基准收益率，而基准收益率的确定是比较复杂和困难的。

b. 用净现值法和净年值法评价投资方案，可行的标准是达到或超过期望的收益率水平，但不明确项目的实际投资效率水平。因此，需要采用内部收益率法做进一步分析。

9.2.2.5 内部收益率法

在企业投资决策的分析方法中，内部收益率（Internal Rate of Return，简称 IRR）是最

重要的评价指标之一。净现值函数已知，一个工程项目的净现值与所选的折现率密切相关，净现值的数值随折现率的增大而减小。在净现值函数曲线（见图 9-7）与横轴交点处，净现值为零，使项目计算期内净现值等于零时的折现率就是内部收益率。

（1）计算公式

内部收益率可通过以下方程求得：

$$NPV(IRR)=\sum_{t=0}^{n}(CI-CO)_t(1+IRR)^{-t}=0 \tag{9-32}$$

式中：IRR 为内部收益率；其他符号意义同前。

（2）判别准则

设基准收益率为 i_0，则内部收益率的判别准则为：

a. 若 $IRR \geqslant i_0$，则项目在经济效果上可以接受。

b. 若 $IRR < i_0$，则项目在经济效果上不可以接受。

（3）试算内插法

将内部收益率的公式(9-32)右边展开，可以看出该表达式是一个多项式，它是一个以 IRR 为变量的一元高次方程，不易求解，因此采用"试算内插法"求 IRR 的近似解。求解过程如下：

第一，先给出一个折现率 i_1，具体步骤为：

步骤 1，将全部费用及收益分别换算为某时点的总值；

步骤 2，将费用及收益的总值按复利公式列为等式，计算出复利系数；

步骤 3，按照复利系数表求出对应的近似 i_1 值，则 i_1 即为第一次试算的折现值。

第二，将 i_1 代入内部收益率表达式，计算相应的 $NPV(i_1)$。

若 $NPV(i_1)>0$，说明欲求的 $IRR>i_1$，则设 $i_2>i_1$，求 $NPV(i_2)$的值；

若 $NPV(i_1)<0$，说明欲求的 $IRR<i_1$，则设 $i_2<i_1$，求 $NPV(i_2)$的值。

如此反复试算，逐步逼近，最终可得到比较接近的两个折现率 i_m 和 $i_n(i_m<i_n)$，使得 $NPV(i_m)>0$，$NPV(i_n)<0$。然后，用线性插值的办法确定 IRR 的近似值。计算公式为：

$$IRR=i_m+\frac{NPV(i_m)\cdot(i_n-i_m)}{NPV(i_m)+|NPV(i_n)|} \tag{9-33}$$

式(9-33)的求解过程可参看图 9-8。

（4）经济含义

内部收益率被普遍认为是项目投资的盈利率，反映了投资的使用效率，概念清晰明确。与净现值与净年值相比，内部收益率更实用。

内部收益率反映了项目偿付未被收回的投资的能力。

【课堂案例】

某企业拟建项目净现金流量如表所示（单位：万元）。当基准折现率 $i_0=10\%$ 时，试用内部收益率指标判断该项目在经济效果上是否可以接受。

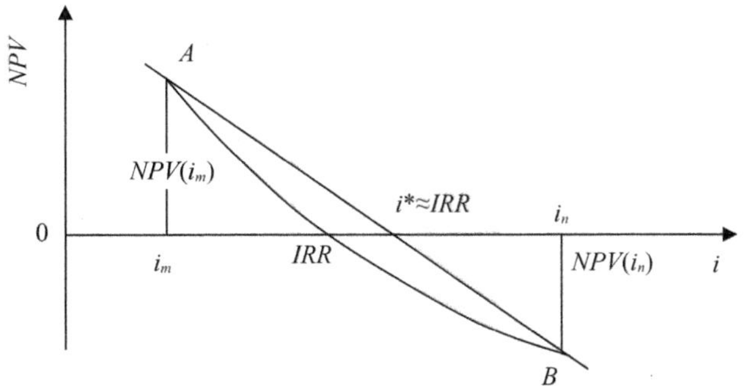

图 9-8 用内插法求 *IRR* 图解

某企业拟建项目净现金流量

年末	0	1	2	3	4	5
净现金流量	−100	20	30	20	40	40

解： $IRR = 13.47\% > i_0 = 10\%$

根据以上课堂案例，可以确定内部收益率，它反映了项目偿付未被收回的投资的能力（见表，单位：万元），体现了内部收益率的唯一性。

年	净现金流量①	年初未回收的投资②	年初未回收的投资到年末的金额③=②×(1+*IRR*)	年末未回收的投资④=③−①
0	−100			
1	20	100	113.47	93.47
2	30	93.47	106.06	76.06
3	20	76.06	86.31	66.31
4	40	66.31	75.24	35.24
5	40	35.24	40.0	0

内部收益率的经济含义可以这样理解：在项目的整个寿命期内按利率 $i = IRR$ 计算，如年终存在未能收回的投资，而在寿命结束时，投资恰好被完全收回。也就是说，在项目寿命期内，项目始终处于偿付未被收回投资的状况。因此，项目的偿付能力完全取决于项目内部，故有“内部收益率”之称。

（5）特点

内部收益率指标的特点，就是在计算净现值和净年值时都须事先给定基准折现率，这是一个既困难又易引起争论的问题；而内部收益率不是事先外生给定的，是内生决定的——由项目现金流计算出来的。当基准折现率 i_0 不易确定为单一值而是落入一个小区间时，若内部收益率落在该小区间之外，则使用内部收益率指标的优越性是显而易见的。如图 9-9 所示，当 $i_1 \leqslant i_0 \leqslant i_2$ 时，若 $IRR > i_2$，或 $IRR < i_1$，根据 *IRR* 的判别准则，很容易判断项目的取舍。

总的来说，企业投资战略的经济评价方法中，投资收益率、净现值率和内部收益率属于效率型决策分析方法；净现值法和净年值法属于价值型决策分析方法；动态回收期法属于兼顾经

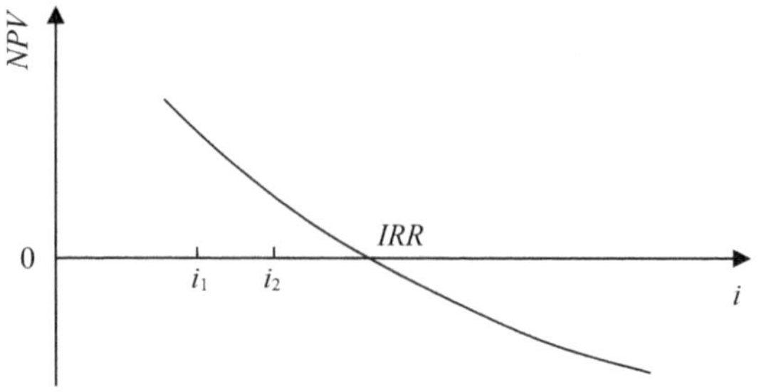

图 9-9　内部收益率 *IRR* 与基准折现率为一区间(i_1,i_2)时的比较

济性与风险性的决策分析方法。在净现值法和净年值法中，就考察的内容而言，费用现值与费用年值分别是净现值和净年值的特例，即在投资方案比选时，前两者只考察项目投资方案的费用支出。就结论而言，净现值与净年值是等效的；费用现值和费用年值是等效的。

9.2.3　企业投资的多方案战略选择

如果对于任何投资决策，都能简单地采用前述的评价指标，以决定项目投资方案的取舍，投资决策就会变得简单易行。但在实践中，由于决策结构的复杂性，如果仅仅掌握几种评价指标，而不掌握正确的多方案优选评价方法，就不能达到正确决策的目的。在多方案选择问题中，除考察每个项目方案的经济性外，还必须研究各项目方案之间的相互关系。一般情况下，候选方案间的关系有三种情形：第一种情形，各投资方案之间并没有直接的相互影响的关系；第二种情形，各投资方案之间有直接的相互影响；第三种情形，兼顾第一种情形与第二种情形。因此，本节在划分方案类型的基础上，讨论如何正确运用前述的各种经济分析指标，进行多个投资方案的评价与决策分析。在不同的方案类型中，经济比较的宗旨只有一个：最有效地分配有限的资金，以获得最好的经济效益。重要的是根据不同的投资方案类型，正确地选择和使用评价方法。

9.2.3.1　相互独立型方案战略选择

相互独立型方案，是指企业投资管理过程中，作为评价对象的各个投资方案的现金流是独立的，不具有相关性，且任一投资方案的采用与否都不影响其他投资方案是否被采用的决策。相互独立型方案，其特点是诸方案之间没有排斥性，只要投资条件（如人力、资金）允许，就可以自由选择有利方案，几个方案可以共存。相互独立型方案的效果之间具有加和性。如果决策的对象是单一投资方案，则可以认为是独立方案的特例。

（1）绝对效果检验评价方法

独立方案的采用与否，只取决于投资方案自身的经济性，即只需检验他们是否能够通过净现值、净年值或内部收益率的判别准则。因此，多个投资方案与单一投资方案的评价方法是相同的。

用净现值、净年值或内部收益率的判别准则（如 $NPV \geqslant 0$，$NAV \geqslant 0$，$IRR \geqslant i_0$）检验方案自身的经济性，叫绝对（经济）效果检验。凡通过绝对效果检验的方案，就认为它在经济效果上是可以接受的，否则就应予以拒绝。

【课堂案例】

两个独立方案A和B,其现金流如表所示(单位:万元)。试判断其经济可行性(i_0=15%)。

独立方案A和B的净现金流量

方案	年份	
	0	1～10
A	−200	45
B	−200	30

解:本题为独立方案,可首先计算投资方案自身的净现值、净年值或内部收益率,然后根据净现值、净年值或内部收益率的判别准则进行绝对效果检验,并决定取舍。

(1) $NPV_A=-200+45(P/A,15\%,10)=25.8$(万元)

$NPV_B=-200+30(P/A,15\%,10)=-49.4$(万元)

由于 $NPV_A>0$,$NPV_B<0$,据净现值判别准则,A方案可以接受,B方案应予拒绝。

(2) $NAV_A=NPV_A(A/P,15\%,10)=-200(A/P,15\%,10)+45=5.14$(万元)

$NAV_A=NPV_B(A/P,15\%,10)=-200(A/P,15\%,10)+30=-9.85$(万元)

据净年值判别准则,由于 $NAV_A>0$,$NAV_B<0$,故应接受A方案,拒绝B方案。

(3) 设A方案内部收益率为 IRR_A,B方案的内部收益率为 IRR_B,由方程:

$$-200+45(P/A,IRR_A,10)=0$$

$$-200+45(P/A,IRR_B,10)=0$$

得到A方案和B方案的内部收益率为 $IRR_A=18.3\%$,$IRR_B=8.1\%$,由于 $IRR_A>i_0$(15%),$IRR_B<i_0$(15%),故应接受A方案,拒绝B方案。

对于独立方案而言,经济上是否可行的判据是其绝对(经济)效果指标是否满足判别准则。不论采用净现值、净年值还是内部收益率进行决策分析,评价结果都是一样的。

(2) 资金约束条件下评价方法

① 互斥方案组合法

企业投资管理过程中,在资金有限的情况下,局部看来不具有互斥性的独立方案也成了相关方案。如何对这类方案进行评价选择,以保证在给定资金预算总额的前提下取得最大的经济效果(即实现净现值最大化),就是所谓的“受资金限制的方案选择”问题。

受资金限制的方案选择使用的方法也是“互斥方案组合法”。

用互斥方案组合法对资金限制的方案选择的步骤:

步骤1,对于 m 个非直接互斥的项目方案,列出全部的相互排斥的组合方案,共($2m-1$)个。

步骤2,保留投资额不超过投资限额且净现值大于等于零的方案,淘汰其余组合方案。保留的组合方案中净现值最大的即为最优可行方案。

【课堂案例】

现有三个非直接互斥的项目方案A、B、C,其初始投资及各年净收入如表所示(单位:万元)。投资限额为 450 万元。基准折现率为 8%,各方案的净现值的计算结果也列于表中。

A、B、C 方案的净现金流量与经济指标

方案	初始投资	1～10 年净收入	净现值
A	−100	23	54.33
B	−300	58	89.18
C	−250	49	78.79

解:本例互斥的组合方案共 7 个,这 7 个方案彼此互不相容、互相排斥。其具体构成及相应指标列于下表(单位:万元)中。

A、B、C 的互斥组合方案

序号	方案组合	初始投资	1～10 年净收入	净现值
1	A	−100	23	54.33
2	B	−300	58	89.18
3	C	−250	49	78.79
4	A+B	−400	81	143.51
5	A+C	−350	72	133.12
6	B+C	−550	107	167.97(不可行)
7	A+B+C	−650	130	222.30(不可行)

由于投资额为 450 万元,因此组合方案 6、7 为不可行方案,首先淘汰掉。其余保留的可行方案以第 4 组方案净现值最大(且大于零),即为最优方案——(A+B)方案。

② 效率评价方法

在一定的资金限制下,根据效率指标的大小来确定独立型方案的优先次序,然后根据资金限制确定最佳方案组合是一种比较方便且有效的方法。

方案选择的步骤程序具体可表述为:

步骤 1,明确目的。

步骤 2,查明有限资源。

步骤 3,对于每项投资方案,分别计算其资金的效率(内部收益率),按效率高低把各方案排列起来,这个排列从左向右递减,绘图。

步骤 4,把投资资金来源按其利息从低到高排列起来。排列顺序从左向右递增,绘图。

步骤 5,把步骤 3 和步骤 4 的图结合成一张图。

步骤 6,找出递减利润线与递增成本线的交点(线),排在交点左边的方案应当接受。如果资金在此交点之前达到极限,则排在此极限内的方案是可以接受的。

【课堂案例】

表中给出了某企业六个相互独立的项目投资方案(单位:万元),若贴现率 $i=10\%$。试问:当可利用的资金为 2 000 万～3 000 万元时,应如何选择?为简单起见,假设各方案的寿命均为 6 年,且每年的净收益不变。

六个独立的项目投资方案的现金流量

方案	初始投资	年净收益	方案	初始投资	年净收益
A	450	152	D	700	170
B	550	119	E	750	283
C	600	180	F	800	217

解：对于本题，各方案的内部收益率可由下式求出：

初始投资×(A/P，IRR，6)－年净收益＝0

IRR_A＝24.9%，IRR_B＝8.0%，IRR_C＝19.9%，IRR_D＝11.9%，IRR_E＝29.9%，IRR_F＝16.0%。画出投资方案的优先顺序图：以 *IRR* 为纵坐标，投资额为横坐标，*IRR* 从左向右递减，资金利率 10%。

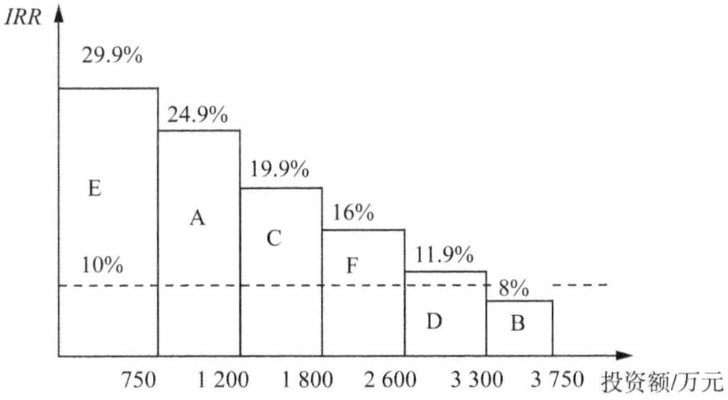

可用资金为 2 000 万～3 000 万元时，选择 E、A、C、F 四个方案。

9.2.3.2　相互排斥型方案战略选择

投资方案之间存在着互不相容、互相排斥关系的称为相互排斥型方案，简称互斥方案，其特点是诸方案之间具有相互排斥性，在对多个互斥方案进行比选时，至多只能选取其中之一，其余方案必须放弃。相互排斥型方案的效果之间不具有加和性。在投资方案互斥的决策结构形式下，经济效果评价包含了两部分内容：一是考察各个投资方案自身的经济效果，即进行绝对（经济）效果检验，二是考察哪个投资方案相对最优，称相对（经济）效果检验。两种检验的目的和作用不同，通常缺一不可，只有在众多互斥方案中必须选择其中之一时才可以只进行相对（经济）效果检验。互斥方案选优的实质：一个方案相对于另一个方案的追加投资是否能够带来满意的收益。

互斥方案经济效果评价的特点是要进行投资方案比选。参加比选的投资方案应具有可比性，主要应注意：考察时间段及计算期的可比性；收益与费用的性质及计算范围的可比性；方案风险水平的可比性和评价所使用假定的合理性。

（1）寿命相等的互斥方案

只有服务寿命相同的投资方案，才能直接进行经济效益比较。若采用价值型决策分析方法，则选价值型指标最大者为最优投资方案；若采用效率型指标，则需考察不同投资方案之间增量（差额）投资的经济效益。

① 增量分析法

【课堂案例】

方案A、B是互斥方案，其各年的现金流量如表所示(单位：万元)，试评价选择(i_0=10%)。

互斥方案A、B的净现金流量及经济效果指标

年　份	0	1～10	*NPV*	*IRR*(10%)
方案A的净现金流量	−200	39	39.64	14.4
方案B的净现金流量	−100	20	22.89	15.1
增量净现金流量(A−B)	−100	19	16.75	13.8

解：首先计算两个投资方案的绝对(经济)效果指标 *NPV* 和 *IRR*，计算结果列于表中。

$$NPV_A = -200 + 39(P/A, 10\%, 10) = 39.64\text{(万元)}$$

$$NPV_B = -100 + 20(P/A, 10\%, 10) = 22.89\text{(万元)}$$

由方程式

$$-200 + 39(P/A, IRR_A, 10) = 0$$

$$-100 + 20(P/A, IRR_B, 10) = 0$$

可求得：　$IRR_A = 14.4\%$，$IRR_B = 15.1\%$

NPV_A、NPV_B 均大于零，IRR_A、IRR_B 均大于基准折现率(10%)，所以投资方案A和投资方案B都能通过绝对(经济)效果检验，且使用 *NPV* 指标和使用 *IRR* 指标进行绝对(经济)效果检验结论是一致的。

由于 $NPV_A > NPV_B$，故按净现值最大准则，投资方案A优于投资方案B。但计算结果还表明 $IRR_B > IRR_A$，若以内部收益率最大为比选准则，投资方案B优于投资方案A，这与按净现值最大准则比选的结论相矛盾。

到底按哪种准则进行互斥方案比选更合理呢？解决这个问题需要分析投资方案比选的实质。投资额不等的互斥方案比选的实质是判断增量投资(或称差额投资)的经济合理性，即投资大的投资方案相对于投资小的投资方案多投入的资金能否带来满意的增量收益。显然，若增量投资能够带来满意的增量收益，则投资额大的投资方案优于投资额小的投资方案，若增量投资不能带来满意的增量收益，则投资额小的投资方案优于投资额大的投资方案。

表中给出了投资方案A相对于投资方案B各年的增量净现金流量，即投资方案A各年净现金流量与投资方案B各年净现金流量之差额。根据增量净现金流量，可计算出差额净现值(也称增量净现值，记作$\triangle NPV$)和差额内部收益率(也称增量投资内部收益率，记作$\triangle IRR$)。对于该题：

$$\Delta IRR = -100 + 19(P/A, 10\%, 10) = 16.75\text{(万元)}$$

由方程式：　$$-100 + 19(P/A, \Delta IRR, 10) = 0$$

可解得：　　　　　　　　　$\Delta IRR=13.8\%$

计算结果表明：$NPV>0$，$\triangle IRR>i_0(10\%)$，增量投资有满意的经济效果，投资大的方案A优于投资小的方案B。

以上分析中采用的通过计算增量净现金流量评价增量投资经济效果，对投资额不等的互斥方案进行比选的方法称为增量分析法或差额分析法。这是互斥方案比选的基本方法。由两个方案的现金流量之差所构成的新现金流量——差额现金流量计算的净现值、净年值、内部收益率，分别称为增量净现值、增量净年值、增量内部收益率。

应用增量分析法时，应遵循三大原则：一是将各备选方案按投资额由小到大的顺序排列。二是唯有较低投资额的方案被证明是合理时（如 $NPV\geqslant 0$，$NAV\geqslant 0$，$IRR\geqslant i_0$），较高投资额的方案方能与其比较。三是若追加投资是合理的，则应选择投资较高的方案，否则，应选择投资较低的方案。

② 增量分析指标及其应用

净现值、净年值、内部收益率等评价指标都可用于增量分析，下面就代表性指标净现值和内部收益率在增量分析中的应用做进一步讨论。

a. 增量净现值

设A、B为投资额不等的互斥方案，A方案比B方案投资大，两投资方案的增量净现值可用下式求出：

$$\begin{aligned}\Delta NPV &= \sum_{t=0}^{n}[(CI_A-CO_A)_t-(CI_B-CO_B)_t](1+i_0)^{-t} \quad (9-34)\\ &= \sum_{t=0}^{n}(CI_A-CO_A)_t(1+i_0)^{-t}-\sum_{t=0}^{n}(CI_B-CO_B)_t(1+i_0)^{-t}\\ &= NPV_A-NPV_B\end{aligned}$$

式(9-34)中：ΔNPV 为增量净现值；$(CI_A-CO_A)_t$ 为方案A第 t 年的净现金流量；$(CI_B-CO_B)_t$ 为方案B第 t 年的净现金流量；NPV_A、NPV_B 为分别为方案A与方案B的净现值。

用增量分析法进行互斥方案比选时，若 $\Delta NPV\geqslant 0$，表明增量投资可以接受，投资（现值）大的方案经济效果好；若 $\Delta NPV<0$，表明增量投资不可接受，投资（现值）小的方案经济效果好。

【课堂案例】

某企业为降低产品成本，现考虑三个相互排斥的技术改造方案。三个方案的寿命年限均为10年，各方案的情况列于表中（单位：万元），试在贴现率为12%的条件下，用增量净现值选择经济上最有利的方案。

三个技术改造方案

方案	初始投资	年节约金额
A	20	5.5

续表

方案	初始投资	年节约金额
B	30	7.8
C	40	9.2

解：$NPV_A=12.77$（万元）>0，说明 A 方案可行。

接下来再将 B 方案与 A 比较：

$$NPV_{B-A}=2(P/A,12\%,10)-10=1.3（万元）$$

因为 $NPV_{B-A}>0$，说明 B 方案比 A 方案多投资部分是值得的，故 B 方案好于 A 方案。

又 $$NPV_{C-B}=1.4(P/A,12\%,10)-10=-2.09（万元）$$

同样的道理，说明 C 方案比 B 方案多投资部分是不值得的，故 C 不如 B。

结论是 B 方案最好，与净现值法结论相同。

b. 增量内部收益率

增量内部收益率是增量净现值等于零时的收益率，也是两个互斥方案净现值相等时的收益率，表示一方案相对于另一方案的多投资部分的平均盈利能力。

增量内部收益率的方程式为：

$$\sum_{t=0}^{n}(\Delta CI-\Delta CO)_t(1+\Delta IRR)^{-t}=0 \tag{9-35}$$

式(9-35)中：ΔCI 为互斥方案(A、B)的增量现金流入，$\Delta CI=CI_A-CI_B$；ΔCO 为互斥方案(A、B)的增量现金流出，$\Delta CO=CO_A-CO_B$。

增量内部收益率定义的另一种表述方式是：两互斥方案净现值（或净年值）相等时的折现率。其计算公式也可以写成：

$$\sum_{t=0}^{n}(CI_A-CO_A)_t(1+\Delta IRR)^{-t}-\sum_{t=0}^{n}(CI_B-CO_B)_t(1+\Delta IRR)^{-t}=0 \tag{9-36}$$

利用式(9-35)和式(9-36)求解 ΔIRR 的结果是一样的。

用增量内部收益率比选投资方案的判别标准是：

a. 若 $\Delta IRR>i_0$（基准折现率），则投资（现值）大的投资方案为优。

b. 若 $\Delta IRR<i_0$（基准折现率），则投资（现值）小的投资方案为优。

用增量内部收益率进行方案比较的示意图如图 9-10。

在图 9-10 中，A 点为 F、G 两投资方案净现值曲线的交点，在这一点两投资方案净现值相等。A 点所对应的折现率即为两投资方案的增量内部收益率 ΔIRR。由图 9-10 可以看出，当 $\Delta IRR>i_0$ 时，$NPV_F>NPV_G$；当 $\Delta IRR<i_0$ 时，$NPV_G>NPV_F$。用 ΔIRR 与 NPV 比选方案的结论是一致的。

由此可知，在对互斥方案进行比较选择时，净现值最大准则（净年值最大准则、费用现

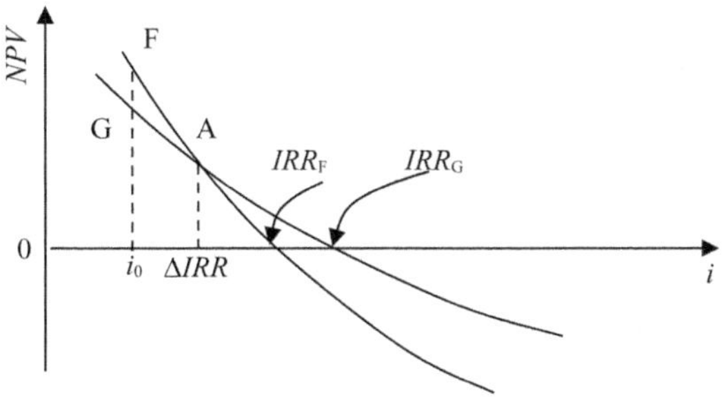

图 9-10 增量内部收益率 ΔIRR 与基准折现率 i_0 为一区间 (i_1, i_2) 时的比较

值与费用年值最小准则)是正确的判别准则。而内部收益率最大准则则不能保证比选结论的正确性。

内部收益率最大准则只是在基准折现率大于被比较的两投资方案的差额内部收益率的前提下成立。也就是说,如果将投资大的投资方案相对于投资小的投资方案的增量投资用于其他投资机会,会获得高于差额内部收益率的盈利率,用内部收益率最大准则进行投资方案比选的结论就是正确的。如图 9-10 所示,如果所取的基准折现率 i_0 大于差额内部收益率 ΔIRR ,则用内部收益率最大准则与净现值最大准则比选投资方案的结论就是一致的。但是倘若基准折现率 i_0 小于差额内部收益率 ΔIRR ,用内部收益率最大准则选择投资方案就会导致错误的抉择。由于基准折现率是独立确定的,不依赖于具体待比选方案的差额内部收益率,故用内部收益率最大准则比选投资方案是不可靠的。

用内部收益率评价互斥方案的步骤和方法如下:

步骤 1,根据每个投资方案自身的净现金流量,计算每个投资方案的内部收益率,淘汰内部收益率小于基准收益率的投资方案,即淘汰不通过绝对(经济)效果检验的投资方案。

步骤 2,按照投资从大到小的顺序排列经绝对(经济)效果检验保留下来的投资方案。首先计算头两个投资方案的 ΔIRR,若 $\Delta IRR > i_0$,则保留投资大的投资方案;若 $\Delta IRR < i_0$,则保留投资小的投资方案。

步骤 3,将步骤 2 得到的保留方案与下一个投资方案进行比较——计算两投资方案的增量内部收益率,取舍判据同上。依此类推,直至检验过所有可行投资方案,找出最优投资方案为止。

【课堂案例】

某企业为降低产品成本,现考虑三个相互排斥的技术改造方案。三个方案的寿命年限均为 10 年,各方案的情况列于表中(单位:万元),试在贴现率为 12%的条件下,用增量内部收益率选择经济上最有利的方案。

三个技术改造方案

方案	初始投资	年节约金额
A	20	5.8

续表

方案	初始投资	年节约金额
B	30	7.8
C	40	9.2

解:根据内部收益率的计算公式,

由 $5.8(P/A, IRR_A, 10) - 20 = 0$

得 $IRR_A = 26\% > 12\%$;

由 $2(P/A, IRR_{B-A}, 10) - 10 = 0$

得 $IRR_{B-A} = 15\% > 12\%$,表明 B 优于 A。

同理,$IRR_{C-B} = 6.5\% < 12\%$,表明此项追加投资不值得。结论仍是 B 方案最好,也与净现值法的结论相同。

假如按 IRR 的大小进行选择的话,很可能选择 A 方案,而不选择 B 方案(因为 $IRR_A > IRR_B > IRR_C$),但此结论是不正确的。

值得指出的是,ΔIRR 只能反映增量现金流量的经济性(相对经济效果),不能反映各投资方案自身的经济性(绝对经济效果)。故差额内部收益率只能用于投资方案间的比较(相对效果检验),不能仅根据 ΔIRR 数值的大小判定投资方案的取舍。下图对此做了说明。

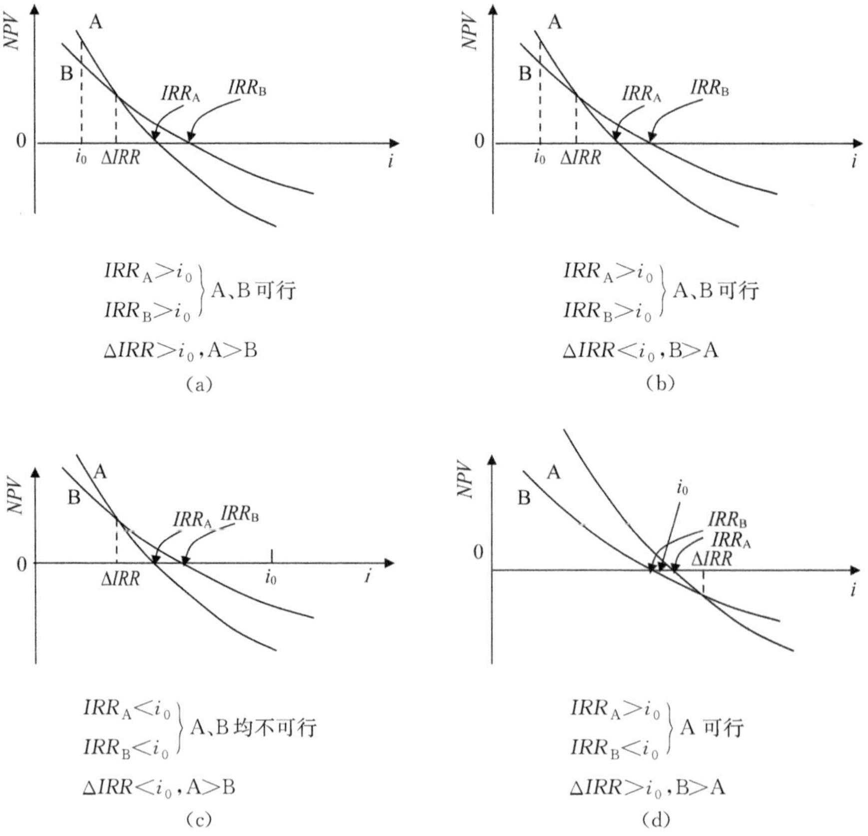

用内部收益率法比选方案示意图

图中，在(a)、(b)所示的两种情况下，方案A与方案B均能通过绝对(经济)效果检验($IRR_A>i_0$，$IRR_B>i_0$)，可以根据ΔIRR与i_0的比较判定方案的取舍：(a)情况下，$\Delta IRR>i_0$，投资大的投资方案A优于投资小的投资方案B；(b)情况下，投资方案B优于投资方案A。在(c)所示的情况下，投资方案A与投资方案B均不能通过绝对(经济)效果检验，($IRR_A<i_0$，$IRR_B<i_0$)，故不管ΔIRR大小如何，两投资方案都不应选取。在(d)所示的情况下，投资方案A通过绝对(经济)效果检验($IRR_A>i_0$)，且$\Delta IRR>i_0$，可以判定投资方案A为最优可行方案。

差额内部收益率也可用于仅有费用现金流量的互斥方案比选。比选结论与费用现值法和费用年值法一致。在这种情况下，实际上是把增量投资所导致的对其他费用的节约看成是增量收益。

【课堂案例】

某企业考虑在A、B、C三台设备中选择其中之一。A、B、C的初始投资和每年年末的收益(未扣除折旧和利息的收入)列在表中(单位：万元)。这三个设备均可用10年，10年后残值为0。若资金利率为12%，选择哪一台设备最有利？设有足够的资金可用。

三台设备方案优选

方案	初始投资	年节约金额
A	200 000	60 000
B	300 000	80 000
C	400 000	92 000

解：(1) 若直接用净现值法、年值法均可以得出一致的结论，B最好(计算略)。

(2) 如果用内部收益率作为衡量标准来分析这个问题，应首先计算各方案的收益率，即

A：$200(A/P, IRR, 10)=60$，$IRR_A=28\%$

B：$300(A/P, IRR, 10)=80$，$IRR_B=23\%$

C：$400(A/P, IRR, 10)=92$，$IRR_C=19\%$

各方案均可行，A最好。

(3) 如果用增量内部收益率，分别计算如下：

IRR_A：$200(A/P, IRR_A, 10)=60$，$IRR_A=28\%$

IRR_{B-A}：$100(A/P, IRR_{B-A}, 10)=20$

$IRR_{B-A}=15\%$，$IRR_{B-A}>12\%$

B方案优于A方案。

IRR_{C-B}：$100(A/P, IRR_{C-B}, 10)=12$

$IRR_{C-B}=3.5\%$，$IRR_{C-B}<12\%$

B方案优于C方案。

需要注意的是：采用增量内部收益率法进行互斥方案评价时，在增量内部收益率非单调减少的情况下，应先去掉那些不合格方案，然后再用增量内部收益率进行判断。采用增量内部收益率处理资本成本不能确定的互斥方案这类问题更简单。

【课堂案例】

假定某企业加工过程需要从A、B、C、D、E五台设备中挑选一个，表中列出了各个设备的初始投资、年收入(设于年末)及运行费用(单位：万元)。所有设备均可使用9年，如果尚不能确定资金利率(比如7%、10%、14%或20%)，那么，选择哪一台设备最好?

五台设备方案优选

设备	初始投资	年收入	运行费	收益
A	10 000	9 000	7 600	1 400
B	20 000	12 000	7 350	4 650
C	30 000	15 000	8 400	6 600
D	40 000	16 000	7 800	8 200
E	50 000	20 000	10 330	7 670

解：增量内部收益率分别计算如下：

IRR_A：$10\ 000(A/P, IRR_A, 9) = 1\ 400$，$IRR_A = 5.3\%$

$IRR_A < 7\%$，所以方案A不合格，应剔除。

IRR_B：$10\ 000(A/P, IRR_B, 9) = 4\ 650$，$IRR_B = 18.0\%$

IRR_{C-B}：$10\ 000(A/P, IRR_{C-B}, 9) = 1\ 950$，$IRR_{C-B} = 13.0\%$

IRR_{D-C}：$10\ 000(A/P, IRR_{D-C}, 9) = 1\ 600$，$IRR_{D-C} = 8.0\%$

IRR_{E-D}：$10\ 000(A/P, IRR_{D-C}, 9) = 1\ 470$，$IRR_{E-D} = 6.0\%$

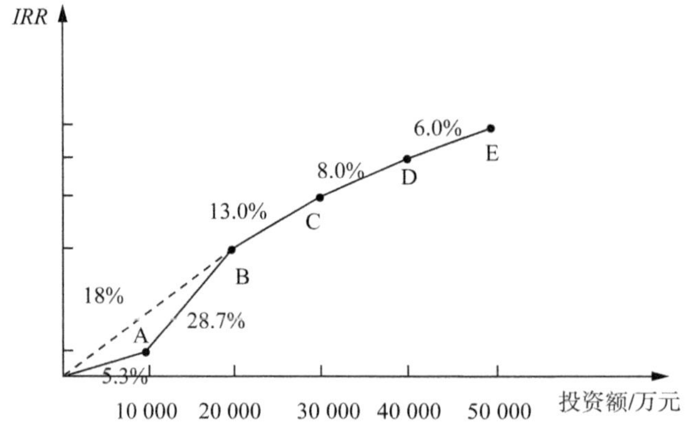

方案A应先予以剔除。

当 $i < 6\%$，选取E；

当 $6\% \leqslant i < 8\%$，选取D；

当 $8\% \leqslant i < 13\%$，选取C；

当 $13\% \leqslant i < 18\%$，选取B；

当 $i \geqslant 18\%$，哪一台设备都不行。

则若 $i=7\%$，取 D；

若 $i=10\%$，取 C；

若 $i=14\%$，取 B；

若 $i=20\%$，都不行。

(2) 寿命不等的互斥方案

对于寿命相等的互斥方案，通常将方案的寿命周期设定为共同的分析期(或称计算期)，这样，再利用资金等值原理进行经济效果评价时，投资方案间在时间上就具有可比性。

对寿命不等的互斥方案进行比选时，同样要求投资方案间具有可比性。满足这一要求需要解决两个方面的问题：一是设定一个合理的共同分析期；二是给寿命期不等于分析期的投资方案选择合理的投资方案持续假定或者残值回收假定。

① 年值法

在对寿命不等的互斥方案进行比选时，尤其是当参加比选的投资方案数目众多时，年值法是最为简便的方法。年值法使用的指标有净年值与费用年值。

设 m 个互斥方案的寿命周期分别为 $n_1,n_2,\cdots,n_m$，方案 $j(j=1,2,\cdots,m)$ 在其寿命期内的净年值为：

$$NAV_j=NPV_j(A/P,i_0,n_j)=\sum_{t=0}^{n_j}(CI_j-CO_j)_t(P/F,i_0,t)(A/P,i_0,n_j) \tag{9-37}$$

净年值最大且非负的方案为最优可行方案。

【课堂案例】

设互斥方案 A、B 的寿命分别为 3 年和 5 年，各自寿命期内的净现金流量如表所示(单位：万元)。试用年值法评价选择($i_0=12\%$)。

方案 A、B 的净现金流量

方案	年份					
	0	1	2	3	4	5
A	−300	96	96	96	96	96
B	−100	42	42	42		

计算可得：

$$NAV_A=[-300+96(P/A,12\%,5)](A/P,12\%,5)$$

$$=-300\times0.277\ 41+96=12.78(\text{万元})$$

$$NAV_B=[-100+42(P/A,12\%,3)](A/P,12\%,3)$$

$$=-100\times0.416\ 35+42=0.365(\text{万元})$$

由于 $NAV_A>NAV_B>0$，故可选取 A 方案。

用年值法进行寿命不等的互斥方案比选，实际上隐含着这样一种假定：各备选方案在其寿命结束时均可按原方案重复实施或以原方案经济效果水平相同的方案持续。因为一个投资方案无论重复实施多少次，其年值是不变的，所以年值法实际上假定了各投资方案可以无限多次重复实施。在这一假定前提下，年值法以“年”为时间单位比较各投资方案的经济效果，从而使寿命不等的互斥方案间具有可比性。

对于仅有或仅需要计算费用现金流量的互斥方案，可以比照净年值指标的计算方法，用费用年值指标进行比选。判别准则是：费用年值最小的方案为最优方案。

② 现值法

当互斥方案寿命不等时，一般情况下，各投资方案的现金流在各自寿命周期内的现值不具有可比性。如果要使用现值指标(净现值或费用现值)进行投资方案比选，必须设定一个共同的分析期。分析期的设定应根据决策的需要和方案的经济特征来决定。通常有以下几种处理方法。

a. 寿命期最小公倍数法

此法假定备选方案中的一个或若干个在其寿命期结束后按原方案重复实施若干次，取各备选方案寿命期的最小公倍数作为共同的分析期。例如，有两个备选方案，A 方案的寿命期为 10 年，B 方案的寿命期为 15 年，假定 A 方案重复实施两次，B 方案重复实施一次，取两方案寿命期的最小公倍数 30 年作为分析期。

b. 合理分析期法

根据对未来市场状况和技术发展前景的预测直接选取一个合理的分析期，假定寿命期短于此分析期的方案重复实施，并对各投资方案在分析期末的资产余值进行估价，到分析期结束时回收资产余值。在被选方案寿命期比较接近的情况下，一般取最短的方案寿命期作为分析期。

c. 年值折现法

按某一共同的分析期将各备选方案的年值折现得到用于投资方案比选的现值。这种方法实际上是年值法的一种变形，隐含着与年值法相同的接续方案假定。设投资方案 j（$j=1,2,\cdots,m$）的寿命期为 n_j，共同分析期为 N，按年值折现法，投资方案 j 的净现值的计算公式为：

$$NPV_j=\sum_{t=0}^{n_j}(CI_j-CO_j)_t(P/F,i_0,t)(A/P,i_o,n_j)(P/A,i_0,N) \tag{9-38}$$

用年值折现法求净现值时，共同分析期 N 取值的大小不会影响投资方案比选结论，但通常 N 的取值不大于最长的方案寿命期，不小于最短的方案寿命期。

用上述方法计算出的净现值用于寿命不等互斥方案评价的判别标准是：净现值最大且非负的投资方案是最优可行方案。对于仅有或仅需计算费用现金流量的互斥方案，可比照上述方法计算费用现值进行比选，判别标准是：费用现值最小的方案为最优方案。

对于某些不可再生资源开发型项目(如石油开采)，在进行寿命不等的互斥方案比选时，投资方案可重复实施的假定不再成立。在这种情况下，不能用含有投资方案重复假定的年值法和前面介绍的现值法。对于这类投资方案，可以直接按投资方案各自寿命期计算的净现值进行比选。这种处理方法所隐含的假定是：用最长的方案寿命期作为共同分析期，寿命短的方案在其寿命期结束后，其再投资按基准折现率（最低希望收益率）取得收益。

9.3　企业人力资源战略

党的二十大报告提出：我们要坚持教育优先发展、科技自立自强、人才引领驱动，加快建设教育强国、科技强国、人才强国，坚持为党育人、为国育才，全面提高人才自主培养质量，着力造就拔尖创新人才，聚天下英才而用之；深入实施人才强国战略；完善人才战略布局，坚持各方面人才一起抓，建设规模宏大、结构合理、素质优良的人才队伍；加快建设世界重要人才中心和创新高地，促进人才区域合理布局和协调发展，着力形成人才国际竞争的比较优势；加快建设国家战略人才力量，努力培养造就更多大师、战略科学家、一流科技领军人才和创新团队、青年科技人才、卓越工程师、大国工匠、高技能人才；加强人才国际交流，用好用活各类人才；深化人才发展体制机制改革，真心爱才、悉心育才、倾心引才、精心用才，求贤若渴，不拘一格，把各方面优秀人才集聚到党和人民事业中来。

9.3.1　企业人力资源管理概述

9.3.1.1　人力资源管理的概念、特征和作用

（1）人力资源管理的概念

“人力资源”的概念是由当代著名的管理学家彼得·德鲁克（Peter F. Drucker）于1954年在其《管理的实践》一书中提出的。他指出：“和其他所有资源相比较而言，唯一的区别就是管理的对象是人”。他认为人力资源拥有当前其他资源所没有的素质，即“协调能力、融合能力、判断能力和想象力”。彼得·德鲁克关于“人力资源”概念的提出，标志着传统的人事管理向现代人力资源管理的转变。人力资源是现代企业的战略性资源，也是企业发展的最关键的因素。

舒勒（Schuler）认为：人力资源管理是采用一系列管理活动来保证对人力资源进行有效的管理，其目的是为了实现个人、社会和企业的利益。德斯勒（Dessler）认为：人力资源管理是人事管理的一个新的名称，是为了完成管理工作中涉及人或人事方面的任务所需要掌握的各种概念和技术。英国管理主义学派代表者斯托瑞（Storey）提出，人力资源管理是用来显示管理人合法性的方法，而不是作为工具或手段的人力资源管理。

（2）人力资源管理的特征

① 人力资源管理更具有战略性。人力资源管理是经营战略的一个重要组成部分，因为经营战略的实质就是在特定环境下为实现组织预期目标而运用资源的策略。人力资源是国际竞争、企业竞争的最主要的资源。人力投资是谋求企业发展的最有前途的投资。这样人力资源管理自然一跃成为企业管理方面最具有决定意义的内容，人力资源管理部门的地位也就上升为战略部门。

② 人力资源管理更着眼于未来。人力资源管理更多地考虑如何开发人的潜在能力，以不断提高企业的效率。它更多地以投资的目光看待在吸引人才、培养人才及激励士气方面的投入。因此，在预算方面不以“最省”为主要目标，而是谋求在可以预见的计划期内投入

产出的最佳值及最佳方式。

③ 人力资源管理更具有系统性。人力资源管理要求将企业现有的全部人员，甚至包括有可能利用的企业外的人力资源作为统一的系统加以规划，制订恰当的选拔、培养、任用、调配、激励等政策，以达到尽可能利用人的创造力增加企业及社会财富的目的。

(3) 现代人力资源管理的主要内容

在经济环境的不断变化中，人力资源管理需要突破原有的思维模式和运作方式，现代人力资源管理的内容包括两方面：

① 对人力资源的管理。将人作为一种资源进行管理，其管理的内容包括人力资源规划、人员招聘、薪酬管理等。这部分内容虽然与传统的人力资源管理几乎相同，但现代人力资源管理应当建立在知识经济背景下，运用战略管理的思想对传统的人力资源管理内容进行不断地管理创新。

② 对人力资本进行投资。对人力资本进行投资主要是使人力资本得到增值，并能为企业创造价值，即能为企业的生产增加新价值。人力资本投资已经成为人力资源管理中的重要组成部分，这使得人力资源管理部门越来越多地在企业的经营决策和业务活动中扮演重要角色，其角色定位也由传统的控制人工成本的"成本中心"转变为增加产出的"利润中心"。

(4) 人力资源管理的战略作用

1992 年以后，人事管理进入一个新的阶段，开始转变成人力资源管理。其在企业管理中的作用也发生了很大的变化，人力资源管理部门开始从企业员工的保护者和甄选者向企业发展的规划者和变革者转变。人力资源管理等方面的职能发生了重要的变化，其在企业管理中作用的提高在三方面得到明显的体现：一是参谋和咨询功能不断扩展；二是直线功能得到加强；三是在制定和执行企业战略方面的作用越来越大。

① 提高企业的绩效。企业的绩效是通过向顾客有效地提供企业的产品和服务体现出来的。所以，企业中的人力资源就是设计、生产提供这些产品和服务的人员。而人力资源管理的一个重要目标就是实施对提高绩效有益的活动，并通过这些活动来发挥其对企业成功所做出的战略贡献。当企业制定战略计划时，人力资源管理作为战略伙伴的一个整体组成部分应有它自己的位置。从战略上讲，对人力资源必须像管理资金、技术和其他资源那样来进行管理。

② 拓展人力资本。人力资本是企业人力资源的全部价值，它由企业中的人以及他们所拥有的并能用于他们工作的能力所构成。人力资源管理的目的就是要不断增强企业的人力资本。拓展人力资本的一个主要工作是利用企业内部所有员工的才能以及吸引优秀的人才作为企业的战略贡献者，人力资源管理工作必须保证企业各个工作岗位所需要的人员供给，保证这些人员具有其岗位所需要的技能。对于人力资本而言，如果企业出现技能短缺，除非增加投资，否则这种短缺将会危机到企业的竞争力。企业须要通过内部的人力资源管理活动，想方设法留住员工，给他们提供更多的成长机会，为他们进行职业生涯的设计。

9.3.1.2 人力资源战略的概念

(1) 企业人力资源战略与企业总体发展战略的区别

人力资源战略是企业职能部门战略之一，是为了保证企业总体战略的实现在人力资源方面采用的战略。人力资源战略是指企业为实现其战略目标而制定的一系列有关人力与人才资源开发和管理的总体规划，是企业发展战略的重要组成部分，是为实现战略目标制定的整体化的、完善的员工管理计划和政策，是“从人力资源的‘质’和‘量’入手，评估目前人力资源的质量与企业目前及未来发展变化所需之间的差距，并能够满足这些要求的过程”。

企业人力资源战略与企业总体发展战略的区别表现为：① 企业发展战略是有关企业全局发展的、整体性的、长期的战略规划，它对整个企业的长期发展会产生深远的影响；而人力资源战略则着眼于企业中人力资源局部性的战略问题，它所影响的只是企业人力资源的问题，并且只能在一定程度上影响总体战略的实现。② 企业发展战略形成的主要参与者是企业的高层管理者，而人力资源战略形成的参与者则主要是人力资源管理部门的经理。

制定人力资源战略的基本问题包括：第一，基于企业发展战略的需要，企业需要多少人力？要重点获得并储备哪些人才资源？如何平衡各种人才资源的比例关系以确保经营有序正常地进行？第二，基于企业发展战略的实现需要，员工应该具备什么样的核心专长与技能？第三，企业将如何利用现有人力资源的能力？采取什么政策处理好员工关系，激活企业现有人力资源的潜能，提高现有员工的士气？

美国人力资源管理学者舒勒和沃克认为，人力资源战略是程序和活动的集合，它通过人力资源部门和直线管理部门的努力来实现企业的战略目标，并以此来提高企业目前和未来的绩效及维持企业竞争优势。它确定了一个企业为了实现企业目标将如何进行人员管理，是为管理变化而制定的一种方向性的行动计划。人力资源战略提供了一种通过人力资源管理获得和保持企业竞争优势的企业行动思路，即在变化的环境中将重点放在对人的管理上。同时，人力资源战略为管理人员就重点次序、活动、时间以及资源分配等开展讨论并达成一致提供了依据，有助于确定、调动和指引所有的人力资源活动都围绕对企业具有最直接影响的问题展开。人力资源战略就是与人有关的企业问题的方向性规划，它们是由管理人员以与其他战略相同的方式指定和推行的职能管理战略。

(2) 人力资源战略的类型

人力资源战略指导着企业的人力资源管理活动，它使人力资源管理的活动之间能够有效地配合。因此不同的人力资源战略必然会影响到人力资源的管理活动。舒勒将人力资源战略分成三种类型：累积型、效用型和协助型。

① 累积型战略

累积型战略，即用长远观点来看待人力资源管理，注重人才的培训，通过甄选来获取合适的人才。以终身雇佣为原则，以公平原则来对待员工，员工晋升速度慢，薪酬是以职务及年资为标准，高层管理者与新员工工资差距不大。

② 效用型战略

效用型战略，即用短期的观点来看待人力资源管理，较少提供培训。企业职位一有空缺随时进行填补，非终生雇佣制，员工晋升速度快，采用以个人能力为基础的薪酬。

③ 协助型战略

协助型战略，即界于累积型和效用型之间，个人不仅需要具备技术性的能力，同时在同事间要有良好的人际关系。在培训方面，员工个人负有学习的责任，企业只是提供协助。

从人力资源战略的分类及其特征我们可以看出：当企业将人力资源视为一项资产时，就会提供较多的培训，如累积型战略；而当企业将人力资源视为企业的成本时，则会提供较少的培训以节约成本，如效用型战略。

人力资源战略必须建立在与企业战略发展相一致的基础上，只有这样才能发挥人力资源管理的战略作用，才能通过人力资源管理提高企业的绩效，实现企业的战略目标。

9.3.1.3 人力资源战略管理理论

《人力资源管理：一个战略观》(*Devam Fambrum* 和 *Tichy*，1981)一文是人力资源战略管理研究领域诞生的重要里程碑，它标志着将延续多年的普通人力资源管理提升到战略的高度。

20 世纪 80 年代以来，关于人力资源战略管理的研究层出不穷：1994 年，Lada 和 Wilson 认为，人力资源管理系统依赖于组织内部独特的背景，系统内部各种管理手段相互作用、相互补充，对企业绩效的作用有着很强的因果关系模糊性，因此，不同组织的人力资源管理模式难以借鉴。Wright 等学者区分了人力资源和人力资源管理系统之间的区别，认为人力资源管理能轻易地被其他企业所模仿和复制，并不构成竞争优势的基础，只有人力资源才有可能成为竞争优势的资源。

1996 年，*Academy of Management Journal* 和 *Industrial Relations* 以及 1997 年的 *International Journal of Human Resource Management* 将战略管理领域以管理为基础的观点采纳和引入人力资源管理领域，为人力资源战略的发展提供了理论依据和实证思路。

1998 年，Barney 和 Wright 认为只有既提供价值且稀缺，又难以模仿的资源才能形成持久的竞争优势，并且只有当企业有组织地开发和维护这种资源时，竞争优势才能得以保持。人力资源具有以上特征，因此它是最有可能成为持续性的竞争优势的战略性资源。

1999 年，LePak 和 Sneu 依赖以资源为基础的观点发展出一种人力资源战略性机构理论，其主要观点是认为组织内部每个员工人力资本的独特性和战略价值有很大的不同，并且把二者分别作为横、纵坐标发展成一个矩阵来说明每种不同的人力资本所对应的不同的雇佣关系以及管理手段。

国内外学术界对于人力资源战略管理并没有统一的界定，但其含义较为明确，具体包括：① 将人力资源看作是获取竞争优势的首要资源；② 强调通过人力资源战略规划及具体实践，可以达到获取竞争优势的人力资源配置；③ 强调获取竞争优势的人力资源配置，能够与企业总体战略垂直匹配，并能在内部其他职能战略间水平匹配；④ 强调所有的人力资源活动皆为一个目的，即达到企业战略目标。

对于人力资源战略，James W. Walker 认为，企业都面临着一个基本的人力资源问题：组织如何能保证拥有适当类别和数量的人员，并将他们适当地组织起来，对他们实施有效地管理，满足企业的要求；制定并实施人力资源战略，就是根据变化的环境分析组织的人力资源需求并为满足这些需求而设计出必要的活动并加以实施。

9.3.2 企业人力资源战略的层次

9.3.2.1 马斯洛需求层次理论

马斯洛(Abraham H. Maslow，1908—1970)，美国社会心理学家、人格理论家和比较心理学家，人本主义心理学的主要发起者和理论家。1933 年在威斯康星大学获博士学位，第二次世界大战后转到布兰迪斯大学任心理学系教授兼主任，开始对健康人格或自我实现者的心理特征进行研究。1967 年曾任美国人格与社会心理学会主席和美国心理学会主席。马斯洛的著名论文《人类动机论》最早发表于 1943 年的《心理学评论》。他的动机理论又被称为需求层次理论，这个理论的精髓部分包含 5 个需求层次、3 个基本假设。

(1) 5 个需求层次

5 个需求层次如图 9-11 所示。

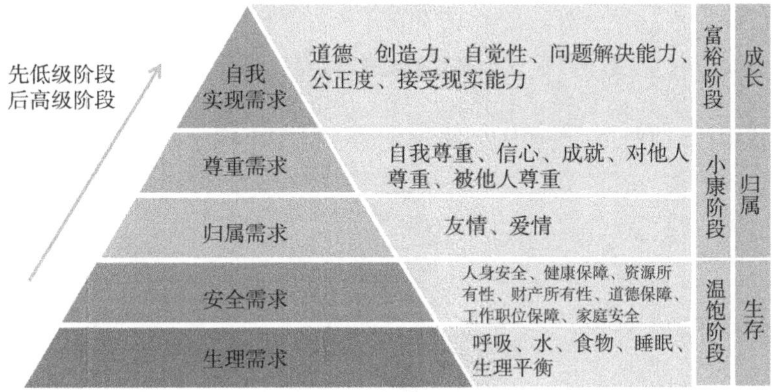

图 9-11 5 个需求层次

① 生理需求：是个人生存的基本需要。如吃、喝、住。对食物、水、空气和住房等的需求都是生理需求，这类需求的级别最低。

② 安全需求：包括心理上与物质上的安全保障，如不被盗窃和威胁，预防危险事故，职业有保障，有社会保险和退休基金等。安全需求包括对人身安全、生活稳定以及免遭痛苦、威胁或疾病等的需求。

③ 归属需求：归属需求包括对友谊、爱情以及隶属关系的需求。人是社会的一员，需要友谊和群体的归属感，人际交往需要彼此同情、互助和赞许。

④ 尊重需求：尊重需求既包括对成就或自我价值的个人感觉，也包括他人对自己的认可与尊重。尊重需要，包括要求受到别人的尊重和自己具有内在的自尊心。

⑤ 自我实现需求：自我实现需求的目标是自我实现，或是发挥潜能。自我实现需要指通过自己的努力，实现自己对生活的期望，从而对生活和工作真正感到很有意义。

5 个需求层次需要的相对强度变化如图 9-12 所示。

需要是人类内在的、天生的、下意识存在的，有高低层次的不同，低层次的需要是生理需要，向上依次是安全、爱与归属、尊重和自我实现的需要。人类动机的发展和需要的满足有密切的关系，而且是按先后顺序发展，满足了的需要不再是激励因素。追求自我实现是人的最高动机，它的特征是对某一事业的忘我献身，高层次的自我实现具有超越自我的特征，具有很高的社会价值。健全社会的职能在于促进普遍的自我实现。马斯洛相信，生物进化所赋予人的本性基本上是好的，越是成熟的人越富有创作的能力，邪恶和神经症是环境造成的。

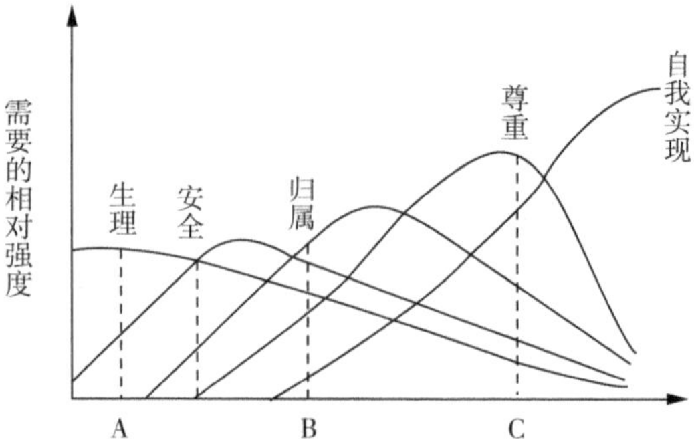

图 9-12　5 个需求层次需要的相对强度变化

需求层次理论在《西游记》人物中的体现如图 9-13 所示。

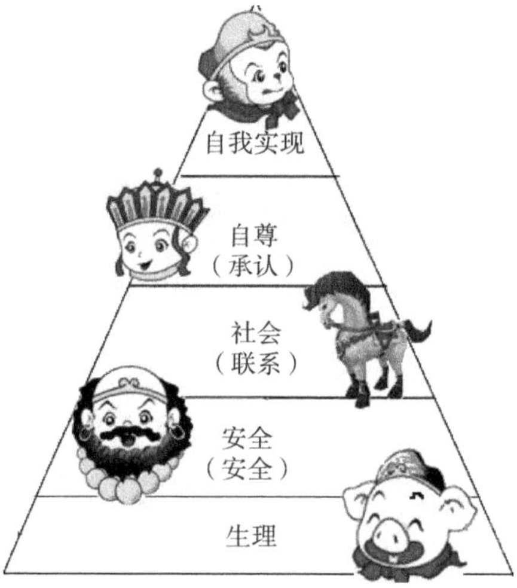

图 9-13　《西游记》人物需求层次

a. 八戒是生理需求，激励因素：食物、家庭情感。

b. 沙僧是安全需求，激励因素：安全、秩序、自由。

c. 白龙马是社会需求，激励因素：友情、归属。

d. 唐僧是荣誉需求，激励因素：成就、尊重、欣赏。

e. 悟空是自我实现需求，激励因素：实现自我价值，包括学习、发展、创造力和自觉性。

(2) 3 个基本假设

① 人要生存，他的需求能够影响他的行为。只有未满足的需求能够影响行为，满足了的需求不能充当激励工具。

② 人的需求按重要性和层次性排成一定的次序，包括从基本的（如食物和住房）到复杂的（如自我实现）需求。

③ 当人的某一级的需求得到最低限度满足后，才会追求高一级的需求，如此逐级上升，成为推动其继续努力的内在动力。

9.3.2.2 人力资源战略的层次需求

（1）生理需求

生理需求体现在企业的人力资源战略上就是要建立合理的薪酬、福利待遇体系，使员工寝食无忧，只有这样员工才能够全身心地投入工作。例如某公司的人力资源战略就非常重视员工生理需求的充分满足，并将此种需求与企业利益挂钩，实现双赢，推出了利润分享计划、雇员购股计划和损耗奖励计划。① 利润分享计划：每个在公司工作两年以上并且每年工作达 1 000 小时的员工都有资格分享公司当年的利润。此项计划使员工的工作热情空前高涨。② 雇员购股计划：让员工通过工资扣除的方式，以低于市值 15%的价格购买股票，这样员工利益与公司利益休戚相关，实现了真正意义上的“合伙”。③ 损耗奖励计划：如果某家商店能够将损耗维持在公司的既定目标之内，该店每个员工均可获得奖金，最多可达 200 美元。这一计划也大大降低了公司的损耗率，节约了经营开支。

（2）安全需求

具体体现在人力资源战略中，就是要为员工建立一个相对安全、稳定的工作大环境，这个大环境既包括物质环境，也包括精神环境。例如，公司的各种安全防护措施要完善，工作环境要尽量保证员工的身体健康；制度的建立与实施要考虑到员工的感受；保证一个相对稳定的员工队伍，频繁裁员的企业会让员工失去稳定感，从而会诱发员工主动跳槽等现象。

（3）归属需求

作为企业的人力资源战略，要想最大限度激发员工的工作热情，就必须通过各种方式让员工在企业中找到归属感。例如，丰田公司建立的“公司内的团体活动”就使员工找到了归属感。它设立的“亲睦团体”是同学、同乡或具有相同兴趣爱好的人加入其中，为了避免机构庞大，它还按照各种条件分成更小的团体，这样可以使参加者更加随意、亲近地接触，增加员工的归属感，培养团队意识。每个员工可以同时属于多个团体。为了这种聚会，公司建造了体育馆、集会大厅、会议室等设施，供自由使用，在这种团体中领导人是互选的，且采取轮换制。会员相互之间沟通亲睦、自我启发、有效地利用业余时间相互交流。这些团体都认识到，只有企业繁荣，“公司内团体”才有发展，进而让员工有极强的归属感。

（4）尊重需求

社会上绝大多数人都渴望受到尊重，包括外界对自我的尊重和自己对自我的尊重。外界对自我的尊重来源于地位、声望、荣誉等方面或一种良好的、相互尊重的人际氛围，企业的人力资源战略应努力营造这种氛围。例如，在某公司，管理人员和员工之间是良好的合伙关系。公司经理人员的纽扣刻着“我们关心我们的员工”字样，管理者亲切对待员工，尊重和赞赏他们，对他们关心，认真倾听他们的意见，真诚地帮助他们成长和发展。合伙关系在公司内部处处体现出来，它使公司凝聚为一个整体。

自尊需要的满足是由于实力、成就、适当、优势、用途等自身内在因素，形成的个人面对世界时的自信、独立。企业的人力资源战略应通过各种方式提高员工的自尊感。例如，某公司建立终身培训机制。它重视对员工的培训和教育，建立了一套行之有效的培训机制，并投入大量的资金予以保证。各分公司必须在每年的 9 月份与总公司的国际部共同制订并审核年度培训计划。培训项目分为任职培训、升职培训、转职培训、全球最佳实践交流培训和各种专题培训。在每一个培训项目中又包括 30 天、60 天、90 天的回顾培训，以巩固培训成果。培训又分为不同的层次,包括在岗技术培训、专业知识培训、企业文化培训等。更重要的是,公司根据不同员工的潜能对管理人员进行领导艺术和管理技能培训,这些员工将成为公司的中坚力量。终身培训机制使员工的能力不断得到提升,使员工对自己时刻充满自信,为员工的自我实现提供了充分的条件,这是一种高层次需求的满足。

(5) 自我实现需求

“自我实现”就是一个人使自己的潜力得到充分发挥,成为自己所能够成为的那种最独特的个体,使自己成为自己想成为的那种人。一个人在其他基本需要都得到满足以后,自我实现的需要便开始突出。这时候他会很乐意去工作,对他而言,这时候的工作不是生活所迫,不是为了金钱,也不是为了荣誉,而是一种兴趣。而不同的个体满足这一需要所采取的途径方式大不相同,在这一层次上,个人的独特性表现得淋漓尽致。

从这一点上企业需要切实地了解和关心员工,知道他们想要什么,为他们搭建自我实现的舞台,例如有的员工希望展现自己的领导才能,希望通过自己的努力为公司创造价值,那么企业就应该提供这种机会,例如经过 6 个月的训练后,如果员工表现良好,具有管理能力,公司就可以给他们一试身手的机会,先做助理经理或去协助开设新店,如果干得不错,就有进一步机会单独管理一个分店。量身裁衣,给员工提供自我实现的舞台,是企业人力资源战略的高层次体现。

总之,员工是企业的主体,建立以人为本的人力资源战略体系,满足员工不同层次的需求,真正实现尊重员工,与员工形成利益共享的伙伴关系,最大限度地挖掘员工的创造潜力,让每一位员工充分实现个人的价值,在各项工作中达到卓越的境界,这样才能真正使企业站在较高的起点上,实现高质量发展。

9.3.2.3 人力资源战略层次

与企业战略层次相呼应,人力资源战略包括三个层次:战略层次、战术层次和操作层次。

(1) 战略层次

战略层次的着眼点是企业的整体效益和长远利益,它重视企业内部和外部环境分析,充分考虑员工的愿望,在企业运营中处于决策地位。该层次活动在企业管理中处于高层,其相关活动包括制定人力资源战略的目标和总体规划。

(2) 战术层次

战术层次的重点是从决策层转移到具体政策的制定上,在这一层次,人力资源战略的目标和总体规划将细化为一系列实施措施,如设计招聘程序、绩效考核计划等,其中任何一项措施都应遵循战略层次制定的纲要和方向。

(3) 操作层次

这一层次,人力资源管理人员直接与产品生产者或提供具体服务的基层人员接触,实施管理层次的具体内容。同时,应对人力资源战略的实施过程进行控制、监督、分析、评价,并找出不足的方面给予适当调整,以确保战略目标的实现。

9.3.3　企业人力资源战略的环境分析

9.3.3.1　内外部环境分析

（1）外部环境

人力资源战略外部环境分析主要包括：组织所处地域的经济形势及发展趋势；组织所处行业的演变、生命周期、现状及发展趋势；组织在行业所处的地位、所占的市场份额；竞争对手的现状及增长趋势，竞争对手的人力资源状况，竞争对手的人力资源政策；预计可能出现的新竞争对手；组织外部的劳动力市场状况，政府的人力资源政策、法规对组织人力资源战略的影响等。

人力资源战略外部环境的分析通常采取 PEST 分析法进行分析。人力资源战略的外部环境主要包括四大组成部分：政治法律环境；经济发展状况与经济周期；人力资源供求状况和人力资源市场发育水平；科技与教育的发展状况。

以贵州茅台集团人力资源战略的外部环境为例展开分析。

① 政治法律环境。国家发展规划对酿酒行业的政策是重点发展葡萄酒、水果酒，积极发展黄酒，稳步发展啤酒，控制白酒总量。国家发展对酿酒业的规划将完善产业结构放在首位。白酒行业在国家政策层面上受到的重视和优待逐步消减，这与近年来我国白酒行业的过度发展有着密切关系。而此国家政策也对茅台集团造成了相应影响，促使其尝试进行多种经营，这对企业的人力资源战略造成了影响。同时，"禁酒令"的出台，使得酿酒产业受到较大冲击。茅台酒更是被定性为奢侈品，在销量、价格上都大打折扣。在政策的影响下，茅台集团的发展受到了不利影响，也将影响其人力资源战略。

② 经济发展状况与经济周期。总体来看，我国经济正处于高质量发展时期，居民的生活水平和质量不断提升。这使得消费者对茅台酒的需求不断增加，长期而言是利于贵州茅台集团的发展的。然而，就目前而言，由于受国内经济转型影响，中国经济的增速放缓，导致了居民消费减少，也减少了对茅台酒的消费需求。总的来说，茅台酒的市场需求呈稳步上升趋势，而现阶段稍有回落。

③ 人力资源供求状况和人力资源市场发育水平。从长期经济发展和茅台酒自身特点来看，茅台集团的人力资源供求大致处于平衡状态。这是因为茅台酒的酿造需要独特的气候、水质等条件，决定了其不能够通过异地建厂等方式扩大生产，导致了茅台集团的员工需求较为稳定，同时我国酿酒、管理、营销等行业人才的供给也相对稳定。平衡的人力资源供求，是影响茅台集团制定人力资源战略的重要因素。

④ 科技与教育的发展状况。改革开放以来，我国酿酒科技取得了进步，酿酒、管理、营销等各方面人才不断涌现而且质量逐步提升。这对于茅台集团提升人员素质，优化人员结构很有帮助。同时，由于茅台酒的不可复制性，使得企业的人员需求相对稳定，因而茅台集团更多追求的是人才在质上的提升而非量上的增加。

（2）内部环境

人力资源战略外部环境分析主要包括：①现有人力资源分析。通过职位分析检查人力资源的现状，并准备职位描述。②未来人力资源状况预测。企业的目标和战略决定了人力资源的未来需求。为了将人力资源管理战略转换为一个特定的和可操作的战略规划，企业必须预测未来的人力资源情况，根据组织的内部和外部资源，科学预测人力分布和在不同时期各种人员的短缺。③未来人力资源管理战略规划。通过分析和预测现状和未来的人力资源需求，管理人员可以确定人力资源需求的数量、时间和类型，以便制订人力资源计划，以确保未来的人力资源供给和需求。

9.3.3.2　经营价值链分析

人力资源经营价值链分为三个维度：人力资源效能、人力资源队伍和人力资源职能。人力资源经营价值链的三个维度如图 9-14 所示。

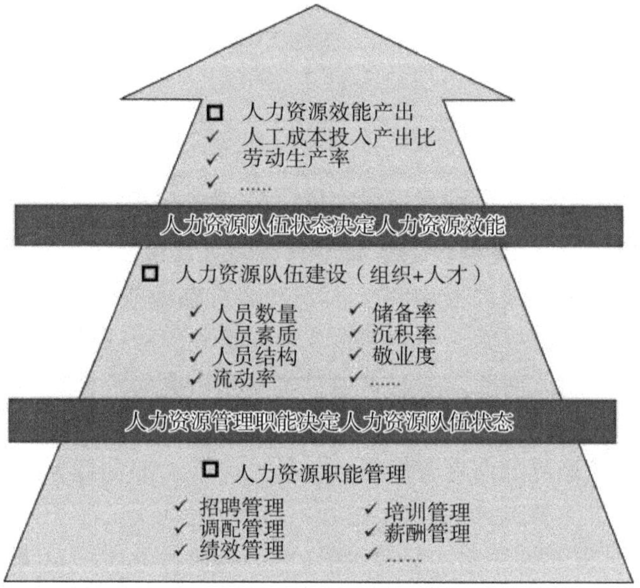

图 9-14　人力资源经营价值链

（1）人力资源效能

典型的人力资源效能指标有劳动生产率、人工成本投产比、人均营收、人均毛利等。为了真正实现“战略性人力资源经营”，应该将企业的复杂战略阐释为对于人力资源效能的直接要求，尤其要从宽口径人效里过滤出窄口径人效，这样才能找到真正推动经营的“支点”。

（2）人力资源队伍

人力资源效能是由人力资源队伍状态决定的。衡量人力资源队伍的方式有传统的数量、质量、结构等，也有流动率、储备率、沉积率、敬业度等。队伍是持续输出效能的保障，人的有机搭配构成了一种可以自动进化的协作系统。因此，企业需要有清晰和长期的“建队思路”。

需要提醒的是，队伍状态是“组织＋人才”的状态。当前人力资源业界的一个典型误区是要么单独盘点组织，要么单独盘点人才。前者得到的是一个干瘪的组织框架，而后者却忽视了人力资源这个要素是不能朴素相加的。

相较之下，后者的误区尤其大。举例来说，是不是把五个 NBA 超级明星放入一个篮球队，就一定能够夺得冠军？显然不是，还是要讲排兵布阵。人力资源需要放到组织模式里，相互之间需要产生“化学反应”。

(3) 人力资源职能

人力资源队伍状态是由人力资源管理职能运作来决定的,就是我们在人力资源专业传统领域提到的几大模块或者几大职能,简单说就是“选、用、育、留”。传统人力资源的工作都是在这个模板下展开的,每个职能遵从标准化的方法,且相对独立,这是有问题的。正确的做法是,基于队伍构建的目的和思路,人力资源专业的各模块有序协作,共同输出一套整体的解决方案。

这个简洁的框架只是说明了基本原理,但企业的战略战术却各不相同。现实操作中,我们通过一系列的方法论,以始为终(效能→队伍→职能)一层层推导出每个层面的战略指向,例如,职能层面最主要的人力资源政策是什么,队伍层面应该补给哪类人才。不同维度的战略指向之间都有逻辑传导关系,将其连接起来,就成了一幅完整的人力资源战略地图(HR Strategy Map)。

这有点像是在打高尔夫球。可以把最后的出球比喻为人力资源效能输出。但这只是一个结果,驱动因素不是手上最后的动作,而是全身的各个部位的协同。职业高尔夫球手应该做的,是打通这条发力的逻辑;人力资源应该做的,是找到如何通过职能改变队伍、通过队伍输出效能的逻辑。

9.3.4 企业人力资源战略选择

9.3.4.1 人力资源战略目标

(1) 人力资源战略目标的设定

鹰腾企业管理咨询有限公司(简称 Yintl,鹰腾咨询)认为:人力资源战略作为一种最重要的职能战略,它受企业战略支配,并反作用于企业战略。在企业战略管理模式下,人力资源战略规划应当实现如下目标:① 根据企业集团战略目标,确定人力资源战略。② 深入分析企业人力资源面临的内外部环境,发现问题和潜在风险,提出应对措施。③ 合理预测企业中长期人力资源需求和供给,规划和控制各业务板块人力资源发展规模。④ 规划核心人才职业生涯发展,打造企业核心人才竞争优势。⑤ 规划核心/重点专业/技术领域员工队伍发展,提高员工综合素质。⑥ 提出人力资源管理政策和制度的改进建议,提升整体管理水平。

Yintl(鹰腾咨询)经过多年管理实践总结出的“人力资源战略地图”,是以战略性视野帮助企业从事务性人力资源转向战略性人力资源管理的有效解决方案,同时对企业通过人力资源管理获得和保持竞争的优势提供了发展思路。“人力资源战略地图”是在明确员工价值定位、战略性选择要素的前提下,运用战略性资源分析工具生成多个战略方案,结合资源配置,最终形成企业的人力资源管理系统。

从战略目标来看,人力资源系统通常应该包含这样一些内容:人力资源系统的发展规模和结构比例;人力资源系统的生产率(人力资源系统发展的投入和人力资源系统的发展比率关系);人力资源系统的使用效率(人力资源系统对企业经营战略规划的适应性、促进作用,人力资源系统发展投入与人力资源系统发展后的收益比率);人力资源系统发展资源(人才资源、工作资源和生活资源)的使用;人力资源系统与企业环境和企业竞争能力的协调等。

在制定企业人力资源战略规划时可以选择的内容很多，但是在某一个时期战略目标不能太多，只选择一个或数个与企业当前经营战略关系密切、对企业战略发展影响比较大，对企业人力资源发展影响重大的目标作为人力资源战略目标。

（2）人力资源战略目标的作用

首先在于人力资源战略目标给出了人力资源发展的终点，体现了企业经营战略对人力资源系统的期望。

有了这个目标，才能从战略层次上指导人力资源系统的发展和运行方向，指导人力资源具体管理业务的运行方向和资源的有效配置。

有了这个目标，才能在人力资源发展过程中，对人力资源发展战略和实施效果进行评价，以确定是否继续实施原定战略或对原战略进行修正。

（3）人力资源战略目标的特点

由于战略目标在人力资源发展中具有特殊的重要作用，因此，在人力资源发展战略的制定中，必须制定一个具有明确性、现实性、激励性、可接受性、可实施性和可检验性的战略目标。

① 明确性，是指目标的描述和含义应该明白无误，能够被有关人员理解。

② 现实性，是指所制定的目标必须具有现实的和实际的意义。这就要求先做出正确的人力资源现状分析和发展预测，并以此为基础设定战略目标。

③ 激励性，是指所制定的目标应该具有感召力，能够使整个人力资源系统对未来的发展充满希望和信心，愿意为此奋斗。但是目标不能制定得太高，否则使人感到无法实现，而不愿尽力完成。

④ 可接受性，是指目标应该得到人力资源系统中大多数人员的认可，并愿意为此目标去努力。这就需要在目标实现以后能够为大多数员工带来相应的利益。

⑤ 可实施性，是指目标在具体实施时，能够按照层次、时间进行分解，转化成具体的管理业务目标，能够将对应的目标、权力和责任分解给有关的部门和人员，使目标能够在规划的实施过程中由许多具体的操作程序完成。

⑥ 可检验性，是指能够对目标的实施情况进行检验，这就需要目标能够量化，能够以具体的数量指标说明目标的执行情况。

9.3.4.2 人力资源发展战略

人力资源发展战略，是指企业对人力资源规划招聘、培训、使用及组织的总体谋划。

（1）人力资源发展战略的特点

① 全局性。人力资源发展战略的全局性决定了人力资源发展战略要展望企业整体的发展和各个局部之间的关系。人力资源发展战略首先关注的是对企业总体战略的支撑作用，及对市场经营战略、产品研发战略、生产战略和财务战略等职能战略的支持。其次要关注对企业人力资源总体发展的指导作用，即对企业人力资源发展活动的促进和约束作用。发展战略的全局性并不是说对人力资源发展中的局部问题、具体问题漠不关心，如果某个局部问题将影响到全局发展，就必须对该问题给予应有的重视。因此，在全局战略性的指导下，人力资源发展战略所关注的问题应该依次是企业战略全局问题、人力资源发展全局问题、人力资源发展局部对全局的影响以及局部中的关键问题。

② 长期性。人力资源发展战略的着眼点应该是人力资源主体系统未来相当长的时期

内的发展问题，而不是眼前的或短期的发展问题。人力资源发展战略关注的重点是企业人力资源的长期发展，是对企业经营战略的长期影响，而不是短期的眼前所面对的问题。因此，企业人力资源发展战略安排通常以 10 年或 10 年以上为宜。长期战略制定的关键在于侧重人力资源系统的分析、预测企业人力资源发展环境和未来趋势、制定长远发展蓝图，而不涉及人力资源发展的具体细节。

③ 层次性。人力资源发展战略的层次性有两层含义，一是指企业人力资源系统的层次性。对于一个大型企业来说，人力资源发展战略可以按照总公司、分公司、子公司分层次进行制定，也可以按照总体战略和业务战略等不同的层次进行制定。人力资源发展战略的另一层次性是时间的层次，即可以将人力资源发展战略按执行时间的长短分成长期、中期和短期战略。

④ 重点性。人力资源战略的重点性实质上就是要抓住人力资源发展过程中的主要矛盾的主要方面，即关键因素。影响企业人力资源发展的因素很多，需要解决的问题也很多。在一个人力资源发展战略规划中，不可能解决所有的问题，因此需要找出影响人力资源发展的主要因素、主要矛盾，有针对性地给予重点关注，这样才能使人力资源发展战略规划发挥出应有的作用。

⑤ 指导性。人力资源发展战略指明了人力资源主体系统在一定时期内的发展方向和目标以及要实现目标所应执行的途径和对策，从而指导人力资源整体的发展。应该注意的是，人力资源发展战略规划并不给出人力资源发展的具体计划，而具体实施计划则是在战略规划的指导下完成的，这就是战略的指导性价值。

⑥ 适应性。人力资源发展战略虽然可以指导人力资源的发展，但是战略规划必然要受到人力资源的外界环境和人力资源本身条件的影响和约束。因此，人力资源发展战略必须具有适应性，既能够适应外部环境的变化，又能够适应企业人力资源内部各种条件的需要。即在战略制定中应该根据环境的变化，因地制宜地制定战略，制定出与外界环境和内部条件相适宜的各种类型战略。

⑦ 可行性。可行性是指企业一旦选择了某个发展战略，就必须考虑企业能否成功地实施以及是否具有足够的财力、物力等资源支持发展战略的实施。如果在可行性上存在疑问，就需要扩大企业人力资源发展战略的研究范围，考虑采用何种方式来获取战略实施所需要的资源，或选择其他的发展战略。在许多情况下，如果企业在开始实施发展战略时，并不知道应该采取哪些行动，这就提示我们所选择的战略可能是不可行的。

⑧ 可接受性。可接受性所强调的是与企业有利害关系的团体是否对所选择的发展战略非常满意，并且同意给予支持。一般来说，企业越大，与企业有利害关系的团体越多。与企业有利害关系的团体主要是指企业的股东、客户、关联企业、管理人员、政府、社区和员工等。要保证得到所有利害团体的积极支持是不现实的，但是所选择的发展战略必须经过最主要的利害关系集团的同意，在战略实施之前，必须考虑其他利害关系集团的反对意见。这样才能保证战略规划在实施过程中遇到较少的阻力。

(2) 人力资源发展战略的类型

从时间的角度，可以将人力资源发展战略分成人力资源发展长期战略、中期人力资源开发战略、短期人力资源管理战略。① 人力资源发展长期战略。该战略涉及企业人力资源的长远发展方向和发展目标，是企业发展战略的一部分，是确定企业人力资源中期开发战略和短期管理战略的依据。② 中期人力资源开发战略。该战略是根据企业人力资源长期发展战略，在评估企业未来的市场机遇与环境变化的基础上，由企业高层管理所制定的，准备在三到五年内实现的一些人力资源投资、开发战略。③ 短期人力资源管理战略。该战略是在中长期人力资源发展、开发战略的指导下，根据当前环境的变化，由职能管理部门所制定的、在三年以内执行的人力资源职能管理战略。

从战略的发展模式角度，可以将人力资源发展战略分成稳定型人力资源发展战略、增长型人力资源发展战略、收缩型人力资源发展战略、混合型人力资源发展战略。

① 稳定型人力资源发展战略。该战略通常是在企业人力资源外部环境因素和人力资源内部条件变化不大的情况下所采用的战略。如果将这种战略再进一步细分，可以分成继承型战略、维持型战略和谨慎型战略。a. 继承型战略通常是在前期的人力资源发展战略已经取得成功，形成了一种固定发展模式的基础上保持原先发展的一种战略。继承型战略的目的在于巩固前期战略的成果，使企业的人力资源优势能够继续保持下去，实际上是一种无变化的战略。b. 维持型战略的采用，并不是为了保持前期成功战略的成果，而是因为企业自身人力资源系统并不存在竞争优势，但是由于外部环境的压迫，使企业无法采取进取性的战略扭转劣势，为此，企业只能暂时维持现状，等待外部环境的好转。这种战略是一种停滞不前的战略。因此，这种战略只能是临时性的权宜之计，不能作为中长期的发展战略实施。c. 谨慎型战略是一种特殊的稳定型战略，该战略的采用往往是由于外部环境因素的不确定、无法把握，或人力资源系统自身并没有形成适合企业实际应用的人力资源发展战略模式，企业只能采取“走一步瞧一步”的谨慎型战略来发展人力资源。

② 增长型人力资源发展战略。增长型人力资源发展战略通常是在有利的外部环境下或面临人力资源发展良好机遇时所采用的战略。采用这种战略的目的就是要最大限度地利用良好的外部环境和机遇，尽快地发展人力资源系统，增强实力，提高效率，形成企业重要的核心竞争优势，使企业的整体经营战略目标能够顺利实现。增长型的人力资源发展战略可以分成规模增长型、结构优化型、效益增长型。a. 规模增长型战略可以分成外部增长型和内部增长型两类。外部增长型战略一般是在企业人力资源系统发展的初期，即初创企业所采用的战略，企业的人力资源系统只能依靠外部补充才能发展壮大。内部增长型战略分成结构优化型和效益增长型两种。b. 结构优化型战略是在企业人力资源系统发展成熟时所采用的战略，一般在发展中企业采用较多，战略重心从初期的规模增长开始转移到人力资源系统的结构优化上。例如人力资源的素质结构、能级结构、年龄结构、专业结构等各种结构的优化。c. 效益增长型战略则往往是企业人力资源系统发展到成熟期时所采用的战略，战略的重心注重于人力资源系统的使用效益、人力资源的作用发挥和人力资本存量的增加等方面。很显然人力资源的增长型战略是一种进取型战略，这种战略的实施往往需要在企业经营环境等外部有利因素的配合下才能进行，而且这种战略的采用必然会打破原有人力资源系统的平衡。因此，对这些进取性战略实施所带来的负面影响必须给予充分的重视。

③ 收缩型人力资源发展战略。如果外部环境因素成为威胁企业人力资源系统发展的主要因素，企业的人力资源发展战略就需要采用收缩型的消极战略。利用收缩型战略来调

整人力资源系统,使其能够更有效地适应环境的变化,摆脱企业所处的不利局面,为企业的当前生存和今后的发展创造条件。收缩型战略可以分成适应性收缩战略和调整性收缩战略。a. 适应性收缩战略往往用于外部环境的变化对企业的发展产生了威胁,甚至威胁到企业的基本生存时,这种情况下企业人力资源系统必须适当收缩,应付环境的威胁,度过当前危机,以便东山再起。此时,人力资源系统的规模收缩、系统的重新组合势在必行。b. 调整性收缩战略则是针对系统内部不能适应外部环境变化要求,在规模、结构、配置和效能等方面所进行的合理的优化收缩。但是不管哪一种收缩型战略,都具有一种共同的特点,即在人力资源的规模上都需要收缩。这就涉及员工的个人去留,与个人利益密切相关,在实行前必须做好员工的退休、解聘规划,实施时也要慎之又慎,以免影响全体员工的士气。

④ 混合型人力资源发展战略。在企业人力资源发展战略的选择中,由于各种因素的交替、混合作用,企业的人力资源发展战略常常将以上三种战略同时使用或交替使用,以求获得更好的效果。混合型战略的应用关键在于对各种战略的组合。这些战略组合的方式主要有:某些类型的人力资源采用稳定发展战略,而其他类型人力资源则采用增长战略;有的人力资源类型采用稳定发展战略,其他类型人力资源则采用紧缩战略;有的人力资源采用紧缩发展战略,其他类型人力资源则采用增长战略;三种战略在不同类型人力资源的发展中同时采用。还有一种类型的战略组合是按照战略的执行顺序进行组合,其中包含:先采取稳定战略,然后再采取增长战略;先采取增长战略,然后再采取稳定战略;先采取紧缩战略,然后再采取稳定战略;先采取增长战略,然后再采取紧缩战略。通常,当企业面对的各种环境因素变化速度不同,企业各种产品处于生命周期的不同阶段时,或企业各个职能部门的业绩与发展潜力不平衡时,对不同类型的人力资源开发战略选择就会不同。此时,企业人力资源的发展战略就应该采用混合型的战略组合。

9.3.4.3 人力资源经营战略

人力资源战略是企业经营战略中的职能战略的一种,企业的任何战略的目标完成,都离不开其人力资源战略的配合。人力资源战略必须与企业的基本经营战略、发展战略和文化战略等相互配合、相互支持,才可以发挥最大的效用。根据美国康乃尔大学的研究,人力资源经营战略可分为三种:诱引式人力资源战略、投资式人力资源战略和参与式人力资源战略。根据奎因的研究,企业经营战略与企业文化战略和人力资源经营战略的配合方式如表 9-5 所示。

表 9-5 企业经营战略与企业文化战略和人力资源战略的配合方式

经营战略	文化战略	人力资源战略
成本领先战略	官僚式企业文化	诱引式人力资源战略
差异化战略	发展式企业文化	投资式人力资源战略
集中化战略	家族式企业文化	参与式人力资源战略

① 诱引式人力资源战略。这种战略主要通过丰厚的薪酬去诱引和培养人才,从而形成一支稳定的高素质的员工队伍。常用的薪酬制度包括利润分享计划、奖励政策、绩效奖酬、附加福利等。由于薪酬较高,人工成本势必增加。为了控制人工成本,企业在实行高薪酬的诱引战略时,往往要严格控制员工数量,所吸引的也通常是技能高度专业化的员工,招聘

和培训的费用相对较低，管理上则采取以单纯利益交换为基础的严密的科学管理模式。

② 投资式人力资源战略。这种战略主要是通过聘用数量较多的员工，形成一个备用人才库，以提高企业的灵活性，并储备多种专业技能人才。这种战略注重员工的开发和培训，注意培育良好的劳动关系。在这方面，管理人员担负了较重的责任，要确保员工得到所需的资源、培训和支持。企业采取投资战略的目的是要与员工建立长期的工作关系，故企业十分重视员工，视员工为投资对象，使员工感到有较高的工作保障。

③ 参与式人力资源战略。这种战略谋求员工有较大的决策参与机会和权力，使员工在工作中有自主权，管理人员更像教练一样为员工提供必要的咨询和帮助。采取这种战略的企业很注重团队建设、自我管理和授权管理。企业在对员工的培训上也比较重视员工的沟通技巧、解决问题的方法、团队工作能力等。

9.3.5 企业人力资源战略的实施与控制

9.3.5.1 人力资源战略的制定

人力资源战略的制定首先采取的是SWOT分析法，即根据对环境中的机会与威胁的分析和企业内部优势与劣势的分析，通过SWOT矩阵，把企业面临的外部环境机会和威胁与企业内部的优势和劣势相匹配，得到四类可能的战略选择。其次，用PEST分析方法对企业人力资源外部环境进行分析：明确环境中存在哪些机会可以被人力资源管理的各个环节（招聘管理、薪酬管理、劳动关系管理）利用；明确环境中存在哪些威胁应该予以避免。然后，是对企业内部人力资源管理能力和资源现状的分析，以回答企业目前的人力资源管理有哪些优势、哪些劣势，结合人力资源管理中人才的"选、用、育、留"来选择人力资源战略。最后，根据环境分析所确定的人力资源战略，确定人力资源管理活动（人才获取、培训开发、考核评价、员工激励）的策略，将人力资源战略变成可执行的人力资源管理策略，指导人力资源活动的开展。

（1）人才获取

人才获取包括招聘和选拔。它是一个企业寻找和吸收有能力、有兴趣在企业工作的人员，并选择合适的人员录用的过程。人才选拔和聘用遵循计划、公平、科学的原则。在选拔和参与过程中，人力资源部门应考虑以下问题：首先，企业需要什么样的员工？第二，如何获得企业所需的管理和技术人才？第三，企业应该采取什么样的人员选拔方法和程序？

企业人才的选聘一般按照以下程序进行：① 制定招聘计划。它包括根据人力资源需求确定招聘人员的类型、数量和时间；审核申请岗位的工作标准；根据人力资源供应预测，制定招聘策略；估算招聘费用。② 组织实施招聘。在大规模的招聘中，需要组织专门的团队，为招聘人才提供必要的培训，使他们能够掌握招聘政策和必要的招聘技能。此外，有必要明确招聘的责任。③ 寻找并吸引候选人。根据招聘计划中确定的策略，疏通招聘渠道。一个企业能否吸引大量的求职者，取决于劳动力市场上合适的人才数量、招聘职位的特点、企业的声誉、地点的吸引力以及企业提供的物质条件。④ 选择和雇佣员工。一般包括以下几个步骤：填写工作申请表、初试、测试、背景调查、体检、复试、在职培训、试用和就业。⑤ 检查、评价和反馈。对整个招聘和选拔过程进行检查和评估，分析原有招聘策略和方法的成功与不足，以确定进一步的改进措施。

(2) 培训开发

人力资源的培训与开发包括两个方面:一是教育培训普通员工,使有潜力的人成为企业的人才;二是通过教育等方式提高现有人才的能力,挖掘他们的潜力。人力资源的培训与开发对企业具有重要意义。

① 员工教育和培训。员工教育和培训指的是通过不同的训练方法持续改进和提高员工的知识、技能、道德等,以确保员工能够完成他们承担的任务,并促进个人职业发展。员工教育培训大致可分为三个阶段:需求分析、项目规划与实施、效果评估。

② 员工的职业发展。员工的职业发展包括两层含义:对于员工来说,他们需要不断追求自己的理想职业,这包括他们的职业目标、职业规划以及他们的成长、发展和对工作的满意度;对于人力资源部门来说,应该关注和鼓励员工制定自己的职业生涯规划,结合组织的需求和发展,为员工提供各种咨询服务和指导,创造条件帮助员工实现职业目标。员工职业生涯规划包括员工自我分析、组织对员工的评价、提供职业发展信息、职业咨询等。

(3) 考核评价

考核评价是根据一定的标准和科学的方法对员工的工作绩效进行考核和评价,从而确定员工工作绩效的一种管理方法。考核评价的主要目的是企业判断员工是否有能力通过综合评价,并以它为基础开发和管理企业人力资源,确保科学性的员工的薪酬、晋升、转让、专业技能的发展,解雇和其他工作。考核评价的程序一般分为:制定考核计划、确定考核标准和考核方法、收集数据、综合不同项目的考核结果并运用结果等。

(4) 员工激励

员工激励制度一般包括薪酬激励、阶段激励和威慑激励。常用的激励手段有理想激励、目标激励、模式激励、培训激励、任务激励、组织激励、制度激励、环境激励、物质利益激励、荣誉激励、绩效信息激励等。

9.3.5.2 人力资源战略的实施

人力资源战略的实施是人力资源开发与管理的一项重要工作,必须要有保障措施,根据战略实施计划,对照战略目标,组织资源,按计划实施。同时在实施中必须协调好组织与个人间的利益关系。要充分利用组织内部资源与技术资源,推进战略的顺利实施。人力资源战略的实施是将战略变成可执行的行动方案的转变过程,在转化过程中要制定具体的战略目标、战略实施计划、实施保障计划以及人力资源规划等,使人力资源战略可操作化,把战略变成具体的人力资源管理业务活动。同时要使战略制度化,通过制度来保证战略的实施,使战略切实落到实处。人力资源战略可能因企业变革的程度不同而采取四种管理模式:家长式人力资源战略、发展式人力资源战略、任务式人力资源战略、转型式人力资源战略,见表9-6。

① 家长式人力资源战略。这种人力资源战略主要运用于避免变革、寻求稳定的企业。主要特点:集中控制人事的管理;强调秩序和一致性;硬性的内部任免制度;重视操作与监督;人力资源管理的基础是奖惩和协议;注重规范的组织结构和方法。

② 发展式人力资源战略。当企业处于一个不断变化和发展的经营环境时,为适应环境的变化和发展,企业采用渐进式的变革和发展式人力资源战略。主要特点:注重发展个人和团队;尽量从内部招募;大规模的发展和培训计划;运用"内在激励"多于"外在激励";优

先考虑企业的总体发展；强调企业的整体文化；重视绩效管理。

表 9-6　人力资源战略的实施模式

实施类型	管理方式	变革程度
家长式人力资源战略	指令式管理为主	基本稳定、微小调整
发展式人力资源战略	咨询式管理为主 指令式管理为主	循序渐进不断变革
任务式人力资源战略	指令式管理为主，咨询式管理为辅	局部变革
转型式人力资源战略	指令式管理、高压式管理类并用	整体变革

③ 任务式人力资源战略。这种企业面对的是局部变革，战略的制定采取的是自上而下的指令方式。企业在战略推行上有较大的自主权，但要对本单位的效益负责，采取这种战略的企业依赖于有效的管理制度。主要特点：非常注意业绩和绩效管理；强调人力资源规划、工作再计划和工作常规检查；注意物质奖励；同时进行企业内部和外部的招聘；开展正规的技能培训；有正规程序处理劳动关系和问题；重视战略事业单位的组织文化。

④ 转型式人力资源战略。当企业已完全不能再适应经营环境而陷入危机时，全面变革急不可待，企业在这种紧急情况下没有时间让员工较大范围地参与决策，彻底的变革有可能触及相当一部分员工的利益而不可能得到员工的普遍支持，企业只能采取强制高压式的管理方法，包括企业战略、组织结构和人事的重大改变，创立新的结构、领导和文化。主要特点：企业组织结构进行重大变革；职务进行全面调整；进行裁员；调整员工队伍的结构；缩减开支；从外招聘骨干人员；对内部人员进行团队训练；建立新的"理念"和"文化"；建立适应经营环境的新的人力资源系统和机制。

9.3.5.3　人力资源战略的控制与评估

人力资源战略在实施过程中，根据企业战略的变化、人力资源战略环境的变化，必须进行适时的调整，同时要监控战略实施过程中的偏差，及时对其调整，也要对企业的文化进行调整，以适应战略的实施。

（1）人力资源战略的控制

人力资源战略的控制主要可通过增强培训效果和实现有效激励来进行。

① 增强培训效果。培训作为人力资源开发的主要手段，是企业能力提升的基础，是员工接受"再教育"的主要形式。但是，企业对于培训往往是"说起来重要，干起来次要，忙起来不要"。为什么会出现这种情况？主要原因就在于培训作为一种新形式的人力资本的投资，它的投资成果即培训效果很难通过直观手段检测出来，从而很容易让人们产生一种误解，对培训后的效果产生怀疑，进而形成连锁反应，使企业更加不注重员工的培训。

为加强培训效果，企业应建立可靠的培训评估指标体系，全方位、多角度地评价培训的效果和效益，需要横向地将受训者与同行相比，纵向地对其培训前后进行对比，对受训者未来能力是否提高做出判断。建立可靠评估指标体系的一个重要途径是对受训者展开跟踪评估调查，其基本方法包括座谈与个别访谈、问卷调查、现场考察、考题研讨。其中，问卷调查是指为了实现评估的合理性和客观性，弥补座谈的不足，并根据培训的目的，列出岗位培训前后受训者在素质方面的变化和提高程度，也就是对培训对象的知识水平、能力水平和工作态度（能否有效履行其工作职责及适应未来发展的需要）进行全面评估，通过对调查结果的定性、定量分析，对培训效果得出一个较为确切的初步结论。专题研讨主要是指针对学员从事实际工作的能力，具体包括操作动手和解决实际问题的能力，调研组和学员一起，以学员为主，对他们工作中发生过的重要事件进行重述和讨论，分析当事者的行为与事件结果之间的因果关系，评估者从中体会而非主观猜测学员解决这些事件的行为方式与能力水平。

培训效果是检验培训活动成败优劣的唯一标准。而检验培训效果的方式是必须到学员的实际工作中去，看学员受训后实际应用的成果。跟踪评估、建立评估指标体系，是对培训过程中阶段性评估和培训结业时综合性评估的一种补充与深入，既定性又定量地改进培训质量、为评估培训效果提供科学依据，因此它是评估培训效果的必要途径。

培训是企业人力资源开发的基础，但培训效果的好坏，将直接影响到企业在人力资源开发上的力度和效果。培训效果的反馈，则是一个将企业培训的效果进行量化的过程，通过这种既定性又定量的过程，提高受训者的受训质量，进而为企业赢得更为有利的竞争环境。

② 实现有效激励。现代企业在充分考虑物质激励的基础上，也普遍考虑精神激励，即如何满足员工更高层次的需求。企业对员工激励最频繁使用的手段就是加薪和提供股票期权。实际上，人才想要得到的不仅仅是钱，除了有竞争力的薪酬外，富有挑战性的工作、晋升培训机会和可信赖的领导应该成为企业必有的激励手段。a. 富有挑战性的工作。企业为员工提供富有挑战性的工作机会，一方面可以保持本公司的技术领先性，另一方面员工也得到了锻炼，公司的凝聚力也得到了增强。b. 晋升培训机会。企业可以向员工提供更多的晋升或培训机会，使员工不断充实，可以向更高层次发展。c. 可信赖的领导。员工们通常希望在他们信赖的领导手下工作。什么样的领导是可以信赖的呢？可信赖的领导应是具备技术背景又超脱于技术之外的管理者。他应当拥有敏锐的商业嗅觉，像员工的“教练”和“导师”一样，在企业内部倡导鼓励冒险与创新的氛围和企业文化。d. 灵活性和信任感。企业员工希望灵活地安排自己的工作时间和地点。只要他们能完成公司的任务，公司应给予他们这个自由。企业应充分信任员工不需要在经理的监视下也能按时完成工作，并能很好地平衡其个人生活和工作。e. 所有者身份。企业员工们希望得到公司的股份，以分享公司的剩余利润。企业可以通过授予股票期权或将员工的薪酬与公司、部门或项目的业绩相联系。没有做出员工股权安排的企业可以通过给予员工业务授权的方式将员工与企业的利益联系在一起。给予员工所有者身份也可以以其他方式进行，如授予员工自治权、尊重他们和认可他们的工作成绩等。f. 沟通。企业员工希望不断地与他们的经理交流沟通，他们也希望自己的贡献能被认可。他们乐于与公司内的其他员工打交道。他们不想等到被提拔到主管层以后才与公司内的最具影响力的人群进行沟通。此类沟通可以是高级管理层与员工间的例会，也可以是“技术集市”。员工在这种小型的“集市”上，可以将他们的项目和创意展示给高级管理层。g. 自由地发挥创造。企业员工渴望能够在工作中自由地展示他们的才华，发挥其聪明才智。这意味着领导不应告诉员工去做什么，而是在员工陷入“迷途”时给予支持和指导。h. 愉快的工作环境。企业员工希望有愉快的工作环境，如工作时着便装，拥有优良的办公设备、舒适的就餐和体育锻炼空间等。企业也可选择向他

们提供免费饮料和午餐。i. 灵活的福利计划。自助餐形式的福利计划使员工可以从一系列的福利中选择最佳方式。公司可以为每位员工提供同样的基本福利计划,如医疗保险和休假等,但允许专业技术人员从附加的福利中进行选择,如每年他们可自主选择参加一次专业会议,费用由公司承担,或者提供更多的休假时间及向他们发放周末旅游的优惠券等。

(2) 人力资源战略的评估

人力资源战略评估是在战略实施过程中寻找战略与现实的差异,发现战略的不足之处,及时调整战略,使之更符合于实际的过程。

评估一个人力资源战略需要从两个方面着手:评价人力资源政策与企业战略和目标的协调一致性;判断这些一致性的政策最终对企业的贡献程度。只有不断地调整和评估才能确保战略的有效实施。

① 360 度绩效评估是实行控制的有效手段。企业的战略目标只有经过精心的战术设计、实施和有效的控制才能保证得以顺利的实现。无法想象一个缺乏有效控制的企业会获得成功。360 度绩效评估为企业实现目标采取改进措施提供了可靠的数据,有助于决策者在知晓企业内部人力资源优势和劣势的情况下做出正确的决策,从而确保企业动作的效果不偏离企业的战略目标。

② 定期开展 360 度绩效评估。企业组织行为的变革要经过解冻和冻结两个相互联系的过程,解冻是实施变革,而冻结就是促使变革的成果保持下去。只有经过这两个完整的变革过程,变革的措施才能变成组织的习惯和文化,否则人们会习惯性地回到过去的行为中。如果进行绩效评估只是企业领导人的一时之念,那么即使在一次绩效评估中发现了问题,员工也没有积极性和压力去改进。因此只有绩效评估后,相关领导帮助员工找到解决问题的办法,并设定下一步努力目标,且在下一次的绩效评估中检验设定的目标完成情况,才能使员工的行为融入公司的这种学习型文化氛围中。

③ 做好平时的事件记录,增加评价的客观性。绩效评估的目的是为实现企业的经营目标服务,非业务人员的工作仅对经营目标起辅助和保障作用。因此可从非业务人员完成本职工作的数量和质量、节省经费的情况以及对业务部门的辅助程度等方面进行考评。

9.4 企业技术创新战略

党的二十大报告提出:十年(2012—2022 年)来,基础研究和原始创新不断加强,一些关键核心技术实现突破,战略性新兴产业发展壮大,载人航天、探月探火、深海深地探测、超级计算机、卫星导航、量子信息、核电技术、新能源技术、大飞机制造、生物医药等取得重大成果,进入创新型国家行列;我们的工作还存在一些不足,面临不少困难和问题,主要有:发展不平衡不充分问题仍然突出,推进高质量发展还有许多卡点瓶颈,科技创新能力还不强;当前,世界百年未有之大变局加速演进,新一轮科技革命和产业变革深入发展,国际力量对比深刻调整,我国发展面临新的战略机遇;未来五年是全面建设社会主义现代化国家开局起步的关键时期,主要目标任务是:经济高质量发展取得新突破,科技自立自强能力显著提升;到二〇三五年,我国发展的总体目标是:经济实力、科技实力、综合国力大幅跃升,人均国内生产总值迈上新的大台阶,达到中等发达国家水平;实现高水平科技自立自强,进入创新型国家前列。

9.4.1 企业技术创新管理概述

9.4.1.1 技术创新与技术管理的概念

(1) 技术创新的概念

技术创新是经济增长和经济发展的原动力，企业作为技术创新的决策主体、投资主体、研发主体、受益主体，是经济增长和经济发展的载体，企业技术创新对经济产业发展起到重要的基础作用。企业技术创新已作为新兴的企业管理理论前沿，得到国内外学者的青睐，并取得了令人瞩目的研究成果。

企业技术创新是指以市场为导向，以提高企业竞争力为目标，改进现有产品或者创造新的产品、生产过程或者服务方式的技术活动，并通过市场实现产品的商品化和产业化的过程。即企业技术创新是以新的技术思想为起点，以新的技术成果商业化为终点的过程。

1999 年 8 月 20 日，中共中央、国务院发布《关于加强技术创新，发展高科技，实现产业化的决定》，对技术创新的概念提出了明确定义：技术创新，是指企业应用创新的知识和新技术、新工艺，采用新的生产方式和经营管理模式，提高产品质量，开发生产新的产品，提供新的服务，占据市场并实现市场价值。

技术创新是企业核心竞争力最强有力的保障，是培植企业核心竞争力基础的关键。企业通过增加用途、完善功能以及改进质量等方式，使产品市场更具特色吸引力，从而推动企业竞争力的不断提高。综上，企业技术创新有助于经济增长、提高企业经济效益、提高企业竞争力。

(2) 技术管理的概念

伴随时代变迁，大数据和互联网时代的发展，技术在企业中的作用越来越重要，现已成为决定企业持续快速发展的关键要素。企业技术管理是依据科学技术工作规律，对企业的全部技术活动进行的计划、组织、领导、控制等方面的管理工作，合理利用企业技术力量和资源，研究开发新的技术，并实现企业技术成果转化，推动企业技术进步和经济效益的实现。企业技术管理是在整合技术资源的基础上，使企业技术创新与企业发展之间形成良性循环，维持并提升企业竞争力。

我国企业技术管理理论研究起源于 20 世纪 80 年代，目前企业技术管理已经成为与企业人力资源管理、财务管理等相并列的重要管理职能之一。企业技术管理实质上是针对企业技术组织一系列活动所进行的管理，例如企业技术预测、企业技术创新、企业技术评价、企业技术获取与消化吸收、企业技术开发与应用以及企业技术保护等活动的管理。企业技术管理强调以企业经济效益为中心，重在提高企业技术产品性能和质量。通过企业技术管理活动，可进一步促进企业技术的发展，同时推动技术创新，帮助企业提升市场竞争力。

9.4.1.2 企业技术创新的类型

(1) 按内容划分

按内容划分，企业技术创新涉及产品创新、工艺创新和生产手段创新。其中，产品创新是指技术上有变化的产品的商业化，重在强调产品在结构或性能上有所改进；工艺创新是指产品生产技术的变革，是改变“生产”或“加工产品”的方法，重在强调提高产品质量，降低产品成本。生产手段创新是指借助外部力量与企业组织内部结合起来实现技术的变革，重在强调与外部的生产、科研机构联合起来共同开发。

（2）按程度划分

按程度划分，企业技术创新涉及渐进性创新和根本性创新。其中，渐进性创新是指对现有技术的改进引起的渐进的、连续的创新。根本性创新是指技术上有重大突破的技术创新。伴随一系列的产品创新和工艺创新，产业结构在一段时间内也会发生变化。

①渐进性创新包括渐进性产品创新和渐进性工艺创新。渐进性产品创新是指在技术原理上没有重大变化的情况下，基于市场需要对现有产品所做的功能上的扩展和技术上的改进。如收音机到组合音响、随身听等。

②根本性创新包括根本性产品创新和根本性工艺创新。根本性产品创新是指用途及其作用原理有显著变化的创新。如电话、半导体、集成电路、计算机等。根本性工艺创新，如汽车制造中的流水作业生产方式等。

9.4.1.3 企业技术创新对经济发展的作用

实践表明，企业劳动生产率的提高，与企业技术进步直接相关。也就是说，企业技术的先进性与经济效果的最佳性之间存在某种必然联系。企业技术创新对经济发展的作用可概括为三个方面：① 企业先进技术对经济发展的杠杆性作用；② 企业适宜技术对经济发展的有效性作用；③ 企业不同技术对实现同一经济目标的可替代性作用。

（1）先进技术对经济发展的杠杆性作用

经济发展的关键是先进技术，企业先进技术对经济发展的杠杆性作用体现为两个方面：第一，随着技术的不断进步，企业投入生产过程的必要劳动量必然降低。企业技术进步直接表现为企业劳动消耗降低与劳动生产率提高。第二，由于企业技术进步而伴随劳动消耗降低，必然间接地反映到企业必要生产费用的减少与经济效果的扩大。

实践表明，技术是推动工业发展的直接动力。科学必须通过技术转化为现实的生产力。因此，技术对社会生产力产生直接的作用，是推动经济社会发展的基本手段。根据统计，1950—1976 年，苏联工业总产值增长了 9 倍，其中经济增长的 80%～90%源于劳动生产率的提高，而劳动生产率提高的 70%～75%源于新技术的应用。1950—1975 年，美国工业生产增长了 205%，源于新技术的应用与劳动生产率的提高。日本第二次世界大战后的技术进步对经济发展的贡献高达 60%～70%。1952—1982 年，中国技术进步对工业产值的贡献仅为 11.6%；1979—2000 年，中国技术进步对经济增长的贡献增至 28.57%；2012 年，中国科技进步贡献率超过 50%，达到 52.2%；2018 年中国科技进步贡献率增至 58.5%；2019 年中国科技进步贡献率增至 59.5%；2020 年中国科技进步贡献率超 60%，为经济高质量发展注入强劲动能。

（2）适宜技术对经济发展的有效性作用

技术的先进性与经济效果的最佳性两者之间并不存在必然联系，但先进技术具有转化为最佳经济效果的潜在性与可能性，取决于客观上是否具备实现这一转化的必要条件，即客观上是否具有采用这一技术的人力资源与物力资源等相应条件。而经济效果的最佳性，取决于技术对外界条件的适宜程度，主要是指资源、能源、资金、人力与物力等经济条件以及与其相关联的其他技术系统的外在条件。因此，为了实现某一确定的经济目的，就选择技术手段而言，不应盲目地追求技术上的先进性，而应因地因时制宜选择适宜技术。

企业适宜技术对经济发展的有效性，具体表现在两个方面：第一，不仅表明了企业技术水平对经济效果所产生的影响，而且也反映了经济条件对选择技术水平的制约。第二，就一定条件而言，总是相对地、必然地存在着某一适宜的技术，它表现为效果最佳的技术方案。

(3) 不同技术对实现同一经济目标的替代性作用

为实现某一确定的经济目标，可采用多种技术途径，而同一途径又可由不同的技术因素构成。因此，各技术途径与其构成的技术因素之间，在实现同一经济目标的过程中，具有不同的相互替代的可能性。因此，即使在已被确认为是“适宜技术”的情况下，仍有各种不同的技术组合方案与其相应的多种费用。实现任何经济目标，都应做多方案的创造与比较，以便在技术可行的前提下，寻找经济上更为合理的方案。

企业不同技术对实现经济目标的可替代性，最终体现为两个方面：第一，在实现同一目标的多种技术组合方案中，其中必有一种费用最低的方案。第二，这种最低费用的方案，随着时间、地点、条件的变化以及技术的发展，处于动态的变化之中。

综上所述，从企业技术创新对经济发展的作用可看出，如若发展经济，不仅要采用先进技术，更应该采用适宜技术，即使是适宜技术，还应该寻找费用最低的替代技术。

9.4.2　企业技术创新战略选择

9.4.2.1　企业成长阶段演变

(1) 企业成长阶段演变的概念模型

企业技术创新战略的选择与企业成长阶段密不可分。企业成长的生命周期主要可分为五个阶段；第一阶段，即企业成长的种子期(简称“初创期”)；第二阶段，即企业成长的初期(简称“形成期”)；第三阶段，即企业成长的中期(简称“发展期”)；第四阶段，即企业成长的中后期(简称“成熟期”)；第五阶段，即企业成长的后期(简称“衰退或蜕变期”)。企业成长阶段划分的概念模型，见图 9-15。

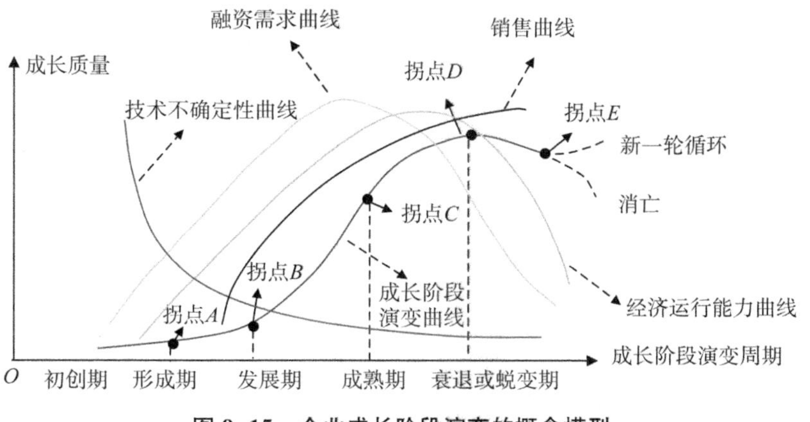

图 9-15　企业成长阶段演变的概念模型

图 9-15 中，横轴表示企业成长阶段的演变过程，纵轴表示企业成长质量的变化。根据企业成长的不同时间维度，结合其成长阶段演变曲线，企业实现了从初创期（起点 O 至拐点 A 之间）到形成期（拐点 A 至拐点 B 之间）、再到发展期（拐点 B 至拐点 C 之间）、进而到成熟期（拐点 C 至拐点 D 之间）、最后进入衰退或蜕变期（拐点 D 之后）的转变。其中初创期一般在 1～3 年，形成期大概 1～2 年，发展期为 2～3 年，发展期过后即为成熟期，最终，企业将步入衰退或蜕变期（即抵达拐点 E 后，或至消亡，或通过二次创业进入下一轮发展循环过程）。

在企业成长阶段演变过程中，从拐点 A 至拐点 E，作为企业成长五阶段之间交替过渡的临界点，体现了五个不同时期企业在基本特征、影响因素、承担风险、战略任务、发展重点以及融资方式之间存在的差异性。根据图 9-15，企业在成长的不同阶段，表现出不同的经营特点，技术的不确定性由高到低快速下降，销售在进入发展期以后稳步增长，而融资需求在发展期以前一直是迅速增长并达到顶点，此后快速下降，经济运行能力在成熟期以前一直迅速提高并达到顶峰，此后快速下降。

企业成长能力的变化主要体现在企业的技术创新能力、经济运行能力、组织管理能力、价值创造能力等方面的变化。初创期，企业以提高技术创新能力为主，兼顾保障经济运行能力；形成期，企业仍以提高技术创新能力为主，兼顾保障经济运行能力和价值创造能力，加强组织资源的集中利用，增加经济效益；发展期，企业转为以提高经济运行能力和价值创造能力为主，兼顾保障组织管理能力，实现组织资源的优化配置，创造企业价值，优化组织结构和完善管理制度；成熟期，企业以提高组织管理能力为主，兼顾保障技术创新能力、经济运行能力、价值创造能力，实现组织结构的高级化，加强技术创新和变革，促进企业可持续发展；衰退或蜕变期，企业再次以提高技术创新为主，兼顾保障经济运行能力和组织管理能力，实现二次创新。见图 9-16。

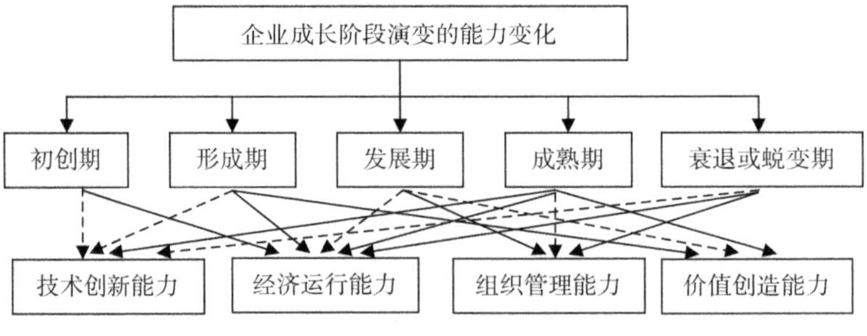

图 9-16　企业成长阶段演变的四大能力

图 9-16 中，虚线箭头表示不同阶段企业主要关注提升的能力。根据企业内部条件和外部环境的变化，可试图从技术创新能力、经济运行能力、组织管理能力和价值创造能力等四大能力方面，对企业成长阶段演变的能力提升进行更为全面地阐述，见图 9-17。

（2）企业成长阶段演变的特征分析

① 企业初创期的主要特征

企业的初创期是指企业从取得营业执照，购置设备，再到研制和生产产品的阶段。此阶段，企业以提高技术创新能力为主，兼顾经济运行能力。其基本特征表现为：优势，企业

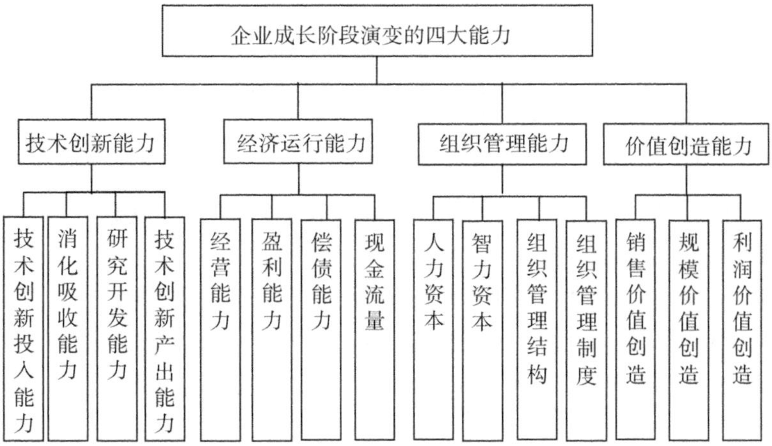

图 9-17　企业成长阶段演变的四大能力

有自己的核心技术并获得知识产权、技术具有先进性，为企业发展提供技术支撑。劣势，企业资金短缺、人力资源不足、资源要素不完善、技术力量薄弱、经营风险较大（包括技术风险和市场风险），承受创新失败风险的能力较弱、产品种类比较单一、组织结构简单、规模较小。组织较不正规，分工不太明确，采用非正式化沟通，员工相互协作，多为独裁管理方式，表现集权和个性化领导风格，但效率极高。

此阶段，从企业内部条件和外部环境来看，企业主要受到内部的技术研发能力、外部的政策导向和市场规模等关键因素的影响。企业的技术研究与开发是其进行技术创新的核心动力源，政府的政策导向决定了政府对企业高技术研制开发、高技术产业化、教育科技发展等方面的进度，决定了政府对高技术发展的态度，并影响到企业是否容易获得环境中的各种要素资源，从而对企业的成长动机和能力产生重要的影响。因此，政府必须从制度安排、社会环境和文化氛围等方面，对企业提供适宜的法律政策环境，实施保护、鼓励和扶持等鼓励创业政策的支持，激励和保障企业实施技术创新和产品研发，促进和培育创新企业的成长。企业面临的主要风险是技术风险和市场风险，且风险水平很高。

此阶段，企业的战略任务是获得较高的技术水平和安全的财务资源以确保生存，其实现方式是加班加点工作，关键在于企业能否开发和生产适应市场的产品，因此创业者必须承担管理企业所有事务的责任，需要尽量掌握市场信息，把握未来需求与现实市场的平衡。企业的发展重点表现为：创业家必须进行市场研究，识别并界定市场，选择具有吸引力的产业，确定产品在技术和商业上的可行性。投入大量资金用于产品研究与开发，不断提高技术创新能力，通过科技人员创造性地探索研究，将高技术设想形成发明、理论和技术等现实成果，尽快开发产品或服务。企业不断追加物力和人力资本的投入，处于经营性亏损时期，企业所需的创业资金以国家扶持和企业承担为主，其资金来源一般是发起人、合伙者和私人风险投资者，融资方式涉及个人资金、家庭积蓄、政府投资、个人借贷和风险投资。

② 企业形成期的主要特征

当企业的新技术开发或新产品研制成功，核心技术或产品进入商品化阶段且开始销售的时候，企业就进入形成期。此阶段，企业仍以提高技术创新能力为主，兼顾保障经济运行能力和价值创造能力，加强组织资源的集中利用，增加经济效益，提高产品价值。其基本特征表现为：确立了技术等资源优势，初步形成了主导型高科技产品。企业产品销售开始缓慢增长，企业产品具有潜在的市场容量，并对一般产业产生辐射作用。企业强调技术创新与经营管理有机结合，仍需进一步加强技术开发和市场开拓，及时满足市场需求，一切工作以销售为中心，创立品牌与创新市场相结合，给企业营销活动提供极强的市场渗透力和冲击力，获得更大的潜在市场份额。

此阶段，从企业内部条件和外部环境来看，企业主要受到内部的技术创新能力、外部的市场容量和竞争环境等关键因素的影响。除面临技术风险外，企业面临较高的市场风险。高技术产品市场需求容量的大小、竞争激烈状况程度，直接影响到企业成长速度以及企业经营所能达到的规模。拥有一定的市场需求是企业存在和维持一定的经营规模的前提。而市场规模水平主要取决于消费者的收入和消费结构，这两方面的变化直接决定了消费群体的规模，进而决定了产品的市场规模和广度，而产品市场竞争激烈状况则决定了该产品的获利程度。

此阶段也是检验创业者的产品能否由思维导向型顺利向市场导向型过渡的时期，企业的战略任务就是提高产品销售增长率。企业的发展重点表现为：筹集资金，加速投产，形成生产能力。虽然企业完成了生产线的开发，市场正在逐步扩大，但销售的部分产品不足以弥补成本消耗，企业仍处于经营性亏损状态，需要外部资金以增加设备、招收业务骨干。企业资金需求显著增加，其资金来源于两方面，一是创业者的积蓄或亲戚朋友提供的借款，二是成功的企业家为企业提供的资金或商业银行的借款，融资方式涉及不同类别风险资本或者组合，投资的风险较高。

③ 企业发展期的主要特征

当主导型高科技产品的市场需求进入快速增长的时候，企业就进入了发展期。此阶段，企业转为以提高经济运行能力和价值创造能力为主，兼顾保障组织管理能力，实现组织资源的优化配置，创造企业价值，优化组织结构和完善管理制度。其基本特征表现为：企业已初具规模，具有较强的资产或资本运营能力，通过不同方式的资产运营，经营风险降低。技术已经完备且基本形成核心能力，产品已被消费者所接受，产品知名度迅速提升，市场需求快速增加。企业构成了初具规模的组织结构，开始加速成长，具备大规模生产的能力。注重营销，建立广泛的销售渠道和营销机制，产品开始快速扩散或渗透。建立满足顾客需求的生产体系，企业规模和边界效益迅速扩大。注重文化，培育和挖掘有利于创新的企业文化。

此阶段，企业产品技术经过一段时间的市场考验后已基本成熟，市场采纳的技术标准也日渐规范。从企业内部条件和外部环境来看，企业主要受内部成长动力和经营资源、外部市场规模等关键因素的影响。企业面临的风险主要是管理风险和来自产品销售方面的市场风险，此时的风险和制约因素主要来自内部资源条件和管理制度，组织结构开始规范化、专业化和职能化，越来越强调建立规章制度和维持组织结构的稳定性，逐步将组织管理运作流程与环节以制度的形式予以规范，以提高企业系统的运作效率。

此阶段，企业面临生产规模扩大、市场开拓、产品质量和经济效益提高、管理完善等诸多问题，企业家必须在战略规划方面发挥重要作用。企业的战略任务主要是不断提高市场占有率，增加盈利，以保持盈利地位。其发展重点主要表现为：一方面，培育顾客、提高产量、扩大市场份额、形成产业化；另一方面，加强内部管理，完善产权制度、创新机制、管理制度、资金供应和企业文化。企业整体呈快速和持续增长的态势，企业从经营性亏损逐渐转为经营性盈亏平衡，并逐步实现经营性盈利。企业资金需求较前两个时期有大幅度提高，资金来源于私人风险投资、风险资本和商业银行贷款，涉及回笼资金、风险投资和借贷资本。

④ 企业成熟期的主要特征

此阶段，企业进入成长的中后期，企业以提高组织管理能力为主，兼顾保障技术创新能力、经济运行能力和价值创造能力。其基本特征表现为：企业规模已经较大，组织管理结构构成了多层次的复合结构，实现组织结构的高级化，依据其核心能力，企业已熟练运用产品经营与资本运营策略，高技术产品已经占有相当数量的市场份额，并有了较高的知名度，通过市场拓展进一步增加盈利，企业产品的销售额和利润继续保持持续性增长，但增长速度有所减缓，企业达到规模经济效应，利润同步增长并最终达到顶峰。企业具备危机意识，在强调规模效益的同时注重范围效益的形成。同时具备竞争意识，在预防竞争对手的同时，进一步加强技术创新和变革，寻找新的发展机会，促进企业可持续发展。

此阶段，从企业内部条件和外部环境来看，企业主要受内部产权体系、组织管理、企业文化等关键因素的影响。企业面临的风险主要是管理风险，而不再是技术风险和市场风险。企业现有产权制度、创新机制、管理制度、资金供应和企业文化进一步制约了企业的发展。制度化提高了企业发展的稳定性，但又降低了企业的技术创新能力和灵活性，以及对未来外部环境的适应性。

此阶段，制度僵化将妨碍企业的应变与创新。企业的战略任务是全面创新，采取有效的措施进行变革，促进企业蜕变，包括制度创新和技术革新、健全信息系统、开发多种产品线、分权与多元化等。其发展重点主要是用更有效的管理方式、方法和手段，进行组织制度创新和技术革新，或重建创新管理的制度、开拓新品牌、培育和形成共同的价值观，保持企业稳固并继续发展。在依靠低成本制造的优势时，企业可投资开发国际市场，从而在维持旧市场的同时，创造新顾客，挖掘新市场，并继续为企业进行技术创新奠定资金基础。企业资金需求可根据市场潜力和企业发展战略确定，风险资本是企业的主要资金来源，涉及银行借款、发信债券、发行股票。

⑤ 企业衰退或蜕变期的主要特征

此阶段，企业成长后期比较接近传统企业，企业或者消亡，或者进入复苏和再发展阶段。企业再次以提高技术创新为主，兼顾保障经济运行能力和组织管理能力，实现二次创新。其显著特征表现为：产品价格和销量急剧下降，利润快速下滑并降为零利润。企业已经在一些新的核心技术、实用技术、工艺技术等方面进行新的开发，或引进新的技术规范标准，取得技术优势。

此阶段，从企业内部条件和外部环境来看，企业主要受内部创新精神和外部环境等因素的影响。企业面临的风险主要是技术创新风险和管理风险。企业现有技术创新能力、管理制度、资金供应和企业文化进一步制约了企业的发展。制度化提高了企业发展的稳定性，但又降低了企业的技术创新能力和灵活性，以及对未来外部环境的适应性。

此阶段，企业可能会由于成功研发或引进产品或技术，从而改变成长周期曲线的走势。企业的战略任务是重新投资，主要指技术创新投资。其发展重点主要表现为：首先，企业必须加强组织创新，包括改革组织模式，增强创新管理制度；其次，企业必须加大技术创新投入，既积极引进尖端技术，又大力进行二次技术创新，大量开发节能、高效、实用的新技术，开拓新品牌和市场；然后，建立完善企业新文化，调整发展战略，实现二次创业目标，最终保障企业再次成长的空间。同时，企业的风险资本也将逐渐退出二级市场。

在企业成长五个阶段的演进过程中，五个阶段形成了一个循环递进发展过程，当企业成长演变过程从初创期发展到衰退期时，企业需要通过二次创业抵达更高的新的创业起点，实现新一轮的循环递进发展。

9.4.2.2 技术创新战略选择

企业技术创新战略类型可从不同的角度进行划分，按技术来源进行划分，可分为自主创新、模仿创新、合作创新战略；按技术竞争态势进行划分，可分为领先、跟随和模仿战略；按市场竞争策略进行划分，可分为市场最大化、市场细分化、成本最小化战略；按行为方式进行划分，可分为进攻、防御、游击战略。企业在其成长所处的不同阶段会采取不同的技术创新战略，这主要由企业各成长阶段的技术、资金以及其他资源条件决定。

波特认为，企业建立技术创新战略时必须结合以下七个方面加以考虑：① 辨识价值链中所有的不同技术及分支技术；② 辨识其他产业或科技发展中的潜在相关技术；③ 定义关键技术革新的可能路径；④ 确定哪些技术和潜在技术革新对竞争优势和产业结构影响最大；⑤ 评价企业在重要技术和改进成本上的相对能力；⑥ 选择包含所有重要技术、加强企业整体竞争战略的技术战略；⑦ 从公司一级加强业务单元的技术战略。

实践表明，企业技术创新战略主要包括自主创新领先战略、模仿技术创新战略和合作跟随创新战略。企业的自主创新领先战略就是企业主要依靠自身的技术力量进行研发，通过技术创新率先开发出某一新产品，实现科技成果商品化，并在市场中一段时期内保持领先优势，即取得较大的市场份额和较高的垄断利润。企业的模仿技术创新战略即企业在率先创新的示范影响和利益诱导之下，企业自身不进行新技术的研发，而是通过合法手段（如通过购买专利技术和专利许可的方式）引进技术，并在率先者技术的基础上进行仿制改进。企业的合作跟随创新战略即企业与同一产业主导企业进行合作，跟随主导企业开展相应的技术创新活动，其主导方式是对主导型企业的新技术和新产品加以选择、改进和提高，并在降低制造成本和拓展市场方面做出更多的努力。在此基础上，企业可根据其成长的不同阶段，也可以同时实施多种战略组合，形成组合技术创新战略。

（1）模仿技术创新战略

企业成长阶段处于初创期和形成期时，因为资金缺乏、技术积累薄弱、研发条件有限，倾向于采用投入少、风险小的模仿技术创新战略。由于企业创新能力一般都较弱，表现为资金匮乏、人力资源稀缺、试生产能力欠缺，承受创新失败风险的能力也较弱，因此一般应当先选择模仿技术创新战略。特别需要强调的是，任何企业都必须在模仿时充分利用自己已有的技术和经济能力在创新上下功夫。若长期实施模仿跟进战略，企业在其成长和发展历程中，可能面临两种生存危机：首先，如果无法正确把握模仿跟进的时机，投资都较易失败;其次,对于垄断程度较低的产业,过度模仿也将导致竞争过度,企业的生存环境恶劣而难以扩大规模。实践表明,成长又快又好的企业都是在引进模仿外国产品的同时,努力消化吸收其中的先进技术,在模仿跟进中实现技术和经验的持续积累,并通过创新技术,将其融入新推出的产品中,同时加强营销管理,在模仿产品的销售中积蓄经济实力。这些企业的产品在较长时期内,总体上尽管仍然属于模仿产品,但其因不断提高自主研发能力,竞争力也在持续不断的增强。

(2) 自主创新领先战略

企业成长阶段处于发展期时,因为资金充足、技术积累雄厚、研发条件优越,倾向于采用投入多、风险大而收益丰厚的自主创新领先战略。由于企业在成熟和壮大,企业主导产品的市场份额也在不断扩大,企业具备了一定的资金积累,规模开始急剧膨胀,人力资本不断提高,业务安排频繁,管理和组织结构开始高级化和复杂化,企业需要寻求进一步的发展空间,必须不断推陈出新,生产出更易受顾客欢迎和喜好的产品,最终才能立足市场。此时,需要实施的技术创新战略是提高企业竞争能力,由模仿技术创新战略上升为自主创新领先战略,在产品中融入自主研发和创新的技术成分,逐步增加自主创新的比例。

(3) 合作跟随创新战略

企业成长阶段处于成熟期时,企业积累了较好的实力,但技术的突飞猛进对企业技术创新提出了越来越高的要求。实力雄厚的大企业也将面临资源短缺的问题,单个企业依靠自身的能力取得技术创新成功的可能性越来越小。企业要获得进一步的发展,使自己在竞争中立于不败之地,就需要在进行重大技术创新时,积极谋求与其价值链上的顾客和供应商甚至于与竞争对手的合作,在更大范围内优化配置和使用资源,实现资源共享、优势互补、资金分摊和风险分担,共同完成研发、试制、生产及市场开拓的任务,从而缩短创新周期,降低创新风险,提高创新成功的可能性。

(4) 组合技术创新战略

企业成长阶段处于衰退或蜕变期时,企业的发展前景可能是不适应外部环境的变化而走向衰亡,也可能是通过变革获得蜕变和再发展,更趋向成熟和稳定。为了避免正式规章制度的约束和对其的过分依赖,企业必须加强管理者和各部门之间的合作意愿,进一步提高企业的弹性,通过团队合作与自我控制以达到协调配合的目的。企业在衰退或蜕变期实施的技术创新战略主要包括:一是通过技术上的自主创新,集中资源,内生新的技术创新点,使企业从一条生命曲线过渡到另一条上升曲线;二是将企业引导至新兴产业,集中现有资源,用模仿技术创新或合作跟随创新战略,使企业转入新的竞争环境中。合作跟随创新战略是企业在任何时期都应积极谋求的技术创新战略,以使自己享受到共生经济。

9.5 企业设备更新战略

党的二十大报告提出:十年(2012—2022 年)来,我们提出并贯彻新发展理念,着力推进高质量发展;建成世界最大的高速铁路网、高速公路网,机场港口、水利、能源、信息等基础设施建设取得重大成就;加快实施创新驱动发展战略,以国家战略需求为导向,集聚力量进行原创性引领性科技攻关，坚决打赢关键核心技术攻坚战；加快实施一批具有战略性全局性前瞻性的国家重大科技项目，增强自主创新能力；加强基础研究，突出原创，鼓励自由探索。

9.5.1 企业设备管理概述

9.5.1.1 设备管理的概念

企业设备是现代企业生产的重要物质和技术基础。企业设备是企业可持续发展的重要资源，也是企业生产经营不可或缺的要素。在现代企业中，设备管理成了增强企业综合竞争力的有效手段。各种设备的质量和技术水平成为衡量一个国家工业化水平的重要标志，是判断一个企业技术能力、开发能力和创新能力的重要标准，也是影响企业和国家各项经济技术指标的重要因素。

企业设备管理包括生产过程中设备的物质动态状态管理，如设备选型、安装维护、改造报废等，同时也是一种价值运动状态管理，如设备投资、折旧、更新、保养等资金筹措支出。

企业购置设备之后，从投入使用到最后报废，通常要经历一段较长的时间，在这段时间内，设备会逐渐磨损，当设备因物理损坏或因陈旧落后不能继续使用或不宜继续使用时，就需要进行设备更新管理。由于技术进步的速度加快，设备更新的速度也相应加快，作为企业，为了促进技术进步和提高经济效益，需要对设备整个运行期间的技术经济状况进行分析和研究，以做出正确的决策，这就是企业设备管理决策。

企业设备管理作用主要体现为三个方面：第一，能够确保设备质量，以尽可能地降低设备质量因素影响企业生产效率，同时维持产品品质，塑造良好的市场形象。作为影响产品品质的关键要素，设备管理水平直接决定了产品的市场影响力与竞争力。第二，缩短维护时间，确保设备维修质量。这就需要引进和使用现代化的管理方式、技术等，使企业设备处于最佳运行状态，以减少设备故障对工作进度等企业发展的影响。第三，带动企业经济利益提升。维修后的设备使用期限得以延长，但设备维修成本高等问题不可忽视。

9.5.1.2 设备更新的概念

企业设备更新是消除其有形磨损和无形磨损，特别是消除第Ⅱ种无形磨损的一个重要手段。狭义地讲，企业设备更新就是用新设备去替换由于各种原因不宜继续使用的旧设备。就实物形态而言，设备更新是用新的设备代替旧的设备；就价值形态而言，它使设备在运转中消耗掉的价值重新得到补偿。

企业设备更新，就其本质来说可分为两类：一类是用相同的设备去更新有形磨损严重、不能继续使用的旧设备，称为原型设备更新；另一类是用较经济和较完善的新设备，即用技术更先进、结构更完善、效率更高、性能更好、耗费能源和原材料更少的新型设备来更换那些技术上不能继续使用或经济上不宜继续使用的旧设备，称为新型设备更新。

企业设备更新对企业的经济效益有着重要的影响。过早的企业设备更新，将造成资金的浪费，失去其他的收益机会；过迟的企业设备重置，将造成生产成本的迅速上升，失去竞争的优势。因此，企业不失时机地做好设备更新，是生产发展和技术进步的客观需要。

9.5.2 企业设备更新战略选择

9.5.2.1 设备的磨损和折旧

(1) 设备的磨损

企业设备在使用(或闲置)过程中会逐渐发生磨损,主要分有形磨损和无形磨损两种形式。企业设备在使用(或闲置)过程中所发生的实体的磨损称为有形磨损(物理磨损)。企业设备除遭受有形磨损之外,还遭受无形磨损(亦称经济磨损)。无形磨损不是由于在生产过程中的使用或自然力的作用造成的,所以它不表现为设备实体的变化,而表现为设备原始价值的贬值。

① 设备磨损的成因

第一,设备有形磨损的成因。引起企业设备有形磨损的主要原因是再生产过程中对设备的使用。运转中的企业设备,在外力的作用下,其零件会发生摩擦和疲劳,以致企业设备的实体发生磨损。这种磨损叫作第Ⅰ种有形磨损。它通常表现为:设备零部件的原始尺寸发生改变,甚至形状也会发生变化;公差配合性质发生改变,精度降低;零部件损坏。

第Ⅰ种有形磨损可使企业设备精度降低,劳动生产率下降。当这种有形磨损达到一定程度时,整个企业设备的功能就会下降,发生故障,导致设备使用费用剧增,甚至难以继续正常工作,失去工作能力,丧失使用价值。

造成有形磨损的另一个原因是自然力的作用,因自然力的作用产生的磨损,称为第Ⅱ种有形磨损。这种磨损与生产过程中的使用无关,甚至在一定程度上还同使用程度成反比。因此,企业设备闲置或封存不用,同样也会产生有形磨损,如金属件生锈、腐蚀、橡胶件老化等。企业设备闲置时间长了,会自然丧失精度和工作能力,失去使用价值。

企业设备使用价值的降低或丧失,会使企业设备的原始价值贬值或基本丧失。要消除企业设备的有形磨损,使之局部恢复或完全恢复使用价值,必须支出相应的补偿费用,以抵偿相应贬值的部分。

第二,设备无形磨损的成因。无形磨损形成的原因可分为两种:

第Ⅰ种无形磨损是由于企业设备制造工艺不断改进,成本不断降低,劳动生产率不断提高,生产同种设备所需的社会必要劳动减少,因而企业设备的市场价格降低,使原来购买的企业设备价值相应贬值。这种无形磨损的后果只是企业现有设备的原始价值部分贬值,企业设备本身的技术特性和功能,即使用价值并未发生变化,故不会影响企业现有设备的使用。

第Ⅱ种无形磨损是由于技术进步,社会上出现了结构更先进、技术更完善、生产效率更高、原材料和能源耗费更少的新型设备,而使企业原有设备在技术上显得陈旧落后造成的。它的后果不仅是使原有设备价值降低,而且会使原有设备局部或全部丧失其使用价值。这是因为,虽然原有设备的使用期还未达到其物理寿命,能够正常工作,但由于技术上更先进的新设备的发明和应用,使原有设备的生产率大大低于社会平均生产率,如果继续使用,就会使产品成本大大高于社会平均成本。在这种情况下,由于使用新设备比使用旧设备在经济上更合算,所以原有设备应该被淘汰。

第Ⅱ种无形磨损导致企业原有设备使用价值降低的程度与技术进步的具体形式有关。例如:当技术进步表现为不断出现性能更完善、效率更高的新设备,但加工方法没有原则性变化时，企业原有设备的使用价值将大幅度降低。如果这种技术进步的速度很快，则继续使用旧设备就可能不经济；当技术进步表现为采用新的加工对象如新材料时，则加工旧材料的设备必然要被淘汰；当技术进步表现为改变原有生产工艺，采用新的加工方法时，则为旧工艺服务的原有设备将失去使用价值。当技术进步表现为产品换代时，不能适用于新产品生产的原有设备也将被淘汰。

② 设备磨损的度量

第一，设备有形磨损的度量。度量企业设备的有形磨损程度的计算公式可表示为：

$$a_P = \frac{R}{K_1} \tag{9-39}$$

式(9-39)中：a_P 为设备有形磨损程度（$0 < a_P < 1$）；R 为修复全部磨损零件所用的修理费用；K_1 为设备磨损时该种设备的再生产价值。

第二，设备无形磨损的度量。度量企业设备的无形磨损程度的计算公式可表示为：

$$a_I = \frac{K_0 - K_1}{K_0} = 1 - \frac{K_1}{K_0} \tag{9-40}$$

式(9-40)中：a_I 为设备无形磨损程度；K_0 为设备的原始价值；K_1 为等效设备的再生产价值。

在计算无形磨损程度时，K_1 从两个方面反映技术进步：一是相同设备再生产价值的降低，二是具有较好功能和更高效率的新设备的出现对现有设备的影响。K_1 可用下式表示：

$$K_1 = K_n \left(\frac{q_0}{q_n}\right)^{\alpha} \cdot \left(\frac{C_n}{C_0}\right)^{\beta} \tag{9-41}$$

式(9-41)中：K_n 为新设备的价值；q_0、q_n 为使用旧设备与对应新设备的年生产率；C_0、C_n 为使用旧设备与对应新设备的单位产品消耗；α、β 为设备生产率提高指数和成本降低指数（$0 < \alpha < 1, 0 < \beta < 1$），其值可根据具体设备的实际数据确定。

在(9-41)式中，当 $q_0 = q_n, C_0 = C_n$，即新旧设备的劳动生产率与使用成本均相同时，$K_1 = K_n$ 表示只发生了第Ⅰ种无形磨损。

若式(9-41)中出现了下述三种情况之一，即表示发生了第Ⅱ种无形磨损。

a. $q_0 > q_n, C_0 = C_n$，此时，$K_1 = K_n (q_0/q_n)^{\alpha}$；

b. $q_0 = q_n, C_0 < C_n$，此时，$K_1 = K_n (C_0/C_n)^{\beta}$；

c. $q_0 > q_n, C_0 < C_n$，此时，$K_1 = K_n (q_0/q_n)^{\alpha} (C_0/C_n)^{\beta}$。

第三，设备综合磨损的度量。企业设备在使用期内，既要遭受有形磨损，又要遭受无形磨损，因此企业设备所受的磨损是综合磨损。两种磨损都引起企业设备原始价值的贬值，这一点两者是相同的。不同的是，遭受有形磨损的设备，特别是有形磨损严重的企业设备，在修理之前，常常不能工作。而遭受无形磨损的设备，即使无形磨损很严重，仍可以使用，但继续使用是否经济，需要进行分析研究。

度量企业设备的综合磨损程度的计算公式可表示为：

$$a = 1 - (1 - a_P)(1 - a_I) \tag{9-42}$$

式(9-42)中：a 为设备综合磨损程度；$1-a_P$ 为设备遭受有形磨损后剩余部分(用百分数表示)；$1-a_I$ 为设备遭受无形磨损后剩余部分。

设备在任一时期遭受综合磨损后的净值 K 为：

$$K=(1-a)K_0 \tag{9-43}$$

展开并整理得

$$\begin{aligned} K&=(1-a)K_0=[1-1+(1-a_P)(1-a_I)] \\ K_0&=\left(1-\frac{R}{K_1}\right)\left(1-\frac{K_0-K_1}{K_0}\right)K_0=K_1-R \end{aligned} \tag{9-44}$$

可以看出，设备遭受综合磨损后的净值等于等效设备的再生产价值减去修理费用。

③ 设备磨损的补偿方式

企业要维持正常生产，必须对企业设备的磨损进行补偿，由于企业设备遭受磨损的形式不同，因此，补偿企业设备磨损的方式也不一样。企业设备磨损的补偿方式主要分为实物补偿和价值补偿，其中，实物补偿包括局部补偿和完全补偿，价值补偿主要为折旧。企业设备有形磨损的局部补偿是修理，企业设备无形磨损的局部补偿是现代化改装。企业设备有形磨损和无形磨损的完全补偿是更换，见图 9-18。

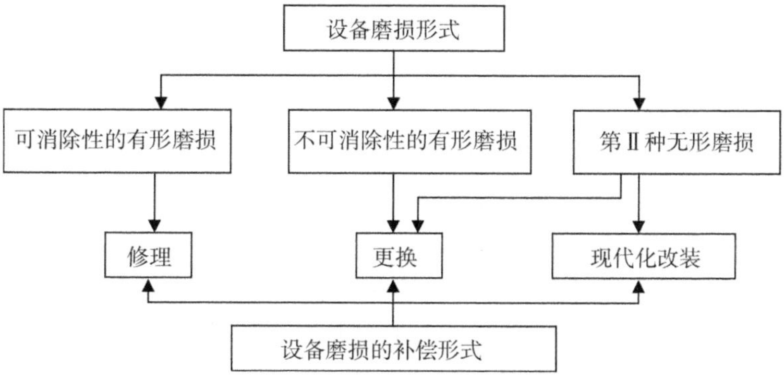

图 9-18 企业设备磨损的补偿方式

(2) 设备的折旧

① 设备折旧概述

企业设备在生产过程中，逐渐遭到消耗(有形磨损和无形磨损)，并将其价值转移到产品中去，构成产品成本的一部分。但是，产品生产过程中企业设备的消耗与材料、燃料、动力等的消耗不同，后者是一次性把价值全部转移到产品成本中。而企业设备则是逐渐将其价值转移到产品成本中。为了使企业生产持续进行，对磨损的企业设备要进行更新，企业设备更新需要的资金是在设备使用过程中以折旧的形式逐渐积累起来的。企业设备的折旧是指通常把企业设备逐渐转移到成本中、并相等于其损耗的那部分价值。在经济工作中，通常用折旧率的形式来计算折旧费的大小。折旧率是指按年分摊的设备折旧费占设备价值的百分比。

企业设备折旧率的大小与企业设备的价值、现代化费用、残值和预计使用期限等因素相关。正确的折旧率不仅反映设备的有形磨损，也反映设备的无形磨损，应该与设备的实际消耗相符合。若折旧率规定得过低，则设备使用期满不足以抵偿设备的消耗，企业设备更新受到影响，导致企业无法正常发展，给企业带来的后果较为严重。若折旧率规定得过高，则造成企业产品成本增高，不仅削弱企业的市场竞争力，也会导致整个社会的物价上涨。因此，正确的折旧率对于企业设备的更新换代和促进新技术的应用和推广作用显著。

在计算企业设备折旧额时，应考虑三个因素：

第一，设备资产的原值。一般为购置设备时一次性支付的费用，又称初始费用。设备资产的原值要与发生的时间一并考虑才有意义。

第二，设备净残值。即设备的残值减去其清理费用以后的余额。设备的残值是指设备报废清理时可供出售的残留部分的价值，它可以用作抵补设备原值的部分。设备资产的清理费用是指设备在清理报废时，因拆除、搬运、整理和办理手续等的各项费用支出。它是设备使用的一种必要的追加耗费。这里，应注意净残值与设备的账面价值的区别。设备的账面价值是依旧保留在企业账册中的未摊销的资本成本。因此，账面价值不是市场价值，即不是资产变为现金的价值，它只是会计账册上的“虚构”值。

第三，设备折旧年限。即按财政部规定的折旧率每年提取折旧，使企业设备的账面价值为零所需要的时间，它一般根据设备的材料质量和属性、每日开工时间、负荷大小、化学侵蚀程度、维护修理质量等工艺技术和使用条件，以及技术进步等无形损耗的因素和设备的自然寿命、技术寿命、经济寿命等因素确定。此外，还应考虑到正常的季节性停歇和大修理所需的时间等因素的影响。

② 设备折旧的计算

在一定时期内，企业设备由于损耗而转移到成本、费用中的价值，很难通过技术方法进行测定。为了使设备值比较符合其实际损耗程度。可根据不同的理论使用不同的折旧计算方法。企业设备折旧的计算方法具体可表述为：

第一，直线折旧法。直线折旧法，也称为使用年限法，是根据马克思提出的理论，按使用年限平均计算折旧的方法。由于其折旧的积累呈一直线上升的趋势，故称为直线折旧法。按直线法分类计算设备的折旧时，其折旧额和折旧率的计算公式如下：

$$D=\frac{K_0-L}{T} \tag{9-45}$$

式(9-45)中：D 为某类设备的年分类折旧额；K_0 为设备的原始价值；L 为预计的设备最终价值，即残值；T 为设备的预计使用年限。

$$d=\frac{D}{K_0}\times 100\% \tag{9-46}$$

式(9-46)中：d 为某类设备的年折旧率。

如果企业设备每年使用情况(如负荷、使用时间、使用强度等)大体相似，由企业设备得到的效益基本均衡，使用这种方法计算设备的折旧，既考虑了企业设备的有形磨损，也考虑了现代科技的迅速发展，企业设备更新换代加速的无形损耗因素，基本上满足了设备加速折旧和资本迅速收回的实际需要。

第二,加速折旧法。加速折旧法,也称为递减费用法。在折旧期间各年计提的折旧费呈逐渐减少的趋势,即开始使用的年份计提折旧费较多,以后逐年减少。目前,发达国家的企业和我国部分企业采取的是加速折旧法,其理论依据是:

企业设备的生产能力,随其磨损程度而逐年降低,收益也将逐年减少,按照成本与收益相匹配的会计原则,折旧费也应该逐年递减。

使用企业设备的成本,应包括折旧费和维护修理费两部分。随着企业设备使用年数的增加,维护修理费也会逐年增加。为了保持各年使用企业设备的成本基本平衡,折旧费应逐年减少。

由于技术的进步和发展,企业设备的无形损耗越来越快。为了在短期内尽快收回投资,以适应企业设备及时更新的需要,只有采用加速折旧法。其具体计算方法一般有下列几种:

a. 年数总和法(变率递减法)

它是每期以不同的折旧率乘设备应计折旧总额(原价－估计残值)而求得本期折旧额的一种方法。折旧率以递减分数表示,即将企业设备预计使用年限的逐年年数的合计数作为分数的分母,将企业设备尚可使用年限作为分子。年折旧额的计算公式可表述为:

$$D_t=\frac{T+1-t}{\sum_{j=1}^{T}j}(K_0-L)=\frac{2(T+1-t)}{T(T+1)}(K_0-L) \qquad (9\text{-}47)$$

式(9-47)中:D_t 为设备在最佳使用期限内第 t 年度的折旧额;t 为设备在最佳使用期限内的某一具体年度;T 为设备的最佳使用年限。

b. 双倍余额递减法

这种方法的折旧率是按直线折旧法残值为零时折旧率的两倍计算的。逐年的折旧基数按设备的价值减去累积折旧额计算。为了便于折旧总额分摊完毕,到一定年度之后,要改用直线折旧法。改用直线折旧法的年度视设备最佳使用年限而定。当残值为零,设备最佳使用年限为单数时,改用直线折旧法的年度是 $\frac{T}{2}+1\frac{1}{2}$;当设备最佳使用年限为偶数时,改用直线折旧法的年度为 $\frac{T}{2}+2$。

【课堂案例】

企业设备的价值为 8 万元,使用年限为 10 年,残值为零,折旧率为直线折旧法的两倍,即 20%,用双倍余额递减法改为直线法年份为第(10/2+2=)7 年,则各年的折旧费如表所示(单位:元)。

用双倍余额递减法计算的设备逐年折旧额

年度	设备净值	折旧费
1	80 000	80 000×20%=16 000
2	64 000	64 000×20%=12 800

续表

年度	设备净值	折旧费
3	51 200	51 200×20%=10 240
4	40 960	40 960×20%=8 190
5	31 770	31 770×20%=6 350
6	25 420	25 420×20%=5 080
7	20 340	$20\ 340\times\frac{1}{4}=5\ 080$
8	14 260	$20\ 340\times\frac{1}{4}=5\ 080$
9	9 180	$20\ 340\times\frac{1}{4}=5\ 080$
10	5 100	$20\ 340\times\frac{1}{4}=5\ 080$

9.5.2.2 设备寿命期与设备费用要素

(1) 设备寿命期的种类

① 设备的自然寿命(物质寿命)。它是指企业设备从全新状态开始使用,直到不能再用而予以报废的全部时间。

② 设备的折旧寿命。它是指企业设备依照规定的折旧方法,折旧到账而价值为零的全部时间。

③ 设备的技术寿命。它是指企业设备从开始使用,到因技术落后而被淘汰所经历的时间。因此,设备的技术寿命是从技术的角度看企业设备最合理的使用期限,它是由无形磨损决定的。

④ 设备的经济寿命。它是指设备年平均使用成本最低的年数。设备的使用成本由两部分组成:一是设备购置费的年分摊额,二是设备的年运行费用(操作费、维修费、材料费及能源消耗费等),这部分费用是随着设备使用年限的延长而增加的(见图 9-19)。例如一辆汽车,随着使用时间的延长,每年分摊的购置投资会减少,但每年支出的汽车修理保养费和燃料费用都会增加,因此投资分摊额的减少会被使用费用的增高所抵消。这就是说,企业设备在整个使用过程中,其年平均使用总成本是随着使用时间变化的,在最适宜的使用年限内会出现年均总成本的最低值;而能使平均总成本最低的年数,就是设备的经济寿命(见图 9-19)。

企业设备更新时机的选择取决于设备的技术寿命和经济寿命。

因此,企业设备的经济寿命是从经济角度看设备最合理的使用期限。它是由无形磨损和有形磨损共同决定的。

(2) 设备费用要素的确定

① 设备投资的确定。针对企业新设备,投资就是购置费,它包括设备价格、运输费、安

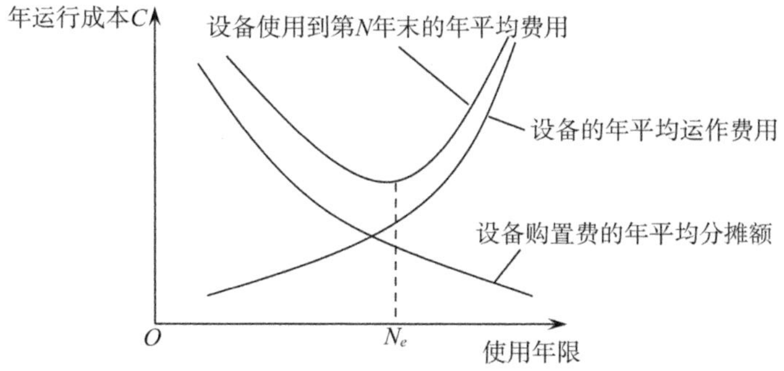

图 9-19 设备的年费用曲线

装及试运转费用。针对企业旧设备价值的确定，投资体现为四种方式：原始价值；扣除历年折旧后的账面价值；出售或转让的实际价值；以旧换新的抵扣价值。

② 设备维持费用。企业设备维持正常运行，要支出营运费，它包括操作人员工资、燃料和动力费、保险费、税金等。旧设备和新设备相比较，有两点有明显差异：一是产量下降；二是品质不良率上升。企业旧设备不但影响产品销售收入，也使返工费用增加。因此，因产量和质量下降造成的损失，也应包含在企业设备维持费之中。

9.5.2.3 原型设备更新战略

企业有些设备在其整个使用期内没有更先进的设备出现，但企业设备在使用过程中避免不了有形磨损，结果是产生维修费用，特别是大修理费用以及其他运行费用不断增加，这时即使进行原型设备替换，也是经济合理的。这就是原型更新决策问题。在这种情况下，可通过分析设备的经济寿命进行更新决策。

(1) 年值法

年值法的计算公式为：

$$AAC = \frac{K - L_N}{N} + \sum_{j=1}^{N} C_j / N \tag{9-48}$$

式(9-48)中：K 为设备的价值；L_N 为设备的残值；C_j 为第 j 年设备的运营成本；N 为使用年限。

【课堂案例】

某企业设备购置费 3 万元，各年数据如表所示，试计算该设备的经济寿命(单位：万元)。

设备购置各年数据

设备使用年限	1	2	3	4	5	6	7
年末残值	2.00	1.33	1.00	0.75	0.50	0.30	0.30
年维持费	0.60	0.70	0.80	0.90	1.00	1.20	1.50

根据式(9-48)，计算结果见下表。

计算结果

设备使用年限 N	1	2	3	4	5	6	7
维持费累计	0.60	1.30	2.10	3.00	4.00	5.20	6.70
折旧费	1.00	1.67	2.00	2.25	2.50	2.70	2.70
总成本	1.60	2.97	4.10	5.25	6.50	7.90	9.40
年平均使用成本	1.60	1.49	1.37	1.31	1.30	1.32	1.34

结论：经济寿命为 5 年。

如果考虑资金的时间价值，设备经济寿命估算方法的计算公式可表示为：

$$AAC=[K-L_N(P/F,i,N)+\sum_{j=1}^{N}C_j(P/F,i,j)](A/P,i,N) \tag{9-49}$$

【课堂案例】

某企业用 30 000 元购置一台仪器，该企业同型号仪器的逐年运行费用及残值统计资料如下表所列，请动态计算该仪器的最佳更新期($i=10\%$，单位：元)。

企业同型号仪器的逐年运行费用及残值统计资料

年份	1	2	3	4	5	6	7
运行费	3 000	3 500	4 500	5 500	6 500	8 000	10 000
设备净残值	18 000	7 000	5 500	4 500	3 500	2 500	2 000

$$AAC=[30\,000-L_N(P/F,10\%,N)+\sum_{j=1}^{N}C_j(P/F,10\%,j)](A/P,10\%,N)$$

$AAC(1)=18\,000$；$AAC(2)=17\,190$；

$AAC(3)=14\,020$；$AAC(4)=12\,518$；

$AAC(5)=11\,739$；$AAC(6)=11\,456$；

$AAC(7)=11\,383$，$AAC(8)=11\,585$。

所以，设备的经济寿命为 7 年，应在第 7 年末更新。

(2) 低劣化数值法

企业设备在使用过程中发生的费用叫作运行成本，包括能源费、保养费、修理费(包括大修理费)等。一般情况下，随着设备使用时间的增加，运行成本每年以某种速度在递增，这种运行成本的逐年递增称为设备的低劣化。为简单起见，假定每年运行成本的劣化增量是均等的，即运行成本呈线性增长。设每年运行成本增加额为 λ，若设备使用 T 年，则第 T 年时的运行成本为：

$$C_T=C_1+(T-1)\lambda \tag{9-50}$$

式(9-50)中：C_1 为运行成本的初始值，即第一年的运行成本；T 为设备使用年数。

设备年运行成本随设备使用年数变动的情况见图 9-20。

那么 T 年内运行成本的年平均值为：

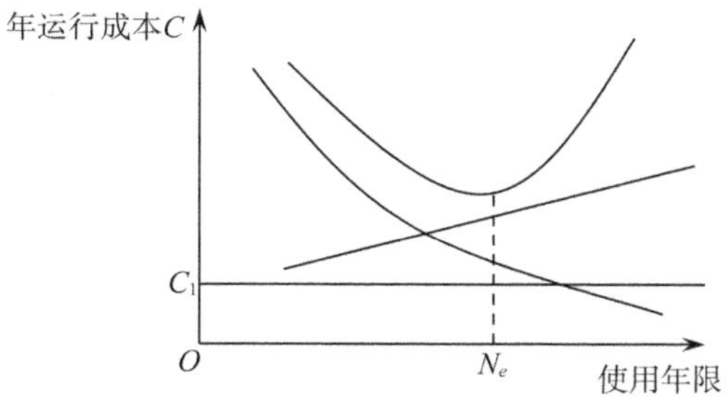

图 9-20　年运行成本随设备使用年数的变动

$$C_T = C_1 + \frac{T-1}{2}\lambda \tag{9-51}$$

除运行成本外，在使用设备的年总费用中还有每年分摊的设备购置费用，其金额为 $\frac{K_0 - L}{T}$。

随着设备使用时间的延长，每年分摊的设备费用是逐年下降的，而年均运行成本却逐年线性上升。综合考虑这两个方面的因素，一般来说，随着使用时间的延长，设备使用的年均费用的变化规律是先降后升，呈"U"形曲线。年均总费用的计算公式为：

$$AC = \frac{K_0 - L}{T} + C_1 + \frac{T-1}{2}\lambda \tag{9-52}$$

可用求极值的方法，找出设备的经济寿命，亦即设备原型更新的最佳时期。

设 L 为一常数，令 $\frac{\mathrm{d}(AC)}{\mathrm{d}T} = 0$

则经济寿命为

$$T_E = \sqrt{\frac{2(K_0 - L)}{\lambda}} \tag{9-53}$$

如果设备残值不能视为常数，运行成本不呈线性增长，各年不同，且无规律可循，这时可根据工厂的记录或者对实际情况的预测，用列表法来判断设备的经济寿命。

9.5.2.4　新型设备更新战略

原型设备更新战略是企业设备在使用期内没有更好的新型设备出现时采用。在技术不断进步的条件下，由于第Ⅱ种无形磨损的作用，很可能在设备运行成本尚未增至该用原型设备替代之前，就已经出现工作效率更高和经济效果更好的新型设备。这时，就需要比较继续使用旧设备和购置新型设备这 2 种方案中，哪一种方案在经济上更为有利？

在有新型设备出现的情况下，常用的设备更新决策方法是年费用比较法，计算步骤具体可表述为：

步骤 1，计算新设备平均年总费用 AAC_N。

步骤 2，计算旧设备平均年总费用 AAC_O。

步骤 3，对新旧设备的平均总费用进行比较：若 $AAC_N > AAC_O$，继续使用旧设备，反之，进入步骤 4，选择何时更新。

步骤 4，比较旧设备再继续使用一年的总费用 $AAC_{O(N)}$ 和新设备平均年总费用 AAC_N，确定更新时机。

【课堂案例】

某企业设备目前的净残值为 8 000 元，还能继续使用 4 年，保留使用的情况如表所示（单位：元）。新设备的原始费用为 35 000 元，经济寿命为 10 年，10 年末的净残值为 4 000 元，平均年使用费为 500 元，基准折现率是 12%。问题：(1) 旧设备是否需要更换？(2) 何时更换为宜？

某企业设备继续保留使用 4 年的情况

保留使用年数	年末净残值	年使用费
1	6 500	3 000
2	5 000	4 000
3	3 500	5 000
4	2 000	6 000

解：设新设备、旧设备的平均年总费用分别为 AAC_N 与 AAC_0，则

$$AAC_N=[35\ 000-4\ 000\times(P/F,12\%,10)]\times(A/P,12\%,10)+500=6\ 467(\text{元})$$

$AAC_O=[8\ 000-2\ 000\times(P/F,12\%,4)]\times(A/P,12\%,4)+[3\ 000(P/F,12\%,1)+4\ 000(P/F,12\%,3)+5\ 000(P/F,12\%,3)+6\ 000(P/F,12\%,4)]\times(A/P,12\%,4)=6\ 503.27(\text{元})$

$AAC_N<AAC_O$，所以旧设备应该更换。

旧设备保留 1 年：$AAC_O(1)=[8\ 000-6\ 500(P/F,10\%,1)+3\ 000(P/F,10\%,1)](A/P,10\%,1)=5\ 460<6\ 467(\text{元})$，应保留。

保留 2 年：$AAC_O(2)=[6\ 500-5\ 000(P/F,10\%,1)+4\ 000)(P/F,10\%,1)](A/P,10\%,1)=6\ 280<6\ 467(\text{元})$，应保留。

保留 3 年：$AAC_O(3)=[5\ 000-3\ 500(P/F,10\%,1)+5\ 000(P/F,10\%,1)](A/P,10\%,1)=7\ 100>6\ 467(\text{元})$，应更换。

所以旧设备应使用 2 年，于第 2 年末更换。

9.6 企业市场营销战略

党的二十大报告提出：加快构建新发展格局，着力推动高质量发展；必须完整、准确、全面贯彻新发展理念，坚持社会主义市场经济改革方向；构建高水平社会主义市场经济体制；坚持和完善社会主义基本经济制度，毫不动摇巩固和发展公有制经济，毫不动摇鼓励、支持、引导非公有制经济发展，充分发挥市场在资源配置中的决定性作用，更好发挥政府作用；构建全国统一大市场，深化要素市场化改革，建设高标准市场体系；完善产权保护、市场准入、公平竞争、社会信用等市场经济基础制度，优化营商环境。

9.6.1 企业市场营销管理概述

9.6.1.1 市场营销管理的概念

(1) 市场营销的内涵

奥德森(W. Alderson)和科克斯(R. Cox)指出,市场是包括生产者和消费者之间实现商品和劳务的潜在交换的任何一种活动。菲利普·科特勒(Philip Kotler)指出,市场是由一切具有特定欲望和需求并且愿意和能够以交换来满足这些需求的潜在顾客所组成的。文森特·P.巴拉巴(V. P. Barabba)指出,市场不仅包括顾客,应该"再加上拥有可售商品和服务的企业"。总体来看,市场是商品经济中生产者与消费者之间实现产品价值,满足需求的交换关系、交换条件和交换过程。其中,产品是能够满足人的需要和欲望的任何东西。如:商品、服务、体验、信息等。价值是产品质量、服务和价格的组合。

市场营销则是个人和群体通过创造并同他人交换产品和价值以满足需求和欲望的一种社会和管理过程。其最终目标是满足需求和欲望,核心是交换,而影响交换过程进行的因素主要是营销者创造的产品和价值满足顾客需求的程度和交换过程的管理水平。其中,需求是人们有能力购买并愿意购买某个具体产品的欲望。欲望则是想得到某个具体产品的愿望,是个人受不同文化及社会环境影响表现出来的对具体产品的特定追求。在交换活动中,对交换双方来说,如果一方比另一方更积极主动地寻求交换,则前者称为营销者,后者称为潜在顾客。

(2) 市场营销管理的实质与任务

市场营销管理是企业为实现其目标,创造、建立并保持与目标市场之间的互利交换关系而进行的分析、计划、执行与控制的过程。市场营销管理的实质是需求管理(需求水平、时机和构成),包括对需求的刺激、促进及调节。其核心是处理企业、顾客和社会三者之间的利益关系。

市场营销管理的任务主要包括:负需求—扭转需求—扭转性营销;无需求—激发需求—刺激性营销;潜在需求—实现需求—开发性营销;衰退需求—恢复需求—恢复性营销;波动需求—调节需求—同步性营销;充分需求—维持需求—维持性营销;过量需求—限制需求—限制性营销;有害需求—消除需求—抵制性营销。

9.6.1.2 市场营销管理理论

(1) 市场营销管理哲学

市场营销管理哲学是企业对其营销活动及管理的基本指导思想。它是一种观念、态度或思维方式。

① 生产观念:消费者喜爱那些可以随处得到的价格低廉的产品。基本思想是以生产为中心,其中心任务是集中一切力量改善设备和工艺,增加产量。

② 产品观念:消费者最喜欢高质量、多功能和具有某些创新特色的产品。其基本思想是以产品为中心,其中心任务是提高产品质量,改善性能,降低价格。

③ 推销观念:如果听任自然的话,消费者不会足量购买某一组织的产品。该组织必须主动推销和积极促销。其基本思想是以销售为中心,其中心任务是主动推销和积极促销。

④ 市场营销观念:实现组织诸目标的关键在于正确确定目标市场的需求和欲望,并且比竞争对手更有效、更有利地传送目标市场所期望满足的东西。其基本思想是以顾客为导向,企业的中心任务是满足顾客的需求和欲望。

⑤ 社会营销观念：组织的任务是确定诸目标市场的需求、欲望和利益，并以保护或者提高消费者和社会福利的方式，比竞争者更有效、更有利地向目标市场提供所期待的满足。

（2）市场营销管理理论的提出

市场营销管理理论的提出如表 9-7 所示。

表 9-7　市场营销管理理论的提出

年代	新概念	提出者
20 世纪 50 年代	市场营销组合	尼尔·鲍顿
	产品生命周期	齐尔·迪安
	品牌形象	西德尼·莱维
	市场细分	温德尔·史密斯
	市场营销观念	约翰·麦克金特立克
	营销审计	艾贝·肖克曼
20 世纪 60 年代	"4P"组合	杰罗姆·麦克锡
	营销近视	西奥多·莱维特
	生活方式	威廉·莱泽
	买方行为理论	约翰·霍华德 杰克升·谢斯
	扩大营销	西德尼·莱维 菲利普·科特勒
20 世纪 70 年代	社会营销	杰拉尔德·泽尔曼 菲利普·科特勒
	低营销	西德尼·莱维 菲利普·科特勒
	战略营销	波士顿咨询公司
	服务营销	林恩·休斯塔克
	定位	艾·里斯 杰克·特劳特
20 世纪 80 年代	营销战	雷维·辛格
	大市场营销	菲利普·科特勒
	内部营销	克里斯琴·格罗路斯
	全球营销	西德尼·莱维
	关系营销	巴巴拉·本德·杰克
20 世纪 90 年代	网络营销	葛斯·哈泊
	差异化营销	赫海凯特
	绿色营销	肯·毕提 杰奎琳·奥特曼
	整合营销等	唐·舒尔茨 斯坦利·国纳本

9.6.2　企业市场营销战略选择

市场营销战略主要涉及市场营销 STP 战略和市场营销竞争战略两大类。

9.6.2.1 市场营销STP战略

市场营销STP战略中的S、T、P三个字母分别是Segmenting、Targeting、Positioning三个英文单词的缩写，即市场细分、选择目标市场和市场定位的意思。STP战略是现代市场营销战略的核心。STP战略主要分为三步：第一步，市场细分(Segmenting)，根据购买者对产品或营销组合的不同需要，将市场分为若干不同的顾客群体，并勾勒出细分市场的轮廓。第二步，确定目标市场(Targeting)，选择要进入的一个或多个细分市场。第三步，定位(Positioning)，在目标市场顾客群中形成一个印象，这个印象即为定位。市场定位就是能否为自己的产品树立特定的形象，使之与众不同，在消费者的心目中为公司的品牌选择一个占据着重要位置的过程，其过程需要结合自身的实力合理地确定经营目标、顺应国际市场的变化、提供综合化服务，确定产品市场大小、发展潜力及空间，然后再根据目标市场、公司的实际情况来定位。

(1) 市场细分

① 市场细分的概念

市场细分也叫市场细分化/市场区分化/市场区隔化等，指按照购买者需求的某些特征和变量为依据，将购买者区分为若干个具有类似需求的购买者群体的过程。1956年7月，这个概念是由美国市场营销学家温德尔·史密斯(Wedndell R. Smith)在其《市场营销战略中的产品差异化与市场细分》一文中首次提出的。

市场分为同质市场与异质市场。同质市场中消费者对某一产品的要求基本相同或极为相似，如火柴、白糖、天然气等产品。异质市场中消费者对某一产品的要求不尽相同。因此，异质市场的消费需求差异明显，同质市场的消费需求基本相似。市场细分是对“异质市场”进行细分，分为若干个同质子市场。

② 市场细分的意义

a. 了解目标顾客。将市场分成一个个具体的人群，可以对其了解得更加深刻。

b. 发现市场机会。可以帮助企业找到未曾发现的市场。

c. 降低竞争压力。发现新市场并能抓住新市场以降低竞争压力。

③ 市场细分的标准

a. 消费者市场细分的标准

消费者市场细分的标准包括地理变量、人口统计变量、心理变量、行为变量。

第一，地理变量，如表9-8所示。

表9-8 消费者市场细分的标准(地理变量)

标准	变量	细分市场
地理变量	大洲	欧洲、亚洲等
	国家或地区	中国香港、中国澳门、日本、英国、美国等
	住地	城市、乡村、边疆等
	人口密度	大范围集中区、小范围集中区、地广人稀区等
	地态	山区、平原、草原、湖区、沙漠等
	气候	北方、南方、热带、温带、寒带等

第二，人口统计变量，如表9-9所示。

表 9-9　消费者市场细分的标准(人口统计变量)

标准	变量	细分市场
人口统计变量	年龄	6 岁以下、6～15 岁、15～34 岁……65 岁以上
	性别	男、女
	家庭规模	1～2 人、3～4 人、5 人以上
	家庭生命周期	单身、新婚、有孩子、孩子成人、老夫妻等
	收入	X 元以下、X～Y 元、Y 元以上
	职业	技术人员、经理、官员、手工艺者、退休人员、大学生等
	文化程度	小学、中学、大学、大学以上
	宗教信仰	无宗教、基督教、佛教等
	民族	汉族、回族等
	社会阶层	上、中、下

例如:某家具公司在市场调查中发现,影响家具销量最重要的人口因素有:户主年龄、家庭规模和收入状况。根据实际情况,依次把每一个因素都划分为以下几个等级,即会形成 36 个不同的细分市场。户主年龄(23～35 岁;36～50 岁;51～65 岁;65 岁以上);家庭规模(1～2 人;3～4 人;5 人及以上);收入水平(低等收入;中等收入;高等收入)。

第三,心理变量,如表 9-10 所示。

第四,行为变量,如表 9-11 所示。

表 9-10　消费者市场细分的标准(心理变量)

标准	变量	细分市场
心理变量	生活方式	朴素型、浪漫型、追求社会地位型
	个性	内向与外向/独立与依赖/保守、自由、激进
	购买动机	求实、求便、求新、求美、求名等
	态度	热情、肯定、中间、否定、敌视等
	价值观念	物质幸福观、精神幸福观等

表 9-11　消费者市场细分的标准(行为变量)

标准	变量	细分市场
购买行为	购买频率	不常买、普通、常买等
	购买时机	节日购买、闲暇购买、一般购买等
	追求利益	经济性、方便性、保健性、审美性等
	偏好强度	非偏好、适中偏好、偏好强烈
	敏感的销售因素	质量、价格、服务、广告等
	使用情况	大量使用、适量使用、小量使用、不使用等

b. 产业者市场细分的标准

产业者市场细分的标准如表 9-12 所示。

表 9-12　产业者市场细分的标准

标准	变量	细分市场
基本变量	行业	产品可能使用者所在行业
	公司规模	大、中、小
	地址	产品可能使用者所在地区远、近
经营变量	技术	产品可能使用者所需要的不同技术分类
	使用率	大量使用者、中量使用者、少量使用者、未使用者
	顾客需要的服务	需要很多服务、需要一些服务、需要很少服务
个性特征	购销双方的相似点	企业文化、价值观、人员素质等
	对待风险的态度	敢冒风险、一般、不愿冒风险等
	忠诚度	坚定忠诚者、动摇忠诚者、喜新厌旧者、无固定偏好者
采购组织变量	采购职能组织	按采购组织所拥有的权力集中或分散细分顾客
	权力结构	根据企业权力归属结构细分顾客，如技术导向型、营销导向型、采购导向型、财务导向型等
	总采购政策	租赁、服务合同、系统采购、投标等
	购买标准	价格、质量、功能、服务等
情境变量	紧急性	根据顾客所要求的时间与反应速度细分顾客，如非常及时、及时、提前/后不介意
	特别用途	根据顾客对产品用途要求特点细分顾客如通信产品
	订购数量	大量、中等、少量等

④ 市场细分的方法

a. 调查阶段。调查人员通过调研，掌握消费者的需求情况。

b. 分析阶段。在掌握充足的消费者调查资料之后，找出影响消费者需求的最具特色的因素，作为细分市场的变量。

c. 细分阶段。根据市场细分的变量划分出每个群体，并根据不同特征给每个细分市场命名。

(2) 选择目标市场

① 目标市场概念及目标市场评估

目标市场，即目标顾客群，是在细分市场基础上，企业拟进入的最佳细分市场，即企业拟为之提供产品和服务的顾客群。目标市场可以是某一个细分市场，或者若干个细分市场的集合，也可以是整体市场。

目标市场评估内容主要包括细分市场的吸引力、企业的目标和资源，如图 9-21 所示。

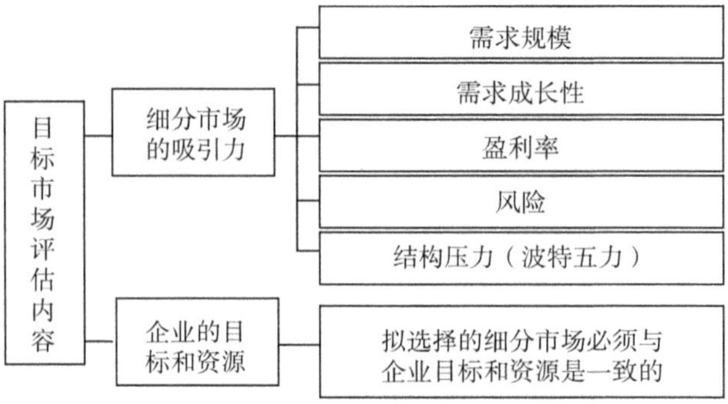

图 9-21　目标市场评估内容

② 目标市场策略

影响目标市场选择的因素主要包括企业自身因素、市场因素、竞争因素、社会因素。目标市场策略如图 9-22 所示。

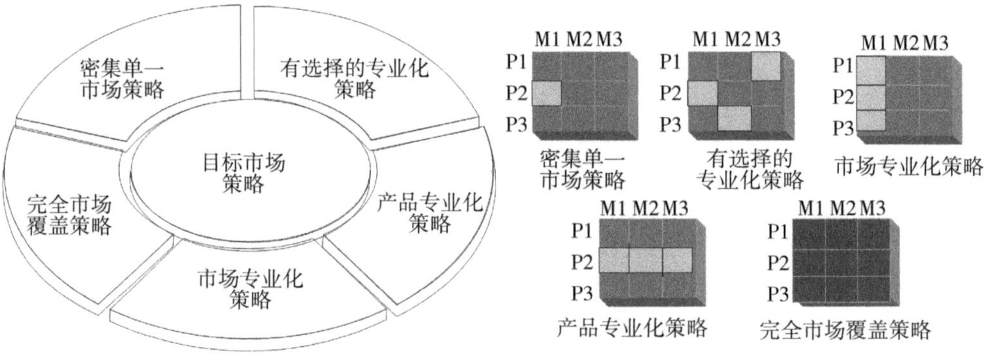

图 9-22　目标市场策略

图 9-22 中，完全市场覆盖是指企业将所有的细分市场作为自己的目标市场。主要包括两种覆盖方法：一是无差异化营销，指企业用一种营销组合去满足所有细分市场。二是差异化营销，用不同的营销组合去满足不同的细分市场。

无差异化营销的优点是：成本低。缺点是：顾客满意度低；适用范围有限（产品差异性小、需求差异不明显，市场竞争不激烈）。

差异化营销的优点是：可以有针对性地满足不同顾客群体的需求，提高产品的竞争能力并能够树立起良好的市场形象，吸引更多的购买者。缺点是：成本高。

（3）市场定位

① 市场定位概念

市场定位是指企业建立产品或品牌特色并使之在目标顾客脑海中占据一个有价值位置的过程。该概念是由美国著名营销家艾尔·里斯（AL Ries）和杰克·特劳特（Jack Trout）于 1972 年提出的。

“市场定位”中的市场指“顾客”，即购买产品的顾客。“定位”发生在顾客的脑海中而不是“确定销售产品的顾客”。定位实际上是找顾客大脑记忆网络中的一个“空白点”（没有被抢占的特色）并用自己的产品或品牌特色去占领那个“空白点”的过程。

② 市场定位程序

第一，分析营销环境。确定消费者重视的产品属性与价值点。

第二，判断竞争者定位。企业判断竞争者的特色，确定自己是否强化特色或创新。

第三，确定区分概念。找到企业特色后，提出体现该特色的概念。

第四，寻找支撑点。为概念寻找支撑点（质量、服务、价格）。

第五，传播定位。让所有人包括顾客员工都准确地理解接受企业的定位。

③ 市场定位策略

a. 率先进入者定位。率先进入者即首个将某产品导入市场的企业。率先进入者市场定位相对简单，只要企业能找到消费者认为最有价值的特色并将之据为己有，不断宣传即可。定位策略：可从款式、颜色、质量、功能或品牌形象、人员、渠道、产品使用时间和场景等角度定位，如图 9-23 所示。

产品差异化 如：形式，特色，性能，耐用性，可靠性，可维修性，风格和设计	服务差异化 如：订货方便，安装服务，客户培训，客户咨询，维修保养
形象差异化 如：标志，色彩，人物，物理空间，事件	人员差异化 比竞争对手聘用并培训更优秀的员工

图 9-23 率先进入者定位策略

率先进入者定位具体包括：第一，档次定位。依据产品或品牌在消费者心中的价值高低区分档次。例如，“感受黄山，天下无山”。第二，独特卖点（Unique Selling Point，简称 UPS）定位。依据消费者所需的其他品牌/产品无法提供或独一无二的利益定位。例如，宝洁公司洗衣粉品牌有 9 个，通过 USP 定位实现差异。第三，使用者定位。利用产品/品牌的身份象征性定位。如耐克、百事等。第四，情景定位。依据消费者消费场所或时间定位。如“休闲瓜子”“早餐奶”“下午茶”。此外，还包括文化定位：如孔府家酒等；附加定位：如 IBM“IBM 就是服务”；强调第一定位：如可口可乐。

b. 跟进者定位。跟进者即在率先进入者之后将某个产品导入市场的企业。跟进者定位难得多，因为最有价值的特色已经被率先进入的强大竞争者抢占。跟进者定位策略：与率先者保持一致；与率先者唱反调；找出有价值的空白点。

跟进者定位具体包括：第一，针锋相对式定位。抢占弱势的率先进入竞争者的定位。第二，集团定位。将自己描述为与具有竞争力产品或品牌的相同的产品或品牌，同属于“第一”/“第二”集团。第三，比附定位。让企业产品或品牌附着在最具影响力的产品、品牌或其他事物之上，从而获得一个相近的特色。第四，逆向定位（与率先者唱反调）。保持与第一产品或品牌完全相反的特色。如七喜饮料定位为“非可乐”。第五，空档定位。寻找尚未被竞争对手占领的特色。

c. 定位总策略。“抢占第一，不断强化”可以作为定位的总策略。“不战而屈人之兵”，有自己的特色，最佳的特色就是"第一"。企业在任何一个特色方面成功占据第一位置后，不要轻易放弃，不断强化这个第一的特色。

9.6.2.2 市场营销竞争战略

市场营销竞争战略主要包括：市场领导者及其营销竞争战略、市场挑战者及其营销竞争战略、市场追随者及其营销竞争战略、市场利基者及其营销竞争战略。

（1）市场领导者及其营销竞争战略

市场领导者特征：产品在相关市场占有最大的市场份额；在价格变动、新产品开发、分销覆盖和促销力度等方面处于领导地位。

市场领导者营销竞争战略：第一，开发整个市场。如寻找新顾客、开拓产品新用途、扩大使用量。第二，保有市场份额，主要采取防御策略，如阵地防御、侧翼防御、先发防御、反击式防御、运动防御、收缩防御。第三，扩大市场份额。但是应该注意三个方面：一是有效经济成本；二是垄断风险；三是营销组合的合理性。

（2）市场挑战者及其营销竞争战略

市场挑战者特征：在行业中名列第二、第三名甚至更低名次的企业；向市场领导者或其他竞争者发动进攻，以夺取更大的市场占有率。

市场挑战者营销竞争战略：明确战略目标和竞争对手，包括市场领导者、规模相同但经营不善的竞争对手、规模较小的竞争对手。采取进攻战略，如正面进攻、侧翼进攻、包围进攻、迂回进攻、游击进攻。

（3）市场追随者及其营销竞争战略

市场追随者是指那些在产品、技术、价格、渠道和促销等大多数营销战略上模仿或跟随市场领导者的公司。

市场追随者营销竞争战略主要包括紧密跟随、距离跟随和选择跟随战略，如表 9-13。

表 9-13 市场追随者营销竞争战略

紧密跟随	距离跟随	选择跟随
不进行创新 紧随模仿 做寄生者	较少创新 差异化模仿 不触怒强势企业	有时跟随 有自主创新 积蓄实力 缓慢挑战

（4）市场利基者及其营销竞争战略

市场利基者是指专门为规模较小的或大公司不感兴趣的细分市场提供产品和服务的公司。理想的利基市场特征：具有一定的规模和购买力，能够盈利；具备发展潜力；强大的竞争者对这一市场不屑一顾；公司具备必需的能力和资源以对这个市场提供优质产品或服务；公司已在顾客中建立了良好的声誉，能够抵挡强大竞争者的入侵。

市场利基者营销竞争战略：最终用户专业化、产品或产品线专业化、产品特色专业化、服务专业化、渠道专业化。市场利基者的三项任务包括创造补缺市场、扩大补缺市场、保护补缺市场。

9.6.2.3 市场营销策略

(1) 产品策略

① 产品整体概念

产品概念通常称为产品整体概念。即由满足消费者一定欲望和需求，能给消费者带来有形利益和无形利益的有形实体、无形服务、功能属性等的组合整体。产品整体可以被细分为不同层次，最常见的有两种：三层次产品整体；五层次产品整体。

a. 三层次产品整体。核心产品层(Core Product)：消费者购买某种产品时所追求的功能和效用。在产品整体概念中也是最基本、最主要的部分。形式产品层(Tangible Product)：核心产品借以实现的形式，故又叫形式产品。即产品的外在形态。延伸产品层(Augmented Product)：对产品内涵的延伸，故又称为产品延伸层，是指顾客购买产品时所获得的全部附加服务和利益。如图 9-24 所示。

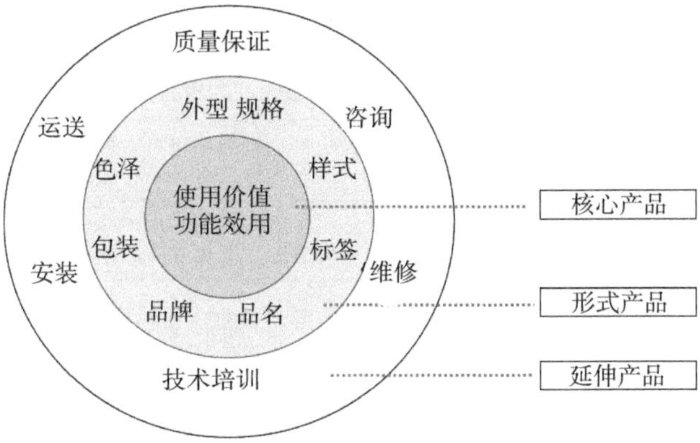

图 9-24 三层次产品整体

b. 五层次产品整体。核心产品层：产品的使用价值或功能效用。一般产品层：产品的基本形式，体现核心产品层(看得见、摸得着：色彩、包装等)。期望产品层：购买者希望或认可的一系列属性和条件(如鲜亮的色彩、新颖的包装等)。延伸产品层：产品给予购买者的附加利益或附加价值。潜在产品层：最终(未来)可能实现的全部附加部分和新转换部分。例如，旅馆产品整体层次：核心产品——休息与睡眠。形式产品——床，浴室，毛巾，衣柜，厕所等。期望产品——干净的床，新的毛巾，清洁的厕所，相对安静的环境。附加产品——电视机，网络接口，鲜花，结账快捷，美味的晚餐，优良的服务等。潜在产品——全套家庭式旅馆的出现。

② 产品组合

a. 产品组合概念。产品组合是指一个企业提供给市场的全部产品线和产品项目的组合或结构。其中，产品线：产品组合中的某一产品大类，是一组密切相关的产品。如以类似方式发挥功能，售给相同的顾客群，同一销售渠道，同一价格范畴等。例如：GE 的家电事业部，有电冰箱、洗衣机等产品线。产品项目：产品线中的不同品种或品牌。如表 9-14 所示。

表 9-14　产品项目

服装	鞋子	帽子	针织品
男士西装	男士运动鞋	毛线帽	羊毛衣裤
女士西装	女士运动鞋	布帽	棉毛衣裤
男休闲装	男士皮鞋	礼帽	袜子
女休闲装	女士皮鞋	淑女帽	
风雨衣		儿童帽	
儿童服装			

b. 产品组合性质。产品组合性质如图 9-25 所示。

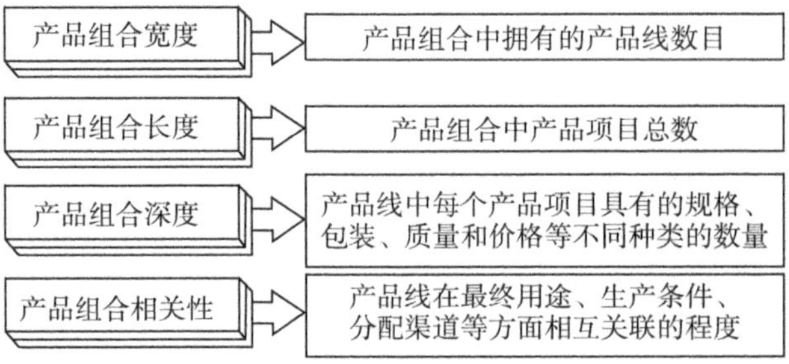

图 9-25　产品组合性质

以宝洁公司的产品组合分析为例。产品组合的宽度:5 条产品线。产品组合的长度:总长度为 25 个品牌,平均每条产品线 5 个品牌。产品组合的深度:佳洁士品牌有 3 个规格,每个规格有两种口味,则佳洁士品牌的深度是 6。产品组合的相关性:强。

c. 优化产品组合分析。优化产品组合是为保证产品组合始终最佳状态,对现行产品线或项目进行分析、评价、调整实施管理的过程。包括产品线销售额和利润分析、产品项目市场地位分析、产品组合策略。采用的分析方法包括波士顿咨询公司模型(BCG 法)——“市场增长率/市场占有率”矩阵和通用电气公司模型(GE 法)——“多因素投资组合”矩阵。产品组合策略包括:第一,扩大产品组合。开拓产品组合的宽度和长度,加强产品组合的深度。第二,缩减产品组合。与扩大新产品组合相反。第三,产品线延伸策略。向下延伸:在高档产品线中增加低档产品项目。如,柯达曾经生产了柯达金 Gold 200。向上延伸:在原有的产品线内增加高档产品项目。如,丰田-凌志;本田-阿库拉。双向延伸:原定位于中档产品市场的企业掌握了市场优势以后,向产品线的上下两个方向延伸。如,万豪酒店集团有万怡(中高档)、JW 万豪(高档)、万豪行政公寓(长租)等多个品牌。

③ 产品生命周期的营销策略

产品生命周期(Product Life Cycle,PLC),又称为产品市场生命周期或产品经济生命周期,指新产品从投入市场直至被市场淘汰的整个销售历程。产品生命周期是由需求与技术的生命周期决定的,划分为四个阶段:进入期(投入期)、成长期(增长期)、成熟期(饱和期)、衰退期。

a. 投入期营销策略,如图 9-26 所示。

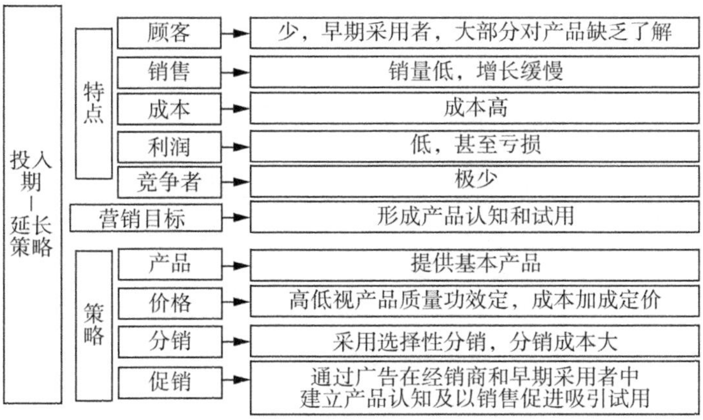

图 9-26　投入期营销策略

b. 成长期营销策略，如图 9-27 所示。

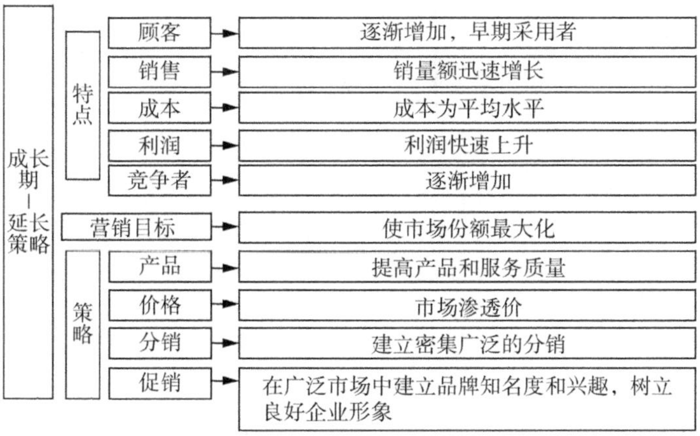

图 9-27　成长期营销策略

c. 成熟期营销策略，如图 9-28 所示。

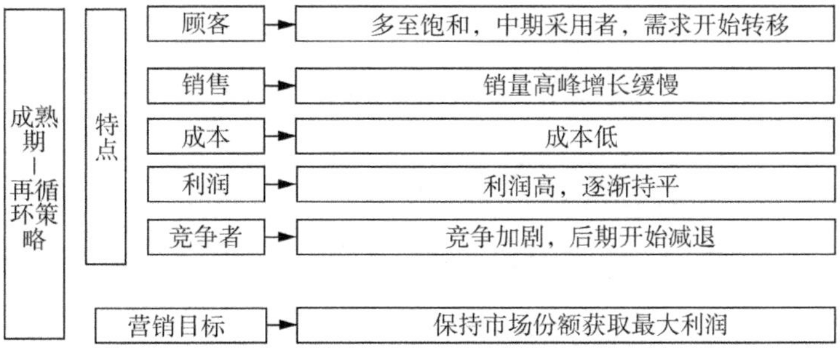

图 9-28　成熟期营销策略

d. 衰退期营销策略，如图 9-29 所示。

④ 新产品开发

a. 新产品概念。新产品的“新”具有相对意义。即能给消费者带来新的利益，能满足消费者新的需求的产品。产品更新换代的动力：科学技术的不断发展，消费需求不断变化，卖

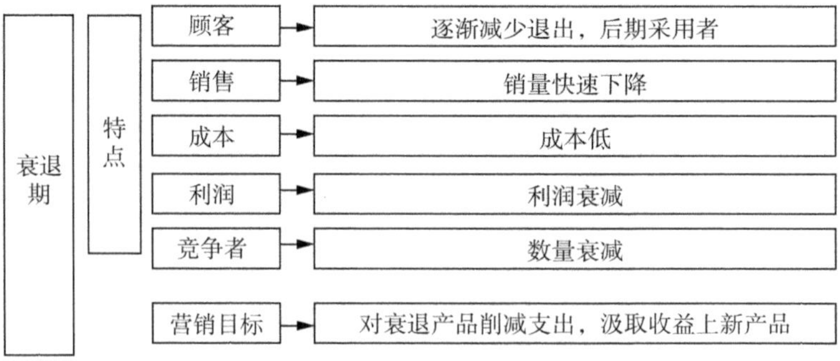

图 9-29　衰退期营销策略

方之间激烈的竞争，产品生命周期趋短。

b. 新产品的类型，如图 9-30 所示。

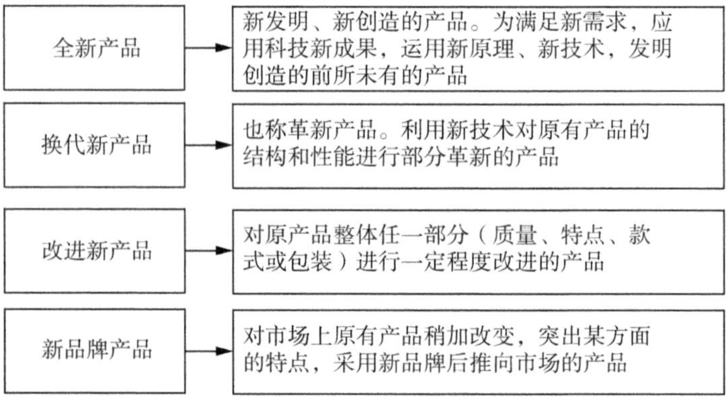

图 9-30　新产品的类型

c. 新产品开发方式。第一，技术引进——向外部购买新产品的专利权或特许权，专有新技术等知识产权。包括实施使用许可产权购买、技术贸易等方式。第二，自主研制。第三，合作方式——即与相关企业或科研组织合作开发新产品的方式。第四，资本运营方式。

d. 新产品开发程序，如图 9-31。

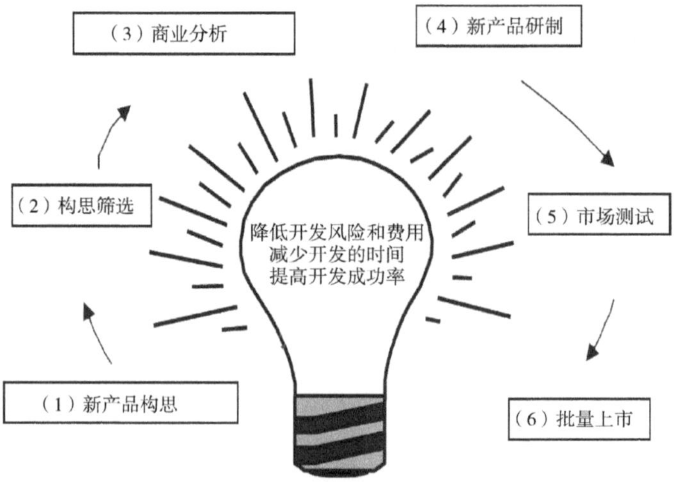

图 9-31　新产品开发程序

（2）价格策略

① 影响定价的因素

a. 内部因素。营销目标（如图 9-32 所示）、产品成本（如图 9-33 所示）、STP 战略、组织因素。

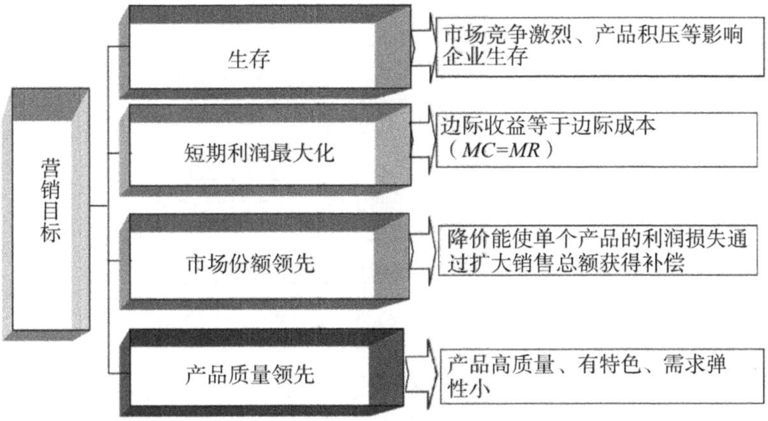

图 9-32 营销目标

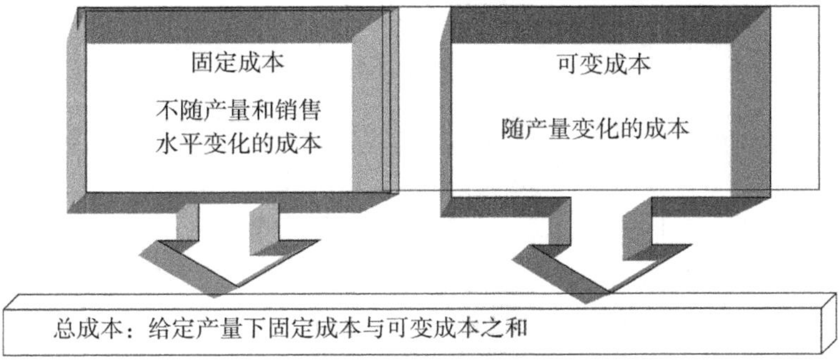

图 9-33 产品成本

b. 外部因素。市场与需求性质、竞争、其他环境因素（经济、中间商、政府）。

第一，市场与需求性质。需求的价格弹性：指某一产品的价格变化引起需求量变化的程度，一般用需求量变动率与价格变动率之比来表示，其计算结果称为需求弹性系数（Ed）。弹性较大的商品宜采用低价，实行“薄利多销”。弹性较小的商品宜采用较高价格，以获取厚利。缺乏弹性的商品适宜于稳定价格或适当提价。富有弹性的商品适宜于适当降价，以扩大销量。

第二，竞争。按竞争程度，市场结构可以划分为完全竞争、垄断竞争、寡头垄断和完全垄断四种类型，在不同的市场结构和竞争状态下，企业对市场价格的影响力是不同的。此外，如果企业与竞争者价格相差很大，企业产品的销售量会急剧变化，不利于企业稳定发展。一旦竞争对手价格变动，企业也必须在价格上或产品的其他方面做出相应调整。

第三，政府干预。《中华人民共和国反不正当竞争法》和《中华人民共和国价格法》规定，除依法降价处理鲜活商品、季节性商品、积压商品等商品外，不得以排挤竞争对手或者独占市场为目的，以低于成本的价格销售商品。

各种内部与外部因素对价格的影响如图 9-34 所示。

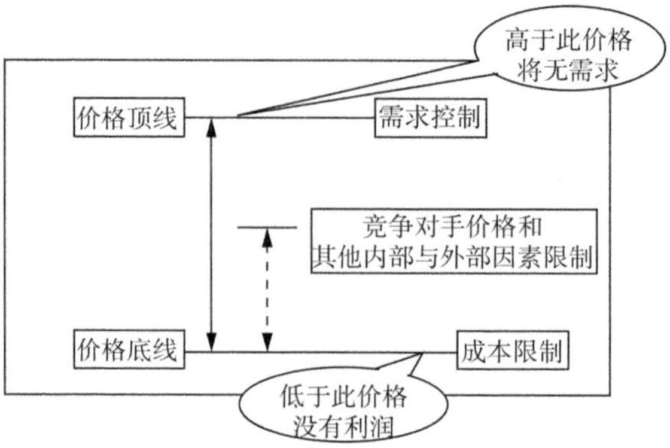

图 9-34　各种内部与外部因素对价格的影响

② 定价的一般方法

a. 成本导向定价法，以产品成本为依据的定价方法。根据对成本的运用和获利的角度不同，可将其划分为总成本加成定价法（如图 9-35 所示）、盈亏平衡定价法、目标收益定价法、边际成本定价法。

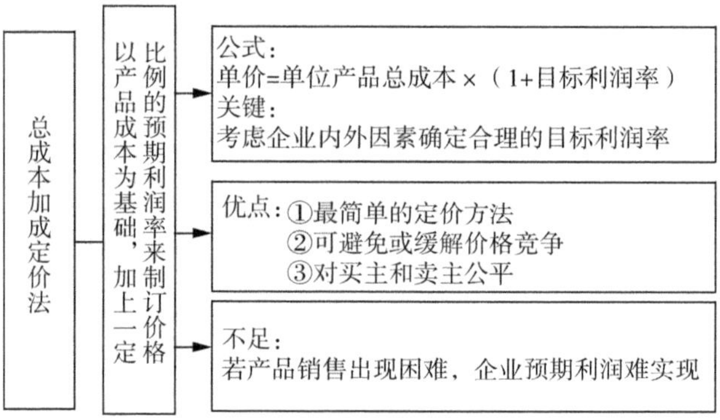

图 9-35　总成本加成定价法

盈亏平衡定价法是以盈亏平衡点决定企业保本价格的方法。计算公式可表示为：盈亏平衡 $P=\dfrac{\text{固定成本 }FC}{\text{预期销量 }Q}+$单位变动成本（$VC$）。需要说明的是：只有当企业的产品销售遇到了困难，或市场竞争激烈，为避免更大的损失，企业才会使用该定价方法。

【课堂案例】

某企业计划年生产甲产品 1 万件，总固定成本为 80 万元，单位变动成本为 400 元，如果甲产品全部销售出去，那么该企业甲产品的盈亏平衡点价格是多少？

解：盈亏平衡点价格：

＝单位产品固定成本＋单位产品变动成本

＝800 000/10 000＋400

＝480（元）

目标收益定价法又称“投资收益率定价法”，它是根据企业的投资总额、预期销量和投资回收期等因素来确定价格，即达到某一目标利润时的价格。其中，目标收益率＝1/投资回收期×100％；单位产品目标利润＝投资总额×目标收益率/预期销售量；单位产品价格＝单位产品成本＋单位产品目标利润。此方法的适宜条件：需求比较稳定的大型制造企业；供不应求且价格弹性小的商品；市场占有率高、具有垄断性的商品；大型的公用事业、劳务工程和服务项目等。

【课堂案例】

建设某电视机厂总投资额为800万元，投资回收期为5年，固定成本400万元，每台彩电的变动成本为1 500元。当企业产品销售量为2 000台时，按目标利润定价法制定的产品价格是多少？

解：① 目标收益率＝1/投资回收期×100％

＝1/5×100％＝20％

② 单位产品目标利润＝投资总额×目标收益率/预期销售量＝8 000 000×20％/2 000

＝800(元)

③单位产品价格＝单位产品成本＋单位产品目标利润＝4 000 000/2 000＋1 500＋800

＝4 300(元)

边际成本定价法。边际成本(MC)：指每增加或减少单位产品所引起的总成本的变化量。由于边际成本与变动成本比较接近，所以边际成本定价法又称为变动成本定价法。采用边际成本定价法时，是以单位产品变动成本作为定价依据和可接受价格的最低界限。计算公式可表示为：单价＝单位变动成本＋单位产品边际贡献，边际贡献＝销售收入－变动成本。

【课堂案例】

某制鞋厂在一定时期内发生固定成本80 000元，单位变动成本0.7元，预计销量为100 000双。由于市场供大于求，卖主竞争激烈，同类产品的价格为1元/双。那么，企业是否应该继续生产？

解：固定成本＝80 000(元)

变动成本＝0.7×100 000＝70 000(元)

销售收入＝1×100 000＝100 000(元)

利润＝100 000－70 000－80 000＝－50 000(元)

分析：

销售收入100 000－单位变动成本70 000＝30 000(元)

即100 000元收入补偿了70 000元变动成本和30 000元即便不生产也会产生的固定成本。如果不生产，即使不产生变动成本，企业也要支付80 000元的固定成本。

因此，企业应该继续生产。

边际成本定价法的现实意义：由以上分析可知，在卖主竞争激烈的市场情况下，只要实施的价格带来的收益大于变动成本，就产生了边际贡献。这既补偿了全部变动成本，又能补偿部分固定成本，是一种灵活的定价方法，改变了产品售价低于总成本便拒绝交易的传统思想，在竞争激烈的市场条件下，对于有效地对付竞争者，开拓新市场，调节需求的季节差异，形成最优产品组合发挥出巨大的作用。

b. 需求导向定价法，以顾客不同需求为依据的定价方法。需求导向定价法是对同一产品根据顾客及其需求的时间差、数量差、地区差、需求强弱、交易条件等定价的方法。包括以顾客为基础的差别定价(价格歧视)、以空间为基础的差别定价、以时间为基础的差别定价、以产品为基础的差别定价、以流转环节为基础的差别定价、以交易条件为基础的差别定价。

认知价值定价是企业根据购买者对产品的认知价值制订价格(如表 9-15 所示)。

表 9-15　A、B、C 产品认知价值定价

权重	属性	A/元	B/元	C/元
0.25	产品耐用性	40	40	20
0.30	产品可靠性	33	33	33
0.30	交货可靠性	50	25	25
0.15	服务质量	45	35	20
1.00	认知价值	41.65	32.65	25.4

则 A：$2\times\frac{41.65}{32.65}\approx2.55$；B：$2\times\frac{32.65}{32.65}=2$；C：$2\times\frac{25.4}{32.65}\approx1.56$。

成本定价法与需求定价法的对比如图 9-36 所示。

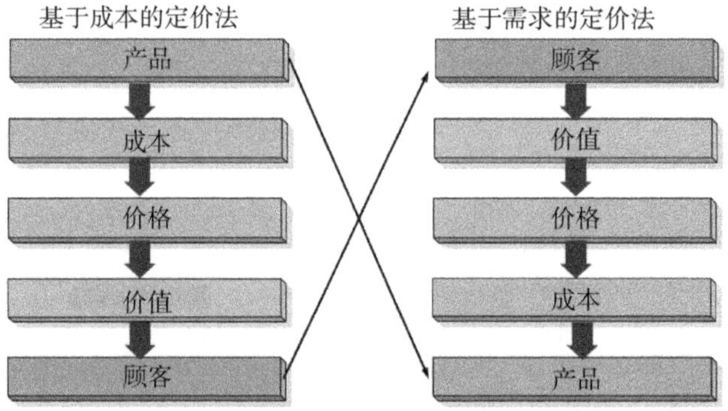

图 9-36　成本定价法与需求定价法的对比

③ 定价策略

a. 折扣定价策略。包括现金折扣、数量折扣、功能折扣、推广让价、季节折扣、运费让价。

b. 新产品定价策略。包括撇脂定价；渗透定价；中间价。其中，撇脂定价(高价)策略是指新产品上市之初，将价格定得较高，以在短期内获取厚利，尽快收回投资。适宜条件：全新产品、受专利保护的产品、需求弹性小的产品、流行产品、未来市场形势难以测定的产品等；消费者对价格反应不敏感。市场渗透定价(低价)策略是指在新产品上市之初将价格定得较低，以吸引大量的购买者，扩大市场占有率。适宜条件：产品需求弹性大；具有规模效应，生产和销售成本必须随销售量的增加而减少。满意定价(中间价)策略是指在新产品投放市场时，规定一个既不高也不低的价格，兼顾生产者、中间商和消费者的利益，使各方面都感到满意。特点：易获得消费者认可；渠道成员觉得稳妥，易保持经营的积极性；企业可在不太长的时间内收回成本；可使企业保持良好的社会形象和平常的盈利水平，减少市场竞争的风险。

c. 心理定价策略。包括尾数定价；整数定价；声望定价；习惯定价；招徕定价；意头定价。

d. 产品组合定价策略。包括产品大类定价；选择品定价；补充产品定价；分部定价；产品系列定价。

(3) 分销策略

① 分销渠道概述

a. 市场营销渠道与分销渠道的差异如表 9-16 所示。

表 9-16 市场营销渠道与分销渠道的差异

类型	市场营销渠道	分销渠道
概念	配合起来生产、分销和消费某一生产企业产品和服务的所有企业和个人。包括某种产品供产销过程中的所有有关企业和个人	某种产品和服务在从生产企业向消费者转移的过程中，取得这种产品和服务的所有权或帮助所有权转移的所有企业和个人。
成员	供应商、生产企业、中间商、辅助商以及最终用户或消费者等。	生产企业、中间商、辅助商以及最终用户或消费者等。
结构	供应商→生产者→代理商→批发商→零售商→消费者 分销（生产者至消费者） 市场营销（供应商至消费者）	

b. 分销渠道及流程图如图 9-37 所示。

c. 分销渠道的作用如图 9-38 所示。

d. 分销渠道类型。包括直接渠道和间接渠道、长渠道和短渠道、宽渠道和窄渠道、消费品渠道和工业品渠道。

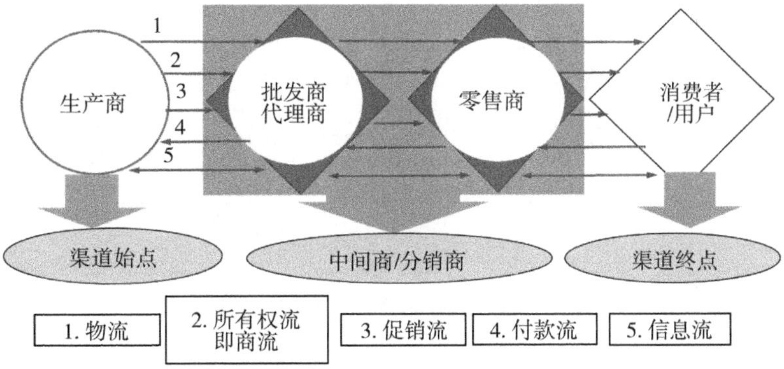

图 9-37 分销渠道及流程图

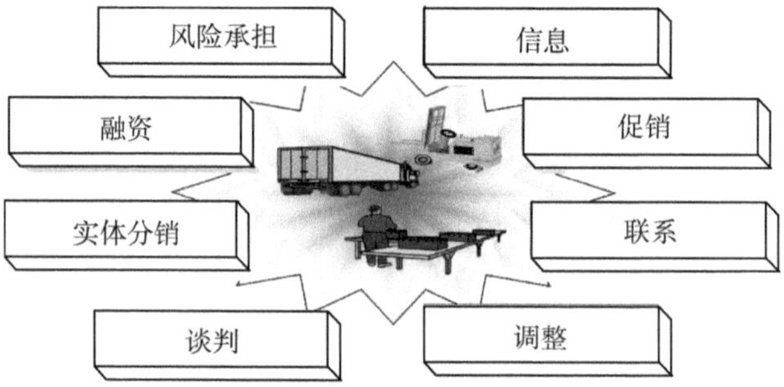

图 9-38　分销渠道的作用

生活消费品分销渠道及其层级如图 9-39 所示。
工业品分销渠道及其层级如图 9-40 所示。

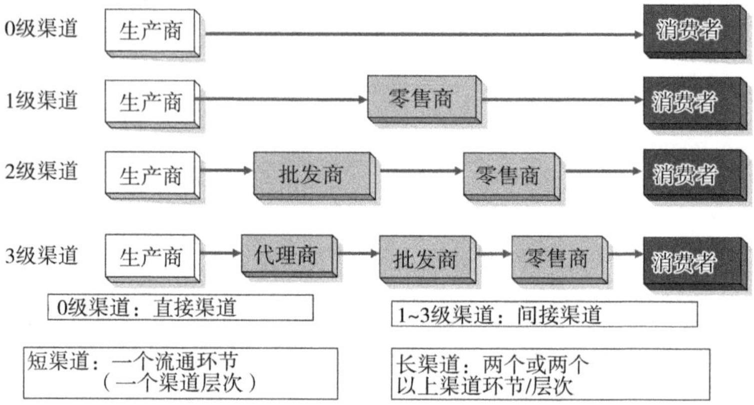

图 9-39　生活消费品分销渠道及其层级

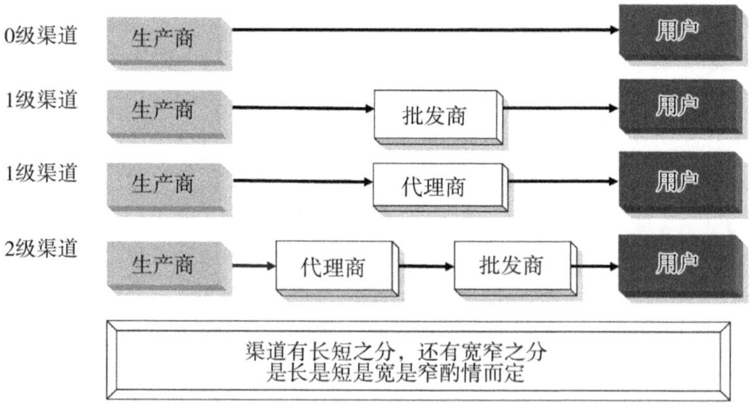

图 9-40　工业品分销渠道及其层级

直接渠道与间接渠道的差异如表 9-17 所示。

表 9-17 直接渠道与间接渠道的差异

	概念	形式	适用	优点	不足
直接渠道	不通过中间商环节，直接将产品销售给消费者或用户的渠道	推销员直接向顾客销售、设店自销、邮购、电话销售等等	工业品销售产品少、销售范畴小或市场比较集中的消费品	市场反应快 销售及时 节约流通费用 促进销售/服务 有效控制价格	市场范围受限
间接渠道	通过中间商环节，间接地把产品传递到消费者或用户手中的渠道	1 级以上渠道	消费品销售附属设备、工业易耗品、农用化肥、农药、小型农具等工农产品	生产企业减轻了产品销售的风险负担及有助于专业化生产；简化交易次数，扩大流通范围；解决产消时间、数量和空间矛盾	流通费用高；渠道控制有难度

宽渠道和窄渠道的差异如表 9-18 所示。

表 9-18 宽渠道和窄渠道的差异

类型	密集型分销（广泛性分销）	选择型分销	独家分销
渠道目标	方便顾客随处购买，迅带扩大市场	提高产品声誉，塑造企业良好形象	满足顾客高质量服务要求，塑造企业良好形象
渠道宽度	宽	较宽	窄
市场覆盖面	宽	较宽	由窄至宽
中间商数目	使用尽可能多的中间商	有选择性地使用有限数目中间商	仅使用一个中间商
适合商品	便利品、标准件	选购品、特殊品	多种类、新品、名牌、特殊品
渠道控制及渠道合作	不易	较容易	容易
成本	高	较低	较低

② 中间商

中间商是指处在生产者与消费者之间，参与商品交易业务，促使买卖行为发生和实现的、具有法人资格的经济组织或个人。按在销售渠道中的地位及作用，分为批发商与零售商两类。按是否具有商品所有权，可分为经销商和代理商两类。

经销商与代理商的区别如表 9-19 所示。

表 9-19 经销商与代理商的区别

类型	商品所有权	批零交易	与对方关系	商业利润	商业风险
经销商	有	自主进行	买卖关系	独享	独自承担
代理商	无	受委托	委托关系	佣金/手续费为销售价的 6%～12%	不承担

批发商与零售商的区别如表 9-20 所示。

表 9-20　批发商与零售商的区别

类型	交易对象	交易大小	交易产品的用途	渠道位置
批发商	商业顾客	大于零售交易	主要用于商业用途	中间
零售商	最终消费者	小于批发交易	提供个人或家庭的生活消费	终端

中间商的主要作用:有效减少渠道交易数量,如图 9-41 所示。

③ 分销渠道的选择与管理

分销渠道的选择与管理如图 9-42 所示。

a. 确定分销渠道目标,如图 9-43 所示。

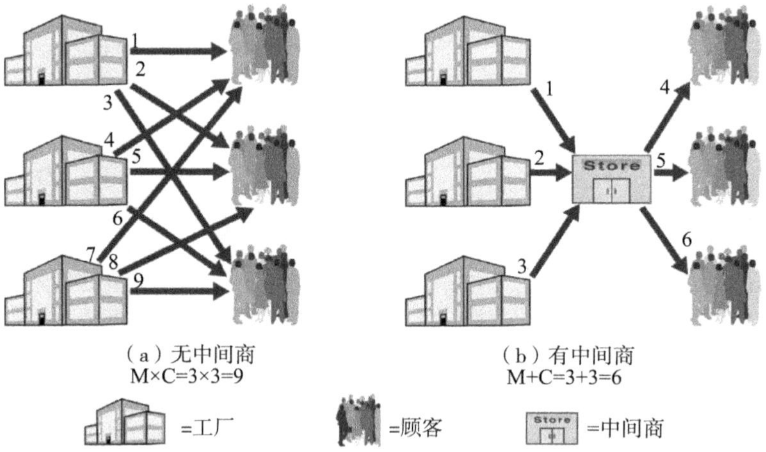

图 9-41　中间商的主要作用

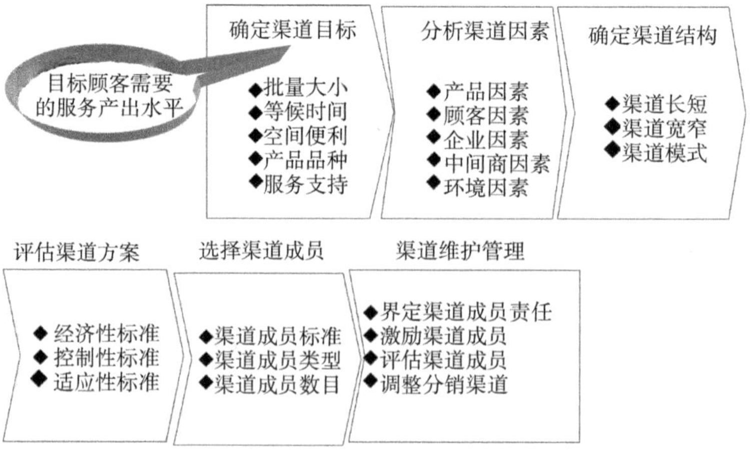

图 9-42　分销渠道的选择与管理

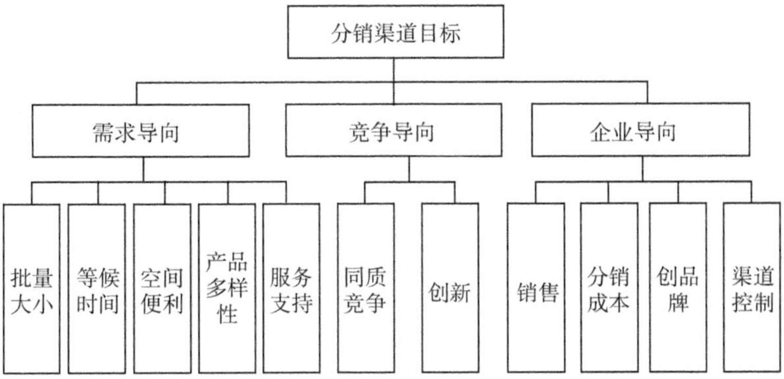

图 9-43　分销渠道目标

b. 分析渠道因素，如图 9-44 所示。

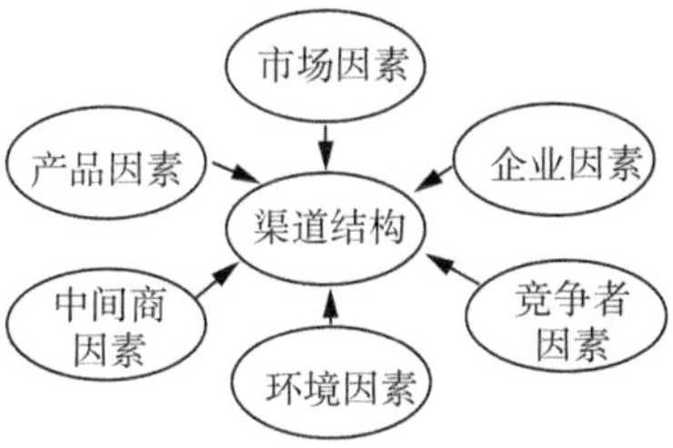

图 9-44　分析渠道因素

c. 确定渠道结构，如图 9-45 所示。

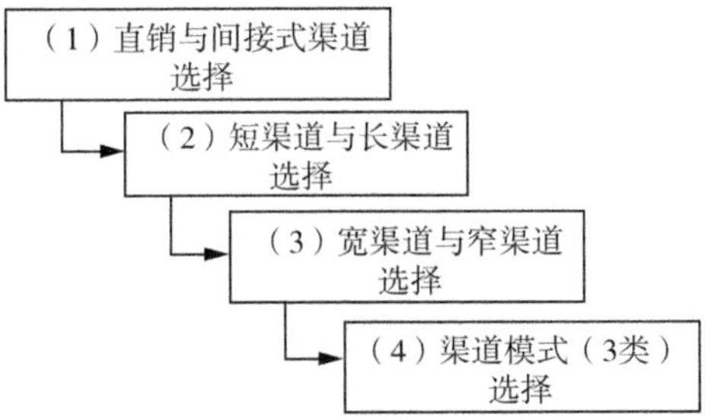

图 9-45　确定渠道结构

d. 渠道模式(3 类)选择。传统分销渠道模式：由独立的生产商、批发商、零售商和消费者或用户组成的分销渠道模式，如图 9-46 所示。

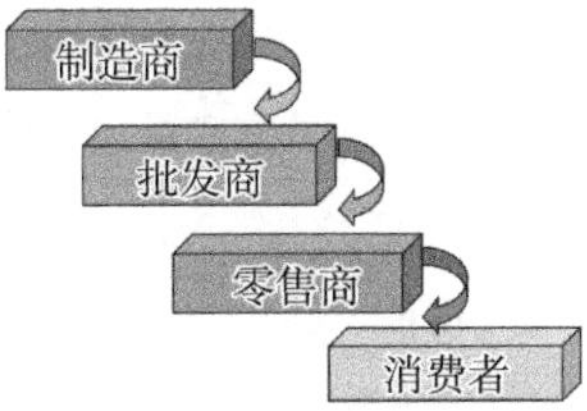

图 9-46　传统分销渠道模式

整合分销渠道：渠道成员通过一体化整合而形成的分销渠道模式。这种分销渠道模式正在为越来越多的企业所采用，如图 9-47 所示。

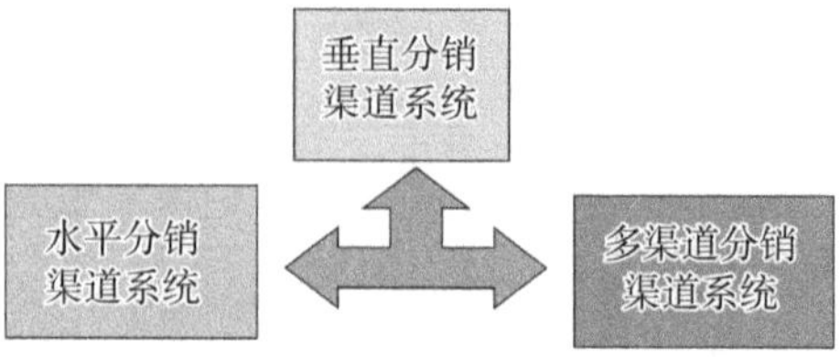

图 9-47　整合分销渠道

垂直分销系统：又称为纵向营销系统，是由生产企业、批发商和零售商通过不同的形式纵向整合组成的一种统一联合体。包括公司式垂直分销系统、管理式分销系统和契约式分销系统。

水平式分销系统：又称为横向营销系统，是由同一层次两个或者两个以上没有关联的公司联合资源或者方案共同开发一个营销机会。

多渠道分销系统：又称为混合营销系统，是指一个公司建立两条或者更多的分销渠道以到达一个或者更多的顾客细分市场。

e. 评估渠道方案。在拟用的分销渠道方案中选择最能满足企业长期营销目标的渠道方案。评估指标如图 9-48 所示。

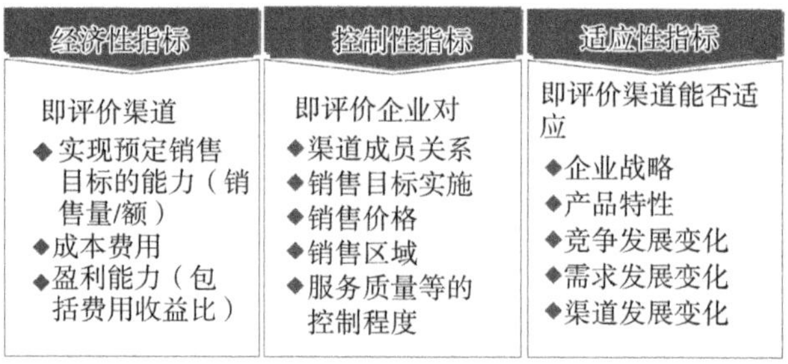

图 9-48　渠道评估指标

f. 选择渠道成员。包括选择渠道成员的标准(合法经营资格，销售能力，目标市场，地理位置，财务状况，信誉)；确定渠道成员的类型；确定渠道成员的数目。

零售商/批发商选择供应商的标准如表 9-21 所示。

表 9-21　零售商/批发商选择供应商的标准

生产经营规模	产量/销售量、财务实力
供货能力	生产条件、技术水平、设备、新产品供应、仓储、运输
产品组合	产品线宽度、产品线长度/深度、产品关联度
企业信誉	品牌影响力、顾客认可度、品牌形象
供货质量	供货速度与及时性、订货程序及其便捷性、服务态度
订货条件	订货折扣、最低订货限度、退货条件限制

续表

生产经营规模	产量/销售量、财务实力
管理与信誉	管理水平、财务状况、信用
促销	力度、效果、影响、支持与补贴、销售代表素质及提供
成本费用	运输费用、批量费用、进场费用
合作性	合作意愿、合作真诚性、合作时效
地理位置	区位、交通条件

g. 渠道维护与管理。第一，界定渠道成员的责任（协议）。生产企业的责任：向中间商保证供货、产品质量、退换货、服务和支持政策、价格折扣、广告促销协助等。中间商的责任：向生产企业提供市场需求信息和各种业务统计资料、保证实行价格政策、及时足额付款、达到规定的服务水平等。第二，激励渠道成员。向中间商提供物美价廉、适销对路的产品，合理分配利润，协调与中间商的关系，开展各项促销活动、资金资助，提供市场信息。第三，评估渠道成员。定期按照一定的标准衡量中间商绩效：配额完成情况（销售绩效）、平均库存水平、装运时间、对受损货物的处理、促销方面的合作、为顾客提供服务的情况等。第四，调整分销渠道（3 种方法）。增减中间商：在原有的分销渠道里增加或者减少个别中间商。增减分销渠道：如果增减中间商不能够解决问题时，就可以考虑增减分销渠道（结构上的增减）。调整分销渠道模式：对原先的整个分销渠道系统，如销售体系、制度等进行通盘调整。

（4）促销策略

① 促销的概念

促销，又称为营销沟通、营销传播，是促进销售的简称，即通过一定方式向目标顾客传递企业或产品信息，以引发顾客需求，使其产生购买行为的活动。

② 促销的基本策略

促销的基本策略如图 9-49 所示。

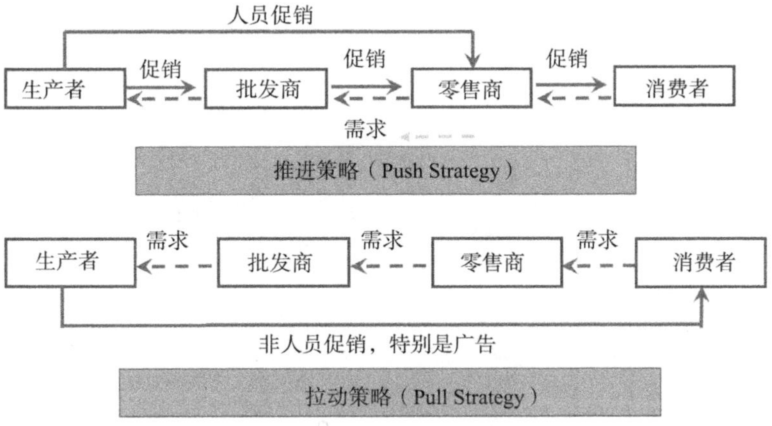

图 9-49　促销的基本策略

a. 推进策略：单位价值较高的产品，性能复杂、需要做示范的产品，根据用户需求特点设计的产品，流通环节较少、流通渠道较短的产品，市场比较集中的产品等。

b. 拉动策略：单位价值较低的日常用品，流通环节较多、流通渠道较长的产品，市场范围较广、市场需求较大的产品等。

③ 促销决策步骤

促销决策步骤如图 9-50 所示。

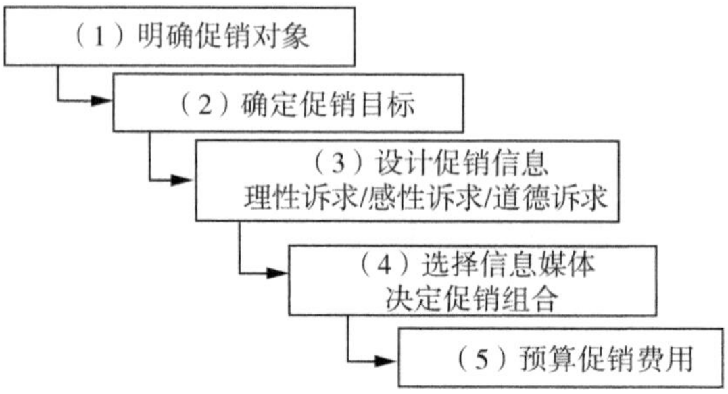

图 9-50　促销决策步骤

a. 促销目标

促销目标的确定如图 9-51 所示。

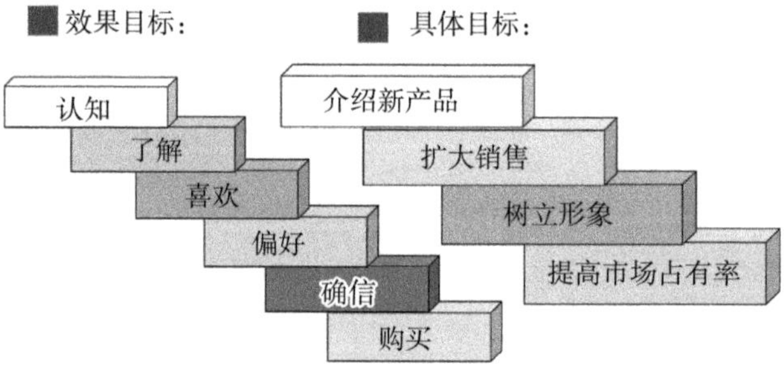

图 9-51　确定促销目标

b. 促销组合

促销组合如图 9-52 所示。

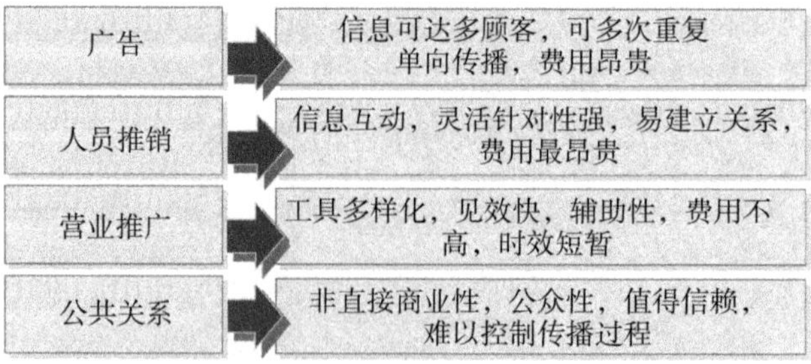

图 9-52　促销组合

广告是企业以付费的方式，利用一定媒体宣传和促销产品的办法。广告媒体的形式很多，有电视、广播、报纸、杂志、网络及户外广告等几大类，不同种类的产品一般选择不同的广告媒体。

人员推销是指生产或经营组织通过专门的销售人员，直接向用户和消费者推销其商品的促销形式。人员推销也是一种最古老的促销方式，其特点包括直接对话、培养感情和迅速反应三个方面。

营业推广是指企业通过常规的促销措施及办法，以刺激短期需求量的增加。包括对消费者的推广、对中间商的推广、对推销人员的推广。

公共关系是指运用各种信息传播手段，在组织机构的内部和外部形成双向的信息流通网络，从而不断地改善管理与经营，赢得社会各界的信任与支持，取得自身效益与社会整体效益的完善统一。

c. 预算促销费用

预算促销费用如图 9-53 所示。

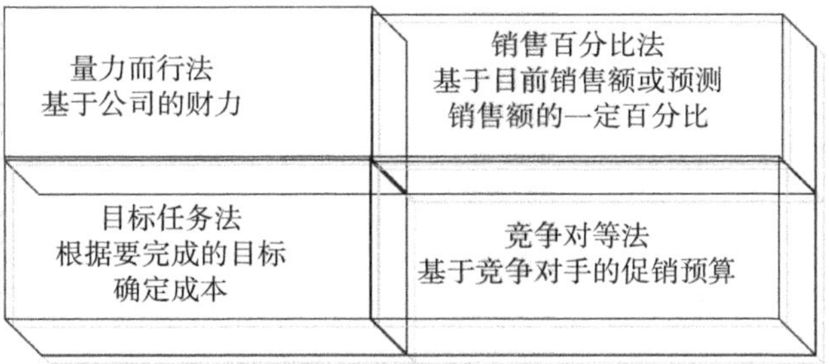

图 9-53 预算促销费用

第一，量入而行法。该法是以地区或企业负担得起的促销费用为促销预算。

第二，销售百分比法。该法以预估的销货额为基准乘以一定的百分比作为促销预算。

第三，竞争对等法。该法以主要竞争对手的或行业的平均促销费用支出为促销预算。企业通过留意竞争者的广告，或从刊物和商业协会获得行业促销费用的估计，然后依主要竞争对手或行业平均水平来制订预算。

第四，目标任务法。该法是通过营销人员制订的。营销人员首先设定其市场目标，然后评估项目所需投入的促销费用为其预算。目标任务法是最合逻辑的预算编制法。